Daniel Di Falco, Peter Bär und Christian Pfister (Herausgeber)

Bilder vom besseren Leben

: Haupt

Daniel Di Falco, Peter Bär und Christian Pfister (Herausgeber)

Bilder vom besseren Leben

Wie Werbung Geschichte erzählt

Verlag Paul Haupt
Bern • Stuttgart • Wien

**Diese Publikation wurde
unterstützt durch:**
- den Lotteriefonds des Kantons Bern
- die Ulrico Hoepli-Stiftung
- das Bundesamt für Gesundheit
  (Sektion Alkohol und Tabak und Abteilung Strahlenschutz)
- Amt für Kultur der Stadt Bern   Kultur**Stadt**Bern
- Migros Kulturprozent
- die Schweizerische Landesbibliothek
- Stoll, Traber & Partner AG

Bibliografische Information der Deutschen Bibliothek
Die Deutsche Bibliothek verzeichnet diese Publikation in der Deutschen
Nationalbibliografie; detaillierte bibliografische Daten sind im Internet über
http://dnb.ddb.de abrufbar

ISBN 3-258-06301-X

Die Autorinnen und Autoren sowie der Verlag haben sich bemüht,
sämtliche Copyright-Inhaber ausfindig zu machen. Leider ist dies nicht in allen
Fällen gelungen. Bei Unstimmigkeiten wenden Sie sich bitte an den Verlag.

Gestaltung und Satz: Stoll, Traber & Partner AG, CH-Bern
Lektorat: Regine Balmer

www.haupt.ch

Inhalt

Christian Pfister
Vorwort   7

Christian Pfister
Bilderwelt der Konsumgesellschaft.
Werbung in ihrem ökonomischen und kulturellen Umfeld
Einleitung (1)   9

Peter Bär
Über den Umgang mit Bildern und
die «Schweizer Illustrierte» als Quellenbasis
Einleitung (2)   16

Daniel Di Falco
Wollen und Sollen der «Bilder vom besseren Leben»
Einleitung (3)   23

Daniel Beck
«Der Kluge reist im Zuge»
Themen und Töne in der Werbung der Schweizerischen Bundesbahnen   28

Myriam Berger
Ein Schweizer Trunk gegen die Leiden der Zeit
Die Werbeversprechen der Ovomaltine von 1904 bis zum Zweiten Weltkrieg   40

Stefan Altorfer
Werbung, die anzieht. Und anstößt
Entstehung und Erscheinung der Werbung der Herrenkonfektionsmarke PKZ (1900–1975)   55

Lisa Bechter, Rita Stöckli
«Das grosse Wettbrennen»
Zum Ideal der gebräunten Haut in der Sonnenschutzmittelwerbung zwischen 1920 und 2000   70

Daniel Di Falco
Prometheus fährt Rad
Die Mythen der industriellen Moderne in der frühen Fahrradwerbung   83

Monika Baumann
Ein kurzer Traum von der Freiheit am Steuer
Autofahrerinnen in der Werbung der späten 1920er-Jahre   97

Sibylle Lichtensteiger, Daniel Di Falco
Wie sich das Automobil dem Volk verkaufte
Die Massenmotorisierung in der Schweiz und der Wandel in der Autowerbung 1948–1965   111

Albert Tanner, Rob Gnant (Fotografien)
Ein besseres Leben in schönen neuen Welten?
Sozialer und kultureller Wandel in der Schweiz in der zweiten Hälfte des 20. Jahrhunderts   125

Christine Wanner, Brigitte Walser
Die Dritte im Bunde
Die Zigarette als erotisches Accessoire in der Werbung zwischen 1965 und 1985   137

Peter Bär
Vom Kochherd aufs Rollfeld
Ein Streifzug durch die Frauenbilder in der schweizerischen Anzeigenwerbung 1920–1990   149

Diego Hättenschwiler
Der «herbe Naturgeschmack» der Schokolade
Männlichkeiten in der Werbegeschichte   167

Matthias Nast, Peter Stöferle
Warum die Warenhülle Werbung treibt
Die moderne Verpackung als Produkt veränderter Konsumgewohnheiten   181

Simon Eggimann
Von der Lebensweise zum Lebensstil
Werbung als Abbild des Wandels von Werten und Lebensformen in der Schweiz 1950 bis 1990   193

Peter Bär, Daniel Di Falco, Christian Pfister
Der Wandel der Werte und die Werte der Werbung
Eine Bilanz   209

Anhang
Anmerkungen und Quellen   215
Literaturverzeichnis   230
Bildnachweise   238
Autorinnen und Autoren   239

Vorwort

«Werbung ist die Butter auf dem Brot», hat die Werbung für Werbung 1993 verkündet. Dass dies auch für die Vergangenheit gilt, ist seitdem deutlich geworden. Zeigt es sich doch, dass Bücher und Ausstellungen zur Geschichte der Werbung bis heute auf besondere Aufmerksamkeit stoßen. Im Vergleich mit anderen Büchern zum Thema zeichnen sich die «Bilder vom besseren Leben» durch vier Besonderheiten aus:

1. Zugänge zu vergangenen visuellen Umwelten über Werbebilder zu öffnen ist ein zentrales Anliegen des Bandes. Üblicherweise ist die junge Generation von der kommerziellen Bilderwelt des vergangenen Alltags fasziniert und motiviert, sich mit den fremdartigen Werthaltungen auseinander zu setzen, die durch die Werbebotschaften vermittelt werden können. Es ist dies eine Thematik, die über Bilder einleuchtender und einprägsamer nahe zu bringen ist als allein durch Texte, besonders, wenn die verwendete Fachsprache schwer verständlich ist. Für ältere Semester schlägt historische Werbung visuelle Brücken zur Vergangenheit und weckt Erinnerungen und Assoziationen. Dabei sind Bildquellen von der Geschichtswissenschaft bislang stiefmütterlich behandelt worden. Zwar leben wir heute in einer «bildlichen Kultur»; doch im Gegensatz zu Texten haben wir nicht gelernt, Bilder kritisch zu lesen und ihre verborgenen Botschaften zu entziffern. Noch anspruchsvoller ist dies bei historischen Bildern, sofern nicht sachkundige Hilfestellung geboten wird.

Die meisten Artikel dieses Sammelbandes richten ihr Augenmerk auf den visuellen Teil der wirtschaftlichen Werbekommunikation, also auf die Werbebilder – freilich nicht ohne die Werbetexte aus den Augen zu lassen. Manche der präsentierten Kompositionen werden bis in scheinbar belanglose, aber im Grunde wesentliche Einzelheiten hinein aufgeschlüsselt, ehe sie in den Horizont der damaligen Gegenwart hineingestellt werden. Dazu werden Methoden der historischen Bildkunde eingesetzt, deren Grundsätze im zweiten Teil der Einleitung von Peter Bär vermittelt werden.

2. Ob längerfristige Veränderungen in der Werbekommunikation als Ausdruck der Verschiebung von Wertprioritäten, als «Wertewandel», gedeutet werden können, ist in der Literatur umstritten. Um dieser Frage nachzugehen, werden im abschließenden Kapitel dieses Bandes Ergebnisse des vom Nationalfonds unterstützten Projekts «Webikum» präsentiert, das die quantitative Untersuchung von 5'000 Werbeanzeigen über sieben Jahrzehnte hinweg mit inhaltsanalytischen Methoden zum Ziele hat. Den Ergebnissen werden solche aus anderen Quellengattungen gegenüber gestellt. Einmal die Auswertung von 40'000 Demoscope-Interviews aus den Jahren 1974 bis 1999 (vgl. den Beitrag von Albert Tanner), dann die Untersuchung von 7'700 Heirats- und Kontaktinseraten aus dem 20. Jahrhundert durch Manuel Eisner. Dadurch können die Schlussfolgerungen der qualitativen Bildanalysen auf eine tragfähigere Grundlage gestellt werden.

3. Üblicherweise richtet sich die Interpretation historischer Werbebotschaften allein auf jenes Ergebnis, das die Öffentlichkeit zu sehen bekam – auf die publizierten Anzeigen, Plakate und Spots. Als Grundlagen für die Argumentation dienen Hypothesen aus der Fachliteratur und Common-Sense-Überlegungen. Wenig Licht fällt auf die Bedingungen, unter denen die Kompositionen entstanden sind, wie dies von den Regeln der historischen Quellenkritik her geboten wäre. Zwar ist bekannt, dass den Anliegen des Auftraggebers bei der Planung und Gestaltung von Werbekampagnen große Bedeutung zukommt; doch fehlt es an Einblicken auf die «Rückseite der Werbung», an Beispielen, an denen sich die Entscheidungs- und Entstehungsprozesse nachvollziehen lassen, die zum Ergebnis geführt haben. Welches waren die Vorgaben der Auftraggeber? Welche Ideen und Entwürfe wurden von den Werbebeauftragten vorgelegt? Nach welchen Kriterien wurde das schließlich realisierte Ergebnis ausgewählt? Darüber, was hinter der Kulisse der Inserate und Plakate vor sich ging (und geht), ist noch zu wenig

bekannt. Einen Einblick vermittelt immerhin der Beitrag des Historikers Stefan Altorfer, der das Firmenarchiv von PKZ ausgewertet hat.

4. Eine vierte Besonderheit des Bandes ist sein Bezug auf die deutschsprachige Schweiz. Damit wird insofern Neuland betreten, als die meisten deutschsprachigen Werbegeschichten aus Deutschland stammen. Nicht dass zu erwarten wäre, dass sich die Entwicklung in der Schweiz grundlegend von jener im nördlichen Nachbarland unterscheidet. Aber die vorgelegten Ergebnisse bieten doch die Grundlage für einen Vergleich, der es in einer späteren Phase vielleicht ermöglichen wird, Besonderheiten der Schweizer Werbung herauszuarbeiten.

Der vorliegende Sammelband ist aus zwei Wurzeln heraus gewachsen: Auf den Geschmack am Thema führte mich die Auseinandersetzung mit der Lizentiatsarbeit und der Dissertation von Peter Bär. Ein einschlägiges Seminar am Historischen Institut der Universität Bern im Sommersemester 1996 mündete in eine größere Zahl von studentischen Arbeiten, von denen einige in Form von Artikeln in diesen Sammelband aufgenommen worden sind. Unabhängig von dieser Veranstaltung sind später weitere dazu gekommen. Um den Band abzurunden, hat sich das Redaktionsteam erfolgreich um einschlägige Lizentiatsarbeiten an anderen Universitäten und ergänzende Aufsätze bemüht.

Die Finanzierung blieb lange ein Sorgenkind. Die Hoffnung, die mit ihrer historischen Werbung vertretenen Traditionsfirmen zu bescheidenen Unterstützungsbeiträgen heranziehen zu können, erfüllte sich nicht. Offensichtlich gilt das Sponsoring von Büchern mit relativ kleinen Auflagen in vielen Marketingkonzepten als zu wenig attraktiv. Dies mag damit zusammenhängen, dass manche Marketer kaum mehr Bücher lesen oder sich über die längerfristige Wirkung solcher Erzeugnisse wenig Gedanken machen. Den Rettungsanker für das Projekt boten Stiftungen, kulturelle Institutionen und Ämter: der bernische Lotteriefonds, das Bundesamt für Gesundheitswesen, die Ulrico-Hoepli-Stiftung, das Migros Kulturprozent und das Amt für Kultur der Stadt Bern. Weiter ist der Schweizerischen Landesbibliothek, insbesondere Sylvia Schneider, Peter Sterchi

und Jean-Marc Rod, für verständnisvolle Unterstützung bei der Bildbeschaffung zu danken; dafür außerdem Gordana Tomlijenovic von PKZ, Alessia Contin und Franz-Xaver Jaggi vom Zürcher Museum für Gestaltung sowie Martin Vogt und Urs Haller von der SBB-Infothek in Bern, schließlich Peter Pfrunder von der Schweizerischen Stiftung für die Photographie sowie Stefan Vögeli und Rudolf Burri vom Firmenarchiv Wander. Für ihr großes Engagement geht unser herzlicher Dank auch an Regine Balmer vom Verlag Paul Haupt sowie an Maria Brandi, Barbara Fischer und Eugen Traber (Stoll, Traber & Partner AG), der das Projekt von Beginn an ideell unterstützt hat.

Anna Amacher hat die Gesamtbibliografie betreut. Die redaktionelle Arbeit an diesem Buch fiel mit der Schlussphase der Publikation von «Am Tag danach» zusammen. Sie konnte nur dank der Initiative und Beharrlichkeit von Daniel Di Falco realisiert werden.

Bern, 24. Juni 2002
Christian Pfister

Bilderwelt der Konsumgesellschaft. Werbung in ihrem ökonomischen und kulturellen Umfeld

Christian Pfister

Dimensionen und Ansätze der Werbegeschichte

«Die Medien haben die Werbebotschaften unausweichlich gemacht.»[1] Das Zitat aus der amerikanischen Forschungsliteratur unterstreicht die Allgegenwart der Werbung in der heutigen Zeit. Die Verallgemeinerung der Werbung bildete sich seit dem ausgehenden 19. Jahrhundert heraus, und zwar auf kumulative Weise. Neue Werbemedien und Werbeträger – Fassaden, (Nah-)Verkehrsmittel, Radio, Film, Fernsehen, Internet usw. – traten neben die alten.[2] Von ihrer Erfahrung und ihrer methodischen Kompetenz her ist die Geschichtswissenschaft in erster Linie für die Interpretation von Quellen in Printmedien[3] zuständig. Im Weiteren reicht diese Quellengattung zeitlich am weitesten zurück und kommt dadurch dem Bedürfnis nach zeitlicher Tiefe entgegen. Schließlich sind die Printmedien, gemessen an ihrem Anteil an den Werbeausgaben, bis zur Gegenwart der bedeutendste Werbeträger geblieben.[4] Werbung in Printmedien bildet denn auch den Quellenbestand, aus dem die «Bilder vom besseren Leben» schöpfen.

Wie lässt sich Werbung innerhalb der Geschichtswissenschaft verorten? Welche Quellen, welche Methoden stehen ihr zur Verfügung? Welche Ergebnisse sind zu erwarten? Gries, Ilgen und Schindelbeck nennen diesbezüglich fünf mögliche Felder: Wirtschaftsgeschichte, Kunst- und Kulturgeschichte, Geschichte der Konsum- und Gesellschaftskritik, Kommunikationsgeschichte und Mentalitätsgeschichte.[5] In wirtschaftsgeschichtlicher Perspektive ist Werbung ein mikroökonomisches Instrument der Absatzstrategie einer Unternehmung und damit Teil der Unternehmensgeschichte.[6] Mikroökonomische Untersuchungen scheitern häufig an der fehlenden Zugänglichkeit zu Firmenarchiven, so dass wir über die Seite der Auftraggeber sozusagen nichts wissen. Meist sind nur die in Bild und Wort ausgeprägten Endergebnisse vorhanden, also Plakate, Anzeigen, Spots; oft lässt sich nicht einmal mehr feststellen, wer die gestaltenden und betreuenden Fachleute überhaupt waren. Einen seltenen Glücksfall bedeutet es schon, wenn noch Briefings, Skizzen oder Entwürfe die zu Grunde liegende Kommunikationsstrategie deutlich machen.[7] Makroökonomisch ist Werbegeschichte an die Konjunkturgeschichte gebunden. Stil und Ausdrucksformen von Werbebotschaften werden von *Kultur- und Kunsthistorikern* gedeutet. Gegenstand einer Werbegeschichte unter diesem Gesichtspunkt ist die Werbeproduktion in all ihren Erscheinungsformen. Kulturgeschichtliche Produkte- und Markenbiografien, beispielsweise zu Coca-Cola, schließen üblicherweise alltagsästhetische und designgeschichtliche Gesichtspunkte ein.[8] Als *Geschichte der Konsum- und Gesellschaftskritik*[9] hat

Werbegeschichte an Attraktivität verloren, seit klar geworden ist, dass Werbebotschaften nur dann wirken, wenn sie von den Beworbenen akzeptiert werden.[10] Gegenstand einer als *Kommunikationsgeschichte* angelegten Werbe-

geschichte sind alle Werbeaktivitäten.[11] Kommunikationstheoretisch gesehen, gehört Werbung zum Typ der «kategorialen Massenkommunikationssysteme», das heißt, in ihnen stehen die Rezipienten nicht in unmittelbarem sozialen Kontakt miteinander, sondern sind lediglich durch gemeinsame soziologische Merkmale als Zielgruppe definiert.[12]

Werbegeschichte als *Mentalitätsgeschichte* schließlich richtet sich auf die Beworbenen. Sie geht davon aus, dass in den Werbebotschaften wesentliche Bestandteile kollektiver Vorstellungen und Weltbilder einer Zeit eingelagert sind.[13] Sie dienen gleichsam als Projektionsschirm, auf dem solche Vorstellungen sichtbar werden. Die ältere Auffassung, wonach Werbung einen «Spiegel der Gesellschaft» darstelle[14], ist heute überholt. Vielmehr wird von der Janusköpfigkeit der Werbung ausgegangen: Einerseits ist sie Mittel zur Absatzförderung, andererseits versuchen die Werbefachleute – das ist ihre Kernaufgabe –, «ins Gehirn der Masse zu kriechen»[15], um ihren Botschaften Akzeptanz zu verschaffen. Zwischen der Werbung und den in einer Zielgruppe vorhandenen Werthaltungen und Konsumneigungen besteht eine Wechselwirkung, die sich die Mentalitätsgeschichte zu Nutze machen kann. Von der Voraussetzung, dass in Werbebotschaften kollektive Vorstellungen in einem näher zu bestimmenden Maße repräsentiert sind, gehen auch die «Bilder vom besseren Leben» aus.

Werbegeschichte ist dabei mit der Geschichte der Werbung nicht gleichzusetzen. Werbegeschichte hat sich aber, um ihre Botschaften der Zeit gemäß interpretieren zu können, auf die Geschichte der Werbung zu stützen. Letztere ist dabei in ein doppeltes Umfeld einzuordnen: Die rechtlichen Bedingungen bestimmten zusammen mit den ökonomischen und sozialen Voraussetzungen, ob überhaupt geworben werden durfte, wofür zu werben es sich lohnte, welcher Aufwand dabei geleistet werden konnte und welche Zielgruppen angesprochen werden sollten. Mit der kulturellen Entwicklung verändert sich die Art, wie geworben wurde, welche stilistischen Mittel verwendet und welche Medien eingesetzt werden.

In der Frage nach den *Entstehungsbedingungen der Werbung* stehen sich nach Clemens Wischermann zwei Positionen gegenüber.[16] Die eine stellt die rechtliche Entwicklung in den Vordergrund. Sie betrachtet die moderne Wirtschaftswerbung als Produkt der liberalen Wettbewerbsordnung, die eine wesentliche Erweiterung der rechtlichen Handlungsspielräume (Property Rights) mit sich brachte.[17] Spätere Ausprägungen der Werbung stellen nach dieser Lesart lediglich einen Gestaltwandel des ursprünglich Angelegten dar.

Die zweite Position geht davon aus, dass es sich bei der Wirtschaftswerbung um ein neuartiges Phänomen handelt, das in Westeuropa mit dem Übergang zur industriellen Massenproduktion und zu einem darauf abgestimmten Massenmarkt um 1890 fast zwangsläufig in Erscheinung trat. Weil die persönliche Bindung zwischen Produzent und Konsumentin, namentlich in den neuen Großstädten, weggefallen war, reichte es nicht mehr aus, einen Teil der sinkenden Stückkosten in Form von Preissenkungen an die Kundschaft weiterzugeben, um die größere Produktion abzusetzen. Das Qualitätsversprechen musste durch die Schaffung von Markenzeichen und eine darauf abgestimmte Werbung in den neu aufkommenden Massen-Printmedien garantiert werden. Ausgehend von diesen Überlegungen wird die Geschichte der Werbung, häufig im Rahmen eines Stufenmodells der Wohlstandsentwicklung, eng mit der Konjunktur verknüpft.

Die Frage, wie sich Inhalt und Stil der Werbung verändert haben, lässt sich nicht auf ökonomische Einflüsse zurückführen. Die visuelle Repräsentation der Warenwelt, wie sie vor der Wende zum 20. Jahrhundert in Erscheinung trat, ist kulturhistorisch etwas Neues, ein zentraler Bestandteil einer neuen «Ordnung der Dinge».[18] Durch den Übergang von der rein sprachlichen zur bildlichen Repräsentation wurde es möglich, Botschaften rascher zu übermitteln und Waren, zunächst vorwiegend Genussmittel, über den Gebrauchsnutzen hinaus mit Symbolen zu besetzen, denen das Publikum Bedeutung in Form von Werten zuschreiben konnte.[19] Diese symbolisch-visuelle Dimension der Werbung war in England um 1890 bereits voll entfaltet[20]; in Deutschland war dieser Prozess damals gerade im Gange.[21]

Veränderungen in den rechtlichen und ökonomischen Ausgangsbedingungen

In der Epoche der Agrargesellschaft erstand die Bevölkerung «Kaufmannswaren» und Erzeugnisse des ländlichen Gewerbes auf den periodisch stattfindenden Jahrmärkten, wo ein Überblick über das Angebot relativ leicht zu gewinnen war. In der Stadt durften die Handwerker, soweit sie einer Zunft angehörten, nach deren Regeln für ihre Erzeugnisse keinerlei Werbung betreiben.[22] Dafür bestand auch keinerlei Bedarf. Vielmehr war jeder Handwerker für einen ihm persönlich bekannten Kundenkreis tätig, und er hatte sich dabei an die von seiner Zunft vorgeschriebenen Qualitätsstandards und Preise zu halten. Bis heute verbieten es Standesregeln noch den Ärzten und Anwälten, ihre Leistungen anzupreisen.

Die Reklame etablierte sich zuerst in jenen regelungsfreien Nischen der Wirtschaft, in denen Waren in großen Stückzahlen für überregionale Märkte hergestellt wurden. Vom 17. Jahrhundert an waren dies zunächst Bücher, später auch Heil- und Arzneimittel, für die mit mit Anzeigen geworben wurde.[23] Vom frühen 18. Jahrhundert an schränkten die Obrigkeiten das Anzeigenwesen auf so genannte Intelligenzblätter ein, die sie als Sprachrohr nutzten und mit einem Monopol ausstatteten, um auf diese Weise die Wirtschaft anzukurbeln und zugleich zu kontrollieren.[24]

Vom frühen 19. Jahrhundert an zog sich der Staat von der Kontrolle der Presse zurück. In der Schweiz führten die meisten Kantone nach dem Umschwung von 1831 die Pressefreiheit ein. In Preußen wurde diese im Jahre 1849 gesetzlich verankert.[25] 1850 wurde das staatliche Werbemonopol aufgehoben.[26] In den 1850er- und 1860er-Jahren breitete sich die Anzeigenwerbung in Deutschland[27] und in der Schweiz parallel zur generellen Entwicklung der Presse aus. Ein weiterer Liberalisierungsschritt folgte 1874: In diesem Jahr wurde in Deutschland das Gesetz aufgehoben, das den Zeitschriften mit Reklame eine Kautionspflicht auferlegte, desgleichen alle Steuern auf Reklame.[28] Die in diesem Zeitpunkt anstehende «Große Depression» (1873–1890) sensibilisierte die Unternehmer für die

Bedeutung des Absatzes.[29] In diese krisenhafte Periode fällt auch die Geburt der Marke.[30] Das Prinzip des Markenartikels entpersonalisierte die Ware und stattete sie dafür mit Individualität und fest zugeordneten Eigenschaften aus. Namentlich bürgte es so für Qualität.[31] Markenartikel setzten sich am frühesten bei jenen Warengruppen durch, die – wie Genussmittel, Getränke, kosmetische Artikel und Bekleidung – zum Wahlbedarf gehörten.[32]

Durch die Entwicklung der vollautomatisierten Drucktechnik am Ende des 19. Jahrhunderts konnten die Preise für Printmedien gesenkt und die Auflagen gesteigert werden.[33] Mit dem Aufkommen von illustrierten Publikumszeitschriften, die in riesigen Auflagen gedruckt wurden[34], und der Ausdifferenzierung von Zielgruppenmagazinen und Special-Interest-Zeitschriften entstand eine breitere und qualitativ neuartige Plattform für Werbung, von der aus Interessengruppen gezielt angesprochen werden konnten.[35] In den «Goldenen Zwanzigerjahren» weitete sich die öffentliche Präsenz der Werbung stark aus. Von 1925 an erschienen in deutschen Zeitschriften in zunehmender Zahl Anzeigen, die heute noch durchaus modern erscheinen.[36] Für Dirk Reinhardt ist dies ein Indiz, dass Deutschland damals das Stadium der Massenkonsumgesellschaft erreicht hatte.[37] Dagegen schränkt Gideon Reuveni ein, dass dies als Ausdruck einer Konsumkultur betrachtet werden müsse, indem zwischen dem Erwartungshorizont, der schönen neuen Welt der Werbung, und der ökonomischen Realität eine

Herbſt-Überzieher
in grösster Auswahl [1527]
von **Fr. 30.—** bis **Fr. 65.—**

Konfektion Kehl A.-G.

Kluft gähnte.[38] Auch Reinhardt gesteht zu, dass «eine Integrierung der Arbeiter und anderer kaufkraftschwacher Gruppen in die Massenkonsumgesellschaft» noch nicht gelungen war.[39] Der geläufige Ansatz der Forschung betrachtet den Aufstieg der Konsumkultur in den 1920er-Jahren als Realitätsflucht (Eskapismus).[40] Reuveni argumentiert dagegen, die Verfechter dieses Ansatzes hätten sich die damalige Kritik an der Konsumkultur unkritisch zu eigen gemacht. Nach seiner Ansicht ist das Phänomen der Konsumkultur noch nicht genügend geklärt.

Diskussionsbedürftig ist in diesem Zusammenhang der *Begriff der (Massen-)Konsumgesellschaft.* Ähnlich wie bei den Entstehungsbedingungen der Werbung stehen sich, was den Beginn der Konsumgesellschaft betrifft, zwei Positionen gegenüber, die man in Anlehnung an einen Aufsatz von Ulrich Wengenroth als «Igel» und «Füchse» bezeichnen könnte.[41] Die «Füchse» streichen die langfristige Kontinuität der Entwicklung hervor, indem sie aufzeigen, dass die Wurzeln der heutigen Konsumgesellschaft weit in die Vergangenheit zurückreichen.[42] Für die «Igel» ist die Konsumgesellschaft, wie sie sich in Westeuropa nach dem Zweiten Weltkrieg entfaltete, etwas grundlegend Neues. Die «Füchse» weisen darauf hin, dass sich der Konsum, verstanden als Erwerb nicht lebensnotwendiger Güter zur Selbstdarstellung und zur emotionalen Befriedigung nach dem Prinzip der Mode, vom 16. Jahrhundert an zunächst innerhalb der Eliten entfaltete. Vom 18. Jahrhundert an sickerte er dann in tiefer stehende Schichten ein.[43] McKendrick, Brewer und Plumb haben im England des späten 18. Jahrhunderts sogar eine eigentliche «Konsumrevolution» geortet, die jenen Nachfrageschub geliefert haben soll, der für den Erfolg der anlaufenden industriellen Revolution notwendig war.[44] Auch auf dem Kontinent strebten jene, die sich dauerhaft oder in guten Zeiten etwas Überflüssiges leisten konnten, nach den neuen Verlockungen des 18. Jahrhunderts, den Baumwoll- und Seidenkleidern, dem Porzellangeschirr, den Taschenuhren, den Tabakpfeifen, nach Zucker und Kaffee, die es allesamt erstrebenswert machten, mehr zu arbeiten.[45] Aus diesen Anfängen – die «Füchse» sprechen bezeichnenderweise von der «Geburt der Konsumgesellschaft» im 18. Jahrhundert – entwickelten sich die europäischen Gesellschaften gleichsam organisch über mehrere Stadien hinweg bis zur reifen Massenkonsumgesellschaft.[46]

Die «Igel» führen den Übergang zur Konsumgesellschaft auf einen Kern von historisch einmaligen Bedingungen zurück[47]: Zu den Voraussetzungen des so genannten fordistischen Gesellschaftsmodells gehören die Massenproduktion von dauerhaften Gebrauchsgütern und die Hebung der Kaufkraft der Massen in einem weit über die Befriedigung existenzieller Bedürfnisse hinausreichenden Umfange. Dazu bedurfte es der Stabilisierung der Währungen auf einem für die Westeuropäer günstigen tiefen Niveau durch das System von Bretton Woods, der gezielten Wirtschaftsförderung im Rahmen des Marshall-Plans, der teilweisen Umverteilung der Rationalisierungsgewinne an die Arbeitnehmer sowie der Schaffung eines Sozialversicherungssystems zur Abfederung der Existenzrisiken. Ein Teil der bedeutenden Rationalisierungsgewinne wurde den Arbeitnehmern in Form von Freizeit weitergegeben, was zugleich der Ankurbelung des Konsums förderlich war.[48] Der Kapitalismus erfüllte den Traum vom Massenkonsum in der Gegenwart, den der Sozialismus für die Zukunft verhieß.[49]

«Igel» und «Füchse» sind sich, und dies ist wohl der springende Punkt, nicht darüber einig, was unter einer «Konsumgesellschaft» zu verstehen sei. Die «Füchse» bezeichnen damit alle Gesellschaften, in denen gewisse Schichten und Gruppen nach Deckung der Grundbedürfnisse einen Teil ihres Einkommens nach freiem Ermessen für «Luxusgüter» ausgeben konnten. Allein der Umstand, dass konsumiert wurde, macht für die «Igel» das Wesen der Konsumgesellschaft gerade nicht aus. Vielmehr ist es die Tatsache, dass sich in den 1960er-Jahren durch den Konsum die Art der Vergesellschaftung und des individuellen Selbstverständnisses in historisch einzigartiger Weise verändert hat (vgl. den Beitrag von Albert Tanner): In der Industriegesellschaft definierte sich das Individuum über seine Stellung im Arbeitsprozess, der zugleich sinnstiftendes Zentrum des Lebens war[50] – in der Konsumgesellschaft über seinen Konsum bestimmter Marken von Gütern und Dienstleistungen, die als maßgebendes Kriterium der sozialen Distinktion gelten, das heißt der Gruppenidentifikation und -abgrenzung über den demonstrativen Konsum. Unter diesen Voraussetzungen erscheint die Konsumgesellschaft als ein neuer Gesellschaftstyp[51], der sich in vielerlei Hinsicht grundlegend von jenem der Industriegesellschaft unterscheidet.[52]

Unbestritten ist, dass die Konsumgesellschaft an eine relativ hohe Kaufkraft breiter Massen gebunden ist.[53] Eine solche war in der Zwischenkriegszeit in Europa nicht vorhanden.[54] In der Weimarer Republik stagnierte das Pro-Kopf-Bruttoinlandprodukt auf dem Niveau der Vorkriegszeit.[55] Wo wie in der Schicht der Angestellten die Tendenz bestand, sich in bescheidenem Maße prestigeträchtige Güter des «gehobenen Standards» zu gönnen, erfolgte dies zu Lasten der Befriedigung von Grundbedürfnissen.[56] In diesem Sinne verzerrt und verschleiert die relativ breite öffentliche Präsenz einer zunehmend professionell konzipierten, am US-Vorbild ausgerichteten Werbung für eine große Güterpalette die real existierenden ökonomischen Verhältnisse in der Zwischenkriegszeit. Die Werbung ist in dieser Zeit nicht «Spiegel der Gesellschaft», sondern vielmehr Trendsetterin für die schmale, relativ vermögende Mittel- und Oberschicht.

Wesentlich aussagekräftiger als in der Werbung widerspiegeln sich die ökonomischen Handlungsspielräume im Besitz von dauerhaften Konsumgütern, namentlich von Autos und Haushaltgeräten. Deutschland hinkte, was den Motorisierungsgrad betrifft, in der gesamten Zwischenkriegszeit hinter Frankreich und England her[57], und noch 1955 verfügten nur gerade 10 Prozent der Haushalte über einen Kühlschrank oder eine Waschmaschine.[58] Die Verhältnisse in der Schweiz lassen sich anhand des «Schweizerischen Beobachters» nachzeichnen, der 1950 als erste europäische Zeit-

Der Lebensstandard der breiten Bevölkerung veränderte sich erst von der Mitte der 1950er-Jahre an, allerdings in stürmischem Tempo.[61] Bei der Umfrage des «Beobachters» von 1965 hatten die beiden oberen Kaufkraftklassen ihre Wünsche nach dauerhaften Konsumgütern bereits zu einem guten Teil befriedigt, bei jener von 1975 wurde nicht mehr nach diesen Gütern gefragt, weil sie als Kriterium der sozialen Distinktion nicht mehr tauglich schienen.[62] Bis zu diesem Zeitpunkt hatte sich das reale Pro-Kopf-Einkommen seit 1950 verdoppelt.[63] In der Bundesrepublik und in anderen westeuropäischen Ländern hatte es sich gar verdreieinhalbfacht.[64] In den späten 1960er-Jahren hatte Westeuropa auf dem Wege zur Konsumgesellschaft auch beim Ausbau der Infrastruktur (Autobahnen, Shoppingcenter) mit den Vereinigten Staaten gleichgezogen.[65] Die Breite und Mannigfaltigkeit des Warenangebots vervielfachte sich. In dem Maße, wie die Konkurrenz zwischen qualitativ und preislich vergleichbaren Produkten zunahm, stieg die Bedeutung des emotionalen Zusatznutzens, den die Werbung versprach.

Werbung als Element einer neuartigen visuellen Massenkultur[66]

Nach Auffassung Wischermanns lässt sich «moderne» Werbung nicht aus der Kontinuität historischer Entwicklungslinien ableiten. Im 18. Jahrhundert hoben sich die Anzeigen, deren Größe und Lettern einheitlich waren, noch nicht vom grafischen Erscheinungsbild der Zeitung ab.[67] Vom frühen 19. Jahrhundert an suchte

Best eingerichtete Reparaturwerkstätte.

schrift eine Marktumfrage durchführte. Die Leserschaft von damals rund 600'000 Haushalten hatte sich anhand ihres Besitzes von dauerhaften Konsumgütern (Kühlschrank, Waschmaschine, Auto) in drei Kaufkraftklassen einzureihen.[59]

Die Ergebnisse dieser Umfrage belegen, dass diese Güter selbst im damals reichsten Land Europas[60] erst für eine schmale Oberschicht erschwinglich waren.

man dies durch fett gedruckte Buchstaben oder hinweisende Hände zu erreichen. Ein qualitativer Sprung erfolgte im späten 19. Jahrhundert, indem bildliche oder symbolische Elemente in die Werbebotschaften einbezogen wurden, die über das Produkt hinauswiesen.[68] Durch die Verwendung von Zeichen und Symbolen anstelle reiner Textbotschaften, durch die Verbindung zum bildlichen Bewusstsein des Publikums beginnt die Werbung in der Kultur der Moderne eine neue Funktion zu übernehmen, nämlich die Besetzung von Waren mit Symbolen.[69] Alle folgenden Versuche, Werbung psychologisch zu begründen, basieren unbewusst auf diesem Einbezug des bildlichen Bewusstseins.[70]

Die Geburtsphase von «Werbung als Kultur» fällt in die Jahrzehnte zwischen 1850 und 1890. Die Revolution von 1848/49 überschwemmte Mitteleuropa mit einer Flut von illustrierten Flugblättern und Plakaten[71], und in der Folge gelang es den Obrigkeiten nicht mehr, das entfesselte Kommunikationsbedürfnis einzudämmen.[72] Um 1890 hatte sich die Werbung in Deutschland und in England vom primären Produkt- und Warenbezug gelöst. Die neue Ästhetik der Konsumgesellschaft, so die Hauptthese Wischermanns, war fertig, lange bevor die ökonomischen Voraussetzungen zu ihrer Durchsetzung gegeben waren. Erst nach dem Zweiten Weltkrieg wurde die Werbung von der Wohlstandsentwicklung eingeholt.[73]

Die erste Generation von Gestaltern (ab etwa 1890) suchte mit künstlerischen Mitteln nach öffentlicher Bewunderung. Beim Übergang vom Verkäufer- zum Käufermarkt kurz nach der Jahrhundertwende begann man über das Potenzial der Reklame als Mittel der Wettbewerbspolitik nachzudenken.[74] Eine zweite Generation von Werbern entwarf ab etwa 1905 das «Sachplakat», um ihr Schaffen stärker den ökonomischen Zielen ihrer Arbeitgeber unterordnen zu können. Nach dem Ersten Weltkrieg verbreiteten sich werbepsychologische Ansätze, und Methoden der Marktforschung wurden propagiert: In einer Situation der Marktsättigung, so der führende Theoretiker Erich Schäfer, war die Rationalisierung der Produktion allein nicht mehr ausreichend. Vielmehr müsse die optimierte Produktion ideal in den Markt eingepasst werden.[75] In den 1920er-Jahren wich die «Werbekunst» der Vorkriegszeit einer nüchternen «Gebrauchsgrafik». Die Texte wurden kürzer, die Bilder attraktiver. Das geschriebene Wort war nicht mehr bloß Träger einer Botschaft, sondern Mittel zur Erregung von Aufmerksamkeit.[76] Die Werber, die sich in dieser Zeit in Deutschland und in der Schweiz als Branche organisierten, suchten mit psychologischer Raffinesse nach

stillem Erfolg.[77] In der Nazizeit näherten sich politische Propaganda und Wirtschaftswerbung stark aneinander an. Geschickt inszenierten die Machthaber Elemente der Konsumgesellschaft, etwa im Kult um den «Volkswagen», ohne die geweckten Erwartungen zu erfüllen.[78]

Im ersten Jahrzehnt des «Wirtschaftswunders» schnellten die deutschen Werbeetats, vor allem durch Erschließung der Radio- (ab 1949) und der TV-Werbung (ab 1956), so rasch empor, dass sie sogar das Wirtschaftswachstum überflügelten. «Inhaltlich dokumentiert die Werbung dieser Zeit eine Schieflage, die jener der zwanziger Jahre diametral zuwider lief. Trafen dort die Anfänge eines genussfreudigen Lebensstils auf eine fast permanente Wirtschaftskrise, so stand nun eine genussfeindliche, kleinbürgerlich-protestantisch dominierte Arbeitsethik einem Wirtschaftsboom gegenüber.» (Reinhardt)[79] Vor allem geriet die Werbung in dieser Zeit unter heftigen Beschuss. Die moderne Wirtschaftswerbung hatte von Anfang an auf Elemente der «populären Kultur» (Bourdieu) zurückgegriffen, die in enger Verbindung zur Lebenswelt der breiten Schichten stand. Sie wurde von der Vertretern der bildungsbürgerlichen «legitimen Kultur» (Bourdieu)[80] lange Zeit mit Vermassung und schlechtem Geschmack gleichgesetzt. Der Konflikt zwischen den beiden Kunstrichtungen erreichte mit dem Übergang zur Konsumgesellschaft in den frühen 1960er-Jahren eine neue Qualität, indem die Werbung unter dem Einfluss des Bestellerautors Vance Packard zusätzlich mit dem Verdikt des «geheimen Verführers» belastet wurde.[81] Von 1965 an versuchten Teile der deutschen Werbewirtschaft, die Menschen wieder an einen «hohen und schuldgefühlfreien Konsum» heranzuführen, was ihnen die Jugendrevolte von 1968 stark erleichterte. Deren Ideale griffen in den 1970er-Jahren auf weite Teile der Gesellschaft über. Von dieser Zeit an setzte die Werbung bewusst Farbe und erotische Motive als zentrales Gestaltungsmittel ein. Mit der Freiheit des Körpers dokumentierte sie zugleich die Freiheit des Konsums.[82]

Axel Bau vertritt die Ansicht, dass die Werbekommunikation ihren Kulminationspunkt heute überschritten habe: Er begründet dies mit der weitgehenden Sättigung der Märkte. Wenn Innovationen ausbleiben, werden die Produkte durch Scheindifferenzierungen ergänzt, bis der Zusatznutzen schließlich nur noch in einem Image, einem emotionalen Versprechen, besteht. Das Resultat: austauschbare Produkte mit austauschbarer Werbung.[83] Mit der Ausdehnung der Produktesortimente und der dafür benötigten Werbung wird mehr Werbezeit nachgefragt. Je mehr Werbung betrieben wird, desto mehr quantitatives Medienwachstum ist zu erwarten. Mit der Zeit führt dies unweigerlich zur «Informationsüberlastung», weil die Aufnahmefähigkeit von Seiten der Individuen zeitlich, aber auch biologisch begrenzt ist.[84] Deshalb dient Werbung immer stärker der Schaffung von Aufmerksamkeit und löst sich zusehends von der Promotion einzelner Produkte. Auffallen um jeden Preis – so lautet die Devise. «Die materielle und die immaterielle Überproduktion», so Georg Frank, «hetzen einander wechselseitig an.» Grenzen sind in beiden Fällen gesetzt. Im materiellen Bereich wird die Absorptions- und Regenerationskraft der Umwelt zum Flaschenhals. Im immateriellen Bereich ist es die subjektive Aufnahme- und Erlebnisfähigkeit des Individuums.[85] Die Zeit wird zum Minimumfaktor, obschon oder vielleicht gerade weil Freizeit in ungeahntem Ausmaß zunimmt!

Bereits 1960 prognostizierte der Chefredaktor der Zeitschrift «Sales Management» in einem humorvoll gemeinten Essay, dass die Aufnahmefähigkeit der Individuen für Werbung irgendwann an physiologische Grenzen stoßen würde: «Wenn wir alles kaufen und verbrauchen sollten, was eine automatische Industrie, ein mit allen Mitteln arbeitender Verkauf und eine raffinierte Werbung uns aufdrängen könnten, müsste jeder einzelne unserer ständig wachsenden Millionenbevölkerung Extraohren, Extraaugen und andere zusätzliche Sinnesorgane haben... und natürlich auch ein Extraeinkommen. Wahrscheinlich gibt es nur ein sicheres Mittel, allen Anforderungen gerecht zu werden; man muss eine ganz neue Gattung von Superkunden züchten (...)»[86]

Einleitung (2)

Über den Umgang mit Bildern und die «Schweizer Illustrierte» als Quellenbasis

Peter Bär

Ansätze der historischen Bildinterpretation

Die gesellschaftliche Kommunikation hat sich im Verlauf des 20. Jahrhunderts tief greifend verändert. Neben vielen anderen Aspekten haben auch die Vielfalt und die Vielschichtigkeit der visuellen Kommunikation – basierend auf vielen technologischen Neuerungen – immer stärker zugenommen: Neue Drucktechniken wurden entwickelt, und in kurzer Zeit sind mit Fotografie, Film und Fernsehen nacheinander neue Massenmedien herangewachsen, die noch nie da gewesene Möglichkeiten der Repräsentation von Ausschnitten der Realität bieten. So wurde dem noch jungen Medium Fotografie gegen Ende des 19. Jahrhunderts auch eine große Zukunft als historische Quelle vorausgesagt.[1] Dem ist beizufügen, dass selbstverständlich weder die Fotografie noch der Film die historische Realität objektiv abbildet, denn die subjektive Auswahl des festgehaltenen Wirklichkeitsausschnitts geschieht bewusst oder unbewusst durch den Fotografen oder den Filmenden. Zusätzlich entstehen bei der Wiedergabe in einem medialen Kontext (Werbung, Zeitschriftenartikel) und der anschließenden Rezeption durch das Publikum ganz neue Realitätsinterpretationen.

Es ist an der Zeit und letztlich unumgänglich, dass sich die Geschichtsforschung – trotz der ebenfalls angeschwollenen Flut von Schriftquellen – vertieft mit den verschiedenen Arten von visuellen Quellen auseinander setzt, ein Instrumentarium für die Bildauswertung bereit stellt und sich aneignet. Denn in der weltweiten Kommunikation figurieren Bilder nicht als bloße Illustrationen, sondern sie sind eigenständige Informationsträger, prägen die Gesellschaften und formen deren Bild der Realität mitunter mindestens ebenso stark wie sprachliche Botschaften. Gerade im Bereich der Zeitgeschichte wird es immer wieder Ereignisse geben, die ohne Berücksichtigung der visuellen Quellen nicht angemessen beschrieben werden können. Um nur ein Beispiel zu nennen: Kann etwa die Fernseh-Berichterstattung über den Golfkrieg von 1991 bei der späteren historischen Aufarbeitung der Rezeption des Geschehens beiseite gelassen werden?

Selbst in Anbetracht der Bilderflut des ausgehenden 20. und des beginnenden 21. Jahrhunderts sind Bilddarstellungen als historische Quellen in den Augen vieler Historiker immer noch suspekt, oder sie haben, wie Bruno Fritzsche meint, zumindest ein unseriöses Image.[2] Dies dürfte mit mehreren Faktoren zu tun haben: mit der emotionalen Ansprache durch Bilder, mit einem nicht immer reflektierten Manipulationsverdacht sowie mit der fehlenden Erfahrung im Umgang mit visuellen Quellen. Lange Zeit verwiesen beispielsweise auch die Einführungen in die Geschichtswissenschaft nur am Rande auf die visuellen Quellen – und meist nur als Mittel zur Veranschaulichung anderweitig gewonnener historischer Erkenntnis.

Dabei waren prominente Fachvertreter bereits im 19. Jahrhundert den visuellen Quellen gegenüber aufgeschlossen: Johann Gustav Droysen, der Ahnherr der deutschen Geschichtswissenschaft, fasste in der letzten Druckfassung des «Grundrisses der Historik» von 1882 die Grenzen des akademischen Faches so weit, dass auch «künstlerische Formgebung» eingeschlossen war.[3] Der prominente Schweizer Historiker Jacob Burckhardt lehnte die Verwendung von Abbildungen als historische Quellen ebenfalls nicht grundsätzlich ab, wie eine wahrscheinlich aus dem Jahr 1872 stammende Notiz belegt.[4] 1928 beschäftigte sich der Internationale Historikerkongress in Oslo mit der Nutzung von Bildquellen für die Geschichtswissenschaft und setzte gar eine Kommission ein, welche die entsprechenden Bemühungen 1934 durch die Planung einer speziellen Publikationsreihe institutionell abzusichern versuchte. Die nachfolgenden weltgeschichtlichen Ereignisse erstickten diese Ansätze jedoch im Keim.[5]

Es gilt bei Bildern zu unterscheiden zwischen ihrer Zugabe als bloße Illustrationen und ihrer Verwendung als eigenständige Quellen. Nicht zuletzt aus Verkaufsgründen ist die illustrative Verwendung von Bildern in historischen Publikationen längst gängige Praxis. Oft wird damit auch versucht, komplexe historische Konstellationen oder Erkenntnisse zu veranschaulichen. Der Verwendung von Bildern als eigenständigen historischen Quellen stand die Fachwelt jedoch lange Zeit skeptisch gegenüber. In jüngster Zeit ist mit einzelnen Publikationen glücklicherweise eine Wende in greifbare Nähe gerückt: Jens Jäger gibt am Beispiel des Mediums Fotografie eine Einführung in die historische Bildforschung.[6] Zuvor hatte bereits Rainer Wohlfeil einen Vorschlag zu einer geschichtswissenschaftlichen Methode der Bildauswertung vorgelegt. Er gesteht den visuellen Quellen einen eigenständigen Erkenntniswert zu: Ein Bild ergänzt nicht nur den anderweitig erarbeiteten geschichtswissenschaftlichen Kenntnisstand, «sondern kann (...) auch Erkenntnisse vermitteln, die aus anderen Quellen nicht zu erschließen sind».[7]

Bei der Arbeit mit Bildern ist zu beachten, dass diese tatsächlich anders erfasst und im Gehirn verarbeitet werden als Texte. Die so genannte Imagery-Forschung ist von der ursprünglichen Annahme abgekommen, dass

bildliche Informationen im Gehirn in sprachliche Codes umgewandelt würden. In den 1970er-Jahren wurde nachgewiesen, dass sprachliche und bildliche Informationen im Gehirn unterschiedlich verarbeitet werden. Bilder werden im Vergleich zu Text schneller und nicht sequentiell, sondern als Ganzheit erfasst. Zudem lassen sich mit Bildern emotionale Situationen und Stimmungen besser übermitteln, und Bildinformationen werden auch wesentlich besser erinnert als Sprachcodes, was für Kommunikationsstrategien von Belang ist. Schließlich lassen sich über visuelle Botschaften Vorstellungen vermitteln, die auf anderem Wege kaum zu veranschaulichen sind. Dies ist ein weiteres Argument für die Beschäftigung der Geschichtsforschung mit solchen Quellen.

Die stärker emotionale Ansprache durch Bilder spricht keineswegs gegen solche Quellen, denn bei einem schrittweisen, systematischen Vorgehen sind visuelle Quellen einer kritischen Interpretation ebenfalls zugänglich. Die Unterschiede im Umgang mit Bild- und Textquellen sind dabei eher gradueller Natur: Quellenmanipulationen gibt es auch bei Texten, sie sind in beiden Fällen nicht immer einfach zu durchschauen, und über die Zeit ändern sich die sprachlichen Begriffe ebenso wie die Bedeutung der Bildmotive. Entsprechend den Grundsätzen der historischen Methode, die ebenfalls auf visuelle Quellen anwendbar ist, sind alle Bilder einer eingehenden Quellenkritik zu unterziehen und vor dem Hintergrund des vorhandenen historischen Wissens über die Zeit der Bildentstehung beziehungsweise der Bildrezeption zu interpretieren. Sie sind also genauso in ihrem historischen Umfeld zu situieren wie jede andere Quelle auch.

Methoden und Praxis der historischen Bildauswertung

In der Literatur werden verschiedene Ansätze unterschieden, nach denen in der Geschichtsforschung Bildquellen bisher ausgewertet wurden. Heike Talkenberger[8] nennt fünf Ansätze: Realienkunde[9], Ikonografie/Ikonologie, Funktionsanalyse[10], den semiotischen Ansatz[11] sowie den rezeptionsästhetischen Ansatz.[12] Ihr Kategorisierungsversuch wäre um die sozialwissenschaftliche Methode der Inhaltsanalyse zu ergänzen. Dabei handelt es sich um ein aufwändiges quantifizierendes Verfahren, das speziell bei der Erforschung eines umfangreichen Quellenkorpus angezeigt scheint und generelle Entwicklungstendenzen zu Tage fördert. Sie lässt sich gut in Verbindung mit anderen Ansätzen wie einer historisch-ikonologischen Analyse einsetzen.

Die meisten Beiträge in diesem Buch folgen implizit dem ikonografisch-ikonologischen Ansatz, der hauptsächlich auf den Kunsthistoriker Erwin Panofsky zurückgeht.[13] Aus diesem Grund beschränken sich die folgenden Ausführungen auf diesen Ansatz. In der Kunstgeschichte wird unter *Ikonografie* die umfassende Beschreibung der verschiedenen Bildinhalte (Formen, Figuren, Motive, Themen usw.) verstanden. Die *ikonologische Interpretation* des Bildes wiederum baut auf der ikonografischen Analyse auf und soll die Bedeutung eines Kunstwerkes unter Berücksichtigung der kulturellen, geistesgeschichtlichen und gesellschaftlichen Rahmenbedingungen zur Entstehungszeit des Werks offenlegen. Es geht hier nicht mehr nur um die bewussten Intentionen der Kunstschaffenden, sondern auch um unbewusst Eingeflossenes aus dem zeittypischen Lebensumfeld. Dem Historiker Rainer Wohlfeil[14] kommt das Verdienst zu, einen umfassenden geschichtswissenschaftlichen Methodenvorschlag für die Analyse und Interpretation von Bildern als historischen Quellen vorgelegt zu haben. Wohlfeils dreistufiges Verfahren orientiert sich stark an Panofskys ikonologischer Methode aus den 1930er-Jahren.

Drei Punkte von grundsätzlicher Bedeutung sind bei der historisch-ikonologischen Auswertung von Bildquellen zu beachten:

1. Jede Beschäftigung mit visuellen Quellen muss von forschungsleitenden Fragestellungen ausgehen. Je nach Erkenntniszielen und Quellenart können möglicherweise einzelne der nachfolgend beschriebenen Verfahrensschritte ausgelassen reden.

2. Es sollte überlegt werden, ob allenfalls eine Kombination einer quantitativen und einer qualitativen Methode zum Ziel führt.

3. Bilder sind für sich betrachtet komplexe ikonische Aussagen, die oft mehrdeutig und nicht unbedingt selbsterklärend sind. Deshalb ist die Feststellung des Semiotikers Roland Barthes wichtig, dass Textelemente neben oder in einem Bild dem Zweck dienen können, die Bildinterpretation durch die Betrachtenden in eine bestimmte Richtung zu lenken. Barthes nennt dies die «Verankerung» der Bildbotschaft durch den Text.[15] Wegen der Bedeutung, die somit den Textpassagen bei der Festschreibung der spezifischen, zum Teil kontextabhängigen Bedeutung einer visuellen Botschaft zukommen, sind Textelemente in die Auswertung der Bilder einzubeziehen (bei audiovisuellen Quellen auch die Tonspur, also Gesprochenes, Geräusche, Musik). Die Beschäftigung mit den Textpassagen soll möglichst parallel zur Auswertung der visuellen Quellenelemente geschehen. Eine parallele anstelle einer nachträglichen Untersuchung der Textelemente lässt höhere Synergieeffekte erwarten.

Das im Folgenden skizzierte Vorgehen zur Analyse und Interpretation visueller Quellen orientiert sich an Rainer Wohlfeils historisch-ikonologischer Methode, gewichtet jedoch die Quellenkritik stärker.

Quellenkritik von Bild- und Textelementen

Mit der Quellenkritik wird ein möglichst sicher stehendes Fundament gelegt, auf dem Analyse und Interpretation aufbauen können. Dabei geht es nicht nur um die Feststellung der Quellenart und Herkunft oder um die Rekonstruktion fehlender Quellenteile, sondern auch um die kritische Hinterfragung der Quelle aus verschiedenen Blickwinkeln.

Auf die Herkunftsbeschreibung und die allfällige Quellenrekonstruktion folgen die äußere und innere Quellenkritik. Ziel der *äußeren Kritik* ist es, Informationen über die Quelle selbst sowie über deren Entstehung und Rezeption zu sammeln, die nicht direkt aus dem Inhalt, das heißt aus Bild oder Text, sondern aus dem Äußeren, aus dem Überlieferungsumfeld und aus Sekundärliteratur zu gewinnen sind. Alle greifbaren Angaben zur Urheberschaft sowie zu Zeit, Ort und Kontext der Entstehung werden festgehalten. Weiter ist nach der vom Autor intendierten, der potenziell möglichen und der effektiv verbürgten Rezeption sowie nach der Echtheit der Quelle zu fragen.

Bei der *inneren Kritik* geht es darum, Verständnisprobleme bei einzelnen Bild- und Textelementen zu erkennen und diese zu lösen. Zudem ist unter diesem Blickwinkel erneut die Frage nach der Echtheit der Quelle beziehungsweise einzelner Bild- und Textteile zu stellen (stammen zum Beispiel alle Teile aus derselben Zeit?). Weiter sind nicht nur direkt sichtbare, sondern auch verdeckte Manipulationen des Bildmaterials festzustellen.

Bildbeschreibung

In diesem zweiten Schritt werden minuziös alle Bildelemente aufgezählt und deren Beziehungen untereinander beschrieben.

Ikonografisch-historische Analyse

Die effektive Quellenauswertung besteht zuerst aus der Bestimmung der Bildmotive. Weiter sind kulturgeschichtliche Anleihen, beispielsweise biblische oder mythologische Bildzitate, zu benennen, und eventuell kann das Bild einer bestimmten Motivtradition zugewiesen werden. Zudem kann versucht werden, die im Rahmen eines historischen Umfeldes ursprünglich intendierte und verstandene Bildaussage herauszufiltern. Da es bei den meisten historischen Fragestellungen nicht nur um die Entstehungsgeschichte, die Urheber und ihre Intentionen oder die Quelle als solche geht, sondern auch um deren Wirkung, ist die Quelle in ihrem historischen Rezeptionskontext zu verorten oder die spezifische Rezeptionsgeschichte nachzuzeichnen.

Historisch-ikonologische Bildinterpretation

Nun gilt es, Antworten auf die untersuchungsleitenden Fragestellungen zu finden. Aus einer einzelnen Quelle sind verständlicherweise meist nur punktuelle Erkenntnisse zu gewinnen. Solche Bildinterpretationen können nicht nur Auskunft über abgebildete Gegenstände (so genannte Realien), über historische Personen oder Ereignisse geben, sondern auch zu Erkenntnissen über gesellschaftliche Normen und Werthaltungen, über die Auseinandersetzung von Menschen mit ihrer Umwelt und über kollektive oder individuelle Vorstellungswelten führen. Die Ergebnisse sind zudem vor dem Hintergrund des aktuellen Forschungsstands zu diskutieren.

Die Entwicklung der «Schweizer Illustrierten» und ihrer Werbung

Für die Interpretation historischer Quellen ist das Wissen um den Entstehungs- und Rezeptionskontext von großer Bedeutung. Werbemittel als Quellen haben zwar den Vorteil, dass die damit verfolgte allgemeine Absicht offensichtlich ist; wir wissen jedoch nicht, ob die Werbung auch wirklich ökonomisch erfolgreich war – auch heute noch ist die Werbewirkung schwer zu fassen. Im Unterschied zu vielen anderen Quellenarten lässt sich im Falle der Anzeigenwerbung aber über die Zeitschriftenauflage die Verbreitung mengenmäßig abschätzen. Zwischen der Werbung und den Medien besteht aber auch ein problembehaftetes Abhängigkeitsverhältnis, das bei der Beschäftigung mit Werbung nicht außer Acht gelassen werden darf. Leider ist jedoch festzustellen, dass nicht nur bei der Werbegeschichte noch große Forschungslücken klaffen, sondern auch bei der Mediengeschichte.

Grund genug, um vor der Beschäftigung mit einzelnen Werbeanzeigen in groben Zügen zu skizzieren, wie sich Medien und Werbung im Verlauf des 20. Jahrhunderts verändert haben. Die nachfolgenden Ausführungen beruhen auf Ergebnissen des vom Schweizerischen Nationalfonds unterstützten Projektes «Webikum» (Leitung: Christian Pfister, Durchführung: Peter Bär), das mittels einer Inhaltsanalyse an über 5'000 Anzeigen aus vier schweizerischen Zeitschriften untersucht hat, wie sich die Werbung zwischen 1920 und 1993 formal und inhaltlich verändert hat.[16]

Ein guter Teil der im vorliegenden Band abgebildeten Anzeigen stammen aus der «Schweizer Illustrierten». Darum lassen sich die Ausführungen zur Quellenbasis auf diese Familienzeitschrift beschränken. Die seit 1911 bestehende «Schweizer Illustrierte» trug bis zur letzten August-Nummer 1965 den Zusatz «Zeitung», dennoch handelt es sich seit jeher um eine bedeutende, reich illustrierte Zeitschrift, die sich an ein breites, eher gehoben-mittelständisches und eher städtisches Publikum richtete; auch bezüglich Geschlecht dürfte die Leserschaft recht ausgewogen gewesen sein.

Breitenwirkung und Marktdurchdringung

Die Auflage der «Schweizer Illustrierten» hat in absoluten Zahlen bis in die 1950er-Jahre hinein stetig zugenommen. Wohl aufgrund der gerade bei den Zeitschriften vielfältiger werdenden Medienlandschaft stagnierte die Zahl der wöchentlich gedruckten Hefte zwischen 1955 und 1970 bei leicht über 200'000 Exemplaren. Zu Beginn der 1970er-Jahre stieg die Auflage dann sprunghaft, da es aufgrund des Siegeszuges des neuen Mediums Fernsehen und der Einführung der TV-Werbung 1965 zu einer Restrukturierung der Presselandschaft und zur Fusion der «Schweizer Illustrierten» mit «Sie + Er» kam (1972). Seit den 1980er-Jahren haben die in scharfer Konkurrenz zu vielen Special-Interest-Zeitschriften[17] stehenden Familienzeitschriften generell an Terrain verloren; im Unterschied zu anderen Titeln vermochte sich die «Schweizer Illustrierte» in den 1990er-Jahren allerdings etwas aufzufangen.

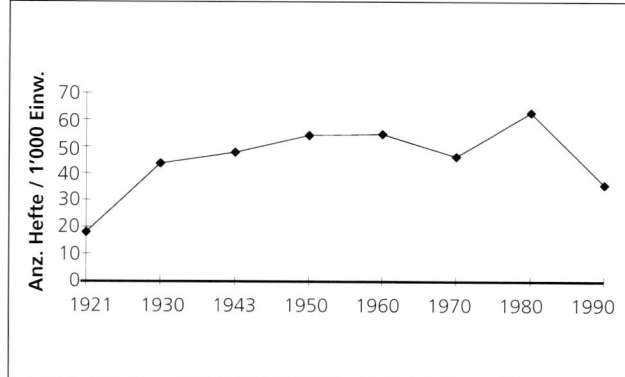

Setzt man die Auflage ins Verhältnis zur Bevölkerung der Deutschschweiz *(Grafik 1)*, so zeigt sich ein relativ ausgewogenes Bild: In den 1920er-Jahren hat die Verbreitung der Zeitschrift rasch zugenommen. Zwischen 1930 und 1970 kann von einer relativ konstanten Marktdurchdringung gesprochen werden, die anschließend entsprechend den geschilderten Entwicklungen schwankte. Die Auflage ab den 1930er-Jahren entspricht annähernd 20 Prozent der Haushalte.

In der ersten bekannten Umfrage über das Leserverhalten gaben 73 Prozent der befragten Personen an, die «Schweizer Illustrierte» regelmäßig oder gelegentlich zu lesen; sie war damit die beliebteste Zeitschrift in der Deutschschweiz.[18] Die Leserschaftsforschung von 1967/68[19] nennt eine Marktdurchdringung von 27 Prozent der Bevölkerung; solche Leserschaftsforschung wird seit den 1970er-Jahren regelmäßig durchgeführt. Da die professionell werbenden Firmen ihre Kampagnen in den meisten Fällen gleichzeitig in mehreren Pressetiteln platzierten, bedeutet dies, dass kumuliert schätzungsweise drei Viertel der Bevölkerung potenziell mit den Werbebotschaften in der «Schweizer Illustrierten» konfrontiert wurden. Entsprechend ist festzuhalten, dass diese Anzeigen eine historische Quellengattung mit einer bedeutenden Streuung und Breitenwirkung sind. Die Werbung darf ganz generell spätestens ab den 1920er-Jahren als ein visuell prägender Faktor im Alltagsleben bezeichnet werden, insbesondere in Verbindung mit der Plakat- und später mit der Fernsehwerbung.

Von der Werbung abhängig

Grafik 2 zeigt auf, wie rasant sich die die Anzahl platzierter Inserate in der «Schweizer Illustrierten» bereits in den 1920er-Jahren vermehrt hat; flächenmäßig, das heißt in Anzahl Werbeseiten pro Heft, war diese Zunahme bescheidener. Die Grafik legt auch die Krisenanfälligkeit des Werbeaufkommens – und der davon abhängigen Medien – offen: Die Weltwirtschaftskrise der 1930er-Jahre und der Zweite Weltkrieg ließen die Werbung in der «Schweizer Illustrierten» stark schrumpfen. Der große Werbeboom fand unverkennbar in den 1950er-Jahren statt: So verdreifachte sich die Zahl der Werbeseiten zwischen 1951 und 1963, zudem ist auch bei der Anzeigenzahl ein großer Zuwachs zu erkennen. Die Konjunkturabhängigkeit der Werbung zeigt sich in den 1970er- und frühen 1990er-Jahren erneut deutlich.

Grafik 2 legt außerdem die Abhängigkeit der Medien von der Werbung offen: Nimmt die Zahl der Werbeseiten zu, so kann auch der redaktionelle Teil stärker anwachsen (so in den späten 1920er- und in den 1950er-Jahren). In der Nachkriegszeit und speziell in den 1970er-Jahren stiegen zudem die Preise für Werbeseiten auch real an. Früh wurde dieses Abhängigkeitsverhältnis der Medien von der Werbung erkannt. So schrieb der Werbetheoretiker Curt Büsch bereits 1909, viele kleinere Zeitungen seien nur dank ihrer Einnahmen aus Anzeigen überlebensfähig, und nur dank der Reklame könne der redaktionelle Teil ausgebaut und teure Korrespondenten bezahlt werden.[22] Der Medienforscher Andreas Thommen schrieb im Jahr 1967, von den Erträgen eines Titels stammten 76,5 Prozent aus der Werbung, und meinte: «Die Einnahmen aus dem Inseraten- beziehungsweise Reklamegeschäft sind für die Schweizer Presse zu einem existenzwichtigen Faktum geworden.»[23] Auch der Berner Werbefachmann Dieter Jäggi sprach 1991 davon, durchschnittlich 70 bis 75 Prozent der Einnahmen der Schweizer Zeitungen kämen aus der Werbung.[24]

Die Werbung gewann für die «Schweizer Illustrierte» nach 1920 rasch an finanzieller Bedeutung. Bereits in den 1920er- und 1930er-Jahren dürften nach unseren groben Schätzungen gut 40 Prozent der Einnahmen mit den Inseraten erwirtschaftet worden sein. Bei stärker über die Werbung finanzierten Zeitschriften wie beispielsweise dem «Schweizerischen Beobachter» müsste damals schon mehr als die Hälfte der Einkünfte aus der Werbung gekommen sein.

In der Nachkriegszeit kletterten die Werbeeinnahmen rasch nach oben, die «Schweizer Illustrierte» finanzierte sich schätzungsweise zu über 60 Prozent aus der Werbung. Die steigenden Werbeausgaben der Wirtschaft erlaubten es den Verlagen, die Preise der immer umfangreicheren Zeitschriften niedrig zu halten, wovon die Konsumentinnen und Konsumenten profitierten.

Größer, bunter und «realitätsnäher»

Im Verlauf des 20. Jahrhunderts hat die Werbung nicht nur mengenmäßig zugenommen, sondern sich auch äußerlich und inhaltlich stark gewandelt. Wie sich die Werbebotschaften inhaltlich und stilistisch verändert haben, werden die nachfolgenden Artikel in thematisch eingegrenzten Fallstudien darstellen. Daneben gilt es hier, einige allgemeine Entwicklungstendenzen der Werbung in den Blick zu bekommen.

Grafik 3 zeigt, dass die durchschnittliche Fläche der Anzeigen, namentlich nach dem Zweiten Weltkrieg, rasch größer wurde. Erste Anzeichen dieser Entwicklung deuten sich in den 1920er-Jahren an; doch wurde sie in den anschließenden Krisenjahren gestoppt. In der Nachkriegszeit explodieren die Werbeflächen förmlich. Waren halb- oder ganzseitige Anzeigen vor dem Zweiten Weltkrieg noch eine Seltenheit, die wohl entsprechend starke Beachtung bei der Leserschaft erlangten, so entfachte der Werbeboom in der Hochkonjunkturphase ab den 1950er-Jahren einen bis heute anhaltenden Kampf um Aufmerksamkeit. Um in dieser Konkurrenzsituation besser wahrgenommen zu werden, wurde bedeutend häufiger großformatig geworben. Dies ist jedoch nur eine von verschiedenen möglichen Maßnahmen: In dieser Zeit hielt in der «Schweizer Illustrierten» beispielsweise auch die zuvor nur zögerlich eingesetzte Farbe Einzug in die Anzeigen. Zudem ging die Zahl der reinen Textreklamen

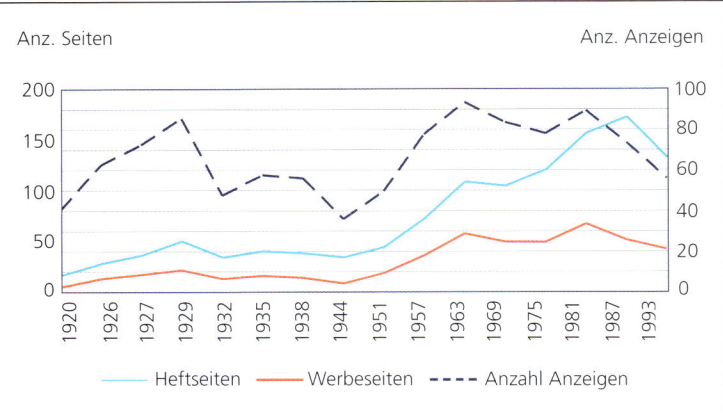

Grafik 3
*Entwicklung der durchschnittlichen Anzeigengröße
bei der «Schweizer Illustrierten»*[25]

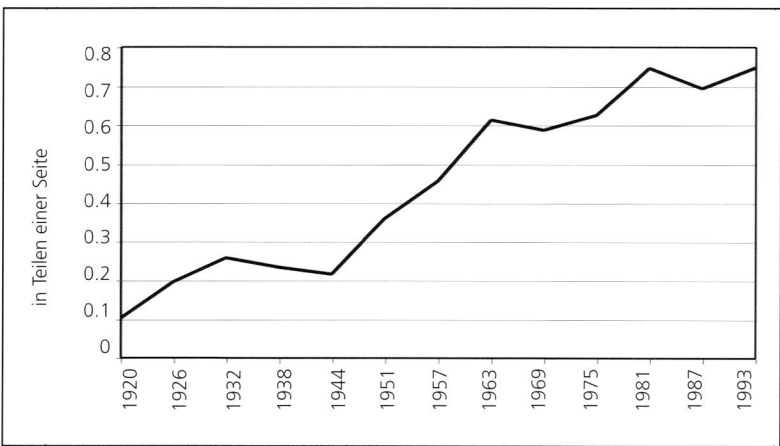

Grafik 4
*Der Einsatz von Fotografien in illustrierten Anzeigen
aus vier schweizerischen Zeitschriften*[26]

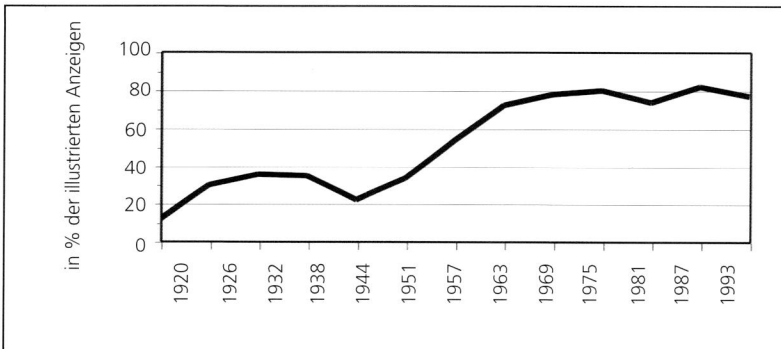

Augen des Publikums die Realität getreu abbilde und damit zu höherem Vertrauen in die Werbung führe. In der Zwischenkriegszeit wurde die Fotografie hauptsächlich dann eingesetzt, wenn es nur gerade um die Abbildung eines Produktes ging. Die ersten Versuche der 1920er-Jahre, ganze Alltagsszenen fotografisch festzuhalten, wirken aus heutiger Sicht sehr steif und «gestellt».

In der Zwischenkriegszeit hatte sich die Branche der unabhängigen Werbeberater allmählich etabliert. Sie erlebte in der Hochkonjunktur ab den 1950er-Jahren nicht nur einen Wachstums-, sondern auch einen weiteren Professionalisierungsschub. Irritiert schrieb ein früherer Werber in seinem Lebensrückblick 1976 über die Zeit nach dem Zweiten Weltkrieg, als die Marktforschung Einzug hielt und sich größere Agenturen formierten: «Die Romantik der Werbung war tot. (...) Werbung wurde zur Industrie (...).»[27]

weiter zurück. Bestanden 1920 noch 50 Prozent der Anzeigen nur aus Text, so sank dieser Anteil kontinuierlich auf unter 20 Prozent. Dafür wurde die Werbung immer großzügiger illustriert. Mit der Durchsetzung der Lebensstilwerbung (vgl. Teil 1 der Einleitung) in den 1950er-Jahren stieg der Anteil der Anzeigen mit Menschendarstellungen auf rund 50 Prozent; damals wie heute gibt es jedoch eine beträchtliche Zahl von Anzeigen, die sich auf die Produktdarstellung beschränken.

Auch der Einsatz der Fotografie boomte in der Nachkriegszeit stark – wie der *Grafik 4* zu entnehmen ist. Die Fotografie wurde in der Werbung allmählich zur Selbstverständlichkeit, und entsprechend kamen die Zeichnungen außer Mode. In der Werbeliteratur wurde der Einsatz der Fotografie empfohlen, da diese in den

Wollen und Sollen der «Bilder vom besseren Leben»

Daniel Di Falco

Ein offenes Terrain

Bald zehn Jahre ist es her, dass der deutsche Werbe-historiker Dirk Reinhardt klagte: «Mit wenigen Ausnahmen erschöpfen sich die bisherigen Publikationen zur Geschichte der Werbung in pittoresken, mehr in Farbe denn in Gedankengängen schwelgenden Bilderschauen.»[1] Wohl hat das Interesse der Geschichtsforscher an der Werbung in den letzten Jahren stark zugenommen[2], doch Reinhardts Befund gilt noch immer – jedenfalls, was jene Veröffentlichungen betrifft, die sich an ein breiteres Publikum richten: Hier hat Werbung meist bloß Illustrationsmaterial für Technik-, Firmen-, Kunst- und weitere Geschichten zu liefern.[3] Als vollwertige historische Quelle wird sie kaum genutzt.

Diese Praxis wird offensichtlich von der Idee geleitet, man könne historische Werbung für sich selber sprechen lassen. Das mag mit dem unreflektierten Konsum von Bildern an sich zusammenhängen (vgl. Teil 2 der Einleitung). Anderseits ist Grundsatzkritik an der Werbung weitgehend verstummt, sie ist vom Manipulationsverdacht befreit, gar als Teil der Massenkultur an- und aufgenommen[4], und das scheint einen oberflächlichen Umgang mit ihr zu erleichtern. Zudem scheint sie keine Geheimnisse mehr zu bergen; die Tatsache allerdings, dass sie ihre Botschaften und ihre Argumente offen vorträgt, gilt nur für die kurze Gegenwart jenes «Zeitgeists», dem sie verpflichtet ist – danach entwickelt sie sehr bald ihre Geheimnisse.

«Die Historiker und Archäologen werden eines Tages entdecken, dass die Werbung unserer Zeit die einfallsreichsten und tiefsten Betrachtungen darstellt, die eine Kultur je über ihr ganzes Tun und Lassen angestellt hat.»[5] Das hat sich der Medientheoretiker Marshall McLuhan vor knapp vier Jahrzehnten vorgestellt. Derart euphorisch braucht man indessen gar nicht zu werden, um festzustellen, dass in historischer Werbung mehr steckt als bloß ein Anlass zu nostalgischem Amüsement; dafür stehen die «Bilder vom besseren Leben».[6] In diesem Band werden Anzeigen und Plakate als Quellen des visuellen Alltags im 20. Jahrhundert befragt und zum Sprechen gebracht. Dabei interessieren die Veränderungen, die über die Zeit hinweg zu beobachten sind. Ihre hauptsächliche Erkenntnis gewinnen die Beiträge in diesem Band aus einer gründlichen, anschaulichen Interpretation konkreter Anzeigen; sie konzentriert sich auf folgende Fragen:

• Welche Wert- und Wunschvorstellungen, welche Bilder vom besseren Leben vermittelt die historische Werbung? Welche Versprechen macht sie auf welche Weise?

• Welche langfristigen kulturellen oder wirtschaftlichen Veränderungen sind aus der Werbung ablesbar?

• Welches Verhältnis haben die Tendenzen in der Werbung zu anderen Tendenzen in der Gesellschaft? Wofür steht also historische Werbung?

• In welcher Beziehung stehen diese Ergebnisse zu weiteren historischen Erkenntnissen?

Alles in allem sind von historischer Werbung ungewohnte Erhellungen der Vergangenheit zu erwarten; die «Bilder vom besseren Leben» erkunden ein ziemlich offenes Terrain. Insofern ist unser Anspruch auf Vielfalt in den Zugängen zum Thema durchaus nicht jene Plattitüde, mit der sich Sammelbände gern kleiden. Zu zeigen ist schließlich, dass sich in einer solchen Werbegeschichte «Gedankengänge» mit einer «Bilderschau» in «Farbe» (Reinhardt) bestens vertragen.

Zu den Beiträgen

Den Band eröffnet ein Block von vier Beiträgen. Sie vermitteln einen Eindruck möglicher Ansätze und Themen der Geschichtsforschung mit Werbung. *Daniel Beck* untersucht den Wandel von Angebot und Zielpublikum in der Werbung der Schweizerischen Bundesbahnen. Ein Jahr nach ihrer Gründung, 1903, publizierten die SBB ihre ersten Plakate, und sie warben damit primär bei den Vermögenden im Ausland. Angepriesen wurde weniger die Bahn als Verkehrsmittel als vielmehr die Schweiz als Reiseziel. Die aufkommende Konkurrenz durch das Automobil in der Zwischenkriegszeit war einer der Gründe, warum die Verantwortlichen den Schwerpunkt der Werbung auf den Inlandmarkt verlagerten und dort die Vorteile der Bahn als Verkehrsmittel betonten. Seither ist der Individualverkehr ein Bezugspunkt der SBB-Werbung geblieben. Der Beitrag zeigt zudem, wie die Staatsbahnen lange Zeit einen spezifischen Werbestil pflegten – wobei der Humor um seinen Platz zu kämpfen hatte.

Welche Funktion die Werbung in der modernen Warenwelt übernimmt, macht *Myriam Berger* am Beispiel der Ovomaltine klar. Der deutliche Wandel in

den Werbeversprechen für dieses traditionelle Produkt zeigt nämlich, dass Werbung ihrer Ware Funktionen und Bedeutungen zuschreibt, die über den Gebrauchswert hinausgehen, und diese passt sie hochvariabel bestimmten gesellschaftlichen Tendenzen an. 1904 kam die Ovomaltine als «diätetisches Nährpräparat» auf

den Markt. Bis 1922 wurde sie nur in Apotheken und Drogerien angeboten, anschließend auch im Lebensmittelhandel. Sie war dabei weder Heilmittel mit klar definierter Wirkung noch gewöhnliches Lebensmittel, sondern wurde als Trunk gegen die Leiden der Zeit verkauft. Und genau im Wandel der Werbeversprechen bis zum Zweiten Weltkrieg wird klar, was die Zeitgenossen offensichtlich als jeweils drängende Sorgen erkannten: Der Mutter nahm die Ovomaltine die Sorge ums Wohl ihrer Kinder ab, dem Vater den Kummer über die Zukunft seiner Familie; die Ovomaltine empfahl sich als Schild und Schwert gegen die Wirtschaftskrise und als Stärkerin des Wehrwillens in Zeiten des Kriegs.

Wie aber kommen die Werbeversprechen in die Werbung? *Stefan Altorfer* wirft einen Blick hinter die Kulissen der Bilder vom besseren Leben. Am Beispiel der Herrenmodefirma PKZ zeigt er, welchen Einfluss auf die Werbestrategien die Veränderungen im unternehmerischen Umfeld haben, etwa die Entwicklung des Umsatzes. Solche Zusammenhänge sind gerade dann nicht zu vernachlässigen, wenn es gilt, den Wandel der Werbung einer Branche oder einer einzelnen Unternehmung zu erklären. Mit Material aus dem Firmenarchiv von PKZ gibt der Beitrag einen Einblick in die Vorgänge zwischen Werbern und Auftraggebern; sie führen zu jenem Ergebnis, das die Öffentlichkeit schließlich zu Gesicht bekommt. Der dritte Pol im Kommunikationsdreieck der Werbung – das Publikum – meldete sich bei PKZ irritiert zu Wort, als die Firma 1966 einen Ritt auf der James-Bond-Welle wagte: Es äußerten sich unbeabsichtigte «Nebenwirkungen» der Werbung und der Konflikt zwischen den Ansprüchen der eher konservativen Stammzielgruppe und dem jüngeren Kundensegment, das PKZ mit dieser Strategie gewinnen wollte. Zudem zeigt sich im Fall von PKZ jene Professionalisierung der Werbung, wie sie Daniel Beck für die SBB erkennt: die Auslagerung der Werbeproduktion «im Haus» an externe Spezialisten.

Der Beitrag von *Lisa Bechter* und *Rita Stöckli* wechselt die Perspektive: Sie erklären den radikalen Wandel in der Werbung für Sonnenschutzmittel vor allem mit einer Umkehr in den gängigen Schönheitsvorstellungen. Noch in den 1920er-Jahren galt weiße Haut als Zeichen hoher gesellschaftlicher Stellung: Blass war, wer nicht zu arbeiten brauchte, und so versprachen die Cremes damals, den zarten Teint vor der Bräunung zu schützen. Bereits im selben Jahrzehnt aber tauchte der Slogan «Sonnengebräunt» in der Werbung auf – Hautbräune galt nun immer stärker als Ausdruck von Schönheit und Gesundheit. Sonnenbaden wurde zum neuen Freizeitvergnügen, und es setzte ein «Wettbrennen» ein, das auch in der Werbung seine Spuren hinterließ. Das zeigt sich, wenn die übermäßige Hautbräunung auf den Bildern mit den Eigenschaften des jeweiligen Hauttyps verglichen wird. In den 1980er-Jahren begann dann die Werbung, Risiko beziehungsweise Sicherheit beim Braunwerden zu thematisieren; das führte bis zur Werbeaussage, das Verhältnis des Menschen zur Sonne sei ein Dilemma. Denn vom Ideal der gebräunten Haut rückte die Sonnenschutzmittelwerbung nicht ab – auch wenn die Menschen, die sie zeigt, mittlerweile wieder etwas bleicher sind.

Einen ersten von zwei Schwerpunkten setzen die «Bilder vom besseren Leben» mit dem Thema Mobilität: vom Fahrrad, das im späten 19. Jahrhundert das Zeitalter des mechanisierten Individualverkehrs eröffnete, über die Frühzeit des Automobils bis zur Massenmotorisierung in der Nachkriegszeit. *Daniel Di Falco* untersucht in seinem Beitrag die Auf- und Entladung einer Ware mit Symbolik in der Werbung. Und zwar anhand eines Versprechens, welches das Fahrrad seinen Benutzern zwischen 1895 und 1930 machte: Prometheus und Flügelrad, Halbgöttinnen und Strahlenbündel und verwandte Bildmotive aus einem altertümlich-mythischen Inventar – sie symbolisieren in der frühen Fahrradwerbung den Triumph im «Kampf gegen Raum und Zeit». Diese verbreitete Vorstellung menschheitsgeschichtlichen Fortschritts wurde mit dem Fahrrad identifiziert, einem industriellen, damals hochtechnologischen Produkt. Und sie ging, als sich ein neuer, besserer Träger für diese prominente Wunschvorstellung bot, in den 1920er-Jahren aufs Auto über. In der weniger pathetischen Form des Versprechens von Freiheit und Abenteuer hält sie sich dort bis heute.

In solchen Bildern vom besseren Leben zeigt sich auch, wem dieses bessere Leben zugedacht wird. In den späten 1920er-Jahren, als das Auto noch ein Luxusvehikel der Reichen war, tauchte eine neue Personengruppe in der Autowerbung auf: die Frauen. «Ein kurzer Traum von der Freiheit am Steuer», wie *Monika Baumann* in ihrem Beitrag feststellt. Denn die ungebundenen, selbstsicheren Autofahrerinnen aus den Oberschichten verschwanden in der Krisenzeit der 1930er-Jahre wieder aus den Autoinseraten, und wie die Frauen damals aus der Arbeitswelt zurück an den heimischen Herd geschickt wurden, so trat in der übrigen Werbung die umsorgende Hausmutter an die Stelle der aktiven und initiativen Frau. Eng verknüpft mit gesellschaftlich-politischen Entwicklungen, äußert sich in der vorübergehenden Präsenz der Frauen in der Autowerbung ein Emanzipationsfortschritt ebenso vorübergehender Natur.

Noch für lange Zeit waren die Frauen in der Werbung nicht mehr auf dem Fahrersitz zu sehen. Auch noch nicht, als sich das Auto in der Nachkriegszeit «demokratisierte». Was geschieht mit einem Konsumgut in der Werbung, wenn es vom Luxus- zum Alltagsgut wird? Dieser Frage geht *Sibylle Lichtensteiger* in der Schlüsselzeit der Massenmotorisierung nach. Ihr Befund: Das Auto wird ausgebaut zum «Vehikel von tausend feinen Unterscheidungen». Zwischen 1948 und 1965 fällt eine ungeheure Vergrößerung des Angebots ins Auge, und diese äußert sich in Details wie dem «Aschenbecher auf durchdachter Höhe» oder dem «kaum hörbaren Einschnappen der Türen». Soll nämlich das Auto weiterhin als Mittel sozialer Unterscheidung dienen, so muss auch sein Angebot an Unterschieden erweitert werden, wenn – wenigstens dem Ideal der Konsumgesellschaft gemäß – jeder seinen eigenen Wagen fährt. Hinzu kommt, dass in jener Zeit der Lebensstil als gesellschaftliches Orientierungs- und Ordnungsmerkmal immer wichtiger wird: Werbung ist ein Ort, wo die feinen, aber bedeutsamen Unterschiede am Auto formuliert und bestimmten Käufertypen zugewiesen werden.

Solche Entwicklungen stellt der Beitrag von *Albert Tanner* in den größeren Zusammenhang des sozialen und kulturellen Wandels in der Schweiz der zweiten Hälfte des 20. Jahrhunderts; er ist insofern eine Scharnierstelle dieses Buchs. Nicht anhand historischer Werbung, sondern primär mit Befragungsdaten aus der Marktforschung untersucht er die Veränderung in den Vorstellungen dessen, was das gute Leben sei. Mehr Geld, mehr Zeit, mehr Sicherheit: Das waren die Bedingungen für den Übergang von der Arbeits- und Industrie- in die Freizeit- und Konsumgesellschaft. Diese brachte neben einem enormen Zuwachs von Konsumchancen und Entscheidungsfreiheiten einen Wandel in den Werthaltungen und Verhaltensweisen. Das zeigt sich prominent an der sinkenden Bedeutung der Arbeit für die individuelle Lebensführung. Dieser Beitrag macht zudem deutlich, wie sich die Menschen in der Konsumgesellschaft nicht mehr primär über soziale Herkunft und materielle Ressourcen verorten, sondern über den Konsum und die Orientierung an einem Lebensstil. Also «ein besseres Leben in schönen neuen Welten»? Auch in der Konsumgesellschaft gelten nicht für alle die gleichen Chancen des Lebens und Erlebens. Diese bleiben bis zu einem gewissen Grad abhängig von der Entwicklung wirtschaftlicher Ressourcen und sozialstaatlicher Absicherungen.

Einen zweiten Schwerpunkt setzen die «Bilder vom besseren Leben» mit der Darstellung der Geschlechter und ihres Verhältnisses. *Christine Wanner* und *Brigitte Walser* beschäftigen sich mit der Werbung für eine Ware, deren Gebrauchswert seit jeher verschwindend gering ist, die dafür in ihrer Werbung umso größere Versprechungen macht: mit der Zigarette. Gerade als «erotisches Accessoire» in der Beziehung zwischen Frau und Mann verspricht sie nichts weniger als Glück in der Liebe. Und so werden in der Werbung regelmäßig nicht nur Raucherwaren entfacht, sondern auch Leidenschaften. Zwei Erotisierungswellen stellen Wanner/Walser für die Zeit zwischen 1965 und 1985 fest: eine erste als Folge des Aufbruchs von 1968, wobei die Werbung sexuellen Genuss zu zweit recht umissverständlich vor Augen bringt und Frauen mit einem neuen Selbstbewusstsein zeigt; eine zweite zu Beginn der 1980er-Jahre, als Sexualität subtiler in Bild und Text erscheint. Hierin zeichnen sich die Linien des gesellschaftlich Akzeptierten ab, auf Provokationen lässt sich die Zigarettenwerbung nicht ein. Entsprechend spät wird denn auch der Mann zum sexualisierten Objekt der Werbung.

Nach wie vor sind die meisten Menschen in der Werbung Frauen. Ihrer Darstellung geht *Peter Bär* für die Zeit von 1920 bis 1990 nach. Die bedeutendste Umbruchphase liegt in der zweiten Hälfte der 1960er-Jahre, als die Werbung immer häufiger versucht, die Frauen nicht mehr nur vor allem als Hausfrauen und Mütter anzusprechen, sondern auch als unabhängige Konsumentinnen. Entsprechend kommt es – nach ersten zaghaften Akten der Selbständigkeit – zu einem Aufbruch in eine Vielfalt von Frauenbildern. Eine markante Zunahme weiblicher Unabhängigkeit in der Werbung ist indessen erst ab den 1980er-Jahren festzustellen; da erscheint zum Beispiel der Typ der Kämpferin und erklärt: «Eine Lebensversicherung? Nein danke. Ich sorge für mich allein.» Die Entwicklung des Frauenbilds verläuft alles andere als gleichförmig: Die Veränderungen geschehen nicht in konstantem Tempo, manche brechen ab, um später wieder aufgenommen zu werden, und das Spektrum der Darstellungen ist bereits in der Zwischenkriegszeit vielfältiger, als sich dies gemeinhin erwarten ließe. In alledem manifestiert sich die Summe der Reaktionen der Werbung auf gesellschaftliche Veränderungen. Und in diesem Feld folgt die Werbung vorsichtig dem Weg des Akzeptierten.

Während über Verwendung und Bedeutung der Frau in der Werbung viel diskutiert und auch geforscht wird, ist der Mann bislang eher im Schatten geblieben. Einen Rundgang durch den «Männerzoo der Werbung» unternimmt *Diego Hättenschwiler* in seinem Beitrag. Neben der eher konventionellen Männlichkeit des Experten in der Arztpraxis, des Profis im Cockpit oder des Familienvaters mit seinem neuen Auto kommt hier eine Revue teils überraschender Figuren zum Vorschein – so etwa ein Mann, der ausgerechnet in Männersachen auf den Rat seiner Frau angewiesen ist, denn «er versteht nichts vom Rasieren». Welche Verbindlichkeit mitunter von vorgeprägter Männlichkeit ausging, zeigt sich im Fall des «Reklameberaters» Paul Althaus. Ihm hatte sich Ende der 1920er-Jahre die nicht einfache Aufgabe gestellt, eine «Chocolade für den Herrn» an den Mann zu bringen – ein solches Unterfangen war nicht möglich ohne die implizite Beteuerung, auch Männer mit Lust auf Schokolade seien Männer. So hat sich der Mann, verglichen mit der Frau, in der Werbung im 20. Jahrhundert denn auch wenig verändert.

Nicht nur Plakate und Inserate, Radio-, Kino- und Fernsehspots sind Träger der modernen Werbung.[7] Geworben wird auch in den Regalen: In der Konsumgesellschaft sind die Waren «stumme Verkäufer» ihrer selbst geworden. Auch sie haben die Kommunikationslücke zwischen Käufer und Verkäufer zu schließen, die sich auf dem Massenmarkt geöffnet hat. *Matthias Nast* und *Peter Stöferle* beleuchten die Revolution der Einkaufs- und Konsumgewohnheiten, die früh im Fernen Westen ihren Anfang nahm und 1948 dann auch in der Schweiz augenfällig wurde, als hier der erste Selbstbedienungsladen eröffnet wurde. Mit diesem System verschwand das Bedienungspersonal zusehends aus den Geschäften, und die Packungen mit ihren visuellen Reizen übernahmen die Aufgabe des gesprochenen Worts. So beschäftigten sich werbepsychologisch geschulte Gestalter eifrig mit der Packung und der optimalen Wahl von Farbe, Form, Schrift und Material. Schließlich trägt auch die Warenhülle eine Werbebotschaft in die Welt hinaus; wie eine Anzeige schließt sie das Produkt an Vorstellungen vom besseren Leben an – in der Tiefkühlvitrine beispielsweise behauptet die 5-Minuten-Fertigpizza ihre Herkunft aus der heilen Welt von Nonnas rustikalem Steinbackofen.

Der Umgang mit dem Universum der Waren in der Konsumgesellschaft ist mittlerweile selbstverständlich und gewöhnlich geworden, trotz ihrem revolutionären Charakter, trotz ihrer historischen Einmaligkeit. Nicht anders verhält es sich mit den erweiterten Möglichkeiten der Lebensgestaltung, wie sie die Konsumgesellschaft eröffnet hat: Verbindliche Standardbiografien haben an Bedeutung verloren, ins Zentrum der Lebensgestaltung trat der individuelle Lebensstil. *Simon Eggimann* verfolgt das Abbild dieser Entwicklung in der Werbung – von der Norm eines geschlechtergetrennten Tagesablaufs bei Ovomaltine 1953 bis zur Unabhängigkeit und zum Gruppenerlebnis bei den Wellenreitern von Muratti 1990. Die exemplarischen Inserate aus ganz verschiedenen Branchen machen anschaulich, wie sich ab Mitte der 1960er-Jahre die Verbindlichkeit einer mittelständisch-bürgerlichen Lebensweise auflöst und sich neue Lebensstile ausdifferenzieren. Gleichzeitig lässt sich in diesem Längsschnitt durch vier Jahrzehnte derselbe Wertewandel ablesen, den die Sozialwissenschaftler über diesen Zeitraum feststellen: von der Pflichterfüllung zur Selbstentfaltung. Ab Mitte der 1970er-Jahre ist offensichtlich – die Werbung belegt es – ein Miteinander gegensätzlicher Werte gängig. So ist in der Zigarettenwerbung von 1980 der junge Geschäftsmann zwar auf seinen Aufstieg bedacht, kann aber den Nonkonformismus pflegen und einen «Streik» einlegen. Jedenfalls für die Dauer eine Zigarette.

Die meisten Beiträge verfolgen den Wandel der Werbung in Fallstudien auf der Mikro-Ebene; der Schlussbeitrag der Herausgeber fasst wesentliche Tendenzen auf der Makro-Ebene zusammen, und zwar auf der Grundlage von Peter Bärs Auswertung einer großen Zahl von Werbebotschaften. Dabei wird Komplexität reduziert, und Differenzierungen werden eingeebnet, was die Entwicklungen klarer zum Vorschein bringt und vertiefte Aussagen zur Verschiebung von Werteprioritäten in Werbeanzeigen zulässt. Diese Ergebnisse werden in Beziehung gesetzt mit Befunden zum Wertewandel, die anhand anderer Indikatoren gewonnen worden sind – über lange Frist die Selbst- und Wunschbilder in Partnerschaftsinseraten (Manuel Eisner), für die letzten 25 Jahre die hoch differenzierten Ergebnisse von Umfragen des Marktforschungsinstituts Demoscope (Albert Tanner). Auf dieser verbreiterten Basis wird schließlich bilanziert, welche Erkenntnismöglichkeiten Werbung als historische Quelle bietet.

«Der Kluge reist im Zuge»

Themen und Töne in der Werbung der Schweizerischen Bundesbahnen[1]

Daniel Beck

1982 überprüfte die Werbeabteilung der SBB die Wirkung ihrer Kampagnen. Sie organisierte eine Umfrage, in der Schweizerinnen und Schweizer gefragt wurden, an welche SBB-Werbung sie sich am besten erinnerten. Über drei Viertel der Befragten nannten spontan den gleichen Slogan: «Der Kluge reist im Zuge». Bemerkenswert dabei: Bereits seit 1972 hatten die SBB den eingängigen Spruch in ihrer Werbung nicht mehr eingesetzt.[2] Ausgedacht hatte sich den Satz Ende der 1950er-Jahre Werner Belmont, der langjährige Chef der SBB-Werbeabteilung, des Publizitätsdiensts. Die fünf Wörter waren erstmals 1958 auf einem Plakat zu lesen, das vom Grafiker Hans Thöni gestaltet wurde *(Abb. 1)*. Das Plakat zeigt andeutungsweise einen Herrn, der in einem Bahnsessel die Zeitung liest.

Wenig hätte gefehlt, und kein Mensch würde sich an den Slogan erinnern. Die Mitarbeiter des Publizitätsdiensts diskutierten lange über Belmonts Vorschlag. Es war die Zeit, in der sich in der Schweiz wie anderswo in Europa immer mehr Familien ein eigenes Auto leisten konnten und die Schweizer Stimmberechtigten mit überwältigender Mehrheit dem Bau eines teuren Autobahnnetzes zustimmten.[3] Und so dachte man auch bei den SBB an die wachsende Zahl der Autofahrer und wollte diese nicht mit einem allzu frechen Spruch vor den Kopf stoßen: «Einige Mitarbeiter rieten mir von einer Veröffentlichung ab; sie befürchteten, es könnte der Eindruck entstehen, die SBB hielten die Autofahrer für dumm», erinnert sich Werner Belmont.[4]

Zwei Besonderheiten prägen die Geschichte der SBB-Werbung. Zum einen handelte – und handelt – es sich bei den SBB um einen Staatsbetrieb, der für eine öffentliche Dienstleistung warb und wirbt. Dieser «offizielle» Charakter der SBB-Kommunikation erklärt nicht nur die vorsichtige Haltung der Werber, wie sie das eben erwähnte Beispiel illustriert. Er ist auch der Ausgangspunkt für den spezifischen Stil, der die SBB-Werbung besonders in der Zeit von 1950 bis 1980 prägte. Zum anderen dürfen bei der historischen Betrachtung der Eisenbahnwerbung die verkehrstechnischen Umwälzungen des 20. Jahrhunderts nicht außer Acht gelassen werden: Um 1900 gab es kein anderes Verkehrsmittel als die Bahn, das zu Lande auch nur annähernd vergleichbare Transportleistungen hätte erbringen können. 1994

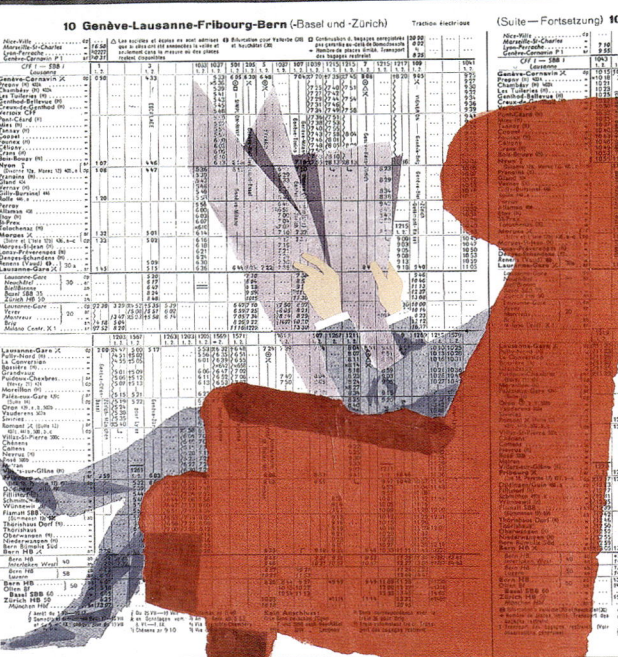

wurde die Bahn in der Schweiz im Personenverkehr nur noch für 13 Prozent aller zurückgelegten Distanzen gebraucht, das Privatauto dagegen für 68 Prozent. Im Güterverkehr betrug der Anteil des Schienenverkehrs im gleichen Jahr noch 37 Prozent.[5] Eine derartige Veränderung der Marktsituation muss sich auch in der Eisenbahnwerbung widerspiegeln.

Die Ursprünge

Im Vergleich zum Werbeaufwand der Automobilbranche nehmen sich die Ausgaben der Bahngesellschaften für Werbezwecke bescheiden aus: Zu Beginn der 1990er-Jahre, als die deutsche Automobilindustrie nach vorsichtigen Schätzungen über eine Milliarde DM für Werbung einsetzte, stand der Deutschen Bundesbahn ein Werbebudget von 33 Millionen DM zur Verfügung.[6] Von einem geringen Werbeaufwand für die Bahnbetriebe – unabhängig von Zeit und Land – zeugen auch zwei Jahrzehnte ältere Zahlen aus der Schweiz: Bei den SBB

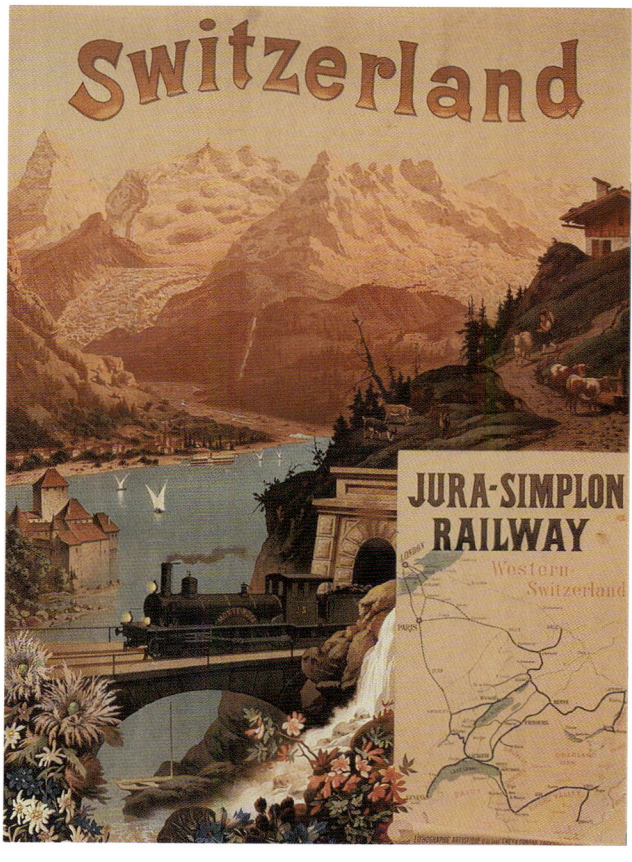

*Ein frühes Touris-
musplakat der
Jura-Simplon-Bahn.
Die Gestalter versuchten
offensichtlich, alle
Sehenswürdigkeiten
entlang des Strecken-
netzes auf das Bild zu
bringen. Plakat von
Frey & Conrad, 1890.*

verfügte die Werbeabteilung in den frühen 1970er-Jahren über rund 5 Millionen Franken pro Jahr, was gerade 0,3 Prozent des Gesamtumsatzes des Unternehmens entsprach.[7] Dennoch hat die Bahnwerbung in der Schweiz eine lange Tradition: Das schweizerische Eisenbahnnetz wurde in seinen Grundzügen in der Zeit von 1850 bis 1870 erbaut, und von Anfang an machten die damals noch privatwirtschaftlich organisierten Bahngesellschaften mit Plakaten und Prospekten auf Streckennetz, Fahrpläne und Tarife aufmerksam. Schon bald begann der systematische Aufbau von Werbeabteilungen, die sich mit der Herausgabe von Werbebüchern und zunächst noch einfach gezeichneten und mit viel Text versehenen Plakaten befassten. Die Gotthardbahn engagierte 1894 den späteren Literatur-Nobelpreisträger Carl Spitteler für das Verfassen eines Reiseberichts; Spitteler schilderte die landschaftlichen Schönheiten der Gotthardlinie und erhielt dafür ein für damalige Verhältnisse großzügiges Honorar von 7'000 Franken und eine Freikarte erster Klasse.[8]

Ebenfalls nicht die Eisenbahn selbst, sondern die Landschaft, durch die sie fuhr, stand im Zentrum der Werbeplakate aus der Zeit der Jahrhundertwende. Die Entwicklung eines neuen Druckverfahrens, der Farblithografie, ermöglichte es zu jener Zeit, die illustrativen Elemente vielfarbig aufs Papier zu bringen.[9] Schweizerische Bahnplakate waren in jener Zeit vor allem im Ausland zu sehen, und sie sollten beim reisefreudigen, wohlhabenden Bürgertum in ganz Europa und in Amerika die Lust auf eine Reise in die Schweiz wecken. Während die allerersten Bahnplakate in den 1880er-Jahren in der Regel aus den Elementen Landschaftsdarstellung, Fahrplan und Streckennetz bestanden, verloren die beiden letztgenannten Bestandteile rasch an Bedeutung.[10] So gestalteten die Zürcher Lithografen Frey & Conrad für die Jura-Simplon-Bahn (JS) im Jahr 1890 ein Plakat, auf dem die Landschaft ganz klar im Zentrum stand *(Abb. 2)*. Die JS mit Sitz in Lausanne und Bern war damals eine der fünf großen schweizerischen Bahngesellschaften, und sie hatte zur Koordination ihrer Werbung im Ausland zwei Agenturen in London und Paris gegründet. Das Plakat zeigt eine Schnellzugs-Dampflokomotive, die aus einem Tunnel herausfährt – die JS hatte übrigens nie eine Lok mit dem Namen «Monte Rosa» im Betrieb.[11] Der große Schriftzug «Switzerland», neben dem der Hinweis auf die Bahngesellschaft vergleichsweise diskret erscheint, deutet darauf hin, dass der Zug nicht das einzig Wichtige auf diesem Plakat war: Nicht die Bahn wurde beworben, sondern das Reiseziel. Und tatsächlich gaben sich die Grafiker bei der Gestaltung der Landschaft besondere Mühe. Im Hintergrund sind das Matterhorn und das Monte-Rosa-Massiv zu sehen, darunter der Genfersee und Schloss Chillon; im Vordergrund ein Wasserfall und hochalpine Motive wie Edelweiß, Enzian und eine Hirtenszene mit Chalet. Die Künstler verzichteten also auf eine originalgetreue Wiedergabe der Landschaft und drängten stattdessen alle Sehenswürdigkeiten entlang der Bahnlinie auf einem Bild zusammen. Die Karte mit dem Streckennetz suggeriert zudem, diese Sehenswürdigkeiten seien nur einen Katzensprung von London oder Paris entfernt.

Tourismusplakate, die für Eisenbahngesellschaften warben, gab es zu jener Zeit viele. Auch die SBB, 1902 durch die Verstaatlichung der großen schweizerischen

Privatbahngesellschaften entstanden, betrieben zunächst Tourismuswerbung im Ausland: Der Staatsbetrieb übernahm die beiden Auslandagenturen der JS in London und Paris und deren Schweizer Werbezentrale, das «Bureau de Publicité» in Lausanne. Später gründeten die SBB neue Büros in Berlin, New York und Kairo.[12] Nach einem Wettbewerb im Jahr 1903 ließen die Bundesbahnen fünf Plakate mit touristischen Motiven («Appenzell», «Sion», «Linthal», «Schreckhorn» und «Wintersport») drucken und weltweit verteilen (Abb. 3). Mit den gleichen fünf Motiven wurden auch Werbepostkarten herausgegeben. Schon 1907 kam jedoch eine «Beratende Kommission für den Publizitätsdienst» zum Schluss, dass diese Werbemittel zu wenig beachtet würden. Bis 1921 gaben die SBB keine eigenen Plakate mehr in Auftrag. Sie betrieben ihre Auslandagenturen fortan zusammen mit der Schweizerischen Verkehrszentrale (SVZ). Der SBB-Schriftzug blieb in der Tourismuswerbung dennoch präsent: Die Verkehrsbüros der einzelnen Schweizer Tourismusregionen durften nämlich, wenn sie auf ihren Plakaten die SBB erwähnten, deren Kommunikationsnetz im Ausland nutzen.[13] Deshalb warben selbst Ferienorte wie Adelboden und Gstaad für die Bundesbahnen, obwohl gar keine SBB-Linie dorthin führte (Abb. 4).

In den 1920er-Jahren nahmen die SBB die Plakatwerbung – immer noch über die Auslandagenturen – wieder auf. 1921 wurde ein Wintersportplakat und 1922 ein Sommersportplakat herausgebracht. In den folgenden Jahren lieferten die nun elektrisch betriebenen SBB-Bergstrecken am Gotthard und am Simplon das Motiv für einige Plakate.[14] Seit dem Ende des Ersten Weltkriegs hatten die SBB die Elektrifizierung ihres Netzes forciert, damit sie bei künftigen Krisen unabhängig von ausländischen Energiequellen wie Kohle oder Öl sein würden.[15] Der elektrische Betrieb, bis 1961 auf dem gesamten SBB-Netz eingeführt, ermöglichte nicht nur stärkere Triebfahrzeuge und einen geringeren Wartungs- und Personalaufwand; die Reisenden profitierten auch von kürzeren Reisezeiten und vom Wegfall von Ruß und Rauch und anderen Emissionen. Die SBB-Werbeabteilung verwies folglich stolz auf die bei der Gotthard- und bei der Simplonlinie schon früh erfolgte Elektrifizierung – ein erstes bahnspezifisches Werbeargument. Selbst auf dem Gotthardbahn-Plakat von Anton Trieb aus dem Jahr

3
Das Plakat «Schreckhorn» von Plinio Colombi stammt aus dem Jahr 1903. Es zählt zur ersten Plakatserie der ein Jahr zuvor gegründeten Schweizerischen Bundesbahnen.

4
Aufgrund eines Vertrags der Schweizerischen Tourismuszentrale mit den SBB warb der Ferienort Gstaad mit dem Logo der Bundesbahnen – obwohl nie eine Linie der Bundesbahnen nach Gstaad führte. Plakat von François Gos, 1924.

1925, das eine rauchende Dampflok zeigte, wurde der Vermerk «jetzt elektrifiziert» hinzugefügt[16] *(Abb. 5)*. Später wurden auf den Plakaten bevorzugt die neuesten Loks und Triebwagen gezeigt.

Krise der Bahn, Beginn der Inlandwerbung

Die Weltwirtschaftskrise zu Beginn der 1930er-Jahre wirkte sich auch auf die SBB aus: Zwischen 1929 und 1936 gingen die Zahl der beförderten Personen um 15 Prozent und das Gewicht der transportierten Güter um 25 Prozent zurück.[17] 1933 waren die SBB mit über drei Milliarden Franken verschuldet. Die SBB-General-direktion führte diese Situation schon früh nicht nur auf die Konjunkturlage zurück, sondern verwies bereits in einer Broschüre aus dem Jahr 1930 auf die wachsende Konkurrenz durch das Automobil[18]: Die Zahl der Privat-autos in der Schweiz hatte sich zwischen 1914 und 1929 verzehnfacht. Es kam zwar noch immer erst ein

Motorwagen auf 53 Personen, doch der Umstand, dass Besserverdienende je länger, je mehr das Auto der Bahn vorzogen, erregte Besorgnis: Die Verkaufseinbußen waren bei den einträglichen Erst- und Zweitklassbilletten – bis 1956 gab es drei Wagenklassen – besonders hoch.[19]

Die SBB reagierten auf verschiedenen Ebenen auf die neuen Probleme. Sie versuchten (erfolglos), die Koordination von Schienen- und Straßenverkehr gesetz-lich regeln zu lassen[20], sie nahmen eine (letztlich erfolg-reiche) Finanz- und Strukturreform in Angriff[21] – und sie änderten ihre Werbestrategie radikal: Die Werbetätigkeit konzentrierte sich nun auf den Inlandmarkt, und neben der Werbung für bestimmte Reiseziele rückte die Werbung für die Bahn als komfortables Transportmittel, als Geschäftspartner und als staatspolitisch und wirt-schaftlich sinnvolle Institution ins Zentrum. Werner Belmont begründete die neuartige Werbebotschaft wie folgt: «Eine gewinnbringende Bahn benötigte noch kaum ein solches unternehmerisches Credo. Ihr Erfolg war Beweis genug. Wohl aber eine teure Schiene, die nicht mehr selbsttragend ist.»[22] Bereits in den Jahren 1927 bis 1930 hatten die SBB einen eigenen Pressedienst eingerichtet, der in der Folge unter anderem die Herausgabe von Büchern und Aufklärungsfilmen unter-stützte. 1934 öffnete am Zürcher Paradeplatz die erste SBB-Inlandagentur ihre Tore, und vier Jahre später über-nahm die Schweizerische Verkehrszentrale die bisherigen SBB-Auslandagenturen vollständig. 1943 lancierte der SBB-Publizitätsdienst erstmals eine landesweite Inserate-kampagne: In 234 Zeitungen und 25 Fachblättern wur-den Texte platziert, mit denen das Image der Bahn ver-bessert werden sollte.[23]

Mit der Verlagerung der Werbetätigkeit auf den Inlandmarkt begann die Zeit der SBB-Künstlerplakate: Der damalige Leiter des Publizitätsdienstes, Oskar Kihm, der selbst auch malte, engagierte in den 1940er- und frü-hen 1950er-Jahren bekannte Schweizer Kunstmaler wie Ernst Morgenthaler, Eduard Gubler, Hans Erni *(Abb. 6)* oder Maurice Barraud für die Gestaltung der SBB-Werbung.[24] Mit stimmungsvollen Bildern warben die Plakate jener Zeit für eine Reise durch die Schweiz, eine Bahnreise zum Wintersport *(Abb. 7)*, die komfortablen Zugsabteile oder eine Mahlzeit im Speisewagen.

Die Ära Belmont

Mitte der 1950er-Jahre war die Zeit der Künstlerplakate vorbei. «Die SBB wurden zwar in der Öffentlichkeit als weltoffener, kulturfreundlicher Betrieb wahrgenommen. Doch man sprach nur von den ‹schönen› SBB-
Plakaten, nicht aber von den Vorteilen, die die SBB für
jeden einzelnen Kunden und jede Kundin brachten»,
erinnert sich Werner Belmont. Der studierte Jurist aus
Basel trat 1954 in den SBB-Publizitätsdienst ein, übernahm dort bald eine führende Rolle und leitete die
Werbeabteilung von 1968 bis 1979. Um Sicherheit,
Schnelligkeit und Bequemlichkeit des Verkehrsmittels
Eisenbahn und die Verbesserungen im Angebot wirkungsvoll kommunizieren zu können, arbeitete er mit frei
schaffenden Werbegrafikern zusammen. Darunter befanden sich bekannte Plakatkünstler wie Donald Brun
oder Herbert Leupin (der Erfinder von Suchards lila Kuh).[25]

     In den 1960er- und 1970er-Jahren waren neben
den frei schaffenden Grafikern rund acht Personen im
Publizitätsdienst angestellt, die im Bereich Personenverkehr pro Jahr durchschnittlich vier Plakatkampagnen
von den ersten Entwürfen bis zur Distribution organisierten. Die relativ kostengünstigen Plakate waren und sind
– neben Prospekten – nach wie vor das wichtigste
Werbemittel der SBB, zumal die Bundesbahnen an den
Bahnhöfen selbst zahlreiche Plakatstellen besitzen.
Anzeigen in Publikumszeitschriften waren selten, da sie
für den nur mit beschränkten finanziellen Mitteln ausge-
statteten Publizitätsdienst oft zu teuer waren. Dafür expe-
rimentierten die SBB bereits Mitte der Sechzigerjahre als
eines der ersten Schweizer Unternehmen mit vereinzelten
TV-Spots. Die Fernsehwerbung wird jedoch bei den SBB
bis heute zurückhaltend eingesetzt.[26]

     Die Idee für Text und Bildmotiv der Plakate stamm-
te meist von Werner Belmont selbst. Vor seiner SBB-Zeit
hatte er für das bekannte Cabaret Cornichon getextet,
nun brachte er ein neues Element in die Werbung der
Bundesbahnen ein: den Humor. Gerade weil die SBB ein
Staatsbetrieb waren, sollten sie sich, so Belmont, um
einen fröhlichen Umgangston bemühen – als Ausdruck
einer gleichwertigen Beziehung zwischen Bürger und
Staat. «Es sind gutgelaunte Eidgenossen, die ihren SBB
wohlgesinnt sind, die zu ihr stehen – auch als Stimm-

6
*Ab den 1930er-Jahren
arbeiteten die SBB mit
bekannten Künstlern
zusammen. Hans Erni
gestaltete dieses Plakat
von 1940.*

32

33

7
*Werbung für den
Wintersport hatte
bei den SBB eine
lange Tradition. Plakat
von Hans Falk, 1953.*

8
Werner Belmont hatte für das Cabaret Cornichon getextet; als Leiter des Publizitätsdiensts bei den SBB rechnete er mit «gutgelaunten Eidgenossen». Einer seiner Reime auf einem Plakat aus dem Jahr 1962.

bürger, als Steuerzahler, als Parlamentarier – ja sogar als Automobilisten und Verfrachter», schrieb er 1975.[27] So entwickelte er einen typischen SBB-Werbestil: Auf den Plakaten war oft ein lachendes Gesicht oder eine amüsante Zeichnung zu sehen, gepaart mit einem spielerischen, sich reimenden Slogan wie «Reserven für die Nerven», «Ihr Retter bei jedem Wetter», «Schienen dienen», «Reise weise» *(Abb. 8)* oder eben «Der Kluge reist im Zuge».

Da die SBB-Werbung durch Steuergelder finanziert wurde, konnte und wollte sich der Publizitätsdienst keine aufwändige und aggressive Werbung leisten. Trotzdem stieß der neue Ton anfangs auf Widerstand: Laut Belmont hätten in der Chefetage der SBB etliche Leute keine Steuergelder ausgeben wollen für «solche Späße», die sich «niemals mit der Ernsthaftigkeit eines Amtes vertragen» würden. Weil vom Publikum aber positive Rückmeldungen kamen, behielten die SBB ihren Werbestil über Jahre hinweg bei.[28] Belmont ist allerdings überzeugt, dass die Tätigkeit des Publizitätsdiensts bei einer Fehlleistung sehr rasch in Frage gestellt worden wäre. Besonders in den 1950er- und frühen 1960er-Jahren, als während des Wirtschaftsaufschwungs auch

die Passagierzahlen der Bahn stiegen, galt Werbung für die SBB noch nicht als überlebensnotwendiges Element, sondern gehörte einfach zum «guten Ton». Ab Mitte der Sechzigerjahre transportierten die SBB jedoch von Jahr zu Jahr weniger Personen. So forderte Edouard Fallet, als Chef des Kommerziellen Diensts für den Personenverkehr einer von Belmonts Vorgesetzten, im Jahr 1968 als Maßnahmen gegen den Verkehrsrückgang nicht nur Verbesserungen bei Rollmaterial, Fahrplänen und Kundendienst, sondern auch die «Steigerung der kommerziellen Aggressivität» mit Hilfe eines höheren Werbebudgets, mit zusätzlichen Stellen in der Werbeabteilung und vermehrtem Einsatz der bislang wenig bedeutenden Anzeigenwerbung.[29] Werbemaßnahmen konnten indes nicht allein eine Trendwende bewirken, sondern nur in Kombination mit einer realen Verbesserung des Angebots und des Preis-Leistungs-Verhältnisses: Die Entwicklung der Passagierzahlen zeigte bei den SBB erst in den 1980er-Jahren wieder aufwärts, was unter anderem zurückzuführen war auf die Einführung des kundenfreundlichen Taktfahrplans im Jahr 1982, die Verbilligung des Halbtax-Abonnements durch Bundessubventionen ein Jahr zuvor und nicht zuletzt auf das wachsende Umweltbewusstsein beim Publikum.[30]

Bequemlichkeit, Sicherheit, Umweltschutz

Ein Blick auf die SBB-Plakate in der Ära Belmont zeigt, dass sehr viele Werbemotive auf bestimmte Angebote wie Familienvergünstigungen, Halbtax-Abonnemente, Ferien- oder Sonntagsbillette aufmerksam machten. Auf diesen Plakaten wurde die Bahn gleich wie in der älteren Werbung als ideales Verkehrsmittel für Ausflüge und Ferien dargestellt, der Hinweis auf die günstigen Angebote betonte die Kundenfreundlichkeit der Bahn. Anders als zuvor dienten aber vermehrt nicht mehr konkrete Landschaften als Illustrationen, sondern einzelne Symbole, die vom Betrachter mit Ausflügen und Ferien in Verbindung gebracht werden, zum Beispiel fünf wegfliegende Ballons für das fünf Tageskarten umfassende Ferienbillett *(Abb. 9)*, Liegestühle oder verschlossene Fensterläden. Der Stil war sehr verspielt und erinnerte teilweise an Kinderzeichnungen, und Bahnbillette wurden in allen erdenklichen Formen als Bildelemente eingesetzt. Wintersportmotive, die in der SBB-Werbung eine lange Tradition haben, wurden nun meist auf den Plakaten abgebildet, die für die verbilligten Sonntagsbillette von Dezember bis Februar warben *(Abb. 10)*.

Als allgemeines Werbeargument für die Bahn setzten Belmont und sein Team ab Mitte der Fünfzigerjahre die vielfältigen Entspannungs- und Beschäftigungsmöglichkeiten ein, die eine Bahnreise bot: sich unterhalten, arbeiten, lesen, essen, schlafen – das alles war im Zug weit besser möglich als im Auto. Das erwähnte Plakat mit dem Slogan «Der Kluge reist im Zuge» und dem abgebildeten Zeitungsleser arbeitete mit diesem Argument, ebenso spätere Motive mit den Sprüchen «Gute Idee – SBB», «Im Zuge der Erholung», «Kräfte für Geschäfte» oder «Die Rast in der Hast».

Einige Jahre später rückte ein neues Argument für die Bahn in den Vordergrund, und dafür warb sogar der schweizerische Nationalheld: die Sicherheit. So sicher wie einst Wilhelm Tell der Sage nach den Pfeil seiner Armbrust im Apfel auf Walterlis Kopf platziert hatte, so sicher führten die SBB ihre Passagiere ans Ziel, lautete die Botschaft eines Plakats aus dem Jahr 1968 *(Abb. 11)*. Aus der gleichen Zeit stammte der Werbespruch «Ihr Herz schlägt ruhiger im Zuge», der ebenfalls auf die Vertrauen erweckende Sicherheit der Bahn anspielte. Viele der neuen Plakatmotive handelten von der Sicherheit der Bahn im Winter. Der Grafiker Herbert Auchli gestaltete mehrere Schwarzweißplakate zum Thema Wintersicherheit, auf denen sich ein Zug unter Schriftzügen wie «Eis und Schnee – SBB» oder «sicher ist sicher» seinen Weg durch eine verschneite Winterlandschaft bahnte *(Abb. 12)*. Die Passagiere in den beheizten Wagen hatten es sichtlich gemütlich, sie diskutierten, spielten Karten, lasen oder strickten. Werner Belmont dichtete die Slogans «In Ihrem WInteresse» und «Eis – Eisern – Eisenbahn» *(Abb. 13)*, und auch die Werbung für die Sonntagsbillette verband nun das klassische Wintersportmotiv mit dem Sicherheitsgedanken: «Mit dem Sonntagsbillett pünktlich zum Wintersport und sicher zurück» lautete die Botschaft im Dezember 1966.

Aus der Zeit vor Mitte der Sechzigerjahre sind im Plakatarchiv der SBB solche Motive zur Sicherheit nicht zu

9
Werbung für das Ferienbillett aus dem Jahr 1958: Mit besonders günstigen Angeboten sollte neue Kundschaft für die Bahn gewonnen werden. Plakat von Heiri Steiner.

10
In den 1950er- und 1960er-Jahren wurden die verbilligten Sonntagsbillette in allen erdenklichen Formen als Werbesujets verwendet. Plakat von Hans Hartmann, 1959.

finden. Die plötzliche große Bedeutung dieses Arguments lässt darauf schließen, dass sich zu jener Zeit mehr Menschen als je zuvor Gedanken über eine sichere Fortbewegungsart gemacht haben müssen. Tatsächlich stieg zusammen mit der Zahl der Privatautos in den 1950er- und 1960er-Jahren auch die Zahl der Unfälle im Straßenverkehr markant an. Andererseits konnten die Bahnen in jener Zeit trotz des ebenfalls höheren Verkehrsaufkommens ihre Betriebssicherheit erheblich steigern, zum Beispiel mit automatischen Streckensicherungsanlagen und der Aufhebung von Niveauübergängen.[31]

Die Bahn, sofern sie elektrisch betrieben wird, ist aber nicht nur ein bequemes und sicheres, sondern auch ein umweltfreundliches Transportmittel: In der SBB-Werbung wurde dieser Gedanke erstmals 1973 zum Thema. Ein Plakat von James G. Perret zeigte unter dem Titel «Luftverschmutzung» eine Dampflok *(Abb. 14)* – ein nicht sehr umweltfreundliches Schienenfahrzeug, das zu jener Zeit von den SBB aber nur noch in Ausnahmefällen eingesetzt wurde. Die Dampflok (ein Modell) steckte aber unter einer Käseglocke, und darunter stand der Kommentar «Wir fahren elektrisch». Die SBB-Werbung nahm damit ein Thema auf, das zu jener Zeit intensiv diskutiert wurde: Die ersten alarmierenden Berichte über die zunehmende Luftverschmutzung in den Städten erschienen um 1970 in verschiedenen Schweizer Medien,

und das Bundesamt für Verkehr gab zur gleichen Zeit eine Studie über die Belastung der Umwelt durch den Verkehr in Auftrag; die Gutachter betrachteten den motorisierten Straßenverkehr als wichtige Ursache für die Luftverschmutzung.[32] Das wachsende Problembewusstsein für Umweltfragen widerspiegelte sich also auch in der SBB-Werbung.

Das Auto in der Bahnwerbung

Das Winterplakat «Eis – Eisern – Eisenbahn» von Donald Brun aus dem Jahr 1972 *(vgl. Abb. 13)* zeigte keine Eisenbahn, sondern ein schleuderndes Auto. Die Wintersicherheit war das erste Werbeargument, bei dem die Eisenbahnwerber nicht nur auf eigene Stärken, sondern auch auf Schwächen des motorisierten Privatverkehrs hinwiesen. Die SBB warben seit Mitte der 1960er-Jahre mit Abbildungen von eingeschneiten Autos und empfahlen den gestressten Automobilisten «Darum ein Halbtax-Abonnement» oder einfach «abwarten und bahnfahren».

Bahn und Auto waren für die SBB-Werber nicht konkurrierende, sondern sich ergänzende Verkehrsmittel. Diese Überzeugung kam besonders deutlich auf Fredy Pletschers Plakat mit dem Titel «Zum Auto ein Halbtax-Abonnement» aus dem Jahr 1965 zum Ausdruck *(Abb. 15)*: Autohupe und «Bähnlerkelle» bildeten darauf eine

11
Die Sicherheit der Bahn wurde in den Sechzigerjahren zu einem wichtigen Werbeargument – etwa auf diesem Plakat aus dem Jahr 1968. Unbekannter Künstler.

12
Besonders häufig wiesen die SBB auf die Zuverlässigkeit der Bahn im Winter hin – 1966 schuf Herbert Auchli eine ganze Serie von Plakaten mit Zügen in verschneiten Winterlandschaften.

13
Zum Thema Wintersicherheit der Bahn textete Werner Belmont den Slogan «Eis – Eisern – Eisenbahn». Hier zu sehen auf einem Plakat von Donald Brun, 1972.

Einheit. Auch den Winterplakaten mit den eingeschneiten Autos *(Abb. 16)* lag der Gedanke einer Partnerschaft beider Verkehrsmittel zugrunde: Wenn es im Winter auf der Straße kein Durchkommen mehr gab, waren die Autofahrer als Bahnkunden willkommen. Und tatsächlich betrachteten viele Autobesitzer laut einer 1975 erhobenen SBB-Umfrage die Bahn nur als Ausweichmöglichkeit in Notfällen bei schlechtem Wetter – «wenn die Straße gefroren ist, schätzt man die Sicherheit der Bahn, sonst gilt sie nichts», lautete das ernüchternde Urteil über die Bahn im internen Bericht.[33]

Mehrere Motive, die Assoziationen zu Autos weckten, gab es in den 1970er-Jahren bei Plakaten, die allgemein für die Sicherheit der Bahn warben: Der Kommentar «auf Nummer sicher» bezog sich auf eine Autonummer mit der Aufschrift «SBB» *(Abb. 17)*, und als «Sicherheitslinie» bezeichneten die Werber 1976 ein Bahngleis. Auch die zunehmende Überlastung der Straßen lieferte in der gleichen Zeit Argumente für die Bahn: Mit dem Titel «Die Überholspur» und dem Bild einer von Lastwagen befahrenen Autobahn *(Abb. 18)* warben die Bundesbahnen 1977 für den Güterverkehr per Bahn. In den 1980er-Jahren spielte die SBB-Werbung dagegen mit den angenehmeren Emotionen, die mit Autos oder dem Autofahren verbunden sein können: Die «Strada del Sole», von vielen ehemaligen oder zukünftigen Italien-Touristen mit Ferien mit dem Auto in Ver-

bindung gebracht, mutierte bei den SBB zum Schienenstrang *(Abb. 19)*, und ein im Stil der Hochglanz-Autowerbung fotografierter Trans-Europ-Express-Zug ging als «Traumwagen» auf Kundenfang. Zehn Jahre später nahmen die SBB in einer Kleberaktion klassische Werbeargumente der Automobilkonkurrenz auf, indem sie die – jedem Auto überlegenen – technischen Daten der Bahn anpriesen: Zum Verbrauch hieß es dann bei den SBB «0 Liter Benzin/100 km», zur Geschwindigkeit – mit Blick auf die Tempolimiten im Straßenverkehr – «Tempo 140 generell».

Die jüngste Vergangenheit

Zu Belmonts Zeiten genoss die SBB-Werbung einen guten Ruf: Die fröhliche Note kam beim Publikum gut an, und die Werbung erreichte einen hohen Bekanntheitsgrad. Auch von Experten kam Anerkennung: Der Werbechef arbeitete mit namhaften Grafikern zusammen, und die Plakate erhielten verschiedene nationale und internationale Auszeichnungen, unter anderem vom Eidgenössischen Departement des Innern oder vom renommierten Art Directors Club in New York. Gemäß der bereits erwähnten Umfrage aus dem Jahr 1975 galten die SBB aber beim Publikum als «so weit zuverlässig», jedoch als «nicht besonders ‹in›».[34] Mit verschiedenen

14
Mit der Sorge um die zunehmende Luftverschmutzung tauchte in den frühen 1970er-Jahren ein neues Werbeargument auf: die Bahn als umweltfreundliches Verkehrsmittel. Plakat von James G. Perret, 1973.

15
Wie das Plakat Fredy Pletschers von 1965 zeigt, sahen die SBB Auto und Bahn als sich ergänzende Verkehrsmittel.

16
«Abwarten und bahnfahren»: So illustrierten die SBB die Vorteile der Bahn im Winter. Plakat von Herbert Auchli, 1971.

14

15

16

Großprojekten wie dem Taktfahrplan, der Anbindung der Flughäfen Zürich und Genf an das Schnellzugsnetz, der Zürcher S-Bahn und längerfristig der Bahn 2000 modernisierten die SBB ihr Erscheinungsbild.[35] Zu einem zeitgemäßen Image sollte nun auch die Werbung beitragen: Im Zentrum stand nicht mehr die Bürgernähe des Verwaltungsbetriebs, sondern die Darstellung der SBB als modernes, zukunftsorientiertes Unternehmen.

1980 stand eine große Kampagne zur Einführung des Taktfahrplans bevor. Zu diesem Zweck engagierten die SBB die damals in Bern ansässige Agentur Young & Rubicam. Dies war neu: Bis dahin war der SBB-Werbedienst eine Art Werbeagentur mit den SBB als einzigem Kunden. Fortan beschränkte er sich auf Planung und Koordination der Werbung und überließ die Ausführung externen Agenturen. Und an die Stelle witziger Einzelplakate traten alljährlich neue, durchorganisierte Kampagnen mit zahlreichen Plakaten zur gleichen Grundidee. Der Humor blieb aber ein wichtiger Bestandteil der SBB-Werbung: Young & Rubicam wies mit Modelleisenbahn-Motiven auf die ganze Palette der Leistungen der Bahn hin, und 1987 brachte die Zürcher Agentur GGK Schweizer Symbole mit Symbolen der Bahn zusammen und setzte so unter anderem einer Helvetia-Figur den «Bähnlerhut» auf. An die Stelle rationaler Werbeargumente trat wie bei anderen Produkten immer häufiger die Vermittlung angenehmer Assoziationen. So

erzählte eine weitere GGK-Kampagne zu Beginn der 1990er-Jahre kleine Geschichten, wie sie beim Bahnfahren passieren können – in Serien mit mehreren Plakaten und Texten wie «Deine Mutter fiel mir gleich auf, als ich das Abteil betrat» oder «Den Koffer packen und einfach in den Zug steigen. Das wär's» *(Abb. 20)*.[36]

Schlussbetrachtung: Themen und Töne

Ein Jahrhundert Bahnwerbung zeichnet vorab die ereignisreiche verkehrstechnische Entwicklung des 20. Jahrhunderts und deren Auswirkungen nach: Die frühe Tourismuswerbung entstand in einer Zeit, als die Bahn noch konkurrenzlos war. Erst ab den 1930er-Jahren, als sich das Automobil in der Schweiz allmählich verbreitete, warben die SBB nicht mehr für Reiseziele, sondern für die Bahn als Verkehrsmittel. Das Bestreben, diese Werbung möglichst wirkungsvoll zu gestalten, führte nach dem Zweiten Weltkrieg zu einer Professionalisierung in mehreren Schritten: Auf die Künstlerplakate der frühen Nachkriegszeit folgten witzige Einzelplakate von spezialisierten Werbegrafikern, die immer deutlicher auf einzelne Vorzüge der Bahn hinwiesen, und schließlich Kampagnen, mit deren Ausführung externe Agenturen beauftragt wurden. Neue Argumente widerspiegelten die Verkehrsentwicklung:

17
Mit dem Argument der Sicherheit wurde in zahlreichen Variationen geworben. Plakat von Herbert Leupin, 1974.

18
Da die Schweizer Straßen immer häufiger verstopft waren, avancierte die Bahn 1977 in der SBB-Werbung zur «Überholspur». Plakat von Peter Merz.

19
Die Eisenbahn als Strada del Sole» – auf einem der ersten SBB-Plakate, die von einer externen Agentur realisiert wurde: 1981 war Young & Rubicam für die SBB-Werbung zuständig.

Auf die steigende Zahl von Straßenverkehrsunfällen folgten zahlreiche Plakate zur Sicherheit der Bahn, und als die Luftverschmutzung durch den Straßenverkehr zum Thema wurde, nahmen die SBB auch dieses Motiv in ihrer Werbung auf.

Die SBB-Werbung gibt auch Auskunft über die Anforderungen an die Kommunikation eines öffentlichen Betriebs mit seiner Kundschaft im Wandel der Zeit. In Zeiten des «New Public Management» wird von Staats- ebenso wie von Privatbetrieben erwartet, dass sie sich modern, zeitgemäß, aufgeschlossen, effizient und natür- lich kundenorientiert geben. Dass ein staatliches Unter- nehmen diese Eigenschaften in einer volksnahen Sprache kommuniziert, war früher nicht selbstverständlich. Noch die SBB-Studie aus dem Jahr 1975 verwies auf das schlechte Image der Bundesbeamten, zu denen damals auch die Mitarbeiterinnen und Mitarbeiter der SBB gehörten. Die Stellen galten als praktisch unkündbar, die Bundesbetriebe deshalb als zu wenig leistungsbezogen, zu statisch und zu stark politisiert.[37] Vor diesem Hinter- grund wird die besondere Bedeutung nachvollziehbar, die Werner Belmont dem Humor in der Werbung zumaß: Seine munteren Reime wirkten zu ihrer Zeit überraschend und nicht zuletzt deshalb so gewinnend, weil man einen solchen Ton nicht unbedingt von den Beamten bei den SBB erwartet hätte. Belmonts Tätigkeit nach seiner Pensionierung lässt übrigens darauf schließen, dass das Nebeneinander von Kreativität und Beamtentum bei den SBB nicht immer ganz frei von Spannungen war: Er be- gann nämlich Bilder zu malen – Karikaturen von sturen, auf Prinzipien herumreitenden Beamten.

20
Geschichten rund ums Bahnfahren: So sah die SBB-Werbung am Ende des 20. Jahr- hunderts aus. Plakat aus einer Kampagne des Jahres 1991, realisiert von der Agentur GGK.

Ein Schweizer Trunk gegen die Leiden der Zeit

Die Werbeversprechen der Ovomaltine von 1904 bis zum Zweiten Weltkrieg[1]

Myriam Berger

Eine Schweiz ohne Ovomaltine? Das ist fast so undenkbar wie eine Schweiz ohne Berge und Kühe. Aus dem Versuchslabor der Firma Wander kam 1904 die Ovomaltine und fand über die Regale der Läden den Weg in die Herzen der Konsumenten. Vom Heilmittel über den Luxusartikel bis zum gutschweizerischen Frühstücks- und Sportgetränk zur Zeit des Zweiten Weltkriegs: Diesen Weg zeichnet dieser Beitrag anhand der Werbung nach. Dabei wird deutlich, wie die Werber diesem Malz- und Eiweißpräparat wechselnde Eigenschaften zuschrieben und wie sie es mit immer neuen Heilsversprechen ausstatteten. So bietet die Ovomaltine-Werbung Einblick in prominente Themen im öffentlichen Diskurs und in gängige Vorstellungen des Körpers, der Gesundheit, der Arbeit, der Rollenteilung der Geschlechter oder der nationalen Identität.

Das Heil- und Kraftnährmittel

Als der Pharmazeut und Chemiker Albert Wander 1897 von seinem Vater die Leitung der kleinen Fabrik im Monbijouquartier in Bern übernahm, arbeitete er bereits an der Entwicklung eines Kräftigungsmittels auf Malzbasis. Weil es für viele Krankheiten um die Jahrhundertwende noch keine wirksamen Therapien gab, verordneten die Ärzte diätetische Präparate anstelle von Arzneimitteln. Albert Wander bemühte sich um die richtige Zusammensetzung aus allen bekannten Nährstoffen gemäß der damaligen Ernährungslehre, um das richtige Verhältnis von Eiweiß zu Fett und Kohlenhydraten also. Dazu sollte das Ganze einen guten Geschmack haben und leicht löslich sein.[2] 1904 wurde die «Ovo-Maltine» als «diätetisches Nährpräparat» für die therapeutische Praxis lanciert (Abb. 1 und 2): als «Kraftnährmittel» für Kranke, Geschwächte, Rekonvaleszente, aber bereits auch als «bestes Frühstücksgetränk für Gesunde». Um diese Zeit wurde der Markt von einer Vielzahl diätetischer Produkte überschwemmt, die sich in ihrer Zusammensetzung und Wirkung kaum unterschieden. Die Ovomaltine war nur eines davon.

Die Werbung für Heilmittel galt bei Ärzten, Apothekern und Behörden bis weit ins 20. Jahrhundert

hinein als unlauter, weil in diesem Bereich viele Scharlatane am Werk waren. Die Tatsache der Publikumswerbung an sich genügte bereits, um ein Produkt als unseriös abzustempeln. Die Beschreibung der Heilkraft oder der Wirksamkeit des Produkts lief stets Gefahr, in Zweifel gezogen zu werden, da Beweisführung und Argumentation offenkundig den Interessen des Herstellers dienten. Die Meinung objektiver Fachpersonen stellte hingegen eine Form von Glaubwürdigkeit her, die durch rationale Gegenargumente nur schwer zu erschüttern war.[3] Daher betrieb Wander Fachwerbung direkt bei Ärzten, Hebammen und Apothekern – wichtigen Instanzen bei der Verbreitung neuen Ernährungswissens und neuer Produkte. So wurden in der Schweiz jährlich 3'700 Ärzte aufgrund eines «Propaganda-Plans» persönlich angegangen. Dieser Gedanke sei damals vollständig neu und außerordentlich erfolgreich gewesen, meinte Albert Wander rückblickend.[4] Alle zwei Wochen wurden sämtliche Spezialärzte sowie Allgemeinpraktiker

1

1/2
1904 lanciert, wurde die Ovomaltine bis 1922 nur in Apotheken und Drogerien angeboten. Inserate aus dem «Correspondenzblatt für Schweizer Aerzte», 1904 und 1905.

von der Firma mit Produkten und Literatur versorgt und einmal jährlich auch durch einen «wissenschaftlichen Vertreter (…) persönlich bearbeitet». Nach einigen Monaten wurde der Arzt über seine Ergebnisse befragt. «Über jeden Arzt, mit dem wir in Verbindung stehen, führen wir eine Kontrollkarte (…). Günstige Äußerungen über unsere Präparate werden rot unterstrichen, Kritiken und Mitteilungen über Konkurrenzpräparate blau.»[5]

Vom Produkt zum Produktbild

Bis 1922 war Ovomaltine nur in Apotheken und Drogerien angeboten worden. In diesem Jahr nun wurde das Produkt für den Verkauf im allgemeinen Lebensmittelhandel zugelassen, was die Absatzchancen steigerte. Binnen sechs Jahren stieg der Absatz auf das Dreieinhalbfache.[6] Damit ging eine Änderung der Werbestrategie einher, indem neben Fachwerbung nun vor allem Werbung für ein breites Publikum getrieben wurde. Der separate Aspekt des Heilmittels verschwand in der Publikumswerbung; verkauft wurde die Ovomaltine jetzt als Frühstücks- und Stärkungsgetränk für Kranke und Gesunde gleichermaßen. Dabei setzten die Werbemacher in der Publikumswerbung ergänzend zum Text Bilder ein und verwendeten einen einheitlichen, unverwechselbaren Ovomaltine-Schriftzug. Hierin äußerte sich die allgemeine Professionalisierung der Werbebranche, die anstelle planloser Gelegenheitswerbung die Vereinheitlichung des äußeren Erscheinungsbildes verfolgte.[7] Verschiedene Aussageebenen wurden dabei miteinander kombiniert: Bild, Titel, Text und Leitspruch.

In ihren Bildern hielt sich die Ovomaltine-Werbung an bestimmte Ideale wie jenes der «guten Mutter», das für die damalige Gesellschaft eine schichtenübergreifende Identifikationsmöglichkeit anbot. Durch solche Leitbilder wurden bestimmte Norm- und Wertvorstellungen verbreitet und verfestigt.[8] Die Visualisierung führte einen Bedeutungsraum ein, der sich neben das Produkt als eigentliche Werbebotschaft stellte. So wurde die Ovomaltine mit bestimmten Eigenschaften – Stärke, Schönheit – oder mit bestimmten Bedürfnissen – Erfolg, Gesundheit, Glück – assoziiert: An die Stelle des Produkts trat das Produktbild, die Ware wurde gleichsam mit symbolischem Inhalt gefüllt.[9] «Sag Deiner Mama, sie soll Dir jeden Morgen einen tüchtigen Löffel voll Ovomaltine in die Milch rühren. Dabei erhältst Du auch so runde Backen wie ich», flüstert ein Kind in einem Inserat von 1926[10] einem anderen ins Ohr. Gesundheit war die Botschaft der Werbung, Ovomaltine der Weg dazu *(Abb. 3)* – ein Versprechen, das nach unzähligen Wiederholungen in verschiedensten Variationen 1931 schließlich in die Formel «Gesunde Kinder = Ovomaltine-Kinder» mündete.[11] Gesundheit und Glück wurden dabei gleichgesetzt. «Die frohe Mutter und das frische Kind, sie sind gesund und glücklich, glücklich, weil gesund», hieß es 1925 in einem Inserat.[12] Vermittelt wurde in der Werbung eine emotionale Mutter-Kind-Beziehung: harmonisch, glücklich und natürlich. Die typische Symbolik der «Muttersorge» wurde auf das Produkt übertragen. Nicht mehr der therapeutische Wert, sondern der stärkende Charakter der Ovomaltine wurde nunmehr betont.

3
Den Noch-nicht-Kranken gilt bald das Interesse der Werber. Inserat, 1933.

Eine Tasse Ovomaltine zum Frühstück halte die Kinder bei Kräften, aber auch die Mütter, die mit ihrer Gesundheit für die Gesundheit ihrer Kinder sorgen sollten, lautete die Botschaft 1933: «Die Mutterpflichten beginnen lange bevor das Kindlein zur Welt kommt.» *(Abb. 4)* So gelangten die Noch-nicht-Kranken in den Fokus der Ovomaltine-Werbung.

Von der Quantität zur Qualität

In der Diskussion um richtige und falsche Ernährung monopolisierten die Experten der aufsteigenden Ernährungswissenschaft die Definitionsmacht.[13] Dadurch vergrößerte sich die Kluft zwischen dem «unaufgeklärten» Erfahrungswissen der Bevölkerung und dem «gesicherten Wissen» der Experten. Die Entdeckung der Vitamine in den Jahren 1912 bis 1924 veränderte den Blick auf die Nahrungsmittel von Grund auf. Erst nachdem deutlich geworden war, dass nicht ein Zuviel des Schlechten, sondern ein Zuwenig des Guten entscheidend war, wurde es möglich, die Theorie der Mangelkrankheit zu formulieren. Bislang hatte die energetische Sichtweise dominiert; sie verlangte in der Ernährung vor allem eine Optimierung des Kaloriengehalts. Nun rückten vor allem Vitaminverluste durch die Kochprozedur ins Zentrum der Diskussion[14]; unter dem Blickwinkel des Vitamingehalts wurde denn auch die Ovomaltine in der Fachliteratur neu bewertet.[15]

Vitamine statt Kalorien, Qualität statt Quantität – dieser Blickwechsel ermöglichte es der Werbung, die Ovomaltine als hochwertiges Nahrungsmittel zu präsentieren. Der Kopfarbeiter brauche nicht viel, sondern hochwertige Nahrung, hieß es in einem Inserat von 1925.[16] Diese Qualität jedoch war etwas, das man nicht sehen konnte; es waren die «verborgenen Werte», die plausibel gemacht werden mussten. Darin bestand die erste Herausforderung. Eine zweite bestand darin, den Konsumentinnen zu erklären, warum eine Büchse braunen Pulvers gleich teuer war wie ein Korb voller Nahrungsmittel, warum 500 Gramm Ovomaltine so viel wert waren wie etwa 41 Bananen und 1,9 Kilogramm mageres Rindfleisch *(Abb. 5)*. «Denken Sie doch, für

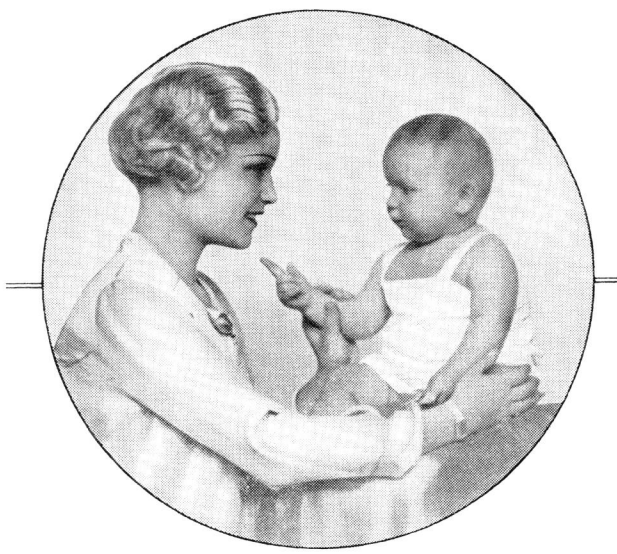

NÄHRWERT DER OVOMALTINE.

Eine Büchse (à 500gr.) Ovomaltine entspricht:-

1,9 Kg. magerem Rindfleisch

41 Bananen

3,5 Liter Milch

28 Stück Eier

3,4 Kg. grünen Erbsen

Der Esel mit der Löwenhaut.

Sein und Schein

Die Kunst, allen Dingen ein besseres Aussehen zu verleihen als ihrem inneren Wert entspricht, besteht wohl seit es Käufer und Verkäufer gibt. Schon zu Barbarossas Zeiten haben die Marktfrauen die Aepfel mit den roten Backen nach oben gelegt. Nie aber war die Kunst, Schein zu erzeugen, so gross wie heute. Vergoldetes Messing, mit Chemikalien beschwerte Stoffe, Kosmetika, deren Packung das Vielfache des Inhalts wert ist, überall das Bestreben, Besseres vorzutäuschen. Und wir alle kaufen diese aufgeputzten Sachen, wir finden gar nichts Besonderes dabei, wir lassen die schlichte gute Ware beiseite, weil wir in unserer bedürfnisreichen Zeit längst verlernt haben, die Sachen nach ihrer inneren Güte zu beurteilen.

Auf einem Gebiet aber versagt die Kunst des Scheinerzeugens, auf dem der Ernährung. Wir können unser Auge täuschen, aber nicht unseren Magen. Darauf haben wir uns bei Schaffung der Ovomaltine gestützt. Machen wir die Ovo so gehaltreich als wir irgendwie können, ohne Rücksicht auf die Kosten, vermeiden wir alle zweifelhaften Sparmassnahmen, alle billigen Zusätze. Die Verbraucher spüren ja schliesslich den Unterschied am eigenen Leibe, sie können gar nicht anders als ihn bemerken.

So ist denn jedes Ovokörnchen höchstkonzentrierter, sorgfältigst gewonnener Nährwert. Dementsprechend ist Ovomaltine nicht billig, aber gut! Sie werden es am besten bemerken, wenn bei anderer Nahrung Ihre Kräfte versagen.

OVOMALTINE
stärkt auch Sie!

In Büchsen zu Fr. 2.25 und Fr. 4.25 überall erhältlich.

Dr. A. WANDER A.-G., BERN

A 173

das gleiche Geld bekomme ich ja einen ganzen Korb voll Gemüse, Früchte», sagt eine Frau in einer Ovomaltine-Broschüre von 1933. Meint der (gut instruierte!) Verkäufer: «Ganz richtig. Dem Gewicht und Ausmass nach erhalten Sie ein grosses Quantum dafür. (...) Gemüse und Früchte [müssen] erst zubereitet werden. Dabei geht meist schon ein grosser Teil des Gewichts an Abfällen verloren. Dann müssen Gemüse und vielfach auch Früchte noch gekocht werden, was wiederum Zeit und Arbeit in Anspruch nimmt und Brennmaterial kostet. Durch die hohen Temperaturen werden beim Kochen wertvolle Nährstoffe zerstört.»[17]

Gegen Ende der Zwanzigerjahre erhielt die Ovomaltine ernsthafte Konkurrenz: Ähnlich verpackte, bedeutend billigere Produkte kamen auf den Markt, deren Werbestrategie hauptsächlich in der Nachahmung der Ovomaltine bestand. So lancierte die Migros 1932 das Eimalzin (Übersetzung des quasi-lateinischen Ovo-Maltine).[18] Dagegen argumentierte die Ovomaltine-Werbung, diese Konkurrenzprodukte bestünden zu einem großen Teil aus Zucker. Die echte Ovomaltine indessen, stand 1928 zu lesen, enthalte «keinen gewöhnlichen Zucker», denn «Zucker sei billig». Hier «Schein», dort «Sein», das besagte die Werbung 1930: Ovo werde «ohne Rücksicht auf die Kosten» hergestellt, ohne «alle zweifelhaften Sparmassnahmen, alle billigen Zusätze» *(Abb. 6)*.

Ernährungsproblem und Familienglück

Um die Frauen vom Kauf des Produkts zu überzeugen, reichte allerdings der Verweis auf die hochwertige Qualität nicht aus. Gerne prangerte die Werbung daher unter Verweis auf die Experten die verbreitete mangelhafte Ernährung an – und ihr sollte die Ovomaltine abhelfen. So hieß es 1924, laut wissenschaftlichen Befunden reiche die «gewöhnliche Nahrung (...) bei 90% aller Krankheiten, bei Schwächezuständen aller Art, bei schnellwachsenden Kindern, bei jungen Müttern, im hohen Alter und vor allem bei Leuten, an deren Leistungsfähigkeit hohe Ansprüche gestellt werden»[19], nicht aus.

Die Welt erschien in der Werbung bevölkert von kränklichen Menschen: «Man sieht täglich Hunderte von Leuten, bei denen man sofort weiss, dass ihr schlechtes Aussehen nur auf fehlerhafte Ernährung zurückzuführen ist.»[20] Nicht Mutwilligkeit sei der Grund, sondern die «fehlende Kenntnis des Ernährungsproblems». Eine Mutter, von einer Hebamme befragt, weshalb ihre zwei Kinder denn so blass seien, antwortete: «Wir haben ja eine so gute Kost, an der kann's nicht fehlen.» Darauf die Hebamme: «Ich sagte ihr, (...) aber vielleicht seien gerade die Bestandteile, die den Kindern fehlen, in der Ovomaltine enthalten.»[21]

Mit der Trennung von Erwerbs- und Familienleben wuchs in der bürgerlichen Lebenswelt die Bedeutung der Familie als Ort der gefühlsbetonten Beziehungen. Die emotionalen Anforderungen an die Hausfrau nahmen zu, die Verantwortung für die Gesundheit der Familie wurde in ihre Hände gelegt.[22] Eine Entwicklung, die sich auch in der Werbung zeigte (Abb. 7): Die Ovomaltine sollte der Gattin und Mutter helfen, dieser Bürde gerecht zu werden – der «Schlummertrunk» war nicht nur der «kleine Zwerg», der nachts die «verbrauchten Kräfte» ihrer Familie wieder aufbaute, sondern auch ihr Gehilfe und ihr Garant in Sachen Gesundheit der Familie.

«Brustkinder» seien gesünder und widerstandsfähiger als «Flaschenkinder», stand 1923 zu lesen.[23] Damit griff die Werbung ein Thema auf, das unter Ärzten und Physiologen heftig diskutiert wurde, war doch die Sterblichkeitsrate bei Kleinkindern und Säuglingen noch zu Ende des 19. Jahrhunderts sehr hoch.[24] Auch hier wurde bei den Frauen Unwissen geortet: «Einer der schlimmsten Fehler (...) ist der Glaube, die Säuglinge mit der Flasche ebensogut ernähren zu können wie an der Mutterbrust.»[25] Zu sehr verließen sich die Frauen auf die eigene Stillfähigkeit und «müssen dann im kritischen Moment die Unfähigkeit, ihr Kind zu nähren, einsehen». Die Lösung des Problems lag auf der Hand: «Ovomaltine hebt die Milchbildung – das ist durch zahlreiche klinische Versuche erwiesen – und hilft so der Mutter, ihr Kind selbst zu stillen.»[26]

Der menschliche Motor

Krankheit, Schwäche und Rekonvaleszenz wurden in der Werbung fast immer anhand der Abbildung von Frauen umgesetzt; sie galten naturgemäß als zart. Schließlich hätten ja auch, so eine Ovomaltine-Broschüre um 1922, «von 100 Frauen (...) 90 zu empfindliche Nerven». Schlechte Ernährung führe zu Nervosität und diese wiederum zu Schlaflosigkeit, was letztlich aus der Frau «ein explosives Nervenbündel» mache.[27] Gegen solches Übel sollte Ovomaltine helfen.

Sprachlich wie visuell wurden die Männer der öffentlichen Sphäre zugeordnet. Dadurch wurde das Produkt mit Kraft, Leistung, Ausdauer und Erfolg konnotiert. Männer standen unter «Hochdruck», leisteten «Überstunden», standen «auf exponiertem Posten», so die Titel der Inserate.[28] Durch die Einnahme von Ovomaltine werde «verbrauchte Kraft rasch und vollständig wieder ersetzt».[29] Dabei bezog sich die Werbung auf die in der Physiologie vor allem im 19. Jahrhundert

8

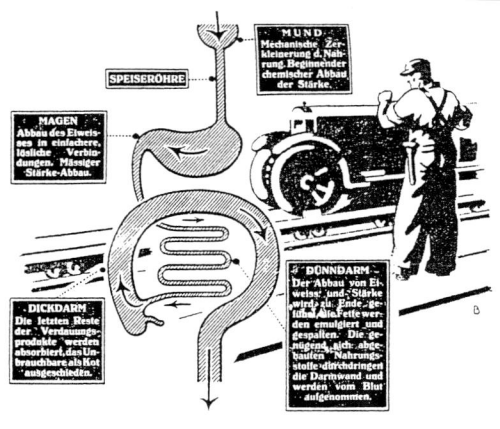

Verdauung und Montagebahn.

Bekanntlich hat Ford in seinen Fabriken die Montagebahn für die Zusammenstellung von Autos eingeführt. Auf einem langsam laufenden Steg wird Stück um Stück angesetzt. Jeder Arbeiter läuft ein paar Schritte mit und leistet unterdessen an jedem Auto ganz die gleichen Handgriffe. Am Ende des Steges fährt das fertig montierte Auto davon.

Genau nach dem gleichen Prinzip arbeitet die Verdauung, nur wird hier nicht montiert, sondern demontiert. Wie die Nahrung unsern Körper durchläuft, wird sie nach und nach abgebaut, umgewandelt, gereinigt. Jedes Organ, Magen, Därme, Leber, Nieren, Blut, Sekrete erfüllt hierbei seine Funktionen und gibt die erhaltenen Stoffe in veränderter Form weiter an die nächste Arbeitsstelle.

Ist nun die Nahrung so beschaffen, dass sie den Verdauungsorganen übermässige Arbeit macht, oder sind die Verdauungsorgane, die Arbeiter dieses Betriebes, nicht genügend leistungsfähig, so kommt der ganze Arbeitsgang in Unordnung, es wird schlecht, mangelhaft produziert. Dadurch häufen sich im Körper Giftstoffe an, die zum Versagen der Leistungsfähigkeit, zum frühen Altern und zu schmerzhaften Leiden führen.

Führen wir unsern Verdauungsorganen hochwertige und doch leichtverdauliche Nahrung zu, so verläuft der Verdauungsprozess ungestört und es wird am meisten nutzbare Kraft produziert. Nach diesen Grundsätzen ist Ovomaltine hergestellt. Darum nehmen gerade die angestrengt arbeitenden Leute Ovomaltine. Sie bietet ihnen Gewähr, dass die verbrauchte Kraft rasch und vollständig wieder ersetzt wird.

Dr. A. WANDER A.-G., BERN
Gegründet im Jahre 1865

Abbildung XIX (1923, Nr. 7).

9

Kontakt!

Ein Hebelzug — und das ganze Getriebe setzt sich in Bewegung. Verhaltene Kraft hat nur darauf gewartet, frei zu werden und sich in nutzbare Kraft umzuwandeln. Was hier Elektrizität leistet, muss im menschlichen Organismus die Nahrung schaffen. Viele Nahrung erzeugt nur ein Strohfeuer, andere wirkt wie Peitschenhiebe und nur die wertvollste erzeugt jene verhaltene Kraft, die wir als Kraftreserve dann einsetzen können, wenn grosse Anforderungen an unsere Leistungsfähigkeit herantreten. Eine solche Edelnahrung ist Ovomaltine. Benötigt es doch 1000 kg. Rohstoff, um 312 kg. Ovomaltine herzustellen. Ovo ist überall da zu empfehlen, wo besondere Leistungen zu vollbringen sind.

OVOMALTINE
stärkt auch Sie!

Preise: Fr. 3.60 die Büchse zu 500 gr.
Fr. 2.— die Büchse zu 250 gr.

Dr. A. WANDER, A.-G., BERN

gängige Vorstellung vom Menschen als Motor, als Maschine oder als Fabrik[30], und so wurde denn auch die menschliche Verdauung als industrielle «Montagebahn» erklärt *(Abb. 8)*. «Eine Tasse Ovomaltine zum Frühstück ist für den menschlichen Körper das, was gute Kohle für den Dampfkessel. Sie gestattet höchste Arbeitsleistung unter geringer Abnützung», so die Werbung 1925.[31] «Nahrung und Leistung»[32] wurde zur fixen Gleichung.

Immer wieder wurde die überlegene Qualität der Ovomaltine mit Bildern aus Wissenschaft und Technik veranschaulicht und verglichen. Ebenso wenig wie «die Industrie ohne elektrischen Strom» komme der Körper ohne Ovomaltine aus.[33] Die Symbolisierung mit Messinstrumenten, Maschinen und Getrieben machte den Körper und damit die Gesundheit scheinbar derselben wissenschaftlichen Berechenbarkeit zugänglich wie die Industrie. In der Werbung von 1930

wurde Ovomaltine zum Treibstoff des menschlichen Motors: «Ein Hebelzug – und das ganze Getriebe setzt sich in Bewegung.» *(Abb. 9)*

Wissenschaftliche Argumente blieben bis in die Vierzigerjahre Herzstück der Werbestrategie[34]: Wander liess in den Zwanzigerjahren und in der Zeit vor dem Zweiten Weltkrieg durch interne und externe Autoren biologisch-chemische Untersuchungen über Ovomaltine erarbeiten, die in Fachzeitschriften publiziert und zum Teil in eigenen Broschüren herausgegeben wurden. Die Publikationen waren zwar hauptsächlich für Ärzte bestimmt, die Ergebnisse wurden jedoch zunehmend in der Publikumswerbung verwertet. Dabei wurde durch die Inszenierung von Fachpersonen, die wie der Ingenieur oder der Arzt Autorität besaßen, an traditionelle Machtverhältnisse angeknüpft. So erschien der Doktor im weißen Kittel in der Werbung, und dazu hieß es: «bei der mikroskopischen Untersuchung» oder «nach Meinung der Wissenschaft».[35]

Glaubwürdigkeit suchte man umgekehrt auch durch die Wiedergabe von Meinungen und Erfahrungen ehemaliger Patientinnen zu gewinnen, die das Produkt mit Erfolg angewendet hatten und in scheinbar uneigennütziger Weise davon berichteten *(Abb.10)*. Die Werbung richtete sich mit ihren Appellen an das gebildete Bürgertum und eine aufstiegsorientierte Mittelschicht, die offen für rationale Argumente und am ehesten bereit waren, auf den Rat von Ärzten zu hören.

Vom Luxusgut zum Volksgetränk

Industrieprodukte waren bis vor dem Ersten Weltkrieg in den Haushalten kaum präsent; der Kauf von Markenprodukten blieb finanziell besser gestellten Schichten vorbehalten.[36] Nun führte der Konjunkturaufschwung ab Anfang der Zwanzigerjahre zu höheren Einkommen. Entsprechend stieg die Nachfrage nach Ovomaltine an. Von 1922 bis 1927 verdreifachte sich der Absatz der 500-Gramm-Büchsen auf über eine Million Stück.[37]

Die aufstiegsorientierten Angestellten waren die bevorzugte Zielgruppe der Ovomaltine-Werbung. Dieser rasch wachsenden Schicht gehörte um 1930 bereits jeder fünfte Erwerbstätige an (vgl. den Beitrag von Albert Tanner). Ihre Vertreter orientierten sich an bürgerlichen Werten und vermochten sich bereits in der Zwischenkriegszeit modernen Wohnkomfort und jenen konsumorientierten Lebensstil zu leisten, der für den Erfolg der Markenartikel grundlegend war.[38] Die Werbemacher erkannten, dass für die Beliebtheit der Ovomaltine symbolische Bedeutung und sozialer Stellenwert ebenso wichtig waren wie Genießbarkeit und Qualität. So sprachen sie die Konsumentinnen und Konsumenten über die Verbindung des Produkts mit Luxus in deren Erwartungs- und Wunschhorizont an.[39] Bis zum Ende der Zwanzigerjahre wurde die Ovomaltine mit der Lebenswelt einer gehobenen Schicht ästhetisiert. Luxuriöses Ambiente, elegant gekleidete Damen und Herren und Dienstmädchen verliehen der Ovomaltine den Hauch des Exklusiven *(Abb. 11)*. Dieser bürgerliche Lebensstil der Oberschicht sprach das Bedürfnis der Mittelschicht nach

Steigerung des Sozialprestiges an. Es wurde suggeriert, durch den Kauf eines für die Identifikationsschicht typischen Produkts sei ein Gewinn an Prestige möglich.[40]

Die Inszenierung bürgerlichen, oberschichtsspezifischen Lebensstils verschwand gegen Ende der Zwanzigerjahre zusehends aus der Werbung. Sie wurde verdrängt vom erfolgreichen Versuch, die Ovomaltine auch den unteren sozialen Schichten schmackhaft zu

11
Die Ovomaltine
verspricht den
Mittelschichten
Prestigegewinn.
Inserat, 1928.

12
Erfolgreiche neue
Strategie: Ende der
1920er-Jahre rückt der
«kleine Mann» ins
Zentrum. Inserat, 1929.

13
Durchhaltegetränk für
die Tüchtigen
im kleinbürgerlich-
mittelständischen
Milieu. Inserat, 1931.

machen. So rückte eine einfache enzianverzierte Porzellantasse an die Stelle des filigranen Teegeschirrs auf dem silbernen Tablett, und immer öfter flossen die Erfahrungen des «kleinen Mannes» in die Werbung ein, etwa in einer Flugblattwerbung für Ovomaltine von 1930: «Wer an Maschinen arbeitet, kann seine Zwischenverpflegung während der Arbeit schnell einnehmen, ohne vorher die Hände waschen zu müssen.»[41] Es wurden Menschen als Sympathieträger eingesetzt, die durch äußerliche Merkmale und die Ausübung bestimmter Tätigkeiten als Durchschnittskonsumentinnen kenntlich waren (Abb. 12). Die Darstellung kleinbürgerlich-mittelständischer Lebensweise ab den Dreißigerjahren – einfache Inneneinrichtung, keine Hinweise auf gehobenen sozialen Status – widerspiegelt nicht nur ein erweitertes Zielpublikum, sondern ist auch Hinweis darauf, dass sich das Produktbild vom genussbetonten Luxusgetränk und Statussymbol hin zum unentbehrlichen, weil gesunden und nahrhaften Frühstücks-, Pausen- und Feierabendgetränk für eine breite Bevölkerung wandelte (Abb. 13).[42]

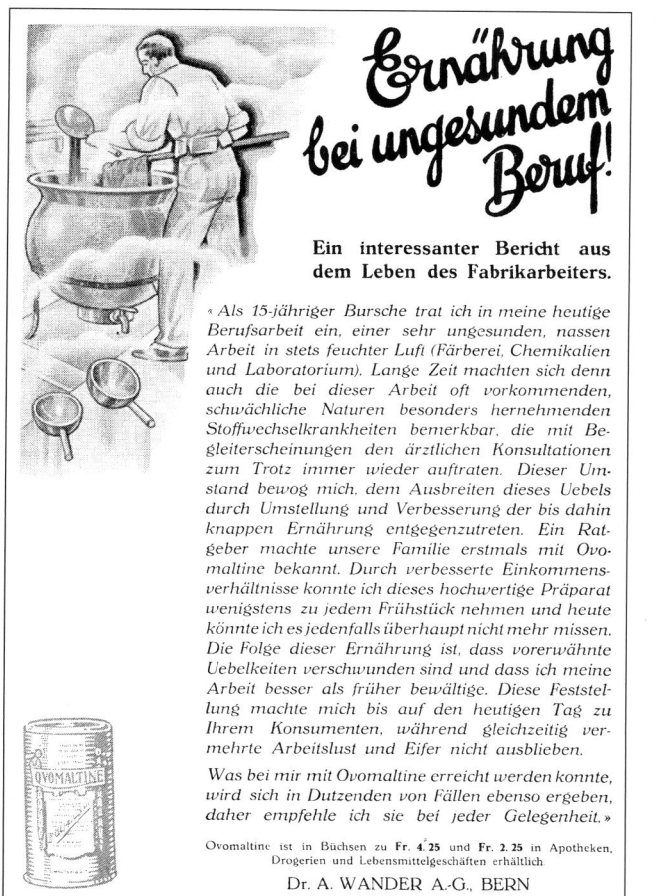

Ovo auf dem Rasen und auf dem Rad

In den 1920er-Jahren setzte sich in der Schweiz ein neues Körpergefühl durch, das Licht, Luft, Sonne und Bewegung im Freien umfasste.[43] Die Sportvereine, die in den ersten Jahrzehnten des 20. Jahrhunderts gegründet wurden, rekrutierten sich vor allem aus den Unterschichten und aus dem Kleinbürgertum. Die Werbung nahm diese Entwicklung auf, indem sie die Ovomaltine auch als Sport-, Trainings- und Wettkampfnahrung empfahl *(Abb. 14 und 15)*. «Wo Veranlagung, Training und Wille zum Sieg gleich gut sind, gibt die Ernährung den Ausschlag über die Höchstleistungen», beschied ein Inserat von 1926 dem Publikum.[44] Die Überlegung war so simpel wie erfolgreich: Die Werbemacher trachteten laut dem damaligen Ovomaltine-Werbeleiter bei Wander, Jakob Schaffner, danach, die «Spitzenkönner» und damit auch deren «Anbeter» zu Ovomaltine-Konsumenten zu machen. Schließlich empfahlen «ganze Landesverbände wie z.B. der Eidg. Turnverein, die Ruderer usw. Ovomaltine als Sport- und Trainingsnahrung und damit hat man natürlich gewonnenes Spiel»[45] – deren Erfolg bürgte für die Qualität des Produkts.

Kraft, Schnelligkeit, Ausdauer und Leistung als Werte des Sports[46] wurden auf die Ovomaltine übertragen. Sportler wurden zu Siegern (wobei Sport fast aus-schließlich Männersache blieb), denn «Nur Ovomaltine schafft Ovomaltine-Erfolge», wie der stets wiederholte Slogan hieß.[47] Als «Trainingsgetränk» erfuhr die Ovomaltine vor allem in den Dreißigerjahren eine wissenschaftliche Neubewertung in Fachblättern. Mit dem Sport fanden in der Ovo-Werbung erstmals auch Fotografien Eingang, die um die Mitte der 1920er-Jahre generell noch als enorme Neuheit empfunden worden waren.[48] Die Fotografie stand für die «Wahrheit» der Reklame, indem sie frei schien von der Subjektivität des Herstellers oder Künstlers.[49] Sponsoring, wie wir es heute kennen, war damals unbekannt. Die Firma Wander kann daher als «Erfinderin» dieser Art von Vermarktung in der Schweiz gelten. Zu einer Zeit, als sich noch keine andere Firma um den Sport kümmerte, richtete Wander einen professionell betriebenen Sportdienst ein. Verpflegungsteams begannen in den 1920er-Jahren mit dem Einsatz bei studentischen Sportanlässen sowie bei Turnfesten in der ganzen Schweiz. An Sportler wurde Ovomaltine gratis abgegeben – im Gegenzug warben diese für das Produkt. Der Sportdienst half auch bei der Organisation der Veranstaltungen mit. Lautsprecherwagen wurden mitgenommen, Start- und Zielbänder gespannt; stets wurde dabei die Marke in die Öffentlichkeit getragen.[50]

1932 wurde Wander für die Olympischen Spiele in Los Angeles mit der offiziellen Wettkampfver-

14 / 15

Im Vollbesitz der Kräfte, sportlich wie beruflich: Die Ovomaltine wird zur Trainings- und Wettkampfnahrung. Inserate, 1929 und 1934.

pflegung betraut, 1936 auch in Berlin. 1934 stellte sie den Verpflegungsdienst an der dritten Tour de Suisse und an der Tour de France *(Abb. 16)*. Zwei Männer des Lautsprecherwagens teilten vor Ort den Stand des Rennens mit und flochten von Zeit zu Zeit «einen kurzen Reklamesatz» ein.[51] Umgekehrt wurde diese Präsenz zum Argument in der Werbung: Die Ovomaltine habe sich bei den «höchsten Prüfungen menschlicher Ausdauer» bewährt. Und damit anerbot sie sich auch den Nicht-Profis für «ausserordentliche Leistungen» in «Sport und Beruf».

Ab Mitte der 1930er-Jahre waren die Leitplanken in der Werbung gesteckt: Der Sport wurde Thema Nummer eins, was sich unter anderem aus dessen zunehmender politischer Bedeutung erklären lässt. Hatte die Werbung in den Zwanzigern noch stark das Image eines gediegenen Alltagsgetränks gepflegt, so wurde durch die Inanspruchnahme der Sportler für die Ovomaltine deren Verbreitung in untere Bevölkerungsschichten eingeleitet, wobei sie sich denselben völker- und schichtenübergreifenden Gestus gab wie der Sport. So hieß es 1933 in einer Broschüre: «Die vier Generationen Schweizer Skimeister – alle aus verschiedenen Landesteilen, in vollkommen verschiedenen Verhältnissen lebend – aber alle einig in dem einen Punkt: Ovomaltine ist unentbehrlich für jeden, der mehr als Mittelmässiges leisten will.»[52]

«Wenn ich einmal zusammenbräche?»

Mit der fortschreitenden Technisierung wurde die Welt auch optisch neu erfahren. Der zusehends schnellere Alltagsrhythmus zwang das Auge, die Wirklichkeit im raschen Überblick wahrzunehmen.[53] «Eiserne Nerven müsste man heute haben!», hieß es denn auch in einem Inserat von 1930: «Ein Trommelfeuer von Eindrücken prasselt täglich auf unsere Sinne, macht uns schlapp, müde und nervös.»[54] «Eindrücke verarbeiten», lautete 1930 eine Schlagzeile *(Abb. 17)*. «Früher hatte man's gut! (...). Heute müssen wir uns sozusagen Tag für Tag umstellen. Grosse technische Errungenschaften, neue politische Strukturen, gewaltige wirtschaftliche Umwälzungen gleiten wie ein Filmstreifen, Bild an Bild, an uns vorüber.»[55] So verkaufte sich die Ovomaltine, im Zusammenhang mit der damals diskutierten Beschleunigung, erneut als Mittel, das half, den Alltag zu bewältigen.[56] Auch gestalterisch reagierte die Werbung ab Ende der 1920er-Jahre auf das moderne Tempo: Die Texte wurden kürzer, die Bilder assoziativer. [57]

Der Übergang von den 1920er- zu den 1930er-Jahren war in der Ovomaltine-Werbung durch zwei gegenläufige Tendenzen gekennzeichnet: Die Anfänge der Freizeit- und Konsumgesellschaft kündeten sich an – mit ihren Segnungen, aber auch ihren neuen

16
Die Firma Wander führt in der Schweiz das Sponsoring ein – und nutzt die öffentliche Präsenz auch in der Werbung. Inserat, 1935.

17
Der Alltag wird ungemütlich; Ovomaltine hilft, ihn zu bewältigen. Inserat, 1930.

Anforderungen. Diesen konnten jene indessen «beruhigt» begegnen, die mit Ovomaltine als «dem unentbehrlichem Tourenproviant» ausgerüstet waren *(Abb. 18)*. Gleichzeitig kam das wachsende Unbehagen angesichts einer zunehmend leistungs-, profit- und wettbewerbsorientierten Gesellschaft zum Ausdruck:[58] Der Körper könne «dem Arbeitstempo von heute nicht mehr folgen»[59], erklärte die Ovomaltine-Werbung. Und sie thematisierte auch die «grosse Sorge» vor dem Verlust des erreichten Lebensstandards: «Wenn ich einmal zusammenbräche?» *(Abb. 19)* «Wie mancher Familienvater hat wohl ganz geheim, ganz im Innersten die Angst, er halte einmal die abnützenden Anstrengungen seines Berufes nicht mehr aus und könne dann seinen Angehörigen nicht mehr ein sorgenfreies Leben bieten.» Die Stärkung des Körpers erhielt im täglichen «Daseinskampf»[60] eine neue Dimension: «Kampffähig» müsse der Körper sein, denn «kampfbereit muss man im heutigen Leben» sein. «Gut nähren, gut wehren»[61], titelte die Werbung 1929 – und verkaufte die Ovomaltine als Abhilfe gegen Sorgenfalten und hängende Köpfe.

Mit der «Rationalisierung» und «wissenschaftlichen Betriebsführung» wurde in der Industrie zu jener Zeit ein System der Leistungsvorbestimmung und -steigerung eingeführt, das gegen Ende der 1920er-Jahre für zahlreiche betriebliche Konflikte sorgte. Immer öfter wurde in der Industrie die Zeit von Arbeitsabläufen gemessen.[62] Mit dem Zeitakkord konnte eine bestimmte Leistung erzwungen werden; eine Entwicklung, die nicht nur in der Wirtschaft zu enormer Leistungssteigerung führte. Und zum verstärkten Zwang zur Leistungsbereitschaft, zur erhöhten Notwendigkeit von «Kampfreserven», wie sie die Ovomaltine 1930 anbot *(Abb. 20)*. Nicht Fortschrittsoptimismus prägte die Werbung jener Zeit: «Es ist vieles ungemütlicher geworden. Der behagliche Postillon, der rauhe Fuhrmann haben dem rationell angelernten Tramführer, Chauffeur, Bahnschaffner Platz gemacht.»[63]

Optimismus dank Ovomaltine

Der Beginn der 1930er-Jahre wurde in der Werbung als Auseinanderfallen der bekannten sozialen Ordnung thematisiert, zusätzlich verschärft durch die Weltwirtschaftskrise, die sich ab 1931 immer deutlicher auch in der Schweiz bemerkbar machte.[64] Für die breite Bevölkerung wirkte sich die Krise durch den Verlust von Einkommen und Arbeit aus. Bedrohliche Titel wie «Alarm», «Notsignale!» oder «Warnung!» häuften sich in der Ovomaltine-Werbung.[65] Mitunter wurde die Ovomaltine sogar zum Schwert: Damit ließ sich die Krise besiegen, die in Gestalt unheilvoll großer Lettern und eines Ungeheuers den Menschen «zu erdrücken droht» *(Abb. 21)*.

War eine diffuse, unbenannte «Angst vor dem Leben» bereits 1925 Titelthema eines Inserats gewesen[66], so konkretisierte sich diese Angst nun. Die Appelle an die Emotionen des Publikums wurden dringender: «Die grosse Wirtschaftskrise, die gegenwärtig Handel und Industrie schachmatt setzt, beeinflusst die Gesundheit aller Bevölkerungsklassen in ungünstiger Weise. Die ständige Angst vor einer weitern Ausbreitung der Krise, der Stillegung Ihres Betriebes, Arbeitslosigkeit, Not und Elend nagt beständig an Ihrem Lebensnerv.»[67] Gesundheit war in diesen schwierigen Zeiten absolutes Muss, sie erschien 1933 in der Werbung als das einzig Gestaltbare: «Dass wir die Hände in den Schoss legen und die Wendung zum Bessern von außen her abwarten, statt sie selbst zu schaffen, darin liegt der Grund der schlechten Zeiten. (…) Nur im gesunden Körper gedeiht ein mutiger Optimismus.»[68]

Gesundheit und ökonomische Position wurden in einer festen Formel miteinander verbunden, Krankheit mit wirtschaftlichem Rückgang gleichgesetzt: «Kranksein bedeutet Ausgaben und Verluste, bedeutet wirtschaftlichen Rückgang. Mehr als je müssen wir unsere Gesundheit pflegen, unsere Kräfte rationalisieren.» Was also tun? «Ovomaltine verschafft ein Gefühl von Sicherheit, innerer Ruhe und Gelassenheit. Nervosität verschwindet.» *(Abb. 22)* Es sei «gefährlich, mit der Verwendung von Ovomaltine zuzuwarten».[69]

Im Dienste nationaler Identität

Die Modernisierung brachte für die Schweiz nicht nur technischen und organisatorischen Fortschritt, sondern als Reaktion auf den sozialen Wandel und den Zerfall traditioneller Strukturen auch eine ausgeprägte Rückwärtsgewandtheit.[70] Die Krise der Dreißigerjahre hatte die ganze Gesellschaft erfasst. Je unerträglicher die Gegenwart durch die schnellen Veränderungen, die wirtschaftlichen Krisen erfahren wurde, desto größer wurde offenbar der Bedarf an Gefühlen, die Verwurzelung, Bindung und Kontinuität vermittelten – kurz: Heimat. Dem nationalen Einigelungs- und Ausgrenzungsbedürfnis entsprach die intensivierte Konstruktion einer gemeinsamen Herkunft, einer nationalen Identität.

Bald schon war von «germanischer Rasse» und «wir Mitteleuropäer» die Rede. Ab 1934 forschten in diesem Land nicht mehr Wissenschaftler, sondern «schweizerische Wissenschaftler». Die Figur des Bauern als Sympathieträger in der Werbung wurde zum Symbol alles Schweizerischen, verkörperte doch niemand mehr als dieser die Verbundenheit zur heimatlichen Scholle.[71] Hatte die Milch vorher ein Schattendasein im Kleingedruckten gefristet, gehörte sie nun in der Werbung «wie der Bauernstand und der Kranz der Alpen zu den Requisiten des Urschweizerischen».[72] Davon profitierte auch die Ovomaltine, zumal sie ja angerührt wird mit Milch, diesem «dem Schweizer von der Natur geschenkten Volksgetränk», und die auch selbst nichts anderes ist als «ein echtes Schweizerprodukt» *(Abb. 23)*. Doch die Milch werde nicht genügend geschätzt, klagte die Werbung und machte sich flugs an die Erziehung der Konsumentinnen: «Dafür verschleudern wir unser Volksvermögen für teure Nahrungs- und Genussmittel, mit weniger Gehalt, ins Ausland! Halt! muss sich jeder rechtdenkende Mensch sagen, wir müssen den Segen ehren, der unserer Heimat geschenkt ist, und Milch trinken!»[73] Milch mit Ovomaltine, selbstverständlich.

Als angesichts der aggressiven Außenpolitik des Dritten Reichs immer klarer wurde, dass die Nachkriegseine Zwischenkriegszeit sein würde, nahmen die Anstrengungen zu, eine leistungsfähigere Kriegswirtschaft aufzubauen. Das blieb nicht ohne Wirkung bei der Ovomaltine: «Trinkt mehr Milch», forderte die Werbung

22
Starke Wacht gegen den Raub der Kräfte: ein Trunk aus Eiern, Milch, Malz und Kakao. Inserat, 1931.

23
Speise der Ahnen, Getränk der Heimattreuen: Die Ovomaltine profitiert vom nationalen Geist der Milch. Inserat, 1934.

1934 und erklärte: «Ihr helft damit Euch und der ganzen schweizerischen Wirtschaft.»[74] Schließlich schaffe jeder unnötige Import Schulden. Der Kontext der Geistigen Landesverteidigung bot den geeigneten Rahmen für die Inszenierung nationaler Identität: Begriffe wie «Heimat», «Boden der Heimat», «Volk» und «Nation» feierten in der Ovo-Werbung Urständ. Als hilfreich für die Konstruktion der nationalen Identität erwies sich dabei auch die Wiederbelebung eidgenössischer Mythen: die Kappeler Milchsuppe als Ausdruck des Willens zum Widerstand oder Wilhelm Tell, Mahner vor fremden Mächten. Sportereignisse von nationaler Bedeutung wurden in diesen Jahren zu einer der stärksten Manifestationen des Nationalismus, sie gingen in Vorstellungen von nationaler Wehrkraft auf und versahen dadurch auch die Ovomaltine mit der Aura des Vaterländischen.[75]

Die Gesundheit kam im zunehmend nationalistischen Kontext zu neuer Bedeutung. Man glaubte, durch wertvolle Ernährung könne der ramponierte «Volkskörper» längerfristig saniert und damit auch die Wehrkraft regeneriert werden. Der Körper und die Gesundheit des Einzelnen wurden dem «Volkskörper» und der «Volksgesundheit» untergeordnet.[76] Auch diese Entwicklung fand ihren Ausdruck in der Werbung *(Abb. 24)*. «Ovomaltine», hieß es 1931, «ist von uns geschaffen in der Absicht, zur Hebung der Volksgesundheit beizutragen.»[77] Der Körper wollte «gestählt» sein; er wurde

visuell überhöht. Damit näherte sich die Werbung einer faschistoiden Ästhetik an *(Abb. 25)*.

Die Stärkung von Leistungsfähigkeit und Widerstandskraft des Körpers geriet zu einem Akt von Widerstand gegen außen. So im Kriegsjahr 1940: «Ein Land, das seine Unabhängigkeit bewahren will, braucht aber nicht nur mutige Soldaten, sondern es muss sich auch auf seine ‹zweite Front› verlassen können. (…) Stärken Sie sich täglich mit Ovomaltine.» *(Abb. 26)* Ein genialer Coup war Wander zudem 1937 gelungen: Die eigens entwickelte «Militär-Ovomaltine»[78] wurde vom eidgenössischen Oberkriegskommissariat definitiv als Frühstücks-Notration der Soldaten eingeführt. Von nun an war Ovomaltine kein freiwilliges Gepäck im Rucksack mehr, sondern trat offiziell in den Dienst der Landesverteidigung. Wie beim Sport profitierte hier die Ovomaltine von ihrer organisierten Präsenz in der Öffentlichkeit, und wie beim Sport wurde diese Präsenz umgekehrt auch in der Ovomaltine-Werbung genutzt.

Sportlicher Wettkampf und militärischer Wehrwille: Die Werbung verband die Ovomaltine symbolisch mit beidem – und machte sie damit auch zu einem Teil des Schweizerischen. Der Langlauftrainer der Japaner soll in Mürren 1936 den Ovomaltine-Becher erhoben und pathetisch gerufen haben: «Vivat Helvetia, vivat Ovomaltine!» Die Ovomaltine als Symbol der schweizerischen Nation war geboren.

24
Es geht um die Gesundheit des «Volkskörpers». Inserat, 1936.

25
Gestählte Körper in «bester Form» – dank Ovomaltine. Inserat, 1933.

26
«Täglich 1 bis 2 Tassen» stärken den Widerstandswillen. Inserat, 1940.

FÜHRENDE SPORTSLEUTE DER WELT TRAINIEREN MIT **OVOMALTINE**

Deshalb ist Ovomaltine bei den Olympischen Spielen – wie bereits 1932 in Los Angeles – auch 1936 in Berlin offiziell zugelassene Trainings- und Wettkampfnahrung.

24

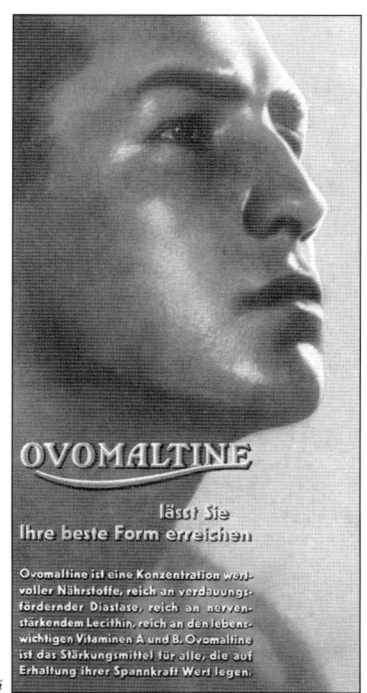

OVOMALTINE

lässt Sie Ihre beste Form erreichen

Ovomaltine ist eine Konzentration wertvoller Nährstoffe, reich an verdauungsfördernder Diastase, reich an nervenstärkendem Lecithin, reich an den lebenswichtigen Vitaminen A und B. Ovomaltine ist das Stärkungsmittel für alle, die auf Erhaltung ihrer Spannkraft Wert legen.

25

MUT!

Wir leben in einer Zeit, die mutige Menschen fordert. Ein Land, das seine Unabhängigkeit bewahren will, braucht aber nicht nur mutige Soldaten, sondern es muss sich auch auf seine „zweite Front" verlassen können. Zu den ersten Erfordernissen, um sich behaupten zu können, gehört ein gesunder Körper, denn nur im gesunden Körper gedeiht ein mutiger Optimismus. Stärken Sie sich täglich neu mit Ovomaltine. Fast jeder muss auf seinem Posten heute mehr als nur Durchschnittliches leisten. Da gilt es denn, verbrauchte Kräfte zu ersetzen, um seine Gesundheit zu stählen. Nehmen Sie zum Frühstück und als Schlummertrunk täglich 1 bis 2 Tassen Ovomaltine.

Auf  **OVOMALTINE** ist Verlass!

26

Werbung, die anzieht. Und anstößt

Entstehung und Erscheinung der Werbung der
Herrenkonfektionsmarke PKZ (1900–1975)

Stefan Altorfer

«Wie kann die Welt wissen, dass du Gutes zu verkaufen hast, wenn du den Besitz desselben nicht anzeigst? Hast du einen Dollar in ein Unternehmen gesteckt, so halte sofort einen zweiten Dollar bereit, um das Unternehmen bekannt zu machen!»

Das Zitat des amerikanischen Industriellen Cornelius Vanderbilt steht in einem Inserat für die «Confection PKZ A.G.» vom 23. November 1907[1] *(Abb. 1)*. Die Kleidermarke existierte beim Erscheinen dieser Anzeige seit sechzehn Jahren. PKZ steht nicht etwa für den Slogan «Papa kann zahlen», sondern für die Initialen eines der Unternehmensgründer: Paul Kehl, Zürich.[2] Die Verwendung des Zitats in einer Anzeige ist in zweifacher Hinsicht interessant: Zum einen zeigt sie, dass bei PKZ bereits früh die Wichtigkeit von Werbung im anonymen Markt erkannt wurde. Zum anderen ist sie ein Zeichen dafür, wie sehr ein Unternehmen noch zu Beginn des 20. Jahrhunderts den Werbeaufwand vor seinen Kunden rechtfertigen musste.

Dieser Beitrag soll nicht nur Werbebilder als Quellen historischer Erkenntnis verwenden, sondern auch nach dem Zusammenhängen von Entstehungsbedingungen und Erscheinungsbild von Werbung fragen. Am Beispiel PKZ lässt sich dies exemplarisch durchführen, da im Unternehmensarchiv reichhaltige Dokumente zur Werbeproduktion und zu Reaktionen auf die Werbung vorhanden sind. Besonders interessant für eine historische Betrachtung sind Werbekampagnen, die ablehnende Reaktionen ausgelöst haben. Wenn wir davon ausgehen, dass Werbung Idealvorstellungen und nicht Realitäten abbildet, dann können an solchen Kampagnen die Grenzen von Idealvorstellungen festgemacht werden. Doch wessen Idealvorstellungen sind dies?

Konrad Dussel hat die These formuliert, dass sich mit der historischen Analyse von Werbequellen in erster Linie Aussagen machen lassen über Vorstellungen, die sich ein Auftraggeber über die Bedürfnisse seiner Kunden macht, da jede Werbung zunächst ihren Auftraggeber überzeugen müsse, bevor sie überhaupt veröffentlicht werde.[3] Aufgabe des Historikers ist es, die Ansichten der verschiedenen Akteure im Dreieck Auftraggeber – Werbefachperson – Zielgruppe möglichst differenziert nachzuzeichnen und ihren Deckungsgrad mit den Vorstellungen «der Gesellschaft» (der Kunden) aufzuzeigen. Dies kann dann geschehen, wenn sich diese Vorstellungen nicht entsprechen und eine Werbekampagne durch unbeabsichtigte Nebenwirkungen negative Reaktionen auslöst. Im Folgenden soll der Frage nachgegangen werden, wie sich die Veränderungen im unternehmerischen Umfeld auf die Erscheinungsform der Werbung ausgewirkt haben. Zu diesem Zweck werden zunächst einzelne Phasen der PKZ-Werbung bis 1975 beschrieben. Im Schlussteil werden die beobachteten Phänomene mit ihren Entstehungsbedingungen verglichen, und es wird die Frage nach der Anwendbarkeit dieses Ansatzes in der Werbegeschichte erörtert.

Von Sardinen, Plakaten und besseren Herren: Die Pionierzeit

Als eigentliche Pionierzeit der Werbung für PKZ kann die Zeit vor dem Ersten Weltkrieg gelten. Die damalige «Reklame», wie sie die Zeitgenossen bezeichneten, zeichnete sich in verschiedener Hinsicht durch Unein-

1
Selbstrechtfertigung und Zeigestolz: Reines Textinserat mit Zitat des Industriellen Vanderbilt, 1907.

heitlichkeit aus. Zunächst durch die Uneinheitlichkeit einer Gestaltung, die sich noch vorwiegend an der Ästhetik des Historismus orientierte. Beispiele dafür sind Plakate, die nicht auf Fernwirkung hin konzipiert waren, oder stark textlastige Inserate mit stets wechselnden Texten, Rahmen und Druckvorlagen *(Abb. 2 und 3)*. Diese Uneinheitlichkeit in der Erscheinung rührte nicht zuletzt daher, dass auch die Entstehung der Reklame uneinheitlich war. Jede einzelne Filiale war zu dieser Zeit für ihre Werbung zuständig, wie sich der ehemalige Mitarbeiter François Lutz in einer Jubiläumsschrift 1956 erinnerte: «Früher war es Aufgabe des Filialleiters und seiner Angestellten, selbst für Dekoration und Reklame zu sorgen. Einer der Herren prägte den Slogan: ‹PKZ toujours à mieux›, womit er aber keinen Dank erntete. Ein entsetztes Telefon aus Zürich machte ihn darauf aufmerksam, dass PKZ keine Sardinen verkaufe. ‹Amieux› war eine damals sehr bekannte Sardinenfabrik.»[4]

Das Werbelaientum wurde durch die Zusammenarbeit mit professionellen Plakatgestaltern in den 1910er-Jahren überwunden. Das erste künstlerisch hoch stehende Plakat für PKZ hatte 1908 Ludwig Hohlwein entworfen *(Abb. 4)*. Es zeigte in der für ihn typischen flächigen Darstellungsweise einen eleganten Herrn vor einer Kutsche. Das Werk stand am Anfang einer eindrücklichen Serie künstlerisch anspruchsvoller PKZ-Plakate, die dem Unternehmen den Ruf einbrachte, einer der bedeutendsten Auftraggeber für die Schweizer Plakatkunst zu sein. In den Folgejahren warb die Zürcher Herrenkonfektionsmarke mit Werken der wichtigsten in der Schweiz tätigen Plakatgestalter. Noch heute überzeugen die Plakate von Burkard Mangold, Emil Cardinaux oder Ernst Baumberger durch ihre nüchterne, flächige Gestaltung. Den frühen PKZ-Plakaten ist allen gemeinsam, dass sie elegante Menschen aus der Oberschicht zeigten, meist beim Sport oder in Gesellschaft. Die Aufgaben der Kleiderwerbung nahmen die wenigsten dieser Plakate explizit wahr, sie könnten ebenso für den Tourismus oder für Automobile werben *(Abb. 5)*. Das Plakat war zu dieser Zeit eindeutig das wichtigste Werbemedium für PKZ. Es gab das ästhetische Erscheinungsbild vor, nach dem sich die anderen Werbemedien wie Inserat und Katalog zu richten hatten.[5]

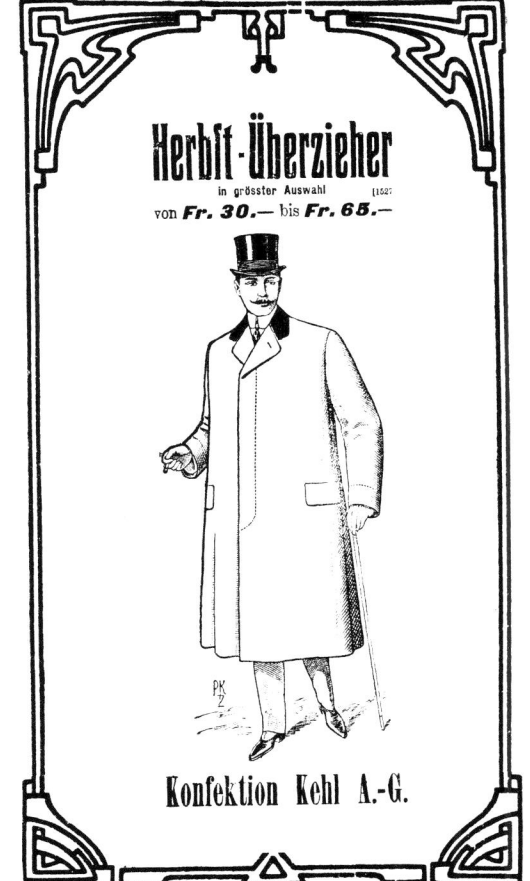

2/3
Copy-and-paste: Die gleiche Dokumentvorlage in zwei Inseraten mit unterschiedlichem Text und Rahmen – für PKZ und Kehl, 1908.

3

Die Professionalisierung von Werbung und Schaufensterdekoration führte 1915 zur Etablierung einer betriebseigenen, zentralen «Reklameabteilung». PKZ folgte damit einer von Dirk Reinhardt skizzierten Entwicklung, wobei die Zentralisierung vergleichsweise früh erfolgte.[6] Für die Plakatentwürfe wurden jedoch weiterhin externe Gestalter beigezogen. Verschiedentlich wurden auch Plakatwettbewerbe durchgeführt, bei denen die besten Entwürfe prämiert und gedruckt wurden.

Spektakel für den «Jedermann»: Die 1920er-Jahre

In den frühen 1920er-Jahren fand ein grundlegender Wechsel im Erscheinungsbild der PKZ-Werbung statt. Hatte in der Pionierphase das Plakat als Leitmedium die Gestaltung bestimmt, so übernahm fortan der Katalog, beziehungsweise das dahinter stehende Konzept, diese Funktion. Dabei wurde in allen verwendeten Medien mit

dem gleichen Motiv geworben.[7] Dieser Wandel erklärt sich vor allem dadurch, dass PKZ zu dieser Zeit versuchte, ein breiteres Publikum anzusprechen. Der «Jedermann» sollte durch spektakuläre Werbung gewonnen werden.[8] Die in der Folge durchgeführten Kampagnen waren erstaunlich aufwändig und provoka-

5

Tourismusplakat oder Kleiderwerbung? «Bergsteiger» von Emil Cardinaux. Plakat, 1908.

6

Mitten im modernen Leben: «die neue zeit». Seite aus dem Frühjahrskatalog «jedem sein pkz-kleid», 1929.

tiv. Sie sollten durch Spektakel Reaktionen provozieren, wobei es durchaus vorkam, dass PKZ dabei einen Schritt zu weit ging.

Schlechte Erfahrungen wurden beispielsweise 1929 mit der Einführung der Kleinschrift gemacht. Für sämtliche Drucksachen (zwei Kataloge, Inserate, Werbebriefe und Korrespondenz) verwendete PKZ in diesem Jahr die radikale Form der Kleinschrift, bei der auch Eigennamen, Titel und Satzanfänge ohne Großbuchstaben geschrieben wurden. Der Katalog für die Frühjahrssaison 1929 («jedem sein pkz-kleid») war wie eine Schallplatte eingepackt. Die darin abgebildeten Kleider wurden begleitet von den Attributen des modernen Lebens: Möbel, Autos, Flugzeuge und Bauten *(Abb. 6)*. Im Telegrammstil betonte der Katalogtext die Modernität und Volkstümlichkeit – heute würde man wohl eher von Popularität sprechen – von PKZ und seiner Kleidung: «gegenwärtig / gegenwartsmode! in der herrenkleidung liegt sie in details. (...) schnelllebig ist die zeit, wechselnd die mode. wie die architektur neuen stil hat, so auch das kleid, auch pekazet! und eben darauf kommt es an.»[9]

Ernst von Gunten, Chef der PKZ-Reklameabteilung, berichtete in einem Artikel in der Fachpublikation «Schweizer Reklame» über die «erfahrungen mit der kleinschrift in der reklamepraxis». Klein geschrieben wurde demnach bei PKZ, weil diese Form gut zum Reklameplan passe, aber auch aus sprachlich-reformerischen Überlegungen. Von Gunten war überzeugt, dass die Drucksachen aufgrund der ungewohnten Kleinschreibung vermehrt Beachtung fänden. Die erhaltenen Zuschriften seien meist negativ gewesen, und er zog aus ihnen den Schluss, dass die Kleinschrift verhältnismäßig leicht aufgenommen werde in Katalogen, Inseraten und Plakaten, nicht aber in der persönlichen Korrespondenz. Da mit einem gewissen Widerstand bei der Kundschaft gerechnet werden müsse – von Gunten schätzte, «dass 10–20% der empfänger, wenn auch nicht gerade feinde, so doch nicht freunde der kleinschreibung sind» –, sollte in der Zukunft darauf verzichtet werden.[10] Bemerkenswert an seiner Begründung ist insbesondere die Tatsache, dass dieser Verzicht mit dem Verweis darauf geschah, dass der Kunde immer Recht habe. Dies kann als Ausdruck einer Kundenorientierung nach amerikanischem Vorbild gesehen werden, wie sie im Frühjahrskatalog explizit beschrieben wurde: «kunden-dienst. alle vorteile für den kunden. so heißt es in amerika, so heißt es auch bei uns.»[11]

7
Helfen, die Wirtschaft wieder anzukurbeln: Herbstkatalog aus der Zeit der Wirtschaftskrise, 1932.

Neidisch könnte man werden

ob der Eleganz, die dieses Bild ausströmt! Neid ist aber nicht schön und auch gar nicht nötig. Ist es doch sehr leicht, dafür zu sorgen, dass auch Sie so elegant aussehen. Wie? Sehr einfach: Folgen Sie dem guten Geschmack der guten Firma, tragen Sie PKZ-Kleider . . . .

Anzüge Fr. 48.- 58.- 68.- 78.- 88.- 98.- bis 170.-

Mäntel Fr. 48.- 58.- 68.- 78.- 88.- 98.- bis 190.-

Burger - Kehl & Co

In der Krise: Die 1930er-Jahre

Mehrere PKZ-Werbekampagnen der 1930er-Jahre nahmen explizit auf die Wirtschaftskrise Bezug *(Abb. 7)*. Dabei wurde versucht, eine optimistische Botschaft zu vermitteln und die Kunden von der volkswirtschaftlichen Wichtigkeit ihres (Kleider-)Konsums zu überzeugen. Dass in der Krise aber nicht nur an Vernunft und Optimismus appelliert wurde, zeigt ein Motiv aus dem PKZ-Herbstkatalog von 1932, das auch als Anzeige in Illustrierten und Zeitungen erschien *(Abb. 8)*. Unter der Abbildung eines Revers mit Krawatte, Hemd und Pochette stand zunächst als Blickfang die Überschrift: «Neidisch könnte man werden.» Erst der klein gedruckte Text erklärte, dass der Neid nicht nötig sei, da sich jeder diese Eleganz bei PKZ kaufen könne. Abhilfe gegen solche Krisensymptome sollte der Frühjahrskatalog 1933 schaffen. Er kam wie ein Kopfwehpulver in einem Briefchen verpackt daher und wurde als «Pekazeton», als Mittel gegen Kleidersorgen, angepriesen *(Abb. 9)*: «In 5 Minuten sind Sie kuriert... (...) Tragen Sie Pekazet. Es schont Ihr Portemonnaie.»[12]

Parallel zu Katalog, Plakat und Inseraten wurde ein Werbefilm produziert, in dem ein kopfwehgeplagter Mann durch den PKZ-Katalog von seinen Kleidersorgen befreit wird *(Abb. 10 und 11)*. Die im Archiv des Unternehmens aufbewahrten Reaktionen auf die «Pekazeton»-Kampagne reichen von Erstaunen über Ablehnung bis hin zu vorbehaltlosem Lob für die originelle Idee. Besonders im krisengeschüttelten Deutschland wurde über die aufwändige Werbekampagne gestaunt. Der Berliner Werbeberater Arthur Jacoby war davon so angetan, dass er in einem Brief an die PKZ-Reklameabteilung schrieb: «Ich darf mit gutem Gewissen sagen, dass mir keine deutsche Reklame bekannt ist, die es an Originalität und Werbekraft mit der Ihrigen aufnehmen könnte.»[13]

In der Plakatgestaltung war die Wirtschaftskrise weit weniger zu spüren. PKZ leistete sich 1934 und 1935 sogar einen Plakatwettbewerb. Auch inhaltlich gingen die Plakate nicht auf die wirtschaftliche Krisensituation ein und folgten einer schlichten grafischen Ästhetik. Die Plakate aus dieser Zeit zeichnen sich durch einen sachlichen Stil mit äußerster Reduktion und technischer Virtuosität aus *(Abb. 12 und 13)*.

9
«Pekazeton», das Wundermittel gegen Kleidersorgen. Plakat aus dem Werbeatelier von PKZ, 1933.

10

10/11
Der Film zum Wundermittel. Szenen aus dem «Pekazeton»-Werbefilm, 1933.

12
An Schlichtheit und Eleganz kaum zu übertreffen: «Knopf» von Peter Birkhäuser. Plakat, 1934.

13
Überzeugte auch die Jury des PKZ-Plakatwettbewerbs 1934: «Pack zäme» von Alex W. Diggelmann, 1934.

14
Ob «chez soi» oder «beim Ski»: Anleitung zur angemessenen Kleidung. Seite aus dem Herbstkatalog «Das richtige Kleid zur richtigen Zeit», 1939.

CHEZ SOI

Dressing-Gown   Leichte flanellartige Stoffe, farbig lebhaft.

Hausjacke   In weichen Flauschstoffen, meist diskret uni mit schmuckem, farbig lebhaftem Kragen und rundem Revers.

SKI

Zum Fahren   Die moderne Skihose mit passender, oft recht lebhaft farbiger Skibluse. Zu den modernen Hosen passende Skischuhe. Woll- oder Flanellsporthemd, farbig lebhafte Wollkrawatte oder geschmackvolles farbig schmückendes Foulard.

Après-ski   Das zu den Skihosen gehörige Veston oder passendes Sportveston oder spezielles modernes Veston «après-ski».

Abends im Wintersporthotel: Immer Smoking oder Frack.

Das richtige Kleid zur richtigen Zeit: Die Kriegsjahre

Eindeutig den falschen Zeitpunkt erwischte PKZ mit dem Modebrevier «Das richtige Kleid zur richtigen Zeit», das den Männern die Regeln korrekter Kleidung vermitteln sollte *(Abb. 14)*. Der für die Herbstsaison 1939 in dieser Form geplante Katalog wurde vom Ausbruch des Zweiten Weltkriegs überschattet. Aus der Aktennotiz einer Besprechung mehrerer Mitglieder von Verwaltungsrat und Geschäftsleitung vom 7. September 1939 geht hervor, dass das geplante Vorgehen dennoch beibehalten werden sollte, weil das Papier schon gekauft sei und viele Zeichnungen bereit lägen.[14] Der Katalogtext wurde der neuen Situation angepasst. In der Einleitung des Modebreviers rechtfertigte sich PKZ, warum es dennoch erschien: «Natürlich war es für normale Zeiten vorgesehen, und wir wissen wohl, dass jetzt die Frage der stilgerechten Kleidung hinter vieles anderes und Wichtigeres zurückstehen muss. Da aber bereits alles druckfertig vorbereitet war, haben wir uns entschlossen, das Büchlein, trotz den veränderten Verhältnissen, herauszugeben.» Auch die Wirtschaft in Funktion zu halten gehöre zur Landesverteidigung. Es folgte die Bitte: «Behalten Sie das Büchlein auf, legen Sie es in den Kleiderschrank, und wir wollen hoffen, die Zeit sei nicht allzu fern, wo Sie wieder Gelegenheit oder das Bedürfnis haben werden, es zu konsultieren.»[15]

Hier zeichnete sich bereits ab, was die PKZ-Werbung der Kriegszeit ausmachen sollte. Es wurde vor allem Erinnerungswerbung für die Marke PKZ betrieben und aufgeklärt über Kleiderfragen wie Zellwolle, Rationierung oder Kleiderpflege. Eine auf potenzielle Käufe der Nachkriegszeit ausgerichtete Werbung trat zunehmend an die Stelle konkreter Angebotswerbung, die wegen Lieferengpässen auch kaum sinnvoll gewesen wäre.

1941 führte PKZ erneut einen Plakatwettbewerb durch. Die Jury stellte fest, dass das «allgemeine Niveau der eingegangenen Arbeiten recht zufriedenstellend» gewesen sei.[16] Der Siegerentwurf von Emil Alfred Neukomm, «Tex 33» *(Abb. 15)*, zeigte eine Schere, die einen PKZ-Textilcoupon abschneidet. Auffallend ist die Analogie zu einer Anzeige, die 1941 in Deutschland für die «Wirtschaftsgruppe Einzelhandel» warb und das gleiche Motiv darstellte, freilich in anderer Technik und Perspektive *(Abb. 16)*. Diese Ähnlichkeit muss nicht bedeuten, dass Neukomm das betreffende Inserat gekannt hat. Ein solches Motiv bietet sich in jedem Land mit Rationierung geradezu an. Das Juryprotokoll zum PKZ-Plakatwettbewerb hielt zu Neukomms Entwurf denn auch fest, «dass dieses Plakat die heutige Situation in klarer und für das Publikum ohne weiteres verständlicher Art zum Ausdruck bringt und den Gedankengängen, die die PKZ-Reklame heute befolgen muss, in vollkommener und aktueller Weise entspricht».[17]

15
Werbung zu Zeiten der Kleiderrationierung: «Tex 33» von Emil Alfred (Fred) Neukomm. Plakat, 1941.

16
Werbung aus dem nationalsozialistischen Deutschland mit gleichem Motiv: «Karte und Bezugsschein» von Palo. Inserat für die Warengruppe Einzelhandel, 1941.

Mitten im Atlantik:
Die Nachkriegsjahre

1947 verließ der langjährige PKZ-Werbechef Ernst von Gunten das Unternehmen. In verschiedener Hinsicht fand in der Folge ein Strategiewechsel statt. Es wurde versucht, eine breitere Schicht potenzieller Kunden anzusprechen. PKZ wollte von seinem edlen und elitären Image wegkommen und zur populären Marke werden. Der Katalog sollte fortan weniger luxuriös sein und eher wie ein Warenhauskatalog aussehen. Dies wirkte sich zunächst auf die Gestaltung aus: Sie wurde weniger aufwändig und künstlerisch anspruchsloser. Um eine möglichst breite Streuung zu erreichen, wurde der Katalog in alle Haushalte verteilt. Aufgehoben wurde die zentrale Kundenstatistik, die zuvor als Basis für den Katalogversand an die PKZ-Kunden gedient hatte.

Das neue Konzept ging jedoch einher mit einem Sparkurs, zu dem der Umsatzrückgang das Unternehmen zwang. Direktor Brugger stellte 1948 fest, dass PKZ die jüngeren Herren als Kunden fehlten. Um sie anzusprechen, sollte einigen Künstlern der Auftrag erteilt werden, ein Plakat zu entwerfen nach der Vorgabe, dieses solle «nicht eine Erinnerungs- und Marken-Reklame» darstellen, «sondern ein richtiges Angebot».[18] Die Weihnachtsnummer der Firmenzeitschrift «PKZ-Faden» berichtete über den hierfür durchgeführten Plakatwettbewerb, der jedoch nur ein Schatten seiner Vorläufer war. Während in der Zwischenkriegszeit bei Plakatwettbewerben großartige Sachplakate entstanden waren (vgl. Abb. 12 und 13), lieferte jener von 1948 mit seiner – vermeintlich – klaren Aufgabe nur ein dürftiges Resultat. Keiner der 22 eingereichten Entwürfe nahm auf das gestellte Thema Bezug und befriedigte die Jury ganz. Der Siegerentwurf «Sein guter Stern» von Hans Falk (Abb.17) kam den Intentionen der Unternehmung PKZ am nächsten, und es wurde beschlossen, «den Autor zu beauftragen, seine Arbeit im angegebenen Sinne weiter zu entwickeln. Da es sich dann in der Folge zeigte, dass die ‹Entwicklung› dieses Entwurfes ‹Sein guter Stern› zu keinem für beide Teile befriedigenden Ergebnis führen würde, verzichtete der Künstler auf die Ausführung der Arbeit.»[19]

Das schließlich ausgeführte Plakat von Franco Barberis (Abb. 18 und 19) war im Jurybericht als «Modeblatt ohne Plakatwirkung» bezeichnet worden.[20] Die mittelmäßige Qualität dieser Werbeaktion war symptomatisch für die PKZ-Werbung der Nachkriegsjahre, die als wenig originell bezeichnet werden kann. Der unbefriedigende Ausgang des Wettbewerbs von 1948 ist aber auch vor dem Hintergrund der allgemeinen Entwicklung der Plakatwerbung zu verstehen. Bereits in der Zwischenkriegszeit waren in der Schweiz vermehrt Plakate aufgetaucht, deren ausschlaggebendes Ver-

17
Weiterentwicklung zum Werbeplakat unmöglich? «Sein guter Stern» von Hans Falk, Siegerentwurf des PKZ-Plakatwettbewerbs 1948. Schwarzweißfoto des Entwurfs, das Original ist nicht auffindbar.

18/19
Vom «Modeblatt ohne Plakatwirkung» (Jurybericht) zum Werbeplakat: «Grüezi» von Franco Barberis. Ausführung und zweitplatzierter Entwurf des PKZ-Plakatwettbewerbs, 1948.

17

18

19

Haben Sie schon je einen Wintermantel nur seiner warmen Taschen wegen gekauft?

Die warmen, mit Velour-Stoff gefütterten Taschen unseres Wintermantels ernten tagtäglich neuen Applaus. Doch – allein der Taschen wegen kaufen ihn natürlich unsere Kunden nicht! Dafür haben sie andere Gründe. Eine Menge sogar.

Aus der Schule plaudern!
Über Verarbeitung und Ausstaffierung könnten wir lange erzählen. Vom Satin-Futter. Von den speziellen Knopflöchern. Von den Farben und der erstklassigen Stoffqualität. Warum nicht vorbeikommen? Kritisch begutachten und probieren ist gratis. Mitnehmen und behalten kostet ab Fr. 198.–.

REINE SCHURWOLLE PURE LAINE VIERGE PURA LANA VERGINE · SWISS QUALITY

Wolle, Wolle, reine Schurwolle!
Unser Velour-Mantel ist aus reiner Schurwolle gearbeitet. Was bedeutet das? Sie dürfen sich auf seine Strapazierfähigkeit verlassen. Sie wissen, er ist knitterarm. Weich und wollig im Griff. Es gibt Kunden, die sagen, er fühle sich an wie echter Cashmere! Achten Sie beim Einkauf auf die beiden Woll-Signete: Wollmarke und Schäfchen.

PKZ

Hallo Crombie
Der exklusive Crombie ist wieder da! Modische Gourmets wissen, was das heisst: der schottische Crombie-Mantel ist der Star unserer Winter-Kollektion. Seine Sonderstellung verdankt er seinem makellosen Leumund. Ab Fr. 298.–.

Jungen und Junggebliebenen gefällt das neue, leicht tailierte Modell.

Seine Merkmale machen uns Männer schlank und heissen: einreihig, hochstrebend, elegant.

kaufsargument nicht der künstlerische Ausdruck, sondern die psychologische Raffinesse sein sollte. Als Folge der Übernahme amerikanischer Werbekonzepte entstand Werbung, die nicht Kunst sein sollte, sondern den – selbstverständlich idealisierten – Alltag zeigte.[21] Bis zum Abgang des Werbechefs von Gunten hatte PKZ die «europäische» Tradition des Künstlerplakats hochgehalten, was sich unter anderem in der Durchführung von Plakatwettbewerben zeigte. Die Künstler waren dabei in der Auswahl ihrer Motive sehr frei, die Überzeugungskraft des Plakats sollte in erster Linie in seiner anspruchsvollen Gestaltung liegen.

Mit dem Plakatwettbewerb von 1948 versuchte PKZ einerseits, diese Unternehmenstradition aufrecht zu erhalten, andererseits aber auch, den Ansätzen psychologisch orientierter amerikanischer Werbung durch die inhaltliche Auflage zu entsprechen, dass ein junger, sportlicher Mann abgebildet werden sollte. Da jedoch weder die eine noch die andere Strategie konsequent verfolgt wurde, musste das Resultat enttäuschend ausfallen. Das Plakat von Barberis wollte gleichzeitig Künstlerplakat und psychologisches Werbeplakat sein,

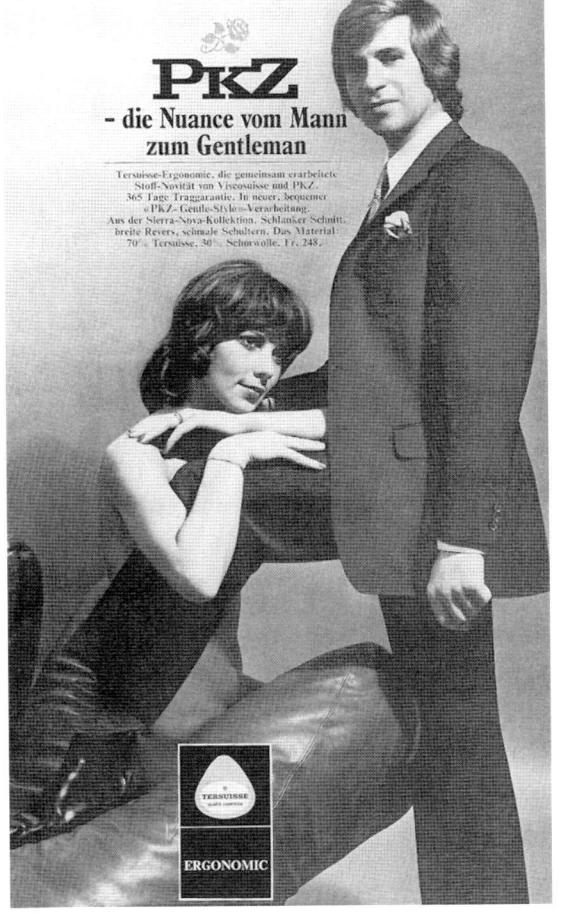

PKZ
– die Nuance vom Mann zum Gentleman

Tersuisse-Ergonomic, die gemeinsam erarbeitete Stoff-Novität von Viscosuisse und PKZ. 365 Tage Traggarantie. In neuer, bequemer «PKZ-Gentle-Style»-Verarbeitung. Aus der Sierra-Nova-Kollektion. Schlanker Schnitt, breite Revers, schmale Schultern. Das Material: 70% Tersuisse, 30% Schurwolle. Fr. 248.

TERSUISSE

ERGONOMIC

vermochte jedoch in keiner der beiden Gattungen zu überzeugen. Der Kompromiss versank somit – bildlich gesprochen – irgendwo mitten im Atlantik zwischen europäischen und amerikanischen Werbekonzepten.

Probleme mit James Bond: Werbung durch die Agenturen

Ab 1959 wurde die Werbung für PKZ nicht mehr vom Unternehmen selbst, sondern von den Werbeagenturen Wirz (1959–65), Farner (1966–69) und Consultas (1970–75) entworfen und produziert.[22] Stilistisch stellte dieser Übergang zur Fremdvergabe keinen Bruch dar. Die Anzeige hatte sich als Hauptmedium der PKZ-Werbung etabliert und folgte einem zeittypischen Schema mit einer formal und inhaltlich dominanten Fotografie, einer meist provokativen, darauf Bezug nehmenden Überschrift (Headline), einem erklärenden Text (Copy) und einer kleinen Abbildung der Marke.[23] Als Variante davon kann ein Inserat von 1965 gelten *(Abb. 20)*.

Dort sieht man zudem eine Neuerung in der bisher von Männern dominierten PKZ-Welt: das Auftauchen der Frauen. Ab 1947 spielten sie vereinzelt die Rolle der bewundernden Betrachterin elegant gekleideter Herren. In den 1960er- und 1970er-Jahren entsprach auch PKZ vermehrt dem Trend zum Sex-Appeal.[24] Bei-

spiele wie das Inserat von 1971 *(Abb. 21)* verschwanden jedoch wieder, nachdem bei der Konzeption der Werbekampagne für die Frühjahrskollektion 1970 zwischen dem Auftraggeber und der Werbeagentur Differenzen aufgetaucht waren. Bei einer Vorpräsentation wurden die von Consultas präsentierten Entwürfe vom Auftraggeber PKZ «einstimmig abgelehnt und als steif, unpersönlich und langweilig empfunden. Auch das Modell findet keinen Gefallen und wird abgelehnt, da sich die PKZ-Kundschaft nicht mit dem gewählten Modell identifizieren kann.»[25] PKZ bestand für die folgende Saison darauf, dass keine Frauen mehr abgebildet werden sollten, da sie von den männlichen Modellen und deren Kleidern ablenkten.[26]

Weniger Mühe im Umgang mit dem weiblichen Geschlecht kannte die berühmteste Romanfigur von Ian Flemming, James Bond *(Abb. 22)*. Der PKZ-Geschäftsbericht von 1966 bemerkte hierzu: «Die (...) James-Bond-Welle verebbte nicht. Im Herbst lancierten wir einen sehr modischen Anzug als ‹shock-proof, James-Bond 007›. Das Inserat war sehr auffallend, der Text spritzig-angriffig, so dass eine ungeahnt grosse Zahl von Leuten Anstoss nahm und zahllose Zuschriften PKZ der Masslosigkeit, ja der Unmoral in Propaganda-Dingen bezichtigten.»[27] Die Anzeige, um die ein solches Aufsehen gemacht wurde, verdient eine genauere Betrachtung, zumal dazu Quellen vorliegen, welche

22
«James Bond jagt Dr. No». Britisches Filmplakat, 1966.

23
Abenteuer garantiert: «shockproof». Inserat der Agentur Farner, 1966.

nicht nur die Reaktion des Publikums auf die Werbung aufzeigen, sondern auch die Zusammenarbeit von Auftraggeber und Werbeagentur in einer Krisensituation. Als ganzseitiges Zeitungsinserat erschien die von der Agentur Farner entworfene Anzeige in mehreren Schweizer Tageszeitungen *(Abb. 23)*. Sie zeigt die Illustration eines jungen Mannes im dunklen Anzug. Die eine Hand nachlässig in die Hosentasche gesteckt, hält er in der anderen eine Zigarette. Dazu steht:

«007 ...shockproof / der neue James Bond Anzug / dynamischer denn je... / shockproof... und typisch amerikanisch – der neue James-Bond-Anzug im gefährlichen midnightblue mit vielen Taschen – eine für gebrochene Mädchenherzen... / shockproof... und hautnah modelliert – der neue James-Bond-Anzug für den Flirt, für den harmlosen Bummel in der Stadt oder für atemberaubende Parties à Fr. 234.– / shockproof – sind auch die James-Bond-Accessoires: ob Hemden, Manschettenknöpfe oder Krawatten...»

Aus heutiger Sicht wirkt die Anzeige völlig harmlos, am ehesten befremdet die unbeholfene Sprache mit den vielen Punkten und englischen Ausdrücken. Etwas eigenartig mutet auch an, dass mit einem britischen Geheimagenten für einen «typisch amerikanischen» Anzug geworben wird. Doch die zum Teil harsche zeitgenössische Kritik an dem Inserat galt in erster Linie der Figur James Bond und war Teil einer eigentlichen Anti-Bond-Welle.[28] Dem seit 1963 auf der Kinoleinwand präsenten britischen Geheimagenten wurden Egoismus, Gewalt und Sexismus vorgeworfen. Das PKZ-Inserat schaffte es bis auf die Glossenseite des «Beobachters», wo vor allem die sprachliche Komponente bemängelt wurde. Der «Nebelspalter» dagegen störte sich an der angeblich kriminalitätsfördernden Seite von James Bond. Dort schrieb «Skorpion» über das Inserat: «(...) die Kleidung des Ladykillers, des gesellschaftlich anerkannten Nötigungsversuchers und des Sexobersteuermannes (...), geeignet für Handtaschenräuber, Strichjungen (hautnah) und gewerbsmässige Kuppler (midnight-blue), kurzum – der standesgemässe Anzug auch für Sie.»[29]

Unter einen der ersten handschriftlichen Reklamationsbriefe an PKZ hatte Direktor Walter Burger mit rotem Kugelschreiber «bitte diplomatisch beantworten» geschrieben, und er bat Farner in einem Brief vom

31. Oktober 1966 um eine Beantwortung. Die Agentur antwortete kurz darauf, dass es «public-relations-mäßig» richtig sei, wenn PKZ diese Aufgabe übernähme, legte seinem Brief an Burger aber einen Entwurf für ein solches Antwortschreiben vor. Darin schlug er vor, nicht auf die «Anschuldigungen» (bei Farner in Anführungszeichen) einzugehen, sondern durch Zusendungen Goodwill zu schaffen. Die erste Standardantwort von PKZ lautete entsprechend: «Selbstverständlich hat es uns gefreut, dass Sie unsere Werbung beachteten, anderseits bedauern wir jedoch ausserordentlich, dass sie bei Ihnen keinen Anklang gefunden hat. (...) Uebrigens: Kennen Sie das neue PKZ-Sortiment? (...) Wir sind überzeugt, dass wir Sie – auch wenn Sie selbst sich nicht mit James Bond identifizieren – traditionsgemäss zu Ihrer vollen Zufriedenheit bedienen können.»[30]

Später wurde etwas ausführlicher geantwortet, wobei sich PKZ dafür bedankte, von den Reklamie-

24
Rückkehr des Gentleman: «An heissen Tagen im leichten Anzug einen kühlen Kopf bewahren». Inserat von Consultas, 1974.

renden deren Standpunkt erläutert bekommen zu haben. Die Verwendung von James Bond für ein Inserat wurde damit gerechtfertigt, dass eine «grosse Gruppe ‹modernst› eingestellter junger Leute» damit angesprochen werden sollte. In einem persönlichen Antwortbrief an den Leiter eines Jugendheimes wurden die Absichten von PKZ in erstaunlicher Offenheit dargelegt. Zunächst wurde der Amerikanismus nicht als Nachahmung, sondern als zielgruppenorientiertes Vorgehen gerechtfertigt: Die Anhänger des amerikanischen Lebensstils konsumierten für viel Geld, und wenn PKZ sie nicht zu sich hole, so täten dies andere Unternehmen. Sie sollten an PKZ gewöhnt werden, damit sie auch dort einkaufen, wenn sie älter werden. «Dabei ist es übrigens ganz interessant festzustellen, dass entgegen dem äusseren Eindruck diese jungen Leute mit langen Haaren, karierten Hosen und geblumten Kravatten, charakterlich in starkem Gegensatz stehen zur äusseren Erscheinung. Es hat darunter so zahlreiche anständige und liebe Kerle, die nun einfach ihre jugendlichen Gefühle der Individualität auf eine Weise abreagieren, die uns manchmal vor den Kopf stösst.»[31]

Das James-Bond-Inserat zeigt, wie sehr PKZ zu dieser Zeit auf der Suche nach neuen Kundensegmenten war. Nicht immer gelang es, die neue, jüngere Zielgruppe anzusprechen, ohne gleichzeitig die bereits vorhandene, eher konservative Kundschaft zu irritieren. In den 1970er-Jahren versuchte PKZ schließlich, sein Image wieder etwas zu nobilitieren, und ließ entsprechend den «Gentleman» die Hauptrolle in seiner Werbung spielen *(Abb. 24)*.

Fazit: Entstehung und Erscheinung der PKZ-Werbung

Zum Schluss soll die eingangs gestellte Frage nach dem Zusammenhang von Erscheinung und Entstehungsbedingungen von Werbung wieder aufgegriffen werden. Es wäre ein Gemeinplatz, zu postulieren, die PKZ-Werbung sei Ausdruck einer Werbestrategie. Interessanter ist die Frage nach den Umständen, die jeweils zu dieser Werbestrategie führten. Um diesem Problem nachzugehen, werden die beobachteten inhaltlichen

Phasen der PKZ-Werbung den beiden wichtigsten Indikatoren für die Entstehungsbedingungen dieser Werbung gegenübergestellt: der teuerungsbereinigten Umsatzentwicklung und den Werbeausgaben des Unternehmens *(Grafik 1)*. Es ist davon auszugehen, dass Änderungen in der Umsatzentwicklung sich mit einer gewissen Verzögerung auf die Höhe der Werbeausgaben auswirken, was wiederum zu einer Anpassung der Werbestrategie führen kann.[32]

Zur Zeit vor der Phase stabilen Umsatzwachstums in den 1920er-Jahren sind zu wenig quantitative Daten vorhanden, die Schlüsse zuließen. In einer thematisch auf die Oberschicht fokussierten Werbung bestimmte das Künstlerplakat das Erscheinungsbild. Diese Aufgabe ging allmählich auf den Katalog über. Während in den 1920er-Jahren die Umsätze und die Werbeausgaben konstant wuchsen, änderte sich zwar das Erscheinungsbild der PKZ-Werbung von Saison zu Saison, doch war allen Kampagnen gemeinsam, dass sie möglichst spektakulär sein sollten, um damit die Aufmerksamkeit breiter Schichten der Bevölkerung auf sich zu ziehen. Eine Wende trat 1933 ein, als auch PKZ von der Wirtschaftskrise getroffen wurde. Die Werbeausgaben nahmen nicht nur in absoluten Zahlen, sondern auch im Verhältnis zum Umsatz ab. Inhaltlich folgte der Übergang zur Krisen-, später zur Kriegswerbung. Während bezüglich des Umsatzes eine Trendwende bereits 1944 festgestellt werden kann, erfolgte der Bruch bei den Werbeausgaben und bei der Werbestrategie drei Jahre später mit dem Abgang Ernst von Guntens und der Ausrichtung auf möglichst breite Bevölkerungsschichten. Gleichzeitig wurde ein historischer Tiefstand der Werbeausgaben erreicht, sowohl absolut als auch im Verhältnis zum Umsatz. In der Zeit konstant wachsender Umsätze nach 1952 nahmen die Werbeausgaben nicht in ver-

Grafik 1
Umsatz und Werbekosten PKZ 1915–75
zu realen Preisen, Werbestrategie[33]

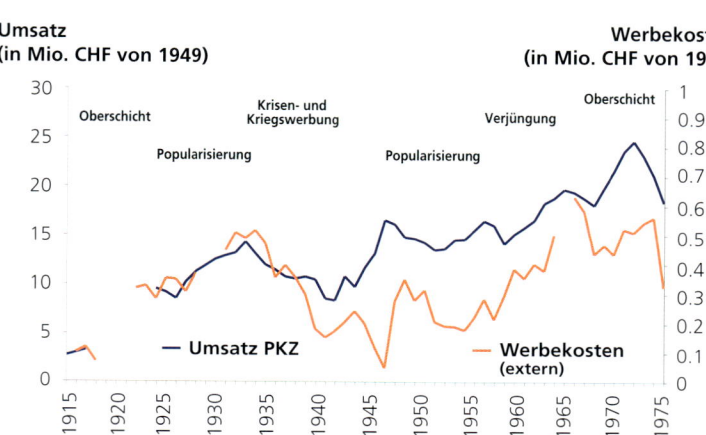

gleichbarer Konstanz zu. Inhaltlich kann für diese Zeit von einer Stabilität auf tiefem Niveau gesprochen werden. Bereits vor dem Übergang zur Fremdvergabe der Werbeproduktion an Agenturen 1959 war die Anzeige zum wichtigsten Werbemedium geworden. Eine Krise in der Umsatzentwicklung scheint nicht der Grund für diese Strategieänderung gewesen zu sein. Auch die jeweiligen Wechsel der Agentur lassen sich kaum mit der Umsatzentwicklung erklären. Die Umsätze von PKZ stiegen nach dem erfolglosen Versuch einer Verjüngung der Marke in den 1960er-Jahren mit der erneuten Orientierung auf die Oberschicht zunächst rapide an. Im Zuge der Rezession nach der Ölkrise von 1973 ging der Umsatz von PKZ jedoch massiv zurück. Die Werbeausgaben stiegen zunächst weiter an, mussten dann aber drastisch gekürzt werden.

Neben all diesen vor dem Hintergrund der Umsatzentwicklung gemachten Betrachtungen spielten natürlich auch andere Faktoren bei der Bestimmung von Werbestrategie und -erscheinung mit. Als zahlenmäßige Größen wären etwa die Umsätze und Marktanteile im Herrenbekleidungsmarkt, die allgemeine konjunkturelle Entwicklung in der Schweiz oder Veränderungen des Kleiderkonsums zu berücksichtigen. Auch andere, nicht so leicht zu beziffernde Faktoren können einen Einfluss auf das Erscheinungsbild der Werbung haben, beispielsweise neue Theorien und Konzepte der Werbewissenschaft, institutionelle Rahmenbedingungen oder der Drang zu einer zyklischen Erneuerung von Werbekonzepten.

Wenn wir davon ausgehen, dass ein starkes unternehmensinternes Element auf das Erscheinungsbild von Werbung einwirkt, dann stellt sich die Frage, ob dies für den Werbehistoriker von Bedeutung ist, der nur die ausgesendeten Werbebotschaften betrachtet. Mit anderen Worten geht es darum, ob dieser immer noch dazu in der Lage ist, verlässliche Aussagen über die gesellschaftliche Relevanz von Werbebotschaften zu machen, wenn er nur die Erscheinung der Werbung – gewissermaßen als «Spitze des Eisbergs» – beschreibt und den ganzen unternehmensspezifischen Unterbau vernachlässigt. Eine einfache Antwort auf diese Frage gibt es nicht, sie ist letztlich immer abhängig von den Erkenntniszielen einer Forschungsarbeit und von der Breite der Untersuchungsgrundlage. Für die Untersuchung einer einzelnen Unternehmung oder Branche in einer Fallstudie sollten unternehmensinterne Faktoren, die zur Entstehung der Werbung geführt haben, nach Möglichkeit berücksichtigt werden, da sonst eine wichtige Dimension der Werbung vernachlässigt wird. Für andere, eher gesellschafts- oder kulturgeschichtlich ausgerichtete Fragen, wie etwa jener nach den Rollenbildern bestimmter Personengruppen, spielen diese Überlegungen keine bedeutende Rolle.

Wie die Analyse von Reaktionen auf die PKZ-Werbung zeigt, sind die gesellschaftlichen Nebenwirkungen von Werbung nicht immer beabsichtigt. Werber äußern sich kaum zu solchen Themen, und gesellschaftliche Aspekte von Werbekampagnen spielen in der Konzeption keine bedeutende Rolle. Finden sich diesbezügliche Äußerungen, dann meist in der Form einer Verteidigung, wenn Werbebotschaften bei «der Gesellschaft» – oder zumindest bei Teilen davon – auf Ablehnung oder gar auf Widerstand stoßen. Diese Tatsache beeinträchtigt jedoch die Reichweite der gesellschaftlich relevanten (Neben-)Aussagen von Werbung nicht. Die Zeitgenossen sind sich ja oftmals der vollen Auswirkungen ihres Handelns nicht bewusst, und diese werden erst aus der zeitlichen Distanz ersichtlich. Die alleinige Betrachtung der Werbebotschaften und die Berücksichtigung ihrer Entstehungsbedingungen – diese beiden Ansätze dürfen also letztlich nicht als Konkurrenten gesehen werden, sie sollten vielmehr von Fall zu Fall differenziert angewendet werden und sich wann immer möglich ergänzend in die Hand arbeiten.

«Das grosse Wettbrennen»

Zum Ideal der gebräunten Haut in der Sonnenschutzmittelwerbung zwischen 1920 und 2000[1]

**Lisa Bechter,
Rita Stöckli**

In der zweiten Hälfte des 20. Jahrhunderts ging es beim Braunwerden zuweilen um die Wette. Die «Schweizer Illustrierte» wählte 1986 für einen Artikel den Titel «Das grosse Wettbrennen».[2] Darin beschreibt die Autorin in etwas bissigem Ton die Sonnenhungrigen, die sich für «homines solaris» hielten und sich während der «Bronzezeit» jedem Sonnenstrahl aussetzten, bis sie zu «Brandopfern», sprich zu Hautkrebsfällen, würden. Der Artikel verfolgte aber auch den Zweck der Aufklärung: So wurde über den Aufbau der Haut und über Sonnenschutzfaktoren informiert – und zuletzt über den Umgang von Prominenten mit der Sonne.

Der vorliegende Beitrag befasst sich anhand von Werbeanzeigen für Sonnenschutzpräparate mit dem Ideal der gebräunten Haut, wie es sich in den 1920er-Jahren zaghaft entwickelte und im Laufe des 20. Jahrhunderts etablierte und verfestigte. Für die Kosmetikartikel-Produzenten tat sich mit dem neuen Schönheitsideal eine Marktlücke auf: Die Möglichkeit, Sonnenschutzmittel zu entwickeln und zu vertreiben, wurde zunehmend genutzt, und immer mehr Anbieter drängten auf den Markt. An den Werbeanzeigen für ihre Produkte lässt sich die Bedeutung des Schönheitsideals der gebräunten Haut zu verschiedenen Zeitpunkten des 20. Jahrhunderts gut ablesen, aber auch der Umgang mit der Sonne allgemein, mit ihren angenehmen Aspekten und ihren Risiken. Als Quellengrundlage für diesen Aufsatz dienten die Ausgaben der «Schweizer Illustrierten» (SI)[3] aus den Monaten Mai bis September von 1920 bis 2000. Die SI wurde deshalb als zentrale Quelle ausgewählt, weil sie seit ihrem erstmaligen Erscheinen um 1911 praktisch zu jedem Zeitpunkt für Werbetreibende attraktiv war, durchgängig erschien, von einem breiten Publikum gelesen wurde und weil es sich dabei – im Gegensatz etwa zur «Annabelle» – um eine wirkliche Familienzeitschrift handelt (vgl. den einleitenden Beitrag von Peter Bär).[4]

Die Untersuchung des Schönheitsideals der gebräunten Haut in seiner Entstehung und Entwicklung anhand von Werbeanzeigen greift, neben der Werbegeschichte, in verschiedenste Bereiche der Geschichtswissenschaft hinein: Medizingeschichte, Alltagsgeschichte und Körpergeschichte. Sie erfordert aber auch die Berücksichtigung von Erkenntnissen aus

Ich Unterzeichnete, die Creme Tokalon, verspreche Ihnen, Sie auf wirksame Weise gegen die sengenden Sonnenstrahlen zu beschützen. Ich verpflichte mich ebenfalls, Gesicht, Stirne und Nase vor dem hässlichen Glänzen zu bewahren; es ist dies ein Uebel, dem viele Frauen ganz besonders während den warmen Sommermonaten unterworfen sind.

Wenden Sie mich am Morgen vor dem Ausgehen an, und ich werde Ihre Haut den ganzen Tag hindurch frisch und ohne die geringste Glanzspur bewahren, sogar während der grössten Hitze. Falls Sie nicht an mich gedacht haben, und Sie durch einen Sonnenstich überrascht worden sind, so dass Sie mit rotgebranntem Gesicht, Hals und Arme heimkehren, so genügt es, mich am Abend vor dem Schlafengehen anzuwenden, um das Schälen der Haut zu verhüten, und dieselbe weisser und reiner als je zu machen. (2013

Es ist dies kein blosses Versprechen, aber Sie erhalten die förmliche Garantie, dass Ihnen das Geld, welches Sie für mich ausgelegt haben, auf einfache Anfrage zurückerstattet wird, wenn ich Sie nicht in allen Beziehungen vollständig befriedige.

Crème Tokalon

NB. — Um die oben versprochene Vergütung zu decken, ist ein Garantieschein jeder Dose beigefügt. Die Creme Tokalon ist in allen guten Häusern erhältlich.

der Medizin, damit das durch die Werbung zum Populärwissen gemachte medizinische Wissen angemessen beurteilt werden kann. Zur Geschichte des Sonnenbadens ist im Jahr 2000 eine Studie von Simone Tavenrath erschienen.[5] Sie beschreibt darin das Aufkommen von Seebädern und Sonnenbadeanstalten in Deutschland und untersucht die Entstehung und die Wirkungen des Schönheitsideals und Statussymbols der gebräunten Haut. Für das 20. Jahrhundert stellt sie eine Etablierung dieses Ideals bis 1930 und das Streben nach immer tieferer Bräune bis weit in die 1970er-Jahre hinein fest. Eine systematische Untersuchung von Sonnenschutzmittelwerbung fehlt indessen in Tavenraths Studie.

Ein neues Schönheitsideal: 1920er- bis Mitte der 1950er-Jahre

Das Ideal der gebräunten Haut hatte sich um 1920 noch nicht durchgesetzt. Stattdessen galt, jedenfalls für Frauen, weiße Haut an Gesicht und Händen weiterhin als erstrebenswert. Eine Anzeige für Crème Tokalon von 1923 *(Abb. 1)* greift auf dieses Ideal zurück und zeigt eine Frau, die beim Spazierengehen gegen die Sonne abgeschirmt wird. Die allegorische Darstellung soll die Qualität des Produkts zum Ausdruck bringen, indem sie vorgibt, die Creme könne denselben Schutz bieten wie eine lebende Person. Eine Creme wird hier also als Beschützerin des zarten Frauenteints dargestellt – als gute Freundin und zuvorkommender Gentleman in einem. Bild und Text sind in Bezug auf das Geschlecht der Begleitperson mehrdeutig: Die Creme spricht von sich als weiblicher Person; sie trägt jedoch Nadelstreifenhosen und Schuhe, die eher auf einen männlichen Begleiter schließen lassen.

Was es mit der beschützenden Funktion der Crème Tokalon auf sich hat, wird im Text weiter ausgeführt: Sie soll das Gesicht «vor dem hässlichen Glänzen bewahren». Zudem: Sollte es eine Frau einmal versäumt haben, sich vor dem Spazierengehen einzucremen, und sich deswegen an Gesicht, Hals und Armen verbrannt haben – weiter konnte die Sonne zum Glück ja nicht vordringen, da die Frauen auch bei glühendster Hitze lange Röcke und Strümpfe trugen –, so würde ihr die Crème Tokalon sogar eine Art «Schutz danach» gewähren, indem sie das Schälen der Haut abwenden und es verstehen würde, die Haut «weisser und reiner als je zu machen». Diese Anzeige ist auch bezüglich ihrer Gestaltung für ihre Zeit typisch. Es gibt einen engen Zusammenhang zwischen Bild und Text, das heißt, sie unterstützen sich in einer interessanten Art und Weise, indem die Hersteller ihr Produkt gleich selbst zu den Konsumentinnen und Konsumenten sprechen lassen. Außerdem ist das Werbebild im Vergleich mit späteren Anzeigen eher klein; es fanden sich meistens über zehn Anzeigen für verschiedene Produkte auf einer Zeitschriftenseite.

Wie weit das Ideal des weißen Frauenteints zu Beginn der 1920er-Jahre noch verbreitet war, zeigen auch die vom Aarauer Laboratorium ETA in der SI angebotenen «Handhüllen», die, nachts über die Hände gezogen, einen «Sauerstoffbleichungsprozess» in Gang setzen sollten, der die Hände «zart und auffallend weiss» mache. Selbst «eine arbeitende Hand» erhalte so «vornehme Eleganz». Auf einem kleinen Bild links des erklärenden Texts ist eine Frau zu sehen, die beide Hände in Gesichtshöhe hält; über die eine hat sie eine der ETA-Handhüllen gezogen. Interessant ist nun die Begrenzung des Bildes, die aus einer Art Spruchband besteht, auf dem zu lesen ist: «An deiner Hand erkenne ich deinen Stand.»[6] Das alte Ideal dringt hier noch deutlich durch: weiße Haut als Ausdruck gesellschaftlich hoher Stellung. Weiße Hände und ein bleiches Gesicht hatte, wer es sich leisten konnte, nicht zu arbeiten.[7]

Im Laufe der 1920er-Jahre begann sich das Blatt bezüglich der idealen Haut(farbe) aber zu wenden. Verschiedene Entwicklungen und Bewegungen, die am Ende des 19. Jahrhunderts bedeutsam geworden waren, hatten zunehmend auf diese Veränderung hingewirkt: die Hygiene- und die Lebensreformbewegung, die Einrichtung von Sonnen-, Licht- und Luftbädern, die Entstehung von Freibädern, das Aufkommen des Breitensports sowie neue medizinische Erkenntnisse und Behandlungsmethoden. Eine besonders wichtige Rolle kam der Lebensreformbewegung und innerhalb dieser der Naturheilbewegung zu, die, geleitet vom Motto «Zurück zur Natur», die Bedeutung der Sonne für den Menschen wieder entdeckt hatte und mit der Heliotherapie eine Behandlungsmethode propagierte, die schließlich auch von der Schulmedizin zur Bekämpfung der Tuberkulose eingesetzt wurde. Auf die Bedeutung dieses medizinischen Diskurses ist es folglich zurückzuführen, dass braune Haut zunächst nicht nur als schön galt, sondern vorwiegend für die Gesundheit der Menschen stand. «Gesund gebräunt» war die Devise, bevor im Laufe der 1920er-Jahre der medizinische Diskurs allmählich durch den Schönheitsdiskurs überlagert wurde.

Es fand denn in der SI der 1920er-Jahre auch eine Durchmischung von Anzeigen unterschiedlichen Inhalts statt: Während in einzelnen Anzeigen noch für Produkte geworben wurde, welche die weiße Haut erhalten sollten, priesen immer mehr Werbungen Cremes an, die bedenkenloses Sich-der-Sonne-Aussetzen ermöglichen

oder gar den Hautbräunungsprozess in Gang setzen sollten. So warb zum Beispiel 1923, als die Anzeige für die Crème Tokalon erschien, die Dihydron-Zentrale Biel für ihr Hautbräunungs-Präparat Dihydron, das «orientalischen Reiz» und «gesunde, gebräunte Gesichtsfarbe»[8] zu erzeugen versprach.

Mit der weißen Haut als Ausdruck eines gepflegten Äußeren war es in der SI schließlich endgültig vorbei, als die Hamburger Firma Beiersdorf darin für ihr «Sonnenschutzpräparat» Nivea-Creme zu werben begann. So erschien 1928 erstmals eine Nivea-Anzeige, in der mit dem Slogan «Sonnengebräunt» geworben wurde *(Abb. 2)*. Die beiden abgebildeten Frauen tun nichts anderes, als sich von der Sonne bescheinen zu lassen. Die Sonnenstrahlen sind also zum Genießen da; und damit einem das Vergnügen nicht verdorben wird, beugt die angepriesene Creme auch dem «schmerzhaften, ja gefährlichen Sonnenbrand» vor. Dabei ist anzumerken, dass die Firma Beiersdorf, die ihre berühmte Nivea-Creme seit 1911 auf dem Markt hatte, an der alten Rezeptur nichts verändert hatte. Die bewährte Hautcreme wurde mit dem Aufkommen der gebräunten Haut als Schönheitsideal kurzerhand als Sonnenschutzmittel verkauft.

Die neue, beliebte Sommerfreizeitbeschäftigung hieß Sonnenbaden. Das neue Schönheitsideal wurde nun auch in redaktionellen Beiträgen von Zeitschriften besprochen und gefördert. Im Vorspann zu einem 1931 erschienenen Artikel von Bebe Behrens in «Sie +

Er» mit dem Titel «Soll man sich bräunen?»[9] ist beispielsweise ein sarkastisches Zitat aus einer nicht näher genannten Zeitungsnotiz abgedruckt, das unterstellte, dass man «in weiser Voraussicht» auf die Kolonialausstellung in Paris[10] «diesen Sommer Negerbraun als Modefarbe proklamiert» habe. Damit wurde suggeriert, dass gebräunte Haut vielleicht gar nur einen schnelllebigen Modegag darstelle. Bebe Behrens befürwortete es aber bedingungslos, eine gebräunte Haut zu haben, denn ein «schönes, gleichmässiges Braun [gilt] ganz allgemein für das Aussehen als vorteilhaft und jedenfalls als ein Zeichen von Gesundheit und Lebenskraft».[11]

1929 wurde in einer Werbung für ein Sonnenschutzmittel das erste Mal explizit ausgesprochen, was wohl in der Modewelt, gerade für die Damen, noch ganz neu war und deshalb erwähnt werden musste: «Diese geschmeidige, kühle Hautcreme begünstigt die bräunliche Färbung der Haut, die Modefarbe dieses Sommers.»[12] Der 1929 von Beiersdorf geprägte Slogan «Sonnengebräunte, gesunde Haut wollen Sie doch haben»[13] sollte den Wunsch nach gebräunter Haut dann ebenso wecken wie der von Daggett & Ramsdell formulierte Werbespruch: «Braune Haut! Auch Ihre Haut folgt der Mode!» Und die New Yorker Kosmetikfirma ging noch weiter: Das Produkt sollte verwendet werden, «um diese weiche, olivenfarbene Haut zu besitzen, die die Mode verlangt».[14] Gerade hier wird das Ziel der Werbung, Bedürfnisse anzusprechen und sich dazu auf einen neuen Modetrend zu berufen, sehr deutlich. Das neue Schönheitsideal hatte sich offensichtlich durchgesetzt.[15]

Das Ideal der gebräunten Haut war jedoch – wie bereits erwähnt – auch mit anderen Tätigkeiten verbunden als mit dem reinen Sonnenbaden als neuer Freizeitbeschäftigung. Insbesondere den Frauen wurden viele sportliche Aktivitäten neu zugänglich gemacht, was auch an den Werbeanzeigen abgelesen werden kann: Viele Frauen wurden beim Wandern, Schwimmen, Segeln oder Autofahren (vgl. den Beitrag von Monika Baumann) abgebildet. Eine Anzeige für Malaceïne von 1928 *(Abb. 3)* und eine für Nivea von 1930 *(Abb. 4)* zeigen solche sportlich aktive Frauen. Bei Nivea wird eine Frau gezeigt, die mit typischem «Bubikopf»-Haarschnitt und sportlichem, straffem Körper ganz dem weiblichen Schönheitsideal jener Zeit entspricht.[16] Sie wird zudem als eigenständige Person dargestellt – im Gegensatz zur Tokalon-Werbung von 1923 ist kein Begleiter, keine Begleiterin auf dem Bild zu sehen *(vgl. Abb. 1)*. Bemerkenswert ist auch der Text. Es wird darin explizit auf die angesprochene enge Verbindung von «sonnengebräunt» und «gesund» zurückgegriffen, um das neue Schönheitsideal zu propagieren.

Doch wurden auch die negativen Auswirkungen der Sonne auf die Haut immer mehr zum Thema, wobei allerdings noch lange nicht von Langzeitschäden die Rede war. Vielmehr wurde als oberstes Ziel der angepriesenen Produkte eine Hautbräune formuliert,

die ohne Sonnenbrand und Abschälen der Haut erlangt werden sollte. So nannte die Firma F. Wolff & Sohn ihr Produkt gleich «Kaloderma Sonnenbrand-Creme», um die Aufmerksamkeit beim Zielpublikum – bei sportlichen Frauen – zu wecken.[17] Die Firma Beiersdorf begann in den 1930er-Jahren zudem damit, die richtige Anwendung ihrer Nivea-Creme zu betonen: Werde sie vor dem Sonnenbaden auf trockene Haut aufgetragen, könnten sogar Kinder stundenlang im Sand liegen, besagt eine Werbeanzeige, die zwei nackte Kinder beim Spielen zeigt.[18] Das Bewusstsein für die Gefahren übermäßiger Sonneneinstrahlung hatte auch Auswirkungen auf die Produktegattung Sonnenschutzmittel: Einerseits fand eine Diversifizierung des Angebots statt. So kamen 1935 die ersten Sonnenöle auf den Markt, und es wurden mit der Zeit spezielle Produkte für die extremen Strahlungsverhältnisse im Hochgebirge entwickelt. Andererseits nahm der Anteil der medizinischen Fachsprache in den Werbetexten zu. Dies war insbesondere der Fall, als die ersten Sonnenschutzpräparate mit eingebauten Filtern auf den Markt kamen.

Diese Verwissenschaftlichung zeigt sich deutlich an folgendem Beispiel. Hamol vertraute 1935 noch auf ein «Wunderextrakt Hamolis» *(Abb. 5)*; fünf Jahre später verwendeten die Werber dieser Firma als Erste den Begriff «Sonnenfilter» und erklärten dessen Wirkung für «wissenschaftlich garantiert», das heißt für «bewiesen» durch «wissenschaftliche Versuche» *(Abb. 6)*.[19]

3/4
Sorge zur Haut – nicht nur beim Sonnenbad, auch beim Sport. Malaceïne, 1928; Nivea-Creme, 1930.

Überhaupt zeichnet sich der ganze Werbetext durch eine quasi-wissenschaftliche Sprache aus: Der Schutz werde dadurch erreicht, dass «die verbrennenden roten Strahlen wegfiltriert» würden, und die Bräunung komme zustande, weil «die gesunden ultravioletten Strahlen ungehindert in die Haut eindringen». Diese Aussage unterstreicht auch das halb grafisch, halb fotografisch gestaltete Werbebild: Die Flasche Hamol Ultra zwischen dem Gesicht und der Sonne steht für den Filter, der im Produkt eingebaut sein soll. Ein solches Element fehlt auf der Anzeige von 1935; die Sonne wird dort noch direkt «getrunken», wie es in der Headline heißt. Auffallend ist auch die Namensänderung der Produkte dieser Firma ab 1940: War vorher einfach von «Hamol» die Rede, so wurde nun durchgehend die Bezeichnung «Hamol Ultra» verwendet. Das Attribut «Ultra» stand wohl in Zusammenhang mit den ultravioletten Strahlen, wobei es das Produkt verstehen sollte, die «guten» bis zur Haut vordringen zu lassen, die «bösen» aber aufzufangen. Diese Trennung in gesunde und schädliche ultraviolette Strahlen steht in offenem Widerspruch zum heutigen Wissen über deren Wirkungsweise. Demgemäß gibt es keine «gesunden» bräunenden UV-Strahlen, und die Vorstellung, dass diese ungehindert in die Haut eindringen sollen, wird heute nicht mehr vertreten – es sind die UVB-Strahlen, die bräunen und gleichzeitig für die Gesundheit gefährlich sind. Überdies können auch die UVA-Strahlen, so weiß man heute, zur Entstehung von Hautkrebs beitragen und sind ebenso für die vorzeitige Alterung der Haut verantwortlich.[20]

1950 erschien in der SI die erste Anzeige der französischen Kosmetikfirma L'Oréal mit der Linie Ambre Solaire *(Abb. 7)*. Auch hier wurde betont, dass das Produkt nur die «wohltuenden Strahlen» durchlasse, welche die Haut «ohne Sonnenbrandgefahr schnell und natürlich bräunen». Zudem wies bereits der Titel auf die Wissenschaftlichkeit des Produkts hin. Das Präparat sei ein «wirklicher Filter, der die gefährlichen Sonnenstrahlen (zwischen 2967 und 3130 Grad der Angström-Tabelle) zurückhält». Die Abbildung einer braun gebrannten Frau im Bikini – die einteiligen Badeanzüge erhielten in den 1950er-Jahren Konkurrenz – zeigt zudem, dass die Frau als Werbeträgerin seit

den ersten Anzeigen für Sonnenschutzmittel in den 1920er-Jahren gehungert hatte. Der Leserschaft der SI wurden zunehmend Models vorgesetzt, die mit den Bräunungs- bzw. Schutzprodukten zugleich die neue Lebensart des Sonnenbadens und ein weiteres Schönheitsideal verkaufen sollten – dasjenige der überaus schlanken Statur. In der ersten Hälfte des 20. Jahrhunderts wurde zudem fast ausschließlich mit Frauen für Sonnenschutzmittel geworben. Dies änderte sich ab den 1950er-Jahren, wobei die Anzeigen, in denen Frauen abgebildet werden, bis heute überwiegen. Interessant ist dabei, dass Männer in der Werbung oft tiefer gebräunt sind als ihre weiblichen Pendants.[21]

Die bisherigen Erläuterungen haben gezeigt, dass in der Werbung für Sonnenschutzmittel auf verschiedene Diskurse zurückgegriffen wird. Im Verlauf der besprochenen gut dreißig Jahre versprach sie den Konsumentinnen und Konsumenten Schutz vor unerwünschten Wirkungen der Sonneneinstrahlung – Hautbräunung oder unliebsame Nebenwirkungen wie Sonnenbrand –, die längerfristige Bewahrung einer gepflegten und gesunden Haut sowie auch eine schön, das heißt gleichmäßig und tief, gebräunte Haut. Dies führt sowohl auf den medizinisch-wissenschaftlichen Diskurs wie auch auf den Schönheits- oder Kosmetikdiskurs zurück.

Blauer Himmel, tiefe Bräune: Mitte der 1950er- bis in die 1980er-Jahre

1955 erschien in der SI die erste farbige Sonnenschutzmittelwerbung, wobei aber der Leserschaft bis in die 1960er-Jahre auch die Schwarzweißanzeigen erhalten blieben. Die Farbe ließ nun keinen Zweifel übrig: Die abgebildeten Personen hatten alle eine gebräunte Haut, die Sonne im Gesicht und den blauen Himmel im Rücken. Die Anzeigen für Sonnenschutzmittel prägten von nun an ein bestimmtes Bild vom besseren Leben in ganz besonderem Maße: Ein solches Leben hatte, wer seine Ferien am Mittelmeer verbrachte. Schließlich konnten es sich mit der Hochkonjunktur der 1950er- und 1960er-Jahre viele nun leisten, länger wegzufahren und ihre Ferien im Ausland zu verbringen, insbesondere in Italien und Frankreich (vgl. den Beitrag von Albert Tanner). So wurde die gebräunte Haut zum Statussymbol, zum Ausdruck von Wohlstand und Prosperität. Urlaub in südlichen Regionen war den finanziell Bessergestellten vorbehalten – und sonnengebräunte Haut demzufolge augenfälligster Ausdruck davon. Diese symbolische Aufladung der gebräunten

Haut und des Sonnenbadens wurde auch von den Werbetreibenden übernommen und gefördert. Urlaubssujets und der Ausdruck «Riviera-Braun»[22] zeigen dies deutlich. Das Traumziel Mittelmeer findet sich besonders ausgeprägt in einer Nivea-Anzeige aus dem Jahr 1960 *(Abb. 8)*: «Braun wie nach Ferien am Mittelmeer», heißt es da; eine solch exzellente Bräune ist also auch an einem Gebirgssee oder in einem Schwimmbad zu erreichen, sofern Nivea angewendet wird. Die Anzeige bleibt aber offensichtlich bei der Botschaft, das bessere Leben habe seinen eigentlichen Ort am Mittelmeer.

Zudem zeichnete sich mit dem tieferen Gebräuntsein eine weitere Tendenz ab: Ziel war es zunehmend, das ganze Jahr über braun gebrannt zu bleiben und die in den Sommerferien erworbene Bräune für

5/6
Zwischen Sonne und Haut stellt sich die Wissenschaft: Von Hamol zu Hamol Ultra, 1935 und 1940.

5

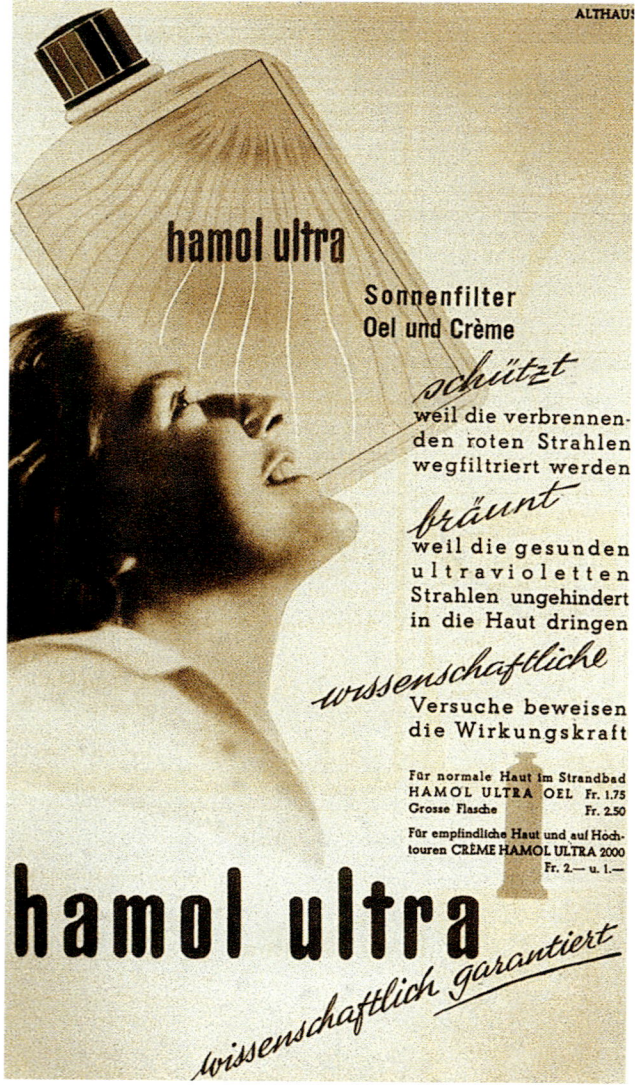

6

den Winter zu konservieren. Dies führte zur Entwicklung von chemischen Selbstbräunungsprodukten und Reflektiermatten, die vor allem von den USA her auf den europäischen Markt gelangten, und schließlich auch von Solarien. Mit Sätzen wie «Retten Sie Ihre Sommerbräune über den Winter!» oder «Bleiben Sie so ferienbraun wie jetzt» wurde beispielsweise das Selbstbräunungsprodukt Tan-o-Tan angepriesen. Dabei wurde gebräunte Haut als absolut unverzichtbar beschrieben: «Blässe hat keine Chancen. Unsere Zeit bewundert den sportlichen Typ (...). Tan-o-Tan verleiht diese sympathische Bräune. (...) und Sie sehen nicht nur attraktiver aus, Sie fühlen sich auch frischer, gesünder, vitaler.»[23] Dieses Beispiel zeigt sehr gut, wie eng Schönheitsideale mit Bildern des besseren Lebens verknüpft sind, wie das eine über das andere und das andere durch das eine erlangt werden soll.

Bald war es nicht mehr nur das «Riviera-Braun», das es zu erreichen galt. Die Ferienziele änderten sich, die Leute begannen Flugreisen zu buchen und Europa den Rücken zu kehren. Diesen Trend nahmen die Werbetreibenden auf: Tropenöl oder Tao hießen die neuen Produkte. Der Wettbewerb um das schnellstmögliche Braunwerden steuerte seinem Höhepunkt entgegen. So erklärte der Text einer Werbung für «Ultra Tropen-Oel» von 1001 aus dem Jahr 1975, damit sei man bereits nach dem ersten Sonnentag «braun wie noch nie» *(Abb. 9)*. Die abgebildete Frau kann sich glücklich schätzen: Sie hat noch die ganzen Ferien vor sich und ist trotzdem schon tief gebräunt. Die Anzeige macht auch deutlich, dass die Produktespezifizierung ganz im Sinne des Sonnenbadens als Lebensart weiterging: Neben dem eigentlichen Sonnenschutzmittel wird in der gleichen Anzeige eine ganze Reihe passender Ferienkosmetik angepriesen. Etwas ungenau bleibt der Werbetext jedoch in Bezug auf den so genannten «Tropenfilter», eine ganz besondere Wortkreation im Zusammenhang mit Sonnenschutzmitteln. Dieser sei «neu» und «verstärkt», jedoch bleibt unklar, um was für eine Art Filter es sich dabei handelte.

Mit der vollständigen Ablösung der Schwarzweiß- durch farbige Anzeigen bietet sich für die Analyse der Sonnenschutzmittelwerbung nun ein spezielles Instrument an: der Versuch, die abgebildeten

AMBRE SOLAIRE

Ein wissenschaftliches Sonnenschutzmittel

Ambre Solaire ist weder ein Färbemittel noch irgend ein Sonnenöl ohne jegliche schützende Wirkung gegen die Sonne. Es ist ein wirklicher Filter, der die gefährlichen Sonnenstrahlen (zwischen 2967 und 3130 Grad nach der Angstrom-Tabelle) zurückhält.
Ambre Solaire läßt nur die wohltuenden Strahlen durchgehen, welche die Haut ohne Sonnenbrandgefahr schnell und natürlich bräunen und auf den ganzen Organismus eine belebende und stärkende Wirkung ausüben.

Von Fr. 1.40 bis Fr. 4.50

PARIS ＊ L'ORÉAL S.A. ＊ GENÈVE

*O sole mio –
gebräunte Haut
als Zeichen von
Ferien und Wohlstand.
Nivea Sonnenbad,
1960.*

9

*«Schneller braun»,
«länger braun» –
und noch weiter weg.
Tropen-Oel 1001,
1975.*

Personen einzelnen Hauttypen zuzuordnen.[24] Diese Hauttypen – es sind ingesamt sechs – gehen auf den Dermatologen Thomas B. Fitzpatrick zurück, der in den 1950er-Jahren diese Unterteilung gemäß der jeweiligen Fähigkeit des Menschen zur Pigmentierung vorgenommen hat.[25] In Europa sind vor allem die Hauttypen I bis IV vertreten. Hauttyp und damit auch Lichtempfindlichkeit jedes Menschen lassen sich annähernd abschätzen anhand der Augenfarbe, der Grundfarbe der Haut, der Haarfarbe, der Zahl von Sommersprossen und der Eigenschutzzeit der Haut. Für die Analyse der Sonnenschutzmittelwerbung lässt sich aufgrund der Augen- und Haarfarbe einer abgebildeten Person zunächst deren Hauttyp festlegen und dieser dann mit deren Hautbräunung vergleichen. Natürlich kann die Qualität des Drucks einen maßgeblichen Einfluss auf die Darstellung der Haut in den Anzeigen haben. Trotz diesen Einschränkungen geht aus der Analyse der farbigen Anzeigen hervor, dass Personen mit den Typen II und III weitaus am häufigsten abgebildet wurden. Dabei handelt es sich um Menschen mit hellem Teint, blauen oder braunen Augen und blonden Haaren beziehungsweise mit hellbraunem Teint, braunen Augen und dunkelblonden oder braunen Haaren. Der in Europa ebenfalls verbreitete und am stärksten sonnengefährdete Typ I – sehr heller Teint, blass-blaue Augen, rötlich-blonde Haare – ist demgegenüber nur gerade auf einer von 106 Abbildungen zu sehen.

Ebenfalls fällt auf, dass in Anzeigen der 1970er- und 1980er-Jahre der abgebildete Bräunungsgrad der Haut oftmals «unnatürlich» wirkt, da er im Vergleich zum vermutbaren Hauttyp zu dunkel ist. Dies lässt sich mit einer Anzeige für Piz Buin von 1985 illustrieren *(Abb. 10)*. Das Bild zeigt eine Frau, die aufgrund ihrer Haarfarbe – die Farbe ihrer Augen ist leider nicht zu erkennen – am ehesten dem Hauttyp II zugeordnet werden kann. Die Haut ist demgegenüber sehr stark gebräunt. Die intensiven Farben, die direkte Sonneneinstrahlung und die scharfen formalen und farblichen Kontraste verstärken den optischen Eindruck, dass die Frau tief gebräunt ist – im Widerspruch zu ihrem vermutbaren Hauttyp. In deutlichem Kontrast zur Piz-Buin-Anzeige von 1985 steht eine Werbung für das gleiche Produkt von 1997 *(Abb. 11)*. Schon die Tatsache, dass die beiden abgebildeten Personen von Wasser umgeben sind, lässt einen an Abkühlung und Erfrischung denken. Der Eindruck von Sonnenbrand und Hitze, der sich bei der Anzeige von 1985 aufdrängt, wird hier also elegant abgewendet. Die Frau lässt sich am ehesten dem Hauttyp III zuordnen, der Mann entspricht ungefähr dem Typ IV. Bei allen Bedenken bezüglich der Druckqualität beider Bilder wird klar, dass bei der Anzeige von 1997 die Bräunung der Haut eher mit dem jeweiligen Hauttyp der abgebildeten Personen korrespondiert als bei jener von 1985. Die Farbgebung unterstützt auch hier diesen Eindruck: Die Töne sind sanfter und die Kontraste dadurch weniger ausgeprägt.

Heimtückische Sonne: Die 1990er-Jahre

Bereits in den 1980er-Jahren hatte eine Entwicklung eingesetzt, die beispielsweise der Slogan «Sicher braun durch pflegenden Schutz» von Ambre Solaire im Jahr 1985 umschreibt *(Abb. 12)*. Darin kommt ein Schutzversprechen zum Ausdruck, das dann in den 1990er-Jahren besonders augenfällig wurde. So waren und sind Sonnenschutzmittel längst nicht mehr reine Kosmetika, sondern sie dienen auch der Prävention und Heilung und fallen somit zusätzlich in die Zuständigkeit von Pharmazie und Medizin. Das für Kosmetika aller Art oft gehörte Wort «Kosmeceutics» weist auf diese enge Verbindung zu den «Pharmaceutics» hin.[26]

Eine Studie von 1997 gibt Auskunft über drei zeitgenössische Diskurse, die mit dem Sonnenbaden verknüpft sind. Die Autoren Nikolas und Justine Coupland eruierten für Großbritannien anhand von Zeitungsartikeln den «ozone-melanoma discourse», den «sun-is-fun discourse» und den «body-culture discourse».[27] Der «ozone-melanoma discourse» sei geprägt vom Wissen um die schweren Schäden, die durch UV-Licht hervorgerufen werden können, um die Wichtigkeit von Sonnenschutz und um die Notwendigkeit, Sonnenbrände zu vermeiden. Es handelt sich also um eine Mischung aus einem medizinisch-physikalischen

ERGREIFEND SCHÖN IST DIESES BRAUN.

TIEFBRAUN. TYPISCH PIZ BUIN. WIDERSTRAHLEND AUS DER TIEFE. PIZ BUIN IST WASSERFEST. SEIN SCHUTZ GEHT NICHT IM WASSER BADEN. DAS IST BEQUEM DA SPART MAN GELD.

GREITER **PIZ BUIN**

VOLL VERTRAU'N STRAHLEND BRAUN

PIZ BUIN

DER SICHERE WEG ZU EINER SCHÖNEN BRÄUNE UND TRAUMHAFTEN FERIEN!

AUF UND DAVON.
GEWINNEN SIE EINEN VON 20 Club Med 🌴 - GUTSCHEINEN IM GESAMTWERT VON FR. 60'000.-!

13
*Ganz einfach noch
«die Sonne geniessen».
Sherpa Tensing, 1986.*

Diskurs und einem – je nach Wahrnehmung – Gefahren- oder Risikodiskurs, der als radikalste Äußerung «Sun-bathing is naive» einschließt. Als Schlüsselsätze des traditionellen «Sun-is-fun»-Diskurses, der beispielsweise in der Anzeige für Sherpa Tensing von 1986 *(Abb. 13)* zum Ausdruck kommt, nennen die Autoren Aussagen wie «Freizeit bedeutet Spaß, und Sonne ist Teil von Sommerfreizeit» oder «Je mehr Sonne, desto besser». Auch die Aussage «Body exposure is sexy and fun» ordnen sie diesem Diskurs zu. Den dritten, den «Body-culture»-Diskurs, umschreiben Coupland und Coupland mit Gedankenverbindungen wie folgenden: «Schöne Körper sind junge Körper. Junge Körper sind gesunde Körper. Gesunde Körper sind gebräunte Körper.» Die Verfasser legen in ihrer Untersuchung dar, wie stark die drei Diskurse miteinander verwoben sind. Sonnenbaden als Freizeitvergnügen lässt sich kaum mehr nur mit dem Rückgriff auf den «Sun-is-fun»-Diskurs und den «Body-culture»-Diskurs propagieren – der «Ozone-melanoma»-Diskurs schwingt in jedem Fall mit. Die Bedeutung des Ozon-Melanom-Diskurses wird auch durch die in den 1990er-Jahren in die Höhe schnellenden Schutzfaktoren der Sonnenschutzmittel unterstrichen; die in einer Nivea-Sun-Anzeige von 1995 gezeigte «Sun Block-Milch» beispielsweise hat Faktor 26 *(Abb. 14)*. Die Fachwelt ist sich heute jedoch einig, dass die Absorption von UVB-Strahlen nicht beliebig verstärkt werden kann: «Spätestens ab Faktor 15 bis 20 bildet sich ein Plateau ohne wesentliche Verbesserung des UVB-Schutzes.»[28] In Australien wird entsprechend empfohlen, den maximalen Schutzfaktor höchstens mit «30+» anzugeben. Andere Angaben, so wird argumentiert, würden die Konsumentinnen und Konsumenten in falscher Sicherheit wiegen.

Dass der Schutz vor der Sonne oberste Priorität haben sollte, zeigt eine Werbung für RoC aus dem Jahr 1996 *(Abb. 15)*. Während die drei gelben, prallen Traubenbeeren an grünem Zweig rechts im Bild für das Einreiben von RoC stehen, kann das Nicht-Verwenden dieses Produkts böse Folgen haben, wie die links davon abgebildete vertrocknete, dürre Beere zu verstehen gibt. Dabei gewinnt man den Eindruck, dass mit dieser Darstellung in erster Linie das bei übermäßiger Sonneneinstrahlung auftretende Problem vorzeitiger Hautalterung ins Blickfeld gerückt wird. Zudem scheint die Gegenüberstellung von «mit» und «ohne» auf den klassischen Vergleich von «vorher» und «nachher» zurückzugreifen, wie ihn die Firma Hamol bereits fast sechs Jahrzehnte früher verwendet hatte, damals als Illustration für das hässliche Bleichgesicht im Unterschied zum attraktiv gebräunten Winner-Typ.[29]

Im Text der RoC-Anzeige wird das Verhältnis des Menschen zur Sonne als unausweichliches Dilemma geschildert, eine Botschaft, die für die Werbung der 1990er-Jahre typisch ist. Interessant zudem: Die Abbildung von Mutter und Kind impliziert, dass Kinder im Gegensatz zu Erwachsenen einen zusätzlichen Schutz vor der Sonne bräuchten. Das Mädchen, das deutlich hellere Haut hat als seine Mutter, trägt ein T-Shirt, was dem Aufklärungsstand dieses Jahrzehnts entspricht. So erschien 1997 in der neuen SI-Beilage «TopFit. Das Schweizer Gesundheitsmagazin» ein Artikel, der ganz speziell den Sonnenschutz der Kinder behandelte.[30] Insbesondere aber in Fachkreisen wurde den Kindern in jüngster Zeit grösste Aufmerksamkeit gewidmet. Zahlreiche epidemiologische Studien zu Risikofaktoren des malignen Melanoms belegen seit den 1990er-Jahren bis heute die bedeutende Rolle der übermässigen UV-Exposition bei der Entstehung dieses Melanoms, gerade bei Sonnen-Überdosen im Kindesalter.[31] Klaus F. Kölmel, Dermatologe an der Universitäts-Hautklinik Göttingen, führte 1992 und 1994 je eine Studie über die Auswirkungen von gesundheitsaufklärerischen und -erzieherischen Bemühungen in Kindergärten durch und kam zum Schluss, dass sich der Wissensstand der Eltern in Sachen Melanom-Risiken bei der zweiten Befragung markant verbessert hatte.[32] In den 1990er-Jahren kam in Fachkreisen vermehrt auch die «kumulative UV-Strahlenexposition» zur Sprache.[33] Die Schweizerische Krebsliga brachte diese Erkenntnis auf den Punkt, indem sie in der Präventionskampagne 2000 schrieb: «Mit 20 Jahren hat der Mensch im Durchschnitt bereits 80% der UV-Lebensdosis aufgenommen.»[34]

Eine neue Art, für Sonnenschutzmittel zu werben, führte Ende des Jahrzehnts die Marke Daylong ein *(Abb. 16)*. Auf den ersten Blick bleibt unklar, was die

Naturschutzgebiet.

Daylong 16:   UVA und UVB. Extrem wasser-, schweiss- und abreibfest. Photo- und
                   thermostabil. Ohne Parfüm. Auch als Lipstick.
Daylong après: Kühlt spürbar. Vitamine E und F. Ohne Emulgatoren. Ohne Konservierung.

Ihre Haut ist unser Anliegen.   In Apotheken und Drogerien.

Hochwirksamer Sonnenschutz.
Neu: Daylong 25 ultra.

82

83

Abbildung in der Anzeige von 1999 darstellt. Beim
erneuten Hinschauen erweist sich die Landschaft mit
den rosafarbenen Dünen als nackte, nur wenig
gebräunte Menschenhaut. Der Slogan «Naturschutzgebiet» bezeugt die Schutzbedürftigkeit dieser Haut-
landschaft. Somit stehen hier nicht glücklich gebräunte
Menschen im Mittelpunkt des Bilds, sondern die Haut
als gefährdetes und deshalb schutzbedürftiges größtes
menschliches Organ. Diese Anzeige, aber auch jene für
RoC von 1996 und Piz Buin von 1997, macht deutlich,
dass bei den Werbeverantwortlichen im letzten
Jahrzehnt des 20. Jahrhunderts ein Umdenken stattgefunden hat – sowohl hinsichtlich der zum Hauttyp pas-
senden Bräune als auch der gebräunten Haut im
Allgemeinen. Das Sonnenbaden als Freizeitvergnügen
wurde jedoch vergleichsweise spät problematisiert, das
heißt erst zu einem Zeitpunkt, als die Langzeitschäden
übermäßiger Sonneneinstrahlung längst bekannt
waren. Auch zeigt die Analyse der Sonnenschutzmittelwerbung, dass am Ideal der gebräunten Haut
festgehalten wurde und wird. Dies erstaunt natürlich
nicht, zumal hinter der Werbung zunächst einmal der
Gedanke der Verkaufsförderung steht.

Abschließend kann somit festgehalten werden:
Sonnenschutzmittelwerbung ist für die Untersuchung
des Schönheitsideals der gebräunten Haut besonders

geeignet, weil sie einen «Kreuzungspunkt» verschiedener Diskurse bildet und so beispielsweise die Bedeutung des Begriffs «Kosmeceutics» fassbar macht.
Einerseits stärkt die Werbung das Schönheitsideal der
gebräunten Haut, das durch die Sonne und das geeig-
nete Sonnenschutzmittel erlangt werden kann; andererseits impliziert das reine Vorhandensein solcher
Produkte die Notwendigkeit des Schutzes vor der
Sonne, was auf die Bedeutung von Pharmazie und
Medizin hinweist.

Prometheus fährt Rad

Die Mythen der industriellen Moderne in der frühen Fahrradwerbung[1]

Daniel Di Falco

«Mensch, schaffe eine Maschine, und dein Dasein wird besser werden, und je vollkommener du die Maschinerie schaffst, desto glücklicher und besser wird deine Lage, und der einzige mögliche Weg, die absolute Herrschaft über die Welt zu erlangen, ist die Vervollkommnung der Maschine.»
John Manning Ward: «The World in its Workshops», 1851[2]

Werbung kennt kein Geheimnis. Werbung versteckt ihre Botschaft nicht. Werbung will auf Anhieb verständlich sein. Das ist es, was der Kulturtheoretiker Roland Barthes meinte mit der «Aufrichtigkeit», der «Unverhohlenheit» der Werbung: Sie ist «auf eine optimale Lektüre» angelegt.[3] Werbung baut auf Selbstverständlichkeiten, und diese können im Lauf der Zeit verloren gehen. Darum wirkt heute beispielsweise Werbung unfreiwillig komisch, die mit überholten Geschlechterrollen operiert. Und darum gibt es auch historische Werbung, die heute wie ein Rätsel vor uns steht: die Bilder zeigt, die keiner mehr versteht, und die darum die Botschaft für sich behalten muss, die sie ihrem Publikum früher «unverhohlen» zeigte.

Das ist der Fall bei der frühen Fahrradwerbung. Blickt man in schweizerische Branchen- und Verbandszeitschriften vom Ende des 19. Jahrhunderts bis 1930[4], so zeigt sich, dass die meisten Inserate die Vorzüglichkeit ihrer Ware einfach und wörtlich in einem Text behaupten. Vereinzelt zeigen sie dazu eine einfache Abbildung, um Zuverlässigkeit und Raffinesse des Geräts vorzuführen oder Eleganz und Prestige, die all denen zuwachsen sollen, die sich zu einem Kauf entschließen. So versammelt die Zeitschrift «Der Schweizerische Velosport» diese Art von Werbung im Jahr 1895 auf einer Seite *(Abb. 1)*. «Allgemein als feinste deutsche Marke anerkannt!» heißt es da über die Mars-Räder, «Nur Fabrikate ersten Ranges» verkauft Hamberger in Bern, «Qualité supérieure» versprechen die «Cycles ‹James›» von Faure in Cortaillod. 35 Jahre später führen die Fahrradwerke Rebetez in Bassecourt sämtliche Vorteile ihres Modells «Stella» in einem Diagramm vor Augen *(Abb. 2)*: von den «Schutzblechen, extra solid, elegantes Profil» bis zum «Tretlager-Gehäuse aus Stahl ohne Lot, patentiert». All das sind zwar, gemessen an der Werbung von heute, hölzern wirkende Überzeugungsversuche. Doch die Botschaften haben ihre Verständlichkeit über ein Jahrhundert hinweg bewahrt: Diese Fahrräder sind die besten.

Daneben aber gibt es eine kleine Gruppe von Anzeigen, die von rätselhaften Wesen und Dingen bevölkert sind: von Muskelmännern und Riesenvögeln, Putten und Halbgöttinnen, Flügelrädern und Strahlenbündeln, Bocksfüßigen in altertümlichen Gewändern. Ein Inserat für Excelsior von 1895 *(Abb. 3)* konzentriert diese Art von Bildern im Zentrum des Luftreifens[5] dieser Marke: Eine Frauengestalt in einem togaartigen Gewand fährt von einem gebirgigen Horizont heran in einem Strahlenmeer, wobei sich die Sonnenstrahlen überlagern mit den Speichen des Rads, auf dem sie thront und aus dessen Mitte Blitze bündelweise sprühen. In Händen hält sie ein weiteres Blitzbündel und einen Ölzweig empor, hinter ihrem Haupt spannt sich ein Fächer, auf dem zuoberst wohl ein kleiner Basilisk zu sehen ist. Begleitet wird sie von je einer Putte links und rechts; die eine grüßt hutschwenkend, die andere reicht ihr einen Lorbeerkranz.

Ein Werbebild, das heute höchstens noch eine diffuse Anmutung des Altertümlichen, des Mythischen bedeutet, ansonsten aber rätselhaft geworden ist. Bemerkenswert, dass es für die Zeitgenossen offenbar für sich selber sprach. Jedenfalls, wenn man mit Roland Barthes annimmt, dass in der Werbung «die Bedeutung des Bildes mit Sicherheit intentional ist».[6] Was also haben die altertümlich-mythischen Bilder für die Zeitgenossen bedeutet? Inwiefern sprachen sie für die Räder, die sie bewarben? Und wie kamen all die Figuren aus der Antike in die Werbung für das Fahrrad – ein damals hochmodernes technologisches Objekt?

Wenn Werbung, ganz allgemein, die Vorzüglichkeit ihrer Ware verspricht, so besteht diese zum einen in ihrem Gebrauchswert: «Qualité supérieure» oder «extra solid». Zum anderen noch in etwas anderem; das zeigt das Beispiel von Excelsior. Neben dem Konsum der praktischen, technischen, ökonomischen Eigenschaften einer Ware gibt es nämlich einen symbolischen oder imaginären Konsum. Stets haben die Waren «eine Funktion, einen Nutzen, eine Verwendung» – stets transportieren sie aber auch einen kulturellen «Sinn», «der die Verwendung des Objekts übersteigt», wie Barthes erklärt.[7] Es ist unter anderem die Werbung, welche die Ware mit solchem «Sinn» ausstattet. «Wie ein Heiligenschein» umgibt das Werbebild die Ware, sagt der Soziologe Henri Lefebvre.[8] Die Ware wird nicht

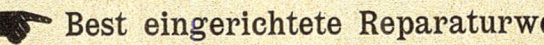

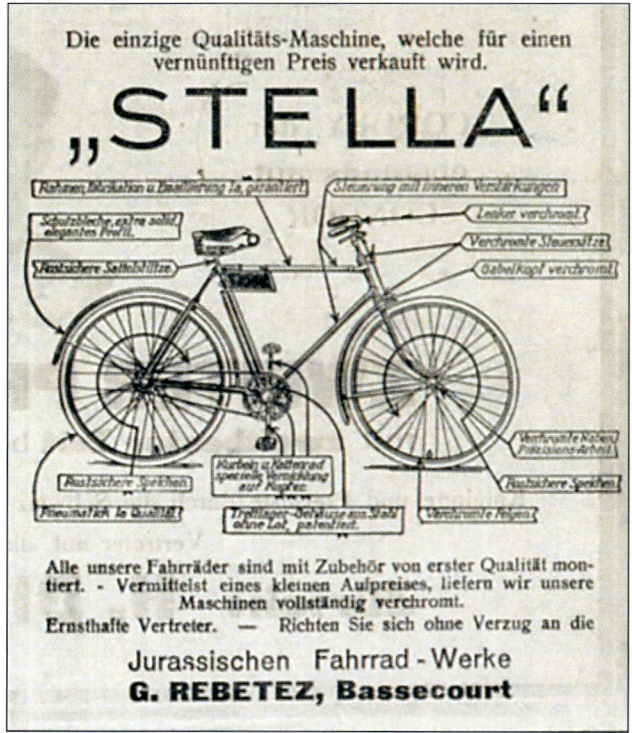

2

*Vorführung des
Fahrrads als
Gebrauchsding.
Stella, 1930.*

zuletzt wegen dieses Heiligenscheins gekauft.[9] Laut Wolfgang Sachs schließlich ist es das Prinzip der symbolisch-imaginativen Art von Werbung, «die Welt der Produkte in eine Welt von Bedeutungen zu übersetzen und umgekehrt alle möglichen Bedeutungen in Produkten käuflich erscheinen zu lassen».[10] Darum ist ein Fahrrad mehr als nur ein Fahrrad: Wer Excelsior kaufte, der konsumierte auch jene Vorstellungen, die verknüpft waren mit der antik anmutenden Heldin und ihrer Entourage aus der Werbung. Welche Vorstellungen das sind, versucht dieser Beitrag zu erklären.

Das Geschenk der Götter

Zwei ausgesuchte Inserate funktionieren wie ein Schlüssel. Das eine wirbt für Fahrradzubehör: für Lampenbatterien, erschienen 1920 *(Abb. 4)*. Die muskulöse Gestalt mit dem Schmiedehammer und der Lampe, deren Strahlen sich vom Fels herab durchs

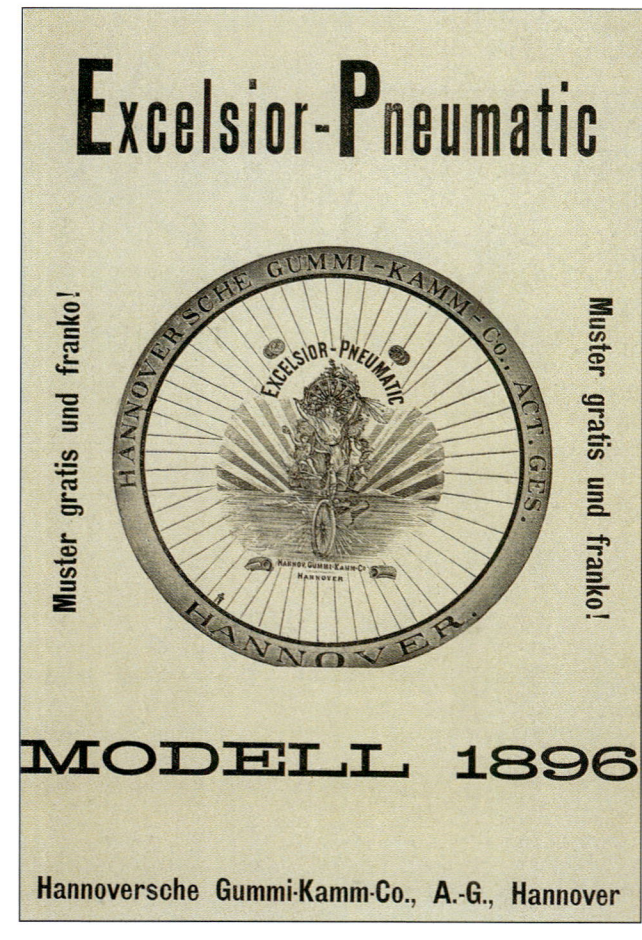

3

*Werbung, die rätselhaft
geworden ist.
Excelsior, 1895.*

4

*Erster Kern des
Mythischen in der
Fahrradwerbung:
Technik als Geschenk
der Götter.
Prometheus, 1920.*

Dunkel schneiden – diese Gestalt identifiziert der Markenname als Prometheus, eine Figur aus der Mythologie der alten Griechen.

Als die Göttergeschlechter um die Vorherrschaft untereinander kämpften, hatte Zeus die Titanen zwar besiegt, doch der Titanensohn Prometheus überlistete ihn später: Er hielt die Menschen dazu an, Zeus um das Opfer zu betrügen, das ihm zustand. Darum enthielt Zeus den Menschen das Feuer vor. Prometheus aber drang auf den Olymp, stahl das Feuer mit einer Fackel vom «feurigen Wagen der Sonne» und schenkte es den Menschen. Zur Strafe «kettete Zeus Prometheus nackt an eine Säule in den kaukasischen Bergen. Jeden Tag, jahrein, jahraus, fraß ein gieriger Geier von seiner Leber. Der Schmerz war grenzenlos, denn jede Nacht, wenn Prometheus grausamer Kälte ausgesetzt war, wuchs seine Leber und wurde wieder ganz.»[11]

Die Abbildung auf der Batterie lässt sich als Szene aus dieser Sage lesen: als jenen Moment, da Prometheus mit dem geraubten Feuer (Licht) vom Olymp (Felsen) herabkommt und damit die Dunkelheit der Menschenwelt erhellt. «Für eine ganze Mythentradition (...) schafft das von Prometheus geraubte Feuer nicht so sehr einen Abstand zwischen Himmel und Erde, sondern es entreißt die Menschheit der ursprünglichen Animalität», erklärt Jean-Pierre Vernant. «Es wird als handwerkliches Feuer angesehen, als Kunst-Feuer, und regiert alle Techniken, über die die Geschicklichkeit des Menschen verfügt.»[12] Menschwerdung durch Technik – diese Deutung des Prometheus-Mythos hat ihre Gültigkeit von den frühesten Überlieferungen der Antike bis in die industrielle Moderne behalten.[13]

Die göttliche Stiftung technisierter Zivilisation: Sie macht eine erste mythische Vorstellung in der Fahrradwerbung aus. Die Batterie als industrielle Ware erhält durch Prometheus die Weihe der Göttergabe: Im Grunde ist es das Feuer vom Olymp und nicht die chemische Reaktion im Innern der Batterie, das dem Radfahrer aus seiner Laterne heraus das Dunkel der Straße erhellt. Durch die Werbung wird das Produkt zum Symbol einer uralten Menschheitsgeschichte, in der die Menschen ihrem tierähnlichen Dasein entrissen und mit den Fähigkeiten der Götter ausgestattet wur-

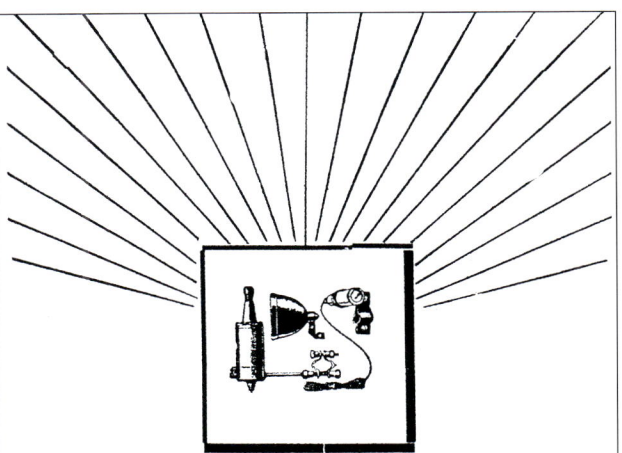

5–9
Variationen übernatürlicher Beseelung des Menschenwerks. Hevea, 1920; Phoebus, 1922; New Rapid, 1895 (Ausschnitt); Gurtner, 1920 (Ausschnitt); New Departure, 1905.

den. So symbolisiert der Prometheus-Mythos den Fortschritt, den die Menschheit durch die Herabkunft des Göttlichen erfuhr. Die Konzentrate all dessen sind die übermenschliche Figur (die Götterwelt) und das Strahlenbündel (das Feuer) auf der Batterie.

Eine Reihe bildlicher Elemente aus der übrigen Werbung spielt auf diesen Mythos an, auch wenn das Prometheus-Motiv in kaum einer Anzeige mehr so explizit erscheint. Die Beseelung des Menschenwerks durch das Übernatürliche wie bei der prometheischen Batterie – sie vollzieht sich beispielsweise auch dort, wo
• ein Pneu das Licht aus dem All auf den industrialisierten Globus lenkt (*Abb. 5*),
• eine Fahrradlampe das Schöpfungsmotto «Es werde Licht» realisiert (*Abb. 6*),
• ein Drahtspeichenrad von Merkur bzw. Hermes beflügelt wird (*Abb. 7*),
• einer Pumpe die Kraft vom Gott der Winde verliehen wird (*Abb. 8*),
• Räder wie ein triumphales Geschenk vom Himmel kommen, überbracht von einer Gesandtschaft göttlicher Wesen (*vgl. Abb. 3*) und himmlischer Vögel (*Abb. 9*).

Paarung von Technischem und Organischem

Eine zweite mythische Vorstellung meint denselben Menschheitsfortschritt, symbolisiert ihn aber anders: mit der Verschmelzung des Organischen und des Technischen. Das Firmensignet des Bieler Fahrradfabrikanten Cosmos stellt genau diese Fusion dar, und zwar mit einem einzelnen Rad, an dessen Nabe ein Flügelpaar sitzt. Gegründet 1894 als «Velosfabrik Cosmos Th. Schild & Co.»[14], inseriert die Firma vorerst ohne dieses Signet, entweder mit Nur-Text-Reklamen oder mit einfachen Abbildungen ihrer Modelle (*Abb. 10*). Das geflügelte Rad erscheint in der untersuchten Werbung erstmals 1915 (*Abb. 11*): Die Anzeige behauptet mit den Radrennerfolgen auf Cosmos-Rädern die «Ueberlegenheit der Marke». Das Firmensignet ist in Form einer kleinen Plakette beigegeben; darin thront das Flügelrad zuoberst auf einem Globus, beschriftet mit dem Firmennamen. Später erscheint das Markenzeichen prominenter in den Cosmos-Inseraten (*Abb. 12*).

Ein Rad ohne Flügel ist bloß ein Rad. Welchen Mehrwert verschaffen ihm die Flügel? Technisch gesehen, steigern sie das Vermögen des Rads, indem sie, «durch eine feste Achse miteinander verbunden, von unsichtbaren Muskeln zum Schlagen gebracht, ihrer-

7

8

9

seits als eine Art von organischem Motor das Rad zu ebener Erde rollen machen», so Dolf Sternberger.[15] Im Flügelrad fusionieren Biologie und Apparat zu einem Hybriden, zu einem Wesen neuer Qualität. So sprengen, auf der symbolischen Ebene, die lebendigen Schwingen am Rad die Grenze des bislang technisch Möglichen.[16] Die Cosmos-Werbung überträgt diese Vorstellung auf das Fahrrad und hebt es damit in eine übernatürliche Sphäre – mit diesem Rad ist ganz anderes möglich als mit einem normal-irdischen Rad. Der Firmenname verstärkt diese Aussage noch durch die Assoziation des Überirdischen, die er transportiert.

Ebenso verleiht Excelsior seinen Rädern Flügel (*vgl. Abb. 3*). Im bereits bekannten Bild wachsen die Schwingen nicht aus einem Einrad, sondern aus einem veritablen Fahrrad. Schließlich bietet ein weiterer Fabrikant das Flügelrad auf, um die Vorzüglichkeit seines Produkts zu versprechen (*Abb. 13*): Eine ganze Reihe von Radfahrerschrecknissen wie Nägel, Scherben, ja Messer durchbohren den «Pneumatic-Reifen», doch der behält seine Qualität, weil ihn die Flügel in himmlische Sphären heben, und dort sind alle weltlichen Hindernisse bedeutungslos. Hinter dem Wunder steht – kommerziell gesehen – eine Verdichtungsmasse namens «All-Heil», symbolisch gesehen ist es erneut die überirdische Paarung von Organischem und Technischem.

So lassen sich sämtliche altertümlich-mythischen Bilder der Fahrradwerbung auf zwei Fortschrittsvorstellungen zurückführen:
• auf das Prometheische: Der Mensch überschreitet seine irdischen Grenzen dank einer göttlichen Gabe,
• auf das Flügelrad: Die Technik potenziert ihre Möglichkeiten durch eine Fusion mit dem Organischen.

Wie aber verträgt sich die Modernität der damals hochtechnologischen Maschine Fahrrad mit den altertümlichen Bildmotiven?

«Herrschaft über Raum und Zeit»

1900 erscheint die «Philosophie des Fahrrads» aus der Feder Eduard Bertz', eines mittlerweile nahezu vergessenen Potsdamer Schriftstellers. Er erläutert darin Wesen und Nutzen des Fahrrads, das damals noch nicht

die Selbstverständlichkeit eines Gebrauchsgegenstands und Massenkonsumguts hat. Dazu holt er weit aus in der Zeit: «Noch waren die Werkzeuge sehr unvollkommen, mit deren Hilfe die antiken Kulturvölker ihre Herrschaft über die Natur ausübten (...)». Doch «jede neue Erfindung war ein Sieg, der den menschlichen Machtbereich erweiterte und die rohen Kräfte, die ungebändigt des Menschen grausamste Feinde waren, in seine Verbündeten, ja in seine gehorsamen Sklaven umwandelte». Und «so gewährt doch diese rastlose Höherentwicklung der gegen die Übermächte der Naturkräfte und des Schicksals kämpfenden Menschen einen erhabenen Anblick, der an den Kampf der Giganten und Titanen gegen die Olympischen erinnert». Und an die Sage von Prometheus, ließe sich anfügen. In der Tat nennt Bertz den Raub des «Kulturfeuers» durch Prometheus den «ersten Sieg der Menschheit über die Natur».[17] Bertz weiter: «Zu den größten und folgenschwersten Triumphen des Menschen gehören unstreitig alle Mittel, mit deren Hilfe es ihm gelang, seine Kräfte über ihr natürliches Maß zu steigern und dadurch Raum und Zeit zu überwinden. (...) Auch das Fahrrad ist eins von den Werkzeugen, vermöge deren der Mensch sowohl sich der Erde wie die Erde sich selbst anpasst; eine Waffe, mit deren Hilfe er ihre Schranken niederzwingt und ihr Herr wird.»[18]

Von allen Triumphen des Menschen über Raum und Zeit ist das Fahrrad bei Bertz der höchste: «da es ihn» – den Menschen – «so gut wie die Eisenbahnen, ja besser noch, von Land zu Land trägt». Die besondere Qualität des Fahrrads liegt darin, dass seine Benutzung «einen verhältnismäßig geringen Kraftaufwand erfordert. Darin beruht eben das Geheimnis seiner Macht und seiner Beliebtheit, dass es kaum ermüdet und dem Radler die Fähigkeit verleiht, den Raum gleichsam spielend zu überwinden.» Das heißt, dass «Raum und Zeit von dem Rade überflügelt werden».[19] Diese Argumentation beginnt nicht nur bei Prometheus, sie orientiert sich in ihrer ganzen Aussage an der mythologischen Tradition. Und die Rede von der «spielenden Überwindung», der «Überflügelung von Raum und Zeit»: Sie ist die Parallele zum Flügelrad, das dem Fahrrad in der Werbung die Weihe des Fliegens beim Fahren verleiht.

Eduard Bertz ist mit seiner Feier des Fahrrads in seiner Zeit keinesfalls ein Einzelgänger. Das belegen etwa die «Fach- und Sportsleute» mit ihren Beiträgen in der Festgabe zum Münchner Radfahrerkongress von 1897, einem Handbuch des Fahrrads und des Radfahrens mit Beiträgen über Geschichte und Technik, medizinische und rechtliche Fragen, Industrie und Verbandswesen. Auch hier ist die Symbolik von Prometheus und Flügelrad am Werk: Durch den ganzen Sammelband zieht sich wie ein Muster der «Kampf mit Raum und Zeit», wie ihn auch Bertz beschreibt. So lobt der Herausgeber in seinem Vorwort das Fahrrad, das dem Menschen in diesem Kampf «zu Hilfe kommt, seine Geschwindigkeit vervielfacht, und, seinem alleinigen Willen unterthan, unabhängig von allen anderen Beförderungsmitteln, ja schneller als die meisten derselben, die größten Strecken mit ihm sausend durchmißt».[20] Und der Chefredaktor des «Deutschen Radfahrers» berichtet im Band von der Entwicklung der menschlichen Fortbewegung – von der «Geschichte der Menschheit, soweit sie jenen Kampf gegen Raum und Zeit betrifft, jene beiden Gewalten, durch welche sich seit Anbeginn die Thatkraft der Menschheit eingeengt fühlte». Beginnend bei den alten Ägyptern, endet diese Geschichte mit dem «lokomotorischen Prinzip des modernen Fahrrades»: Es macht «den ehemals passiv auf dem Gefährt Fahrenden zu einem aktiv das Gefährt Fahrenden». Mit dem Fahrrad wurde es zu «glücklicher Wirklichkeit» – das «Märchen, das uns Flügel verleiht» und «von Raum und Zeit befreit».[21]

So spiegeln sich im zeitgenössischen Diskurs um die Jahrhundertwende genau jene Fortschrittsvorstellungen als Text, die in der Werbung als Bild erscheinen: Mit dem Rad triumphiert der Mensch über seine natürlich-irdischen Grenzen, und es ist in der langen Reihe zivilisatorischer Errungenschaften, die Prometheus mit seiner Feuergabe stiftete, die bislang höchste und triumphalste.

Mythen der Maschinen

Die Symbolik des Fahrrads ist überdies Teil umfassenderer zeitgenössischer Vorstellungen über die Maschinen und die Industrie. «Früh im Industrialisierungsprozess vollzog sich die Besetzung von einzelnen industriellen Objekten mit symbolischen Bedeutungen und Bildern», so Wolfgang Ruppert. Schon in der Dampfmaschine verbinden sich Feuer und Wasser allegorisch, um den Dampf zu schaffen.[22] Auch andere Technologien werden gerne in der Verbindung mit dem Organischen imaginiert. Das ist bei der Eisenbahn im Namen «Dampfross» bereits der Fall, und so wie man sich die Telegrafenlinien in der Landschaft als Nerven im Fleisch vorstellt, gibt es auch die umgekehrte Vorstellung vom Menschen als Apparatur in der Physiologie und der Psychologie.[23] An dieser symbolischen Verbindung zwischen Natur und Maschine hat auch das Fahrrad teil – mit dem Flügelrad.

Schließlich Prometheus: Er ist nicht nur Patron des Fahrrads, sondern der ganzen Industrie in jener Zeit – als Ausdruck menschlicher Beherrschung der Naturkräfte. Schon die Dampfmaschine lässt den Menschen im Kampf gegen die Naturgewalten triumphieren[24], und auch die Elektroindustrie weiß das Prometheus-Motiv zu nutzen. So nimmt sie etwa die kunstgeschichtlich tradierte Figur der Lichtbringerin in ihre Dienste. Sie bringt nun dem Menschen – ganz prometheisch – die Elektrizität vom Himmel. Und macht so die zerstörerische Gewalt des Blitzes dem Menschen dienstbar.[25] «(...) auf nichts hat sich die industrielle Beherrschung der Natur mit ihren Firmen- und Warenzeichen, ihren Plakaten und Prospekten nachdrücklicher berufen als eben auf ihre mythologischen Vorläufer», erklärt Klaus-Peter Schuster. «Der naturbeherrschende Mythos von einst wird zum legitimierenden Bild- und Namensrepertoire einer naturbeherrschenden Industrie von heute.»[26]

Auf den damaligen Industrie-, Landes- und Weltausstellungen finden sich die Mythen der Maschinen opulent in drei Dimensionen inszeniert. Beispielsweise am Stand der Vereinigten Fahrradwerke auf der Bayerischen Jubiläums-Landesausstellung in Nürnberg 1906 *(Abb. 14)*. Hier erscheinen die bekannten Vorstellungen der Fahrradwerbung dreidimensional: Der geflügelte Halbgott demonstriert die Herrschaft über die Welt, auf der er steht (Fortschritt) – mit der göttlichen Gabe des Rads, das er vom Himmel holt (Prometheus), und mit der Paarung von Organischem und Technischem in den Flügeln, die er diesem Rad verleiht (Flügelrad).

Erneut wird so der industrielle Fortschritt der Moderne in eine Mythologie gefasst, die aus antiker

10
Ohne den Mehrwert von Symbol und Imagination. Cosmos, 1895.

11/12
Zweiter Kern des Mythischen in der Fahrradwerbung: Fusion von Biologie und Apparat im Flügelrad. Cosmos, 1915 und 1920.

13
Fliegen beim Fahren. All Heil, 1900.

14
Triumph des Homo faber. Die Vereinigten Fahrradwerke auf der Bayerischen Jubiläums-Landes-ausstellung in Nürnberg, 1906.

15
Auf dem Rückzug
ins Dunkel der
Vergangenheit.
Phoebus, 1930.

Vorzeit kommt. Die Industrialisierung, der Triumph des Homo faber, der Aufstieg der Naturwissenschaften, die Etablierung der «instrumentellen Vernunft der Technik» mit ihren Werkzeugen Planung und Konstruktion – all das «zog (...) offenkundig nicht das Verschwinden von Mythen nach sich. Vielmehr erwies sich der Glaube an die Technik selbst durch Mythen strukturiert.»[27] Industrieller Fortschritt wird mit solchen Vorstellungen aus dem zeitgenössischen kulturellen Inventar symbolisiert, die genau diesen Fortschritt bedeuten. Der Traum von der «Herrschaft über Raum und Zeit» wird dabei zurückverlängert in die Anfänge der Zivilisation, und genau das macht die Erfüllung dieses Traums in der Gegenwart noch gewaltiger.

Prometheus fährt Auto

Bleibt die Frage, warum diese Motive in der untersuchten Fahrradwerbung ab etwa 1920 seltener werden, um ein Jahrzehnt später so gut wie zu verschwinden. In einem Inserat für Phoebus-Fahrradleuchten von 1930 (*Abb. 15*) schlägt der Fahrer eine helle Schneise in die Dunkelheit und scheucht ein bocksfüßiges Nachtwesen auf. So kann dem modern gerüsteten Radfahrer «die Nacht keine Falle stellen». Der erschreckte Satyr ist – ironisch interpretiert – einer der letzten Vertreter der antik-mythischen Bilderfamilie, gestellt auf seinem Rückzug ins Dunkel der Vergangenheit. Warum also verschwindet das Altertümlich-Mythische aus der Fahrradwerbung?

Die «Fach- und Sportsleute» auf dem Münchner Kongress 1897 haben zwar auf das besondere «loko-motorische Prinzip» des Fahrrads viel Wert gelegt: die Potenzierung der Muskelkraft statt ihrer Ersetzung durch ein Pferd oder einen Benzinmotor. Und das Fahrrad hat – noch vor dem Motorrad und dem Auto-

mobil – eine bislang unbekannte Bewegungsfreiheit ermöglicht, die Epoche des massenhaften Individualverkehrs eröffnet und damit einen «zivilisatorischen Trend» durchgesetzt.[28] Das verhindert aber nicht, dass das Auto, kaum kommt es 1886 erstmals auf die Straße, mit derselben Fortschrittssymbolik wie das Fahrrad aufgeladen wird.[29] Die Werbung belegt es. Zum Beispiel jene des Münchner Reifenherstellers Metzeler von 1905 (*Abb. 16*): Da machen die Damen im Auto dem Kentaur die lange Nase – und demonstrieren so, dass die moderne Technik sogar den mythischen Mächten der Antike überlegen ist. Bereits 1897 macht der Fahrradhersteller Stoewer ein ganz ähnliches Versprechen (*Abb. 17*): Eine antik gewandte Fahrerin eilt auf ihrem Rad dahin, die Sanduhr des Lebens triumphierend in der einen Hand. Apollos vielspännigen Wagen hat sie mit ihrem Tempo hinter sich gelassen, und auch der Sensenmann, der sich am Wegrand aus seinem Grabe reckt, hat da keine Chance – auch hier derselbe Triumph der Technik gegen die naturwüchsigen Mächte von Raum und Zeit.

Viele Fahrradfabrikanten sind überdies zugleich Autofabrikanten. So die Frankfurter Adler-Werke (*Abb. 18*): Sie bewerben 1903 ihre Fahrräder, Motorräder, Autos und Lastwagen gemeinsam mit demselben Bild – mit dem Flügelrad. Adam Opel in Rüsselsheim produziert ebenfalls Autos und Fahrräder. In einer Opel-Anzeige von 1929 kommt schließlich jenes Versprechen ausdrücklich vor, das vom Fahrrad bereits bekannt ist: «Wir jagen hinaus in die leuchtende Ferne und fühlen den Pulsschlag der großen Natur. Herren über Raum, Herren über Zeit, sprengen wir die Fesseln des Alltags (...)».[30] «Herrschaft über Raum und Zeit», diesmal benzingetrieben: Das Auto macht dieses Versprechen in einem Moment, als dieses aus der Fahrradwerbung praktisch verschwunden ist. «Der Kern des alten Mythos vom prometheischen Überschreiten der Grenzen menschlichen Handelns scheint im Auto eine moderne Form gefunden zu haben», erklärt Wolfgang Ruppert.[31]

Der «Sieg über Raum und Zeit», deren «Beherrschung», «Überwindung», ist ein Leitmotiv der technischen Zivilisation. Wolfgang Sachs identifiziert als «Grundsehnsucht des Fortschrittsdenkens (...)», dass es

16/17
*Das Automobil
erbt die Versprechen
des Fahrrads.
Metzeler, 1905;
Stoewer, 1897.*

auf dem Weg zu einer reicheren und besseren Welt keine Grenzen gäbe»: «Entfernungen in Kilometern und Entfernungen in Stunden auszulöschen, ja nichts weniger als Raum und Zeit abzuschaffen, darin liegt die geheime Utopie einer zukunftsversessenen Gesellschaft.» So ist denn auch die Verkehrsrevolution nichts weniger als «eine technologische Offensive gegen die Vergänglichkeit des Lebens».[32] Raum und Zeit sind überdies Symbole für die Fixpunkte gesellschaftlicher Ordnung. Wenn sie durch technologische Neuerungen in Bewegung kommen, so ist dies ein Zeichen für das Wanken grundlegender Weltbilder. Das gilt für Telegrafendrähte wie für Datenautobahnen, für das Fahrrad wie für das Automobil. Der «Sieg über Raum und Zeit» ist also auch eine Metapher – für die Unruhe, die neue technische Möglichkeiten ins Gefüge einer Gesellschaft bringen.[33]

«In die ungeheueren, zahllosen Maschen des collektivistischen Verkehrs bringt es die ungebundene Circulation der Individuen (...) Die Emancipation des Individuums von dem schwerfälligen Gemeinverkehr durch das Fahrrad, die neue gewährte Bewegungsfrei-

18
Das geflügelte Rad arbeitet mit Muskel-, aber auch Motorenkraft. Adler, 1903.

heit der Person (...) ist ein Culturfortschritt von unübersehbarer Tragweite.»[34] Was ein Zeitgenosse wie Michael Haberlandt an der Wende vom 19. zum 20. Jahrhundert über das Fahrrad sagt und über seine revolutionären Vorzüge gegenüber der «collektivistischen» Eisenbahn[35], das wiederholt sich kurze Zeit später in der Feier des Automobils: «Das Automobil, es will dem Menschen die Herrschaft über Raum und Zeit erobern, und zwar vermöge der Schnelligkeit der Fortbewegung. Der ganze ungeheure Apparat der Eisenbahn, Schienennetz, Bahnhöfe, Signalstationen, Überwachungsdienst und Verwaltungsdienst fällt hier weg, und verhältnismäßig frei waltet der Mensch über Raum und Zeit», heißt es 1906 in der «Allgemeinen Automobil-Zeitung».[36]

Und genau in Sachen «Culturfortschritt» wird das Fahrrad vom Auto überholt. Jedenfalls in der Vorstellungswelt der Zeitgenossen, aus der die historische Werbung einen Ausschnitt zeigt: Offensichtlich wird die Revolution der Fortbewegung, die das Fahrrad bringt, die Ausdehnung des Aktionsradius, die Freiheit der Bewegung – wird also all das in der Wahrnehmung noch übertroffen durch die Leistungen von Carl Benz' «Patent-Motorwagen» von 1886 und allen seinen Nachfolgern. Tatsächlich verspricht das Auto im Wesentlichen denselben zivilisatorischen Fortschritt wie das Fahrrad; nur eben noch zeitgemäßer und noch radikaler. Wobei, wie Wolfgang Sachs erklärt, genau das Fahrrad jene Wünsche mobilisiert, die dann aufs Auto übertragen werden. «Das Stahlross brach für die breiten Massen die gewohnten Grenzen der Raumerfahrung auf und setzte Wünsche nach erweiterter Unabhängigkeit in Bewegung.»[37]

Das konkurrierende Potenzial des Autos – es erklärt denn auch, warum die Euphorie der «Herrschaft über Raum und Zeit» in der untersuchten Fahrradwerbung gegen 1930 an ihr Ende kommt. Unwahrscheinlich hingegen ist die Vermutung, die massenhafte Verbreitung des Fahrrades ab etwa 1920[38] sei der Grund, weshalb es die Kraft seiner Versprechen verloren haben könnte. Das ist zwar genau jene Zeit, als Prometheus und Flügelrad von den Inserateseiten zu verschwinden beginnen. Doch die Veralltäglichung des Fahrrades auf den Schweizer Straßen (wo es bis in die frühen 1950er-Jahre das meistverbreitete Individualverkehrsmittel bleibt) bestimmt nicht einfach die Vorstellungen und Bilder, die man sich von ihm macht. Schließlich hat die Begeisterung für das Automobil auch dessen Massenverbreitung in der Nachkriegsgesellschaft überdauert und sich bis in die Gegenwart erhalten. Am Auto ist der Wunschtraum von der «Herrschaft über Raum und Zeit» haften geblieben – wenn auch in der weniger pathetischen Form des Versprechens von Freiheit und Abenteuer. Ende der 1960er-Jahre beispielsweise in der Werbung von Renault: «Ihr Entrinnen aus dem Alltag haben wir in jedem Detail vorbereitet», heißt es da. Und im Bild prescht der Fahrer des 16er einsam durch die Steppe, den «gewohnten Tramp» hinter sich lassend wie den Staub, den er aufwirbelt.[39] So ist es denn auch das Auto und nicht das Fahrrad, das sich im 20. Jahrhundert zu einem der großen Fetische der Konsumgesellschaft entwickelt, zu jenem Konsumgut, auf das heute die meisten Werbemittel verwendet werden.[40]

Schließlich kommt auch die Industrie selber in der Fahrradwerbung zu einer neuen Bedeutung. Hat sich das Rad in seiner Werbung bereits bisher stark an die industrielle Symbolik angelehnt, so tauchen spätestens 1920 ganz neue Bilder der Industrie in der Fahrradwerbung auf. Zum Beispiel bei den Radnaben von Torpedo *(Abb. 19)*. «Auf höchstem Stand der Technik! Millionen im Gebrauch!!! Die höchste Vollendung der Technik!!!» Das bläut der Werbefachmann dem Konsumenten ein und nutzt dazu ein bestimmtes Bild als Symbol für die unablässige Produktion normierter Teile: die Fertigungsstraße. Die industrielle Massenproduktion ist es, die hier die Vorzüglichkeit der Ware garantiert.[41] Und sie reproduziert auch diese Vorzüglichkeit in unendlicher Serie. Ähnlich Automoto oder Continental *(Abb. 20, 21)*: Hier steigen die Fahrräder und ihr Zubehör in Masse und Serie aus den Schornsteinen der Fabriken auf, von allem Mythisch-Altertümlichen gereinigt.

Und dabei sind die schwebenden Pneus aus den Continental-Werken nur noch ein Abglanz der früheren «Heiligenscheine» (Lefebvre), jener Aura, mit denen die Werbebilder ihre Waren umgeben. Prometheus und Flügelrad, Halbgöttinnen und Strahlenbündel haben sich vom Fahrrad verabschiedet – untrügliches Zeichen dafür, dass diese Bewegungsmaschine viel an Faszination verloren hat und in den Köpfen der Zeitgenossen zu einem profanen Gebrauchsvehikel abgemagert ist. Was immer auch das Fahrrad weiterhin an symbolisch-imaginärem Konsum versprechen mag: Die «Herrschaft über Zeit und Raum» ist nicht mehr seine Sache; die Symbolisierung zivilisatorischen Fortschritts übernehmen andere Technologien der Kommunikation und des Verkehrs. Davon erzählt die Werbung.

Ein kurzer Traum von der Freiheit am Steuer

Autofahrerinnen in der Werbung der späten 1920er-Jahre[1]

Monika Baumann

«Verführung war stets eine der markantesten Eigenschaften der Automobile von Citroën», verkündet 1929 ein Inserat in der «Illustrierten Automobil-Revue» *(Abb. 1)*. Wer dem Verführerischen dieses Wagens erliegen beziehungsweise davon profitieren soll, das zeigt sich auf dem Werbebild: Gemeint sind die Automobilistinnen; da ist kein einziger Mann weit und breit. Tatsächlich tauchen in den späten 1920er-Jahren Frauen hinter dem Steuer als neues Sujet in der Werbung auf – ungebunden, selbstsicher, aktiv. Sie sind umhüllt von extravaganter Eleganz und verströmen einen Hauch von Freiheit und Abenteuer. Dies ist umso bedeutender, als die Frauen in der anschließenden Krisen-, Kriegs- und Nachkriegszeit wieder in traditionelle Rollenmuster eingebunden werden: Vor diesem Hintergrund wirken solche Bilder geradezu avantgardistisch. Anhand ausgewählter Automobilreklamen[2] der 1920er-Jahre wird hier aufgezeigt, welche Lebensweisen die Werber damals mit ihrem Objekt verknüpften, welche Werte dabei propagiert wurden und in welcher Beziehung die Bilder zur sozialen Realität standen.

Prozesse der Motorisierung[3]

Die Entwicklung der europäischen Autowerbung widerspiegelt den Aufbau, die Konsolidierung und die Krisen der Autoindustrie.[4] So machen die Werbeplakate aus den ersten Jahrzehnten des 20. Jahrhunderts deutlich, dass das Auto zu diesem Zeitpunkt in ganz Europa noch ein Luxusgut war. Ein kurzer Blick auf seine «Kinderjahre» zeigt, auf welche politischen, technologischen und wirtschaftlichen Bedingungen die unterschiedlich schnelle Verbreitung des Autos in den europäischen Staaten und in den USA zurückzuführen ist.

Obschon das erste Auto in Europa hergestellt wurde, prägten die Europäer nur die Anfangsphase des Automobilbaus. Die entscheidende Wende, die zu einer rasanten Beschleunigung des Motorisierungsprozesses führte, vollzog sich jenseits des Atlantiks. In den 1920er-Jahren hatte sich die amerikanische Automobilindustrie zu einer der modernsten Industriebranchen entwickelt. Ihr Wachstum verdankte sie größtenteils einer grundlegenden Rationalisierung der Pro-

duktion; diese ist mit dem Namen Henry Ford verknüpft.[5] Ford führte 1908 das Fließband in den Automobilbau ein[6] und reorganisierte den Produktionsprozess nach den Prinzipien Frederick Winslow Taylors, der den Menschen an die Maschine anzupassen suchte.[7] Die bedeutenden Rationalisierungsgewinne gab Ford in Form von Preissenkungen an die Kunden weiter, was den Absatz ankurbelte. Fords Erfolg beruhte auf dem legendären Modell T, auch bekannt als «Tin Lizzy». Auf diesen Typ entfiel 1920 weltweit mehr als die Hälfte aller Autos.[8]

In Europa wurden die Innovationen aus den USA zuerst in Frankreich übernommen. Dort bauten die Automobilproduzenten[9] schon in den ersten Jahren des 20. Jahrhunderts kleine und relativ preisgünstige Wagen in großen Stückzahlen.[10] Während des Ersten Weltkriegs stellten sie vorwiegend auf die Produktion von Lastwagen um; danach wurden die Produktionsanlagen mit finanzieller Unterstützung des Staats für die Massenfertigung von Personenwagen umgerüstet. 1919 führte Citroën als erster europäischer Hersteller das Fließband ein. Die günstigen Kleinwagen fanden in den Zwanzigerjahren einen steigenden Absatz in einem schnell anwachsenden Binnenmarkt – umso mehr, als viele Regionen Frankreichs von der Eisenbahn schlecht erschlossen waren.

In Deutschland, dem Geburtsland des Autos, blieb der Motorisierungsgrad lange hinter jenem der USA und Frankreichs zurück.[11] Die Verbreitung des Automobils vor dem Ersten Weltkrieg und zur Zeit der Weimarer Republik wurde maßgeblich gebremst durch kostspielige handwerkliche Produktionsabläufe, die gelernte Facharbeiter erforderten, und individuelles Design, das die Fabrikation in großen Stückzahlen verunmöglichte, sowie die Konzentration auf große und dementsprechend teure Modelle.[12] Zudem waren die gesetzlichen[13] und wirtschaftlichen Rahmenbedingungen[14] für eine schnelle Motorisierung alles andere als förderlich. Erst 1924 wurde in Deutschland das erste Auto, ein günstiger Kleinwagen, auf dem Fließband montiert: der «Laubfrosch» von Opel. Allerdings wurde auch er dem Anspruch an ein «Volksauto» nicht gerecht, besaßen doch zu dieser Zeit noch nicht einmal ein Prozent der erwachsenen Deutschen einen Wagen.

La séduction a toujours été une des caractéristiques les plus marquantes des automobiles Citroën

SOCIÉTÉ ANONYME pour la VENTE en SUISSE des

GENÈVE **Automobiles André Citroën** **ZURICH**

Agents régionaux dans tous les cantons

In den 1930er-Jahren förderten die Nationalsozialisten den Autobahnbau aus militärischen Gründen. Die Motorisierung der Massen wurde zu einem beliebten Thema der Propaganda der nationalsozialistischen «Deutschen Arbeitsfront». Der VW Käfer sollte als eigentlicher «Volkswagen» auch weniger wohlhabenden Menschen «Kraft durch Freude» spenden. Allerdings handelte es sich dabei weitgehend um leere Versprechen: Schritte zur Motorisierung der Massen, die über die Entwicklung des Käfers hinausgingen, wurden nicht ergriffen. So war hier die Zahl der Autos auf den Straßen bis in die 1950er-Jahre wesentlich kleiner als in Frankreich und England; in Deutschland wurde der Erfolg des Automobils von dem des Motorrads überflügelt.[15]

In der Schweiz gestaltete sich der Prozess der Motorisierung, wohl aufgrund der unterschiedlichen Nähe zu Frankreich und Deutschland, je nach Sprachregion verschieden: In der Deutschschweiz, besonders in Berggebieten mit schlechten Straßen, stießen die ersten Autofahrer noch längere Zeit auf Ablehnung – dröhnende Motoren erschreckten Mensch und Vieh, rücksichtslose Vergnügungsfahrer verdrängten alles Leben von der Straße und hüllten die Dörfer in dichte Staubwolken. In der Romandie hingegen war die Motorisierung bereits um 1915 viel weiter fortgeschritten.[16] Zu Beginn des 20. Jahrhunderts existierten in der Schweiz viele kleine Automobilfabriken.[17] Einige davon waren aus Zweigen der Uhren-, Maschinen- oder Textilindustrie hervorgegangen. Die heimische Automobilindustrie, die sich mehrheitlich auf Luxuslimousinen spezialisiert hatte, brach in der Krise der unmittelbaren Nachkriegszeit zusammen. Hingegen wuchsen jene Branchen, die indirekt vom Auto abhingen, wie Garagen, Taxibetriebe und Versicherungen.

Motive der frühen Autowerbung[18]

Vor dem Ersten Weltkrieg orientierte sich die Werbung an der Plakatgrafik. Als Schöpfer des modernen Plakats gilt der französische Maler und Grafiker Jules Chéret (1836–1932). Er führte die Farblithografie ein und entwarf um 1890 vermutlich das erste Automobilplakat.[19]

Neben Chéret waren um die Jahrhundertwende andere berühmte französische Künstler wie Toulouse-Lautrec, Grasset und Mucha mit der Herstellung von Werbeplakaten beschäftigt.

In den 1920er-Jahren prägten verschiedene Kunstströmungen – Bauhaus, Kubismus und Neue Sachlichkeit mit expressionistischen Elementen – die Automobilreklame. Die Anzeigen zeichnen sich durch klare, geometrische Formen aus. Vermehrt wurde mit Fotografien geworben, vorwiegend mit solchen berühmter Persönlichkeiten aus Politik und Gesellschaft. Auch inhaltlich entwickelte sich die Automobilwerbung, und in den 1920er-Jahren bildeten sich feste Motive.[20]

Die Werbung assoziierte die ersten Autos mit Prestige, Eleganz, Erfolg und Wohlstand. Sie zeigte das Automobil in einem herrschaftlichen Ambiente als Ausdruck einer exklusiven Lebensform, an sportlichen Anlässen oder auf abenteuerlichen Spritztouren in die Berge.

Allen Reklamen der 1920er-Jahre war gemeinsam, dass das Autofahren als exklusives Freizeitvergnügen dargestellt wurde. Geworben wurde mit Szenen aus den Milieus der Oberschicht. Dem Automobil wurde der Wert eines Statussymbols zugeschrieben; sein Besitz lag außerhalb der finanziellen Reichweite der Durchschnittsfamilie. Beim breiten Publikum dürften diese Werbebotschaften allenfalls die Sehnsucht nach sozialem Aufstieg verstärkt haben.

In frühen Abbildungen wurden die vornehmen Limousinen meist von einem Chauffeur gelenkt, während sich die Herrschaften im Wagenfond zurücklehnten. Allmählich verdrängte der dynamische, sportliche Herrenfahrer seinen Chauffeur vom Fahrersitz, und es wurden auch elegante Damen dargestellt, die sich hinter das Lenkrad setzten. Zu den bevorzugten Motiven der Autowerbung zählten der Sport, die besondere Konstruktion und technischen Daten der Modelle sowie Reisen und Ausfahrten.

Die genannten Motive prägten auch die Automobilwerbung in der Schweizer Presse. Im Folgenden werden einige Beispiele der 1920er-Jahre aus zwei Zeitschriften vorgestellt, aus der «Illustré» und der «Schweizer Illustrierten Zeitung».[21] Im Mittelpunkt dieser zwei Unterhaltungsblätter standen Mode, Film, bekannte Persönlichkeiten, sportliche Ereignisse, Reisen, Menschen in anderen Ländern und ein wenig Politik. Während der Wirtschaftskrise der frühen 1920er-Jahre wurde in der «Illustré» und in der «Schweizer Illustrierten Zeitung» noch kaum Automobilreklame gezeigt. Mit dem Aufschwung der Konjunktur um 1925 erschienen zunächst kleinformatige Anzeigen. Gegen Ende der Zwanzigerjahre nahm deren Fläche zu, oft bedeckten sie eine ganze Seite. Geworben wurde vorwiegend für US-Marken[22], in der «Illustré» vereinzelt auch für französische Firmen.

Komfort und Technik

Die Plymouth-Werbung von 1929[23] *(Abb. 2)* gliedert sich in die klassische Anordnung Headline (Überschrift), Key Visual (Hauptbildmotiv) und Copy (Text). Die Abbildung vermittelt einen Eindruck von der klassischen Form, die die Automobile in den 1920er-Jahren weltweit aufwiesen. Der geschlossene Wagen hatte sich allmählich durchgesetzt, und kastenförmige, hohe Karosserien auf schmalen, großen Rädern kennzeichneten das Design. Fenster und Türen waren rechteckig und betonten die kubische Form des ganzen Modells. Typisch waren die Doppelfenster auf beiden Seiten des Wagenfonds. Die abstrakte Darstellung des Plymouth erweckt beim Betrachter den Eindruck, es handle sich bei diesem Wagen um eine komfortable Sitzgruppe. Die Maßangaben bezeugen die großzügigen Platzverhältnisse. «Kein Wagen seiner Preisklasse ist so geräumig wie der Plymouth», verspricht die Headline folgerichtig.

Was genau die Konstrukteure unternommen haben, um den Käufern größtmöglichen Komfort zu bieten, erläutert der Text: Breite Türen erleichtern den Einstieg, die Beine finden genügend Platz, und in den bequemen Sitzen versinken die Fahrgäste wie in «luxuriösen Klubsesseln». Es folgt die Empfehlung, sich bei einer Probefahrt selbst von den gesamten Qualitäten dieses Wagens zu überzeugen – zu denen gehören der räumliche Komfort, der starke Motor, die sicheren hydraulischen Innenbackenbremsen[24] und die wundervolle Federung. Angesichts der damaligen Straßen kam diesen Vorzügen besondere Bedeutung zu. Der Verweis

auf den bequemen Zahlungsplan lässt schließlich vermuten, dass man den Plymouth in Raten bezahlen konnte.[25]

Häufig ließen die in der Werbung angepriesenen technischen Neuerungen darauf schließen, welche Mängel es damals in der Konstruktion zu beheben galt. Laufend zu verbessern waren – worauf auch die Dodge-Reklame aus dem Jahr 1929 *(Abb. 3)* aufmerksam machte – die lauten Motoren, die unsicheren Bremsen und die schlechten Federungen.

Sport

Im frühen 20. Jahrhundert war die Assoziation von Auto und Sport ein beliebtes Thema der Werbung. Das Motiv drängte sich nahezu auf, fanden doch die ersten Autos ihren Einsatz vor allem im Rennsport, der äußerst populär und entsprechend werbewirksam war. So galt: Wer erfolgreiche Rennwagen fabrizierte, baute auch gute Personenwagen. Bergrennen mit großen Höhendifferenzen, tückischen Kurven und holprigen

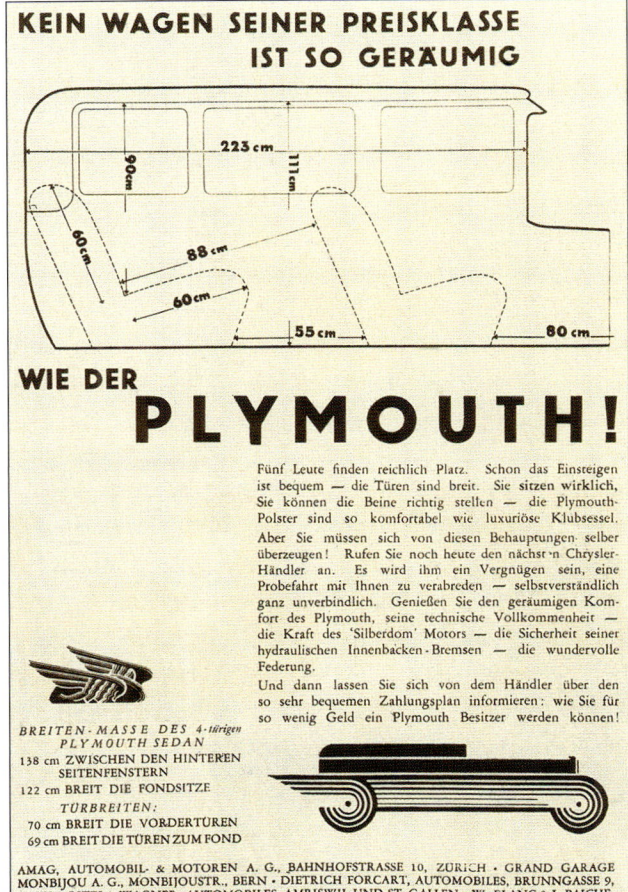

2
Für den Komfort zählt jeder Zentimeter. Plymouth, 1929.

3
*Sicher, komfortabel,
sanft und leise –
die Beschwörungen der
Werbung sagen einiges
über damals gängige
technische Mängel.
Dodge, 1929.*

wahrscheinlich nicht zu den Spielern: Sein jüngeres Alter und die umgehängte Tasche mit den Golfschlägern lassen vermuten, dass es sich um einen Caddie handelt.[27] Von einer fünften Person unten rechts erkennt man nur einen Teil des Kopfes: Der Blick des Mannes geht in die entgegengesetzte Richtung, er scheint sich als Einziger noch auf das Spiel zu konzentrieren. Golfspiel, Kleidung, Bediensteter und nicht zuletzt das Automobil sind eindeutige Attribute eines exklusiven Lebensstils.

Im Text wird die bildliche Assoziation von Jugend, Automobil und Sport verbalisiert. Angesichts der alltäglichen Verhältnisse im Europa der 1920er-Jahre ist diese Darstellung überzeichnet: Selbst in den wohlhabenderen Milieus konnten sich die wenigsten Menschen in jungen Jahren ein Auto leisten. Möglicherweise gehörte es zur Strategie der Werber, auf diese Weise den Wunsch nach individueller Motorisierung in den Köpfen der jungen Generation zu verankern. Anderseits könnte das Inserat auch in den Vereinigten Staaten entworfen worden sein, wo 1929 bereits in gewissem Umfange eine Massenmotorisierung stattgefunden hatte.[28] So oder so versucht die Anzeige, ein jüngeres Publikum anzusprechen, und sie erklärt die Anziehungskraft, die der Oakland auf die aktive und sportliche neue Generation ausübe, mit der schlanken Linie des Wagens, die ihm Jugendlichkeit und Lebendigkeit verleihe.

Der zweite Teil des Textes preist die technischen Vorzüge des Oakland: blitzartige Beschleunigung, wunderbare Fahrweise, leise und sichere «Steeldraulic»-Bremsen. Solche Argumente spielen in der Automobilwerbung bis heute eine Rolle. Waren es damals sichere Bremsen, die den Kunden überzeugen sollten, wird heute Sicherheit mit Verweis auf Zusatzausstattungen wie Airbag oder ABS-System angeboten. Die Schlagworte der 1920er-Jahre – etwa «blitzartige Beschleunigung» und «ruhige Fahrweise» – entsprechen dem «absoluten Fahrvergnügen» von heute.

Reisen und Ausfahrten

Bereits in den ersten Reklamen wurde das Auto als Mittel für Reisen und Ausfahrten angepriesen. Seine Verfügbarkeit eröffnete in dieser Hinsicht neue Perspektiven: Relativ

Belägen stellten die Fahrer auf die Probe und ließen zugleich auf Ausdauer, Geschwindigkeit, Zuverlässigkeit und Sicherheit ihrer Autos schließen. Häufig wurde der Wagen vor einem sportlichen Ereignis in Szene gesetzt, beim Reiten etwa wie bei Nash *(Abb. 4)* oder beim Golfspielen wie bei Oakland[26] *(Abb. 5)*. Das Bildmotiv dieser Anzeige zeigt junge Menschen auf einem Golfplatz. Im Mittelpunkt steht jedoch nicht das Spiel, sondern eine elegante Limousine, die das Interesse der Anwesenden magisch anzuziehen scheint. Auch die Frau in der Mitte richtet ihre ganze Aufmerksamkeit auf die Ereignisse rund um das Automobil: auf die Limousine oder aber auf den Mitspieler bei der Fahrerin. Die Kleidung der Golfspielerin – kurzer Rock, schmale Silhouette, ferner ein gestreiftes Oberteil, kombiniert mit Foulard, auch bekannt als Matrosenlook – entspricht dem Trend der 1920er-Jahre. Der junge Mann im Vordergrund zählt

4
Der Wagen der Sportsleute: Der Nash meistert jede Hürde, 1930.

5
«Jung und lebendig»: Der Oakland fesselt die Aufmerksamkeit der neuen Generation, 1929.

6
Neue Freiheit: die Natur erfahren. Overland, 1921.

bequem, ungewohnt zügig und nach Lust und Laune konnte man die Gegend erkunden, in die Berge fahren und die Natur erleben. Das verhieß 1921 auch die Marke mit dem sprechenden Namen Overland (*Abb. 6, vgl. Abb. 18*). Gelegentlich wurden im redaktionellen Teil der «Schweizer Illustrierten Zeitung» und der «Illustré» Berichte von Autofahrern veröffentlicht, die von ihren erlebnisreichen Ausflügen in die Natur schwärmten. Bis heute ist die eigentümliche Kombination von Auto und Natur ein bevorzugtes Sujet der Automobilwerbung geblieben.

Die Buick-Anzeige aus dem Jahr 1926 (*Abb. 7*) unterscheidet sich in der Anordnung ihrer Bildelemente von den vorangehenden Beispielen. Das Bildmotiv ist wesentlich kleiner. Die Werbefläche wird vom Logo dominiert, und dieses wird verdeckt von einem Textkasten, der

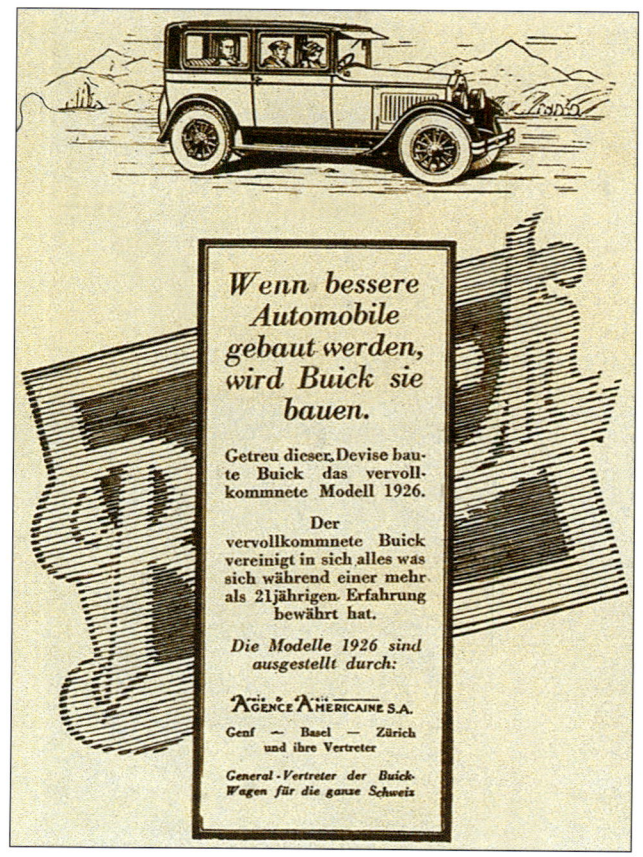

Headline und Haupttext enthält. Das Bildmotiv zeigt einen Buick[29] vor einem Bergpanorama. Auffallend ist das breite Trittbrett, das damals nicht nur den Einstieg in den Wagen erleichterte, sondern auch als Ablage für Gepäckstücke, Benzinkanister und Reserverad diente. Im Wagen sitzen zwei Männer und eine Frau. Der Mann mit der Mütze auf dem Beifahrersitz könnte ein Chauffeur sein, welcher der Dame am Lenkrad gerade eine Fahrstunde erteilt. Im Wagenfond befindet sich womöglich ihr Ehemann. Der Werbetext verspricht dem Käufer die Vollkommenheit des neuen Buick. Vor dem abgebildeten Hintergrund ist dies wohl eine Anspielung auf die Herausforderung, welche die Wagen auf den steilen, damals noch ungeteerten Straßen zu bestehen hatten.

Die Frau als Expertin

Alle untersuchten Automobilanzeigen der 1920er-Jahre enthalten Motive, die entweder Ausschnitte aus dem

gesellschaftlichen Leben der Oberschicht darstellen oder indirekt auf den Luxus des Autos und seiner Nutzung hinweisen. In einem Punkt wirken die Inserate jedoch provokativ: Verblüffend oft wird ein neuer Frauentyp als Blickfang verwendet. Saßen Frauen in den älteren Darstellungen im Fond und ließen sich durch die Straßen chauffieren, begegnete man Ende der 1920er-Jahre auffallend vielen Anzeigen, auf denen selbstsichere, ungebundene Frauen den Wagen selbst fuhren.

Die Chrysler-Werbung von 1930 zum Beispiel *(Abb. 8)* zeigt in einer kleineren Abbildung eine Frau am Lenkrad eines Wagens. Ihre Kleidung, geprägt durch einen schlichten Schnitt und eine schmale Silhouette, entspricht zusammen mit der Kopfbedeckung dem Look der 1920er-Jahre. Das auffallende Halstuch flattert im Fahrtwind und verleiht der ganzen Erscheinung eine sportliche Note. Dieses so genannte Focus Visual und die Subheadline verweisen darauf, dass die Frau beim Kauf eines Automobils einen entscheidenden Einfluss ausübt: «Que les dames jugent mieux une voiture que les messieurs». Dieser Hinweis illustriert eine Tendenz der Werbung, Elemente eines anstehenden Wertewandels aufzunehmen und zu verstärken: Anders als in den USA war in Europa der durchschnittliche Autolenker wohlhabend und männlich; die Werbung jedoch stellte das Autofahren nicht länger als Domäne der Männer dar, sondern strich heraus, dass auch Frauen aus den kaufkräftigen Schichten potenzielle Kundinnen waren. Was Ende der Zwanzigerjahre in den Vereinigten Staaten schon Realität war, gab damit der europäischen Werbung die Richtung vor.

In seiner formalen Gestaltung zeigt das schlichte Inserat deutlich den Einfluss damaliger Kunstrichtungen. Die einzelnen Bildelemente sind streng angeordnet, klar voneinander abgetrennt und folgen geometrischen Grundformen.[30] Die auffällige Headline, fett gedruckt und in stattlichen Großbuchstaben, wirkt als Blickfang. Im Text folgt eine Auflistung von vier wichtigen Fragen, die sich frau vor dem Kauf eines Wagens stellt. Als Erstes erkundigt sie sich nach der Ästhetik. Nach einem «coup d'oeil» auf die neuesten Modelle von Chrysler wird sie von den langen, tief liegenden Kurven, von den harmonisch abgestimmten Farben und von der glänzenden Chromabdeckung schwärmen.[31] Als zweites Kriterium wird der Komfort genannt: Breite Türen, geräumiges

Inneres und bequeme Sitze sind die Argumente für den Chrysler. An dritter Stelle folgt die Frage nach Bedienung und Sicherheit. Die Sorge um eine «leichte Fahrweise» zeigt eine geschlechterstereotype Komponente der frühen Autowerbung, ist sie doch eine klare Anspielung auf das angebliche weibliche Unvermögen in technischen Belangen. Gleichwohl dürfen die Anforderungen, welche die damaligen Autos an ihre Lenkerinnen und Lenker stellten, nicht unterschätzt werden, war man doch vom heutigen Fahrkomfort weit entfernt. Chryslers neue Gangschaltung verspricht jedenfalls eine einfache Handhabung, und hydraulische Bremsen, die auf leichtesten Druck auf das Pedal reagieren, sorgen für Sicherheit. Vierter und letzter Prüfstein ist die Geschwindigkeit. Auch hier stellt der Chrysler die Käuferin voll zufrieden, garantiert doch der 6-Zylinder-Motor mit der hohen Drehgeschwindigkeit eine blitzartige Beschleunigung. Hier wird besonders schön sichtbar, dass das Auto nach Ansicht der Werber auch für Frauen mehr als «bloß» ein Fortbewegungsmittel sein sollte: Auch bei ihnen sollte die Begeisterung für das sportliche Fahren geweckt werden.

Bemerkenswert an diesem Inserat ist, dass die Frau nicht nur abgebildet, sondern direkt angesprochen wird: Sie entscheidet letztlich darüber, welches Auto gekauft wird. Diese neuartige Argumentation gegenüber den Kunden wurde möglicherweise davon inspiriert, dass gegen Ende der 1920er-Jahre neben der Funktionalität eines Autos zunehmend auch das Design an Bedeutung gewann.[32] Hier kamen wiederum gesellschaftliche Werte ins Spiel: Der Einfluss und das Gespür der Frau in ästhetischen Fragen wurde in der Werbung als besonders bedeutsam angesehen und gezielt eingesetzt.

Die Attraktivität der Autofahrerin

Überraschend schnell wurde das neue Frauenbild in der Automobilwerbung auch von Werbern aufgegriffen, die andere Konsumgüter anpriesen. Die Werbeindustrie hatte entdeckt, dass sich im Zusammenhang mit der «neuen Sportart» Autofahren auch neue Ansprüche wecken ließen, insbesondere bei den Frauen:

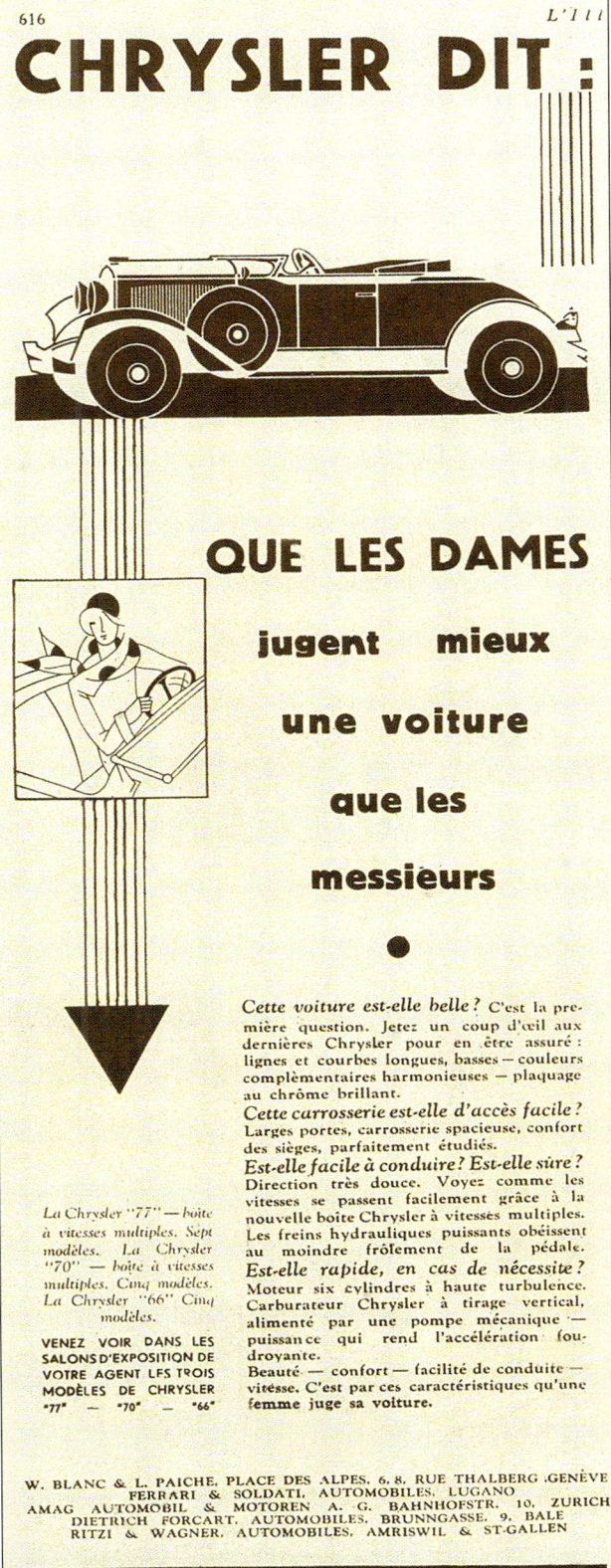

8
Die eigentlichen Expertinnen sind die Frauen. Chrysler, 1930.

Man brauchte sich nur die Folgen einer Autofahrt für Haut, Frisur, körperliche Verfassung bewusst zu machen – und eine Vielzahl neuer Bedürfnisse musste von den Werbern nur noch ins rechte Licht gerückt werden. So warb Kaloderma 1928 mit zwei Automobilistinnen *(Abb. 9)* und wies dabei auf die «vielen Gefahren für Ihre Haut» hin, die dieser «anstrengende Sport» mit sich bringt. «Sie transpirieren, Sonne, Luft und Regen, Staub und Schmutz schädigen Ihren Teint» – lauter Gründe, um die Haut mit dieser «Toilette-Seife» zu pflegen.

Auch für Schokolade warben Autofahrerinnen. In einem Inserat von 1928 *(Abb. 10)* lassen sich zwei elegante Damen vor ihrer Abfahrt zur Stärkung Tobler Touring an den Wagen servieren. Schließlich müssten, wie es heißt, die Automobilistinnen gleich wie die Automobilisten jenen «harten Proben» gewachsen sein, die das «moderne Leben» an ihre «Nerven» stelle. In

einem zweiten Inserat aus demselben Jahr für dieselbe Schokolade *(Abb. 11)* erklärt der Text ausführlich deren positive Wirkung auf das Fahrverhalten. Wer sich von Tobler Touring «begleiten» lasse, bewältige die Fahrt mit «Ruhe und Vertrauen», denn diese Schokolade sei der Glücksbringer auf allen Reisen. «Calme et confiance» und «Le Tobler Touring» sind nicht nur die Schlüsselbegriffe des Textes, sondern fungieren auch als Headline. Innere Ruhe, Vertrauen in die Technik und fahrerisches Können werden als Voraussetzungen für eine vergnügliche Reise mit dem Kakao und seiner beruhigenden Wirkung in Verbindung gebracht.[33]

Das Hauptbildmotiv zeigt zwei fröhliche Autofahrerinnen in einem offenen Wagen, von dem nur die Windschutzscheibe und ein Teil des Kühlers sichtbar sind. Ihr elegant-sportliches Outfit wird durch modische Hüte abgerundet, die ihre trendgerechten Kurzhaarfrisuren vor dem Fahrtwind schützen. Verschwörerische Blicke und ein verwegenes Lächeln erwecken den Eindruck, es handle sich bei der Schokolade um etwas ganz Besonderes – um einen Geheimtipp, den man nur unter Freundinnen preisgebe.

Der amerikanische Einfluss

Seit dem Ende des Ersten Weltkriegs galten Produkte aus den USA in Europa zunehmend als Sinnbild der Modernität. So transportierten die Transatlantik-Frachter nicht nur neuartige Waren, sondern gleichzeitig neue Vorstellungen vom guten Leben. In zahlreichen Bereichen von Wirtschaft und Technologie hatten die Amerikaner einen gewaltigen Vorsprung. Begriffe wie «Rationalisierung», «Typisierung», «Standardisierung», «Mechanisierung» und «Normierung» charakterisierten den technischen Fortschritt der amerikanischen Produktionsweise, die viele europäische Unternehmer ins «Land der unbegrenzten Möglichkeiten» lockte, wo sie sich mit eigenen Augen von den Vorteilen der Arbeitsteilung und der Fließbandproduktion überzeugen wollten.[34] Eine Schlüsselstellung nahm dabei die amerikanische Automobilindustrie ein, war sie doch in den 1920er-Jahren der Inbegriff der Moderne überhaupt.

Die Massenmedien brachten die neuesten Trends aus Übersee nach Europa, wo sie den Alltag, den Lebensstil und die Mode beeinflussten. Eine wichtige Rolle spielte dabei der amerikanische Film. Er präsentierte seinem Publikum jenen neuen Frauentyp *(Abb. 12 und 13)*, der in den späten 1920er-Jahren auch von den Plakatwänden herablächelte. Die Göttinnen der Leinwand waren häufig junge, moderne Frauen, die Selbstsicherheit und Unabhängigkeit ausstrahlten. Sie gehörten meistens der Mittel- oder Oberschicht an, teilweise waren sie berufstätig und arbeiteten als Tänzerinnen, Sängerinnen oder, etwas bürgerlicher, als Lehrerinnen, Sekretärinnen und Verkäuferinnen. Zweifellos entsprach dieses Bild nicht der amerikanischen Wirklichkeit; schwarze Frauen, Fabrikarbeiterinnen oder Hausangestellte eroberten zu dieser Zeit kaum die Leinwand. Dennoch übernahmen zahlreiche europäische Werber dieses Bild, und die auf den Automobilanzeigen der 1920er-Jahre dargestellte Garçonne wies eine große Ähnlichkeit mit der modernen Amerikanerin auf, wie sie im Kino zu bewundern war.[35]

Neue Realitäten zwischen den Geschlechtern?

Der Erste Weltkrieg führte zu einschneidenden Veränderungen der sozioökonomischen Lage vieler europäischer Frauen. Durch die kriegsbedingte Abwesenheit der Männer übernahmen die Frauen vermehrt wichtige wirtschaftliche Funktionen außerhalb des Hauses. Hatte lange Zeit im öffentlichen Diskurs nur die bürgerliche Hausfrau als vorbildlich gegolten, so machte die Kriegswirtschaft nun die wichtige Rolle der Frau in der Arbeitswelt sichtbar: Rüstungsindustrie, Verkehrs- und Nachrichtenwesen oder Sanitätsdienst funktionierten nur dank der weiblichen Arbeitskräfte. «Die Heimkehrer von 1918 fanden vielfach andere Frauen vor, als sie verlassen hatten (...). Frauen, denen die Not der Zeit die Beamtenmützen auf den Kopf gestülpt [hatte] und die sich vom Kochtopf entwöhnt hatten, Frauen mit einer ganz ungeheuerlichen Selbständigkeit.»[36] Obgleich zahlreiche Frauen zu schlecht bezahlter Fabrik- oder Büroarbeit gezwungen waren, hatten die wirtschaftlichen und

10
Eine Stärkung für die Damen. Tobler, 1928.

11
Ein Geheimtipp für die beste Freundin. Tobler, 1928.

gesellschaftlichen Veränderungen das weibliche Selbstbewusstsein gestärkt und den Wunsch nach Anerkennung ihrer beruflichen Leistung sowie nach politischer und gesellschaftlicher Gleichberechtigung noch intensiviert. Sie organisierten sich in Gewerkschaften, kämpften für ihr Wahlrecht und führten politische Veranstaltungen durch.[37]

Auch in der Schweiz.[38] Seit der Jahrhundertwende bemühten sich viele Frauen um politische Gleichberechtigung – Versuche, die auf eidgenössischer Ebene allerdings erst 1971 zum Erfolg führten. Immer mehr Frauen organisierten sich in neuen Berufsverbänden wie dem Schweizerischen Frauengewerbeverband, dem Verband der Akademikerinnen oder dem ersten Bäuerinnenverband. 1921 wurde in Bern der zweite Schweizerische Kongress fürFraueninteressen veranstaltet. Zu dessen Hauptanliegen gehörten die Lohngleichheit und das Recht der Frauen auf Arbeit. 1928 initiierte die Bernerin Rosa Neuenschwander zusammen mit verschiedenen Frauenverbänden die Schweizerische Ausstellung für Frauenarbeit (Saffa), die ein großer Erfolg wurde und über 800'000 Besucher anlockte.

Aktive Frauen wurden in den 1920er-Jahren vermehrt zum Thema in den Medien. In vielen Zeitschriften, auch in der «Illustré» und in der «Schweizer Illustrierten Zeitung», erschienen nun häufiger Reportagen über Frauen, die beispielsweise am Weltfrauenkongress in Berlin von 1929 mitwirkten, sich ausgefallenen Sportarten wie der Fliegerei widmeten oder als Forscherinnen Wildtiere in Afrika beobachteten.

Schon sehr früh eroberten – vorerst noch einzelne – Frauen auch die Welt des Automobils. 1888 bewältigte Berta Benz die erste Überlandfahrt von Mannheim nach Koblenz. Damenautomobilklubs wurden gegründet (1909 in England, 1926 in Deutschland), Frauen nahmen an Autorennen teil, und 1927 startete Clärenore Stinnes als erste Frau in Berlin zu einer Autofahrt rund um den Globus.[39] Die Künstlerin Sonja Delaunay wurde Mitte der 1920er-Jahre bekannt für ausgefallene Autolackierungen, avantgardistische Damenbekleidung und Accessoires, die passend zum Automobil getragen werden konnten. Auch die Mode reflektierte ein neues Selbstbewusstsein und fand Anhängerinnen in allen Schichten. Die entstehende Massenmode schien die äußerlichen Unterschiede zwischen Arm und Reich wie nie zuvor zu verringern.[40] Das Idol der 1920er-Jahre war die knabenhaft und doch elegant wirkende Garçonne. «Alte Zöpfe» wurden wortwörtlich abgeschnitten; zahlreiche Frauen trugen, wie die Autofahrerinnen in den Inseraten, den berühmten Bubikopf; die Rocksäume rutschten bis auf Kniehöhe, schlicht geschnittene Kleider ersetzten die Korsetts *(Abb. 14, 15 und 16)*. Wer sich die neuesten modischen Trends nicht kaufen konnte, schneiderte sich das legendäre Charleston-Kleid zu Hause selbst.

12  *13*

12/13
Import von Vorbildern
aus den USA:
Corinne Griffith und
Fay Wray, zwei
«aufgehende Sterne
am Himmel des
Tonfilms», wie die
«Schweizer Illustrierte
Zeitung» 1930 zu
diesen Bildern schrieb.

In welchem Zusammenhang steht dieser Prozess, der doch vorwiegend Frauen betraf, die vom Erwerb eines Autos allenfalls träumen konnten, mit dem Auftauchen eines neuen Frauentyps in der Automobilwerbung? Die Frage lässt sich am einfachsten beantworten, wenn man bedenkt, dass sich das Streben nach Gleichberechtigung auf verschiedenen Ebenen abspielte, alle sozialen Schichten durchzog und den Frauen allmählich politische, wirtschaftliche und gesellschaftliche Bereiche öffnete, zu denen sie vorher keinen Zugang hatten. Ob nun wohlhabende Frauen ihre Leidenschaft für die Sportfliegerei entdeckten, ihr Auto selbst lenkten, Hosen trugen, abenteuerliche Reisen unternahmen, ob sich Arbeiterinnen in Gewerkschaften organisierten und für gleiche Rechte kämpften oder ob sich die Frauen allgemein für eine politische Gleichstellung einsetzten – in jeder Gesellschaftsschicht versuchten sie, verkrustete Rollenverständnisse aufzuweichen oder zu durchbrechen.

Ein vorübergehender Einbruch

Die Automobilwerbung der späten 1920er-Jahre zeigt Ausschnitte eines Emanzipationsprozesses, der sich auf verschiedenen Ebenen gleichzeitig abspielte – diese

These findet ihre Bestätigung, wenn man die weitere Entwicklung der Stellung der Frauen in der Gesellschaft einerseits und der Automobilwerbung andererseits betrachtet. Mit der Rezession der 1930er-Jahre und der Verschlechterung der Arbeitsmarktlage erfuhr nämlich die berufliche Emanzipation einen Rückschlag, und viele Frauen wurden wieder aus dem Erwerbsleben verdrängt.[41] Verheirateten Frauen, die Erwerbsarbeit leisteten, wurde vorgeworfen, sie nähmen als «Doppelverdienerinnen» Männern, die eine Familie zu ernähren hätten, die Arbeit weg. Viele Frauen wurden von ihrem Platz in der Arbeitswelt an den Herd zurückgeschickt.[42]

Auch in dieser Zeit zeigt sich eine bemerkenswerte Parallele zwischen der Entwicklung des Frauenbilds in der Automobilwerbung und in der Gesellschaft. Unter dem Einfluss der Weltwirtschaftskrise veränderte sich nämlich die Autowerbung deutlich. Das beschränkte sich nicht auf den Rückgang des Anteils der Automobilinserate in der «Schweizer Illustrierten Zeitung» und in der «Illustré» in solchen Zeiten abnehmender Kaufkraft. Auch das Frauenbild in der Werbung wandelte sich: Die kühle, moderne und aktive Frauenfigur aus den 1920er-Jahren *(Abb. 17)* wurde abgelöst von der umsorgenden, mütterlichen Hausfrau. Wohl eine der letzten Autofahrerinnen jener Zeit zeigte Chevrolet 1932 *(Abb. 18)*. Sie ist selbständig mit ihrem Wagen unterwegs, angelockt von «Licht und

14/15/16
«Die neuesten Modetrends» in den 1920er-Jahren: die Garçonne, der Bubikopf, schlichter Schnitt und schmale Silhouette. Aus einem Bericht der «Schweizer Illustrierten Zeitung», 1926.

17
Werbung vor der Zeit der mütterlichen Hausfrau. Hupmobile, 1929.

18
«Wann und wohin Sie wollen» – solange es noch geht. Chevrolet, 1932.

Luft»: «Wer kennt nicht die Freude, nach der Tagesarbeit am Schreibtisch oder langen Konferenzen, hinaus in den Wald oder in die Umgebung der Stadt zu fahren.»

Bald waren die Frauen vom Platz hinter dem Steuer verdrängt. Die Werbung in der Zeit der Massenmotorisierung nach dem Zweiten Weltkrieg zeigt, dass sie dort auf lange Zeit hinaus kaum mehr einen Platz haben sollten (vgl. den Beitrag von Sibylle Lichtensteiger und Daniel Di Falco). Gerade diese Entwicklung macht die Darstellung der Autofahrerinnen in der untersuchten Automobilreklame der 1920er-Jahre umso bemerkenswerter. Das Bild der selbstsicheren, unabhängigen Frau zeugt von einem vorübergehenden Einbruch des weiblichen Geschlechts in eine Männerdomäne, wie er zu dieser Zeit beispielsweise in der Politik, Arbeit oder der Gesellschaft allgemein eingefordert wurde oder teilweise bereits stattgefunden hatte.

Wie sich das Automobil dem Volk verkaufte

Die Massenmotorisierung
in der Schweiz und der Wandel in
der Autowerbung 1948–1965[1]

**Sibylle Lichtensteiger,
Daniel Di Falco**

Mit dem Ende des Zweiten Weltkriegs setzt auf den Schweizer Straßen die Siegesfahrt des Autos ein. Zu jener Zeit kommen gerade erst 4 Personenwagen auf 1'000 Einwohner – 1965 sind es bereits 155. In diesen zwanzig Jahren wächst die absolute Zahl der Autos um nicht weniger als das 47fache: von rund 18'000 auf 845'000. Die Zahl aller Motorfahrzeuge überschreitet 1965 die Millionengrenze.[2] Es handelt sich um jene zwei Jahrzehnte, in denen sich die Schweiz automobilisiert.

Diese Entwicklung wird in jener Zeit immer wieder gewertet als Diffusion des Autos in breitere Bevölkerungkreise und als «Demokratisierung». 1955 berichtet etwa die «Automobil-Revue» unter dem Motto «Motorisierung im Vormarsch» vom Genfer Automobilsalon: «Das Motorfahrzeug [hat] in allen Schichten des Volkes als unentbehrliches Arbeits- und Berufswerkzeug Fuss gefasst. Aus dem Luxusgut einer begüterten Klasse ist ein Alltagsgebrauchsgegenstand von Städtern und Bauern, Arbeitern und Direktoren geworden.»[3] Bundespräsident Max Petitpierre spricht in seiner Eröffnungsrede zum Salon im gleichen Jahr von «seiner Majestät des Autos, welche sich von Jahr zu Jahr demokratisiert hat».[4]

In den 1950er-Jahren wächst nicht nur die Zahl gekaufter Automobile, sondern auch jene der Waschmaschinen, Kühlschränke, Staubsauger usw.[5] All dies wird als Verallgemeinerung von Konsumchancen gedeutet, als Überwindung jener Klassenschranken, die sich in der kapitalistischen Industriegesellschaft bislang manifestierten.[6] Das Ziel, morgen das zu haben, was heute nur ein Teil der Gesellschaft hat, wird als Gleichheits- bzw. Gerechtigkeitsanspruch und als «Demokratisierung» des Konsums verstanden.[7] Dass öffentliche Stimmen im Auto ein «demokratisiertes» Gut sehen, soll aber nicht darüber hinwegtäuschen, dass ein eigener Wagen auch Ende der 1950er-Jahre noch für viele im Bereich der Träume liegt.

Wie richtet sich, vor diesem Hintergrund, die Autowerbung an die potenziellen Automobilisten – in der Schlüsselzeit der Motorisierung, als in der Schweiz das Auto seinen Seltenheitswert verliert? Wie verkauft die Werbung den Personenwagen dem «Volk» («Auto-

1
«Auch für die kleine Börse».
Renault, 1948.

mobil-Revue»)? Wer kann sich laut Werbung ein Auto leisten? Und was geschieht mit dem Bild des Autos und des Automobilisten in der Werbung, wenn sich jeder ein Auto kaufen kann?

Die Kostenfrage tritt zurück

Eine Antwort bringt ein Blick auf die Werbung in der alljährlichen Autosalon-Beilage des Zürcher «Tages-Anzeigers» zwischen 1948 und 1965.[8] Hier zeigt sich, dass der «Demokratisierung» in der Werbung enge Grenzen gesetzt sind: Frauen und ältere Menschen erscheinen praktisch ausnahmslos nie als Autofahrerinnen[9], und auch als Käufer werden sie nicht angesprochen. «Der Rambler fährt vor Ihr Haus. Ihre Frau freut sich. Ihre Kinder jubeln»[10], heißt es in einem Inserat. Dass die «Demokratisierung» des Automobils höchstens für Männer mittleren Alters Gültigkeit hat, scheint die öffentliche Rede von Demokratisierung nicht zu beeinträchtigen.

Sieht man über die Kriterien Geschlecht und Alter hinweg und fasst die soziale Ungleichheit ins Auge, dann wird tatsächlich eine Egalisierung der Konsumchancen deutlich: Das Auto wird – in der Werbung – für zusehends breitere Schichten erschwinglich. So wendet sie sich explizit an Leute mit kleinem Budget und rechnet ihnen vor, wie sich jeder ein Auto leisten könne. Die Renault-4-Werbung von 1948 (Abb. 1) beispielsweise fügt unten am Text, der sich auf die Sparsamkeit des Wagens bezieht, in fetten Lettern bei: «Erschwinglich für die breiteste Käuferschaft – auch für die kleine Börse!»

«Sparsamkeit» und «Wirtschaftlichkeit» sind Schlagworte, die vor allem bis Ende der 1950er-Jahre immer wieder erscheinen; zuweilen in Superlativen wie «Weltmeister im Sparen»[11] oder «Maximum an Wirtschaftlichkeit».[12] Auch komplexere ökonomische Größen wie «Wertsteigerung ohne Preisaufschlag» und «Preisabschlag infolge Produktionserhöhung» kommen in diesem Jahrzehnt oft zur Sprache – positiv besetzte Schlagworte in einer Gesellschaft, die sich die Egalisierung der Konsumchancen zum Ziel gemacht hat. So erklärt die Volkswagen-Werbung 1953

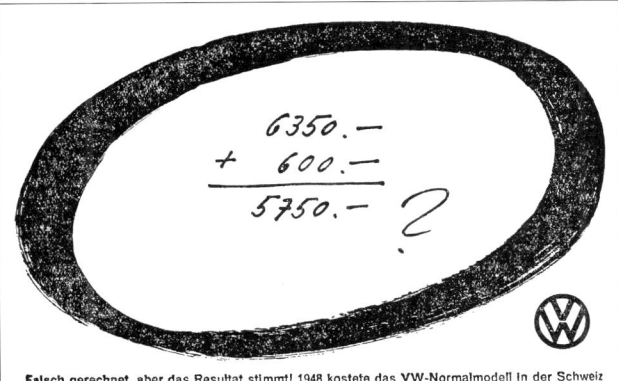

Falsch gerechnet, aber das Resultat stimmt! 1948 kostete das VW-Normalmodell in der Schweiz Fr. 6350.–. Seither sind – abgesehen von höheren Arbeitslöhnen und gewaltigen Aufwendungen der Fabrik für technischen Fortschritt – allein die auf den einzelnen VW entfallenden Materialkosten um Fr. 600.– gestiegen. Das Normalmodell müsste also heute auf mindestens Fr. 6950.– zu stehen kommen. Es kostet aber nach dem jüngsten Preisabschlag Fr. 5750.– Fr. 600.– weniger als 1948 oder Fr. 1200.– weniger, als es unter Berücksichtigung der reinen Materialverteuerung kosten dürfte.

Ähnlich liegen die Verhältnisse beim meistgekauften VW de Luxe, der sich heute auf Fr. 6710.– stellt. Er kostet somit nur Fr. 360.– mehr als 1948 das Normalmodell, gegenüber dem er Hunderte von Verbesserungen aufweist – darunter so wichtige wie das Synchromeshgetriebe, hydraulische Bremsen, eine viel luxuriösere Ausführung und Ausstattung usw. Allein bei der grossen Erneuerung im Oktober 1952 sind im VW de Luxe mehr als dreissig Verbesserungen verwirklicht worden, ohne dass der Verkaufspreis erhöht worden wäre. Eine Wertsteigerung ohne Preisaufschlag aber ist ein Preisabschlag!

Trotz dieser günstigen Entwicklung der Preise für neue VW ist der Wiederverkaufswert gebrauchter Fahrzeuge sehr hoch. Auch für VW-Occasionen besteht lebhafteste Nachfrage. Will der Besitzer seinen Wagen einmal gegen einen neuen VW umtauschen (ein Hinüberwechseln zu andern Marken kommt bei VW-Fahrern äusserst selten vor), so kann er mit einem überaus interessanten Tauschangebot rechnen. Die Wertbeständigkeit und der hohe Tauschwert des VW erleichtern die Amortisation und verringern damit an sich schon niedrigen Betriebskosten. – Viele Gründe sprechen für den VW!

AMAG AG. ZÜRICH
Utoquai 47   Tel. 24 16 20

(Abb. 2): «Allein bei der grossen Erneuerung im Oktober 1952 sind im VW de Luxe mehr als dreissig Verbesserungen verwirklicht worden, ohne dass der Verkaufspreis erhöht worden wäre. Eine Wertsteigerung ohne Preisaufschlag ist aber ein Preisabschlag!»

Kaufpreis und Benzinverbrauch spielen noch bis Mitte der 1950er-Jahre eine wichtige Rolle. In den folgenden Jahren tritt indessen der Kostenpunkt aus dem Mittelpunkt der Anzeigen immer mehr zurück. Namentlich die Benzinkosten verlieren in jener Zeit unter dem Einfluss rasch fallender relativer Preise an Bedeutung.[13] Und wenn doch gerechnet wird, dann eher im Rahmen von Preis-Leistungs-Vergleichen: «Dieses herrliche Auto kostet im Vehältnis zu dem, was es leistet, und vor allem zu dem, was es repräsentiert, verblüffend wenig», heißt es in der Lloyd-Alexander-Werbung von 1959.[14] Aus solchen Beispielen lässt sich folgern, dass sich die Werbung zusehends an eine Kundschaft wendet, die nicht in erster Linie zu rechnen braucht, ob – beziehungsweise wie – sie sich ein Auto leisten kann.

Der Klassenwechsel wird möglich

So rückt, alles in allem, die ökonomische Frage in den 1960er-Jahren in der Autowerbung zusehends in den Hintergrund. Eine weitere Entwicklung zwischen 1948 und 1965: Zunehmend wird für teurere Autos geworben.[15] Nach wie vor richtet sich zwar Werbung in der «Kleinwagenklasse» primär an Kleinverdiener, Werbung für die «große Klasse» primär an Käufer mit großem Portemonnaie. Es werden jedoch zunehmend Möglichkeiten deutlich, die das bestimmende Verhältnis von «sozialer Klasse» und Wagenklasse aufheben.[16]

Was geschieht, wenn das Auto tendenziell allen zugänglich wird und die Werbung sogar zu verstehen gibt, jeder könne sich das Auto seiner Wünsche leisten? Die Massenmotorisierung führt nicht dazu, dass sich die Autos vereinheitlichen und die sozialen Unterschiede im Konsum aufgehoben würden – der Idee von der «Demokratisierung» zum Trotz. Wenn es für immer mehr Menschen möglich ist, ein Auto zu kaufen, so reproduziert der bloße Besitz eines Autos keine Ungleichheit mehr. Die Ungleichheit beginnt sich in anderen, in «feinen Unterschieden» (Pierre Bourdieu)[17] zu äußern, die gerade in der Werbung sichtbar werden. Darum geht es im Folgenden.

Die Verfeinerung der Unterschiede

In einer Gesellschaft, in welcher der Lebensstandard steigt, wachsen die Konsum-, aber auch die Erlebens- und Lebensmöglichkeiten[18], so dass das Individuum aus einer Vielzahl von Optionen wählen darf – und muss. Für den Kauf eines Autos heißt das: An die Stelle der simplen Option ein Auto/kein Auto tritt die Wahl eines bestimmten Wagens aus einer ganzen Palette – verschiedener Marken, verschiedener Modelle, verschiedenster Ausführungen.[19] Ein Werbetext von General Motors von

1958 verdeutlicht dies: «Erinnern sich an den Tag, da Sie die Farbe ihres neuen Wagens bestimmten? Es war ein reines Vergnügen: aus all den leuchtenden Tönen den einen Klang zu wählen, der Ihrem Auge wohlgefällig war.»[20] Umgekehrt kann man dieser Auswahl nicht entgehen, und sie ist für andere sichtbar, zumal der Besitzer mit seinem Wagen in der Öffentlichkeit auftritt.

Das Konsumgut wird zum sichtbaren Zeichen der eigenen Wahl.[21] Es steht für eigene Wertvorstellungen und wird zum Zeichen, zum Indikator eines *Lebensstils*.[22] Lebensstil korrespondiert – im Sinn des Soziologen Pierre Bourdieu – mit individuellen, sozialen und kulturellen Erfahrungen, mit ökonomischen Verhältnissen sowie mit politischen oder auch religiösen Überzeugungen.[23] Somit bezeugt der Lebensstil zwar Individualität, er ist aber nicht völlig frei wählbar, da die Wahl nicht außerhalb der persönlichen «Position im sozialen Raum» fallen kann. Außerdem ist Individualität nur möglich durch Abgrenzung zu anderen beziehungsweise durch Zugehörigkeit zu einer Gruppe.[24]

Auf diesen «demonstrativen» Aspekt des Konsums macht Thorstein Veblen bereits im ausgehenden 19. Jahrhundert aufmerksam: in seiner «Theorie der feinen Leute».[25] Er beleuchtet damit schon in einer Zeit vor dem Durchbruch der Konsumgesellschaft die Zeichenhaftigkeit des Konsums. Jahrzehnte später prüft Pierre Bourdieu die Unterschiede im Besitz von Gütern und im Umgang mit ihnen und beschreibt, wie ein solcher Unterschied im Alltag zu einem sozial wichtigen Zeichen wird – ob Volvo oder 2CV, Rotwein oder Champagner, Fußball oder Golf, Klavier oder Akkordeon. Nach Bourdieu haben käufliche Produkte in einer Gesellschaft, in der sich die Möglichkeiten pluralisieren und sich traditionelle Klassenschranken aufheben, eine Ordnungsfunktion. Für diese prägt er den Begriff der *Distinktion*.[26]

Die Funktion des Autos als Distinktionsmittel ist nicht neu. In der Frühzeit, als es das Luxusgut einiger weniger Reicher war, setzte es seinen Besitzer von der breiten Masse derer ab, die sich keines leisten konnten[27] (vgl. den Beitrag von Monika Baumann). Mit der Verbreitung des Autos differenziert sich jedoch dessen Distinktionsfunktion. Entscheidend für den Lebensstil wird die Frage, für welches Auto man sich entscheidet. «Feine Unterschiede» werden bestimmend für die Distinktion.

Ordnung der Marken

Zwischen 1948 und 1965 fällt eine enorme Vergrößerung des Angebots ins Auge. Während die einzelnen Marken Anfang der 1950er-Jahre durchschnittlich mit einem Angebot von etwa drei Modellen auftreten[28], so zeigt die Simca-Werbung 1960 *(Abb. 3)* eine Auswahl von 3 Grundtypen, 25 Modellen und 1565 verschiedenen Ausführungen. Das lässt bereits erahnen, dass sich die 1565 Ausführungen höchstens noch in kleinen Einzelheiten voneinander unterscheiden können. Dabei gibt es ein Prinzip, welches das riesige Angebot zu strukturieren und zu ordnen vermag: die Einteilung in Marken und Modelle.[29]

Die Marke weiht das Massending, indem sie ihm ein identifizierbares Gesicht verleiht. So schafft sie in einem anonymen Markt Vertrauen; die Werbung versucht dieses zu bestärken. So unterstreicht sie etwa die Verbreitung einer Marke. In der Fiat-Werbung 1949 wird der «durch Zahlen bestätigte Erfolg»[30] vorgerechnet: 23'375 Tourenwagen seien 1948 in der Schweiz neu immatrikuliert worden; 2'342 davon gehörten der Marke Fiat an, die damit «an der Spitze» stehe. Ab 1955 scheint indessen das Bedürfnis nach Individualität an Bedeutung zu gewinnen, so dass die Berufung auf «Zehntausende von begeisterten Käufern»[31] nicht mehr der Idee eines wünschenswerten Wagens entspricht. An die Stelle solcher Zahlen treten zusehends solche, die sich auf das Alter der Marke beziehen. Ob «ein Vierteljahrhundert»[32], «jahrzehntelang»[33] oder «35 Jahre» *(vgl. Abb. 10)* – langjährige Existenz wird als Beweis für langjährige Erfahrung ins Feld geführt, und Erfahrung wird in der Werbung positiv mit Tradition konnotiert. Die Austin-Werbung bringt diese Verbindung 1954 auf den Punkt, indem sie kurz und bündig «Tradition durch 33jährige Erfahrung»[34] verspricht.

Ordnung der Modelle

Während die Marke für das Bewährte steht, schafft das Modell Differenzierung innerhalb der Marke und erfüllt damit den Wunsch der Käufer nach etwas Einzig-

artigem. Die Fiat-Werbung bezieht sich 1948 *(Abb. 4)* nicht allgemein auf die Marke, sondern auf ein Angebot an «drei Modellen, die sich bewährt haben». Im Kommentar «Einer von den dreien wird Ihnen konvenieren!» kommt die Idee des Modellkonzepts zur Sprache: Ein großes Angebot wird zum Maßstab für die Befriedigung von Kundenwünschen. In der Ford-Werbung 1951[35] wird dieser Zusammenhang zum Werbeargument gemacht: «Nur ein Weltunternehmen wie Ford ist in der Lage, Ihnen ein für jeden Anspruch passendes Modell anzubieten.» Rund zehn Jahre später zeigt Ford seine Modellpalette in einem differenzierten Licht *(Abb. 5)*. Die Marke wirbt damit, «verschiedene Gesichter» zu haben: «ein keckes», «ein rassiges», «ein aristokratisches», «ein schnittiges», «ein apartes», «ein forsches» und «ein sportliches». Diese «Gesichter» werden zusätzlich benannt: Ob dem Markennamen Modellnamen, Modellnummern oder Modelljahrgänge beigefügt werden – solche Zusätze sorgen für Ordnung innerhalb der Marke.

4/5
*Die Marke schafft
Vertrauen, das
Modell garantiert
Individualität.
Fiat, 1948;
Ford, 1964.*

Mit dem Modell gelingt es der Marke zudem, immer auf dem neusten Stand zu sein: Innerhalb der Modelle werden ständig Neuigkeiten bereitgehalten. Und diese sind ein wichtiges Verkaufsargument: Das Attribut «neu» vor den Modellnamen ist unzählig[36]; gängig ist die Versicherung, «an der Spitze des Fortschritts»[37] zu stehen. Durch die Kombination von Marken- und Modellkonzept entsteht die Möglichkeit, dass dieses Neue, Einzigartige und Individuelle doch nicht auf Tradition verzichten muss.[38] In der Morris-Oxford-Werbung von 1957 wird diese Verzahnung von Marke und Modell besonders deutlich: «Zu der altbekannten Qualität gesellt sich heute eine ganz neue, schnittige Linie.»[39] Neben dem Markennamen, auf den sich der Slogan «bekannt für seine Zuverlässigkeit» bezieht, steht die Jahrzahl 1957 für das Moderne an diesem Wagen. Auch wenn gerade der Automobilbau als wenig innovativ gilt[40], sind in der Werbung selbst kleinste Neuerungen bedeutsam, weil sie verhindern, dass ein Produkt seinen Wert als Unterscheidungszeichen verliert.[41] Eine Neuigkeit verspricht Individualität und Einzigartigkeit für jene kurze Zeit, bis sich das Neue verbreitet hat.

Das Modellkonzept hat eine weitere Funktion: Es schafft eine Hierarchie innerhalb einer Marke. Die Opel-Werbung von 1965[42] führt dies vor. Sie präsentiert «die grossen drei von Opel»: zuerst den Opel Kapitän, dann seinen «Stilgefährten», den Admiral, der «reicher um einen Rang» ist. Schließlich wird das größte der drei Modelle ins Bild gerückt, der Diplomat: «seine Exzellenz» und «Repräsentant auf höchster Ebene». Eine solche Rangfolge zeigt sich auch in der Abbildung von Modellpaletten – stets kennt sie ein Unten und ein Oben bzw. ein Vorne und ein Hinten. Fiat *(Abb. 6)* beispielsweise zeichnet seine Modelle 1954 stark perspektivisch: Während zuhinterst klein der billigste Fiat zu sehen ist, steht das rund dreimal teurere Modell groß im Vordergrund – und dazwischen fünf weitere Modelle, allesamt streng nach PS und Preis geordnet.

Marken und Modelle eröffnen das weite Feld für die Zuschreibung von Eigenheiten und Unterschieden. Werbung bezieht sich auf eben diese «feinen Unterschiede», die in der Beschreibung der technischen Details, der Innenausstattung und von Farbe und Form der Wagen zur Sprache kommen.

Das Gewicht von Form und Farbe

Unterschiede in Form und Farbe werden bereits in den späten 1940er-Jahren thematisiert: die «grosse Farbenauswahl»[43], die «geschmackvoll ausgeführte Karosserie»[44] oder der «wundervolle Fluss der Linie».[45] Rund zehn Jahre später werden solche Äußerlichkeiten präziser beschrieben; oft stehen sie im Zentrum der Werbeaussage. In den 1960er-Jahren scheinen Form, Farbe und Glanz so viel Bedeutung zu haben, dass sie als alleiniges Werbeargument angeführt werden.

Die Werbung für den Peugeot von 1961 beispielsweise *(Abb. 7)* beruft sich ausschließlich auf dessen Form. Der Werbetext versucht zu legitimieren, warum sich gerade der Peugeot 404 als besonders «raffinierter Wagen» auszeichnet: «Die Schönheit menschlicher Meisterwerke überdauert den Wandel der Zeiten. Die edle Form war schon immer der Ausdruck des Schaffens grosser Gestalter. Glückliche Harmonie von Linie und Form zeichnen sowohl diese antike Skulptur, wie auch das dargestellte moderne Automobil aus. Sie erweckt Bewunderung – die moderne Karosserie 404! In elegantem Gleichgewicht sind Form und Linie weder eckig noch rundlich, trotzdem aber bestimmt und klar, wie wenn es die Sorge des ‹Créateurs› gewesen wäre, die Mischung von Temperament und zurückhaltender Eleganz zum Ausdruck zu bringen (...)»

Das macht deutlich, dass es sich bei den Formdifferenzen um feine Unterschiede handelt. Die Werbung beruft sich nicht auf gänzlich Neues; was diesen Wagen auszeichnet, ist ein diffiziles Gleichgewicht zwischen «Form und Linie». Wobei sich das ästhetische Urteil über den 404 auf universelle, absolute Kriterien abstützt: «Schönheit» wird definiert als etwas, das «den Wandel der Zeiten» überdauert. Mit dem Hinweis auf die «Sorge des Créateurs» wird der «Schönheit» zudem ein Hauch von Göttlichkeit verliehen. So wird es möglich, automobile Ästhetik mit Hilfe der Antike zu beglaubigen.

Finessen im Innern

Die Werbung öffnet auch die Tür zum Interieur des Automobils. Vorerst bleibt sie dabei sehr allgemein: Sie

6
Die hierarchische Ordnung der Wagenklassen. Fiat, 1954.

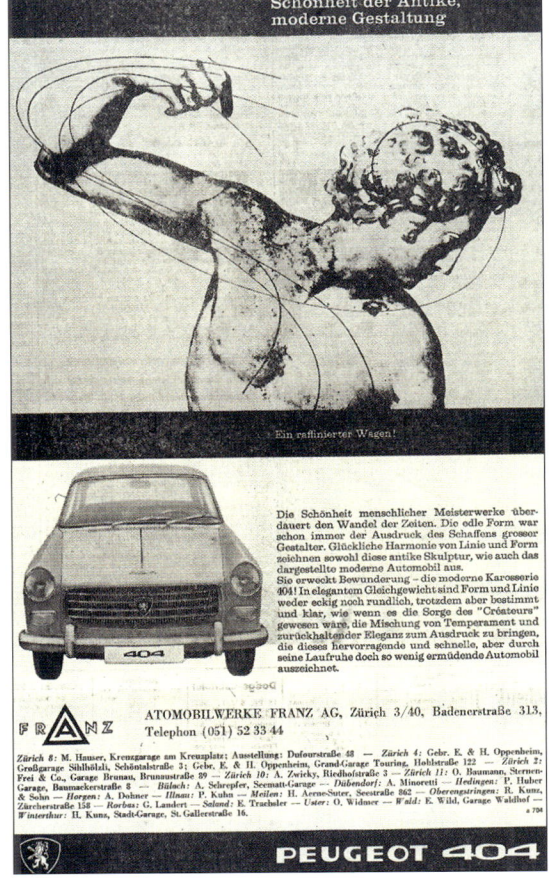

7
Die «edle Form» als alleiniges Werbeargument; die Antike beglaubigt sie. Peugeot, 1961.

unverständlich. So in der Werbung für Glas: «1.3-l-OHV-Vierzilinder-Viertakt-Rennmotor, wassergekühlt. 75-73 mm. Verdichtung 9.2:1, oben liegende Nocken-welle mit Zahnriemenantrieb, fünffach gelagerte Kurbelwelle, 75 DIN-PS-Leistung bei 5800 U/min, maxim. Drehmoment 10.6 mkg bei 3500 U/min., 2 Solex-Schrägstrom-Vergaser.»[51] Das Beispiel ist, was den Gehalt an Fachausdrücken anbelangt, kein Einzelfall. Bereits in den 1940er- und 1950er-Jahren wird unter anderem mit «Torsions-Abfederung der Vorderräder und einer Hypoid-Hinterachse»[52] sowie mit einer «lenkge-nauen, selbstzentrierten Zahnstangensteuerung»[53] ge-worben. Je unverständlicher die Ausdrücke den Laien sind, desto eher scheinen sie eine Aura von Fortschritt und Perfektion zu erzeugen – in den fortschrittsgläubi-gen 1950er-Jahren wohl noch mehr denn heute.

Indessen hat die Werbung im untersuchten Zeitraum offensichtlich keine grundlegenden techni-schen Neuerungen zu bieten: Das «synchronisierte 4-Gang-Getriebe» scheint von 1948 bis 1965 Standard zu sein. Bei den angepriesenen Varianten wie «4-Gang-Synchromesh-Getriebe»[54], «neues vollsynchronisiertes Vier-Gang-Leichtschalt-Getriebe»[55] oder «sperrsynchro-nisiertes 4-Gang-Getriebe»[56] handelt es sich laut einem Fachmann nur um minimale Unterschiede. Ebenso wenig entscheidend sei es, ob das synchronisierte 4-Gang-Getriebe «mit Stockschaltung»[57], «mit Steuer-radschaltung»[58], «mit kurzem Mittelschalthebel» *(vgl. Abb. 13)* ausgestattet oder mit dem Zusatz «System Porsche»[59] angepriesen wird.

Welche Bedeutung die Werbung auch aller-feinsten technischen Unterschieden zumisst, zeigt sich in der Rootes-Werbung von 1957: «Beachten Sie das kaum hörbare Einschnappen der Türen, es gibt Ihnen einen Begriff des erstklassigen ‹Finish› und der äusserst soliden Konstruktion dieses Wagens.»[60] Mit der Ver-größerung des Angebots an Marken und Modellen ver-feinern sich also deren Differenzen. Die Käufer müssen sich für ein Auto entscheiden, das sich von anderen in der technischen Ausrüstung, der Innenausstattung sowie in Form und Farbe nur minim unterscheidet. Je spitzfindiger diese Unterschiede allerdings sind, desto zentraler werden sie.

spricht von «sprichwörtlicher Gediegenheit der Innen-ausstattung»[46] oder von «Komfort»[47], ohne diesen ge-nauer zu benennen. Hinweise auf die Heizung oder auf die Möglichkeit zum Einbau eines Radios bleiben die einzigen konkreten Angaben. Das ändert sich Mitte der 1950er-Jahre, als akribische Beschreibungen luxuriöser Innenausstattungen zum beliebten Werbethema wer-den. Kein Detail scheint zu klein, um in die Liste der Raffinessen aufgenommen zu werden: von den «Fensterrahmen aus Nussbaum»[48] über die «Fernther-mometer»[49] und die «Aschenbecher auf durchdachter Höhe» *(Abb. 8)* bis zum «ebenen Wagenboden», über-zogen mit «weichem Velourteppich».[50] Solche Kleinigkeiten dienen dazu, zwischen Marken und Modellen Unterschiede zu setzen. Schließlich messen sich die Autos hier im Grad an Luxus, und dieser äußert sich gerade im kleinsten Detail.

«Hypoid-Hinterachse» und «Synchromesh-Getriebe»

Auch Angaben zur Technik sind in der Werbung auffal-lend wichtig. Sie sind allerdings für Laien weitgehend

Das Angebot automobiler Lebensstile

Die Werbung belässt es nicht dabei, «feine Unterschiede» zu betonen: Sie ordnet ihnen ein spezifisches Publikum zu. Das heißt, sie inszeniert das Auto als Distinktionsmittel, und der Kunde kauft mit dem Wagen einen bestimmten *Lebensstil*. Diese Zuweisungen zwischen Produkt und Lebensstil sind die Koordinaten, die der Wahl des Käufers ihren Sinn verleihen. Sie werden zwischen 1948 und 1965 zusehends deutlicher und rücken immer stärker ins Zentrum der Werbeaussage – das Auto gewinnt an distinktiver Bedeutung.

Zum Beispiel in der Fiat-Werbung 1952 *(Abb. 9)*. Im ersten Bild zeigt sie einen Mann mittleren Alters, der das Auto für seine Arbeit braucht. Der Kleidung und seiner Tätigkeit nach handelt es sich um jemanden, der Karriere gemacht hat: Immerhin arbeitet er selbständig, trägt einen Anzug und besitzt ein Auto – und dies in einer Zeit, als der Besitz eines Autos auch als berufliches Hilfsmittel noch nicht selbstverständlich ist.[61] Im zweiten Bild erscheint der Fahrer in Begleitung dreier lächender junger Frauen. Laut Text befinden sich die vier auf «Vergnügungsfahrt». Über die Berufs- und Freizeittätigkeit hinaus gibt die Werbung Aufschluss über die finanzielle Situation des potenziellen Kunden. Die Anmerkung «auf Wunsch mit Ratenbezahlung» sowie der relativ günstige Preis von 6'500 Franken lassen erahnen, dass der Fahrer nicht über sehr viel Mittel zu verfügen braucht. Indem die Werbung das Auto zum Zeichen eines Lebensstils macht, ist sie eines der ersten Beispiele im untersuchten Zeitraum, die ein konkretes Distinktionsversprechen an den Kauf eines Autos binden.

9
Als Zeichen eines Lebensstils wird das Auto immer wichtiger. Fiat, 1952.

Serie MGA

Bereiten Sie sich selbst eine Freude und machen Sie eine Probefahrt!

10
Die Sportlichkeit des Fahrers ist die Sportlichkeit seines Wagens. MG, 1956.

Seit den späten 1950er-Jahren wird in der Werbung der «Tages-Anzeiger»-Salonbeilage außerdem deutlich, dass sich die Verbindung von Lebensstil und ökonomischer Lage des Käufers abschwächt (siehe oben). Hiermit wird es wichtiger, dass die Verknüpfungen des Lebensstils und der feinen Unterschiede am Auto geläufig sind. Schließlich müssen die potenziellen Kunden wissen, welches Auto ihren Lebensstil verkörpert, und sie müssen wissen, dass auch die anderen ihre Wahl in diesem Sinn erkennen. Eine erste Gewähr dafür leistet die Werbung selbst: Sie gibt die «Koordinaten» für die Zuordnung zwischen Produkt und Lebensstil öffentlich bekannt. Zweitens stellt das Konzept der Marken und Modelle klar umrissene Projektionsflächen für die Lebensstile bereit. Die Werbung der späten 1950er-Jahre verkauft indessen nicht mehr nur einen einzigen automobilen Lebensstil, sondern verschiedene Varianten. Aus den Beispielen lassen sich drei Grundtypen lesen: ein *sportlich-individueller*, ein *familiär-praktischer* und ein *ästhetisch-gehobener*.

Sportlich-individuell

Als Attribut erscheint «Sportlichkeit» bereits in den frühen 1950er-Jahren. Simca beispielsweise wirbt 1951 mit den Siegen in «sportlichen Wettbewerben».[62] Den Bezug zwischen der «Sportlichkeit» des Autos und dem sportlichen Lebensstil seines Besitzers macht die Autowerbung jedoch erst einige Jahre später explizit. So in der MG-Werbung von 1956 *(Abb. 10)*: «Machen Sie den MG-Sport zu Ihrem Steckenpferd», fordert sie und verspricht ein «prickelndes Gefühl des sportlichen Fahrens».

In sportlichen Wagen sitzen ohne Ausnahme Männer am Steuer. Für sie ist die technische Vollkommenheit ihrer Wagen wichtig, denn sie lässt sie «die Freude am Fahren»[63] genießen. Und zwar meist alleine, denn Fahrer eines «sportlichen Coupés» sind «Individualisten».[64] Wenn sie allerdings in Begleitung sind, dann ausnahmslos von einer Frau auf dem Beifahrerinnensitz. Dodge macht 1962 das Interesse an technischer Perfektion und sportlichem Fahren zum Zeichen von Männlichkeit: «Kein richtiger Mann kann sich der Faszination der technischen Vollkommenheit entzieht. Sie schlägt ihn in den Bann.»[65]

Dass sich der «richtige Mann» mit Sport und Technik identifizieren lässt, ist eine zeittypische Interpretation der traditionellen Geschlechterrollen: Sie schreiben dem Mann die Merkmale «Aktivität» und «Rationalität» zu.[66] So wird begreiflich, warum das Feld des Sports – als aktive Freizeitbeschäftigung – bis in die 1960er-Jahre von Männern dominiert wird[67] und warum das rationale Verständnis für Technik als typisch männlich gilt (vgl. den Beitrag von Diego Hättenschwiler).

Familiär-praktisch

Seit Mitte der 1950er-Jahre ist in der Werbung vom «Familienwagen» die Rede. Bereits der Begriff verweist auf die Verbindung zwischen Produkt und Lebenssituation. Die Werbung für Familienwagen legt den Schwerpunkt auf praktische Eigenschaften – solche Autos sind bequem, bieten Platz für fünf, fahren ruhig und sind kostengünstig. Daneben setzt die Werbung die Familie ins Bild. Sie präsentiert den «Familienrat» beim Beschluss, ein Auto zu kaufen[68], die Familie bei der Fahrt in die Ferien[69] (Abb. 11) oder bei der gemeinsamen Pflege des Automobils.[70] Exemplarisch die Morris-Oxford-Werbung (Abb. 12): Sie zeigt die Familie – hier nur Vater und Sohn – beim Autowasch. Der Wagen steht vor der Garage. Im Hintergrund ist ein Hausteil mit Garten erkennbar. Den Slogan «Gemeinsam...» führt der Werbetext aus: «Gemeinsam tun viele Hände ein geliebtes Werk, wenn es gilt, dem schönen Morris Oxford nach staubaufwirbelnden Fahrten neuen Glanz zu verleihen. (...) Der Nachwuchs hat den bequemen Rücksitz für sich in Beschlag genommen. Dem Mami bedeuten die kindersicheren Türschlösser fast mehr als die repräsentative Eleganz des Wagens. Vater wiederum macht sich am meisten aus der bemerkenswerten Leistungsfähigkeit des Oxford. Achtung, fertig... los! Sind Kinder und Wagen schliesslich trocken, wird sich eine glückliche Familie mehr auf erholsame Fahrt begeben.»

Der Text macht deutlich, dass das Auto die Familie vereint – und wie Mann und Frau sich eine Familie vorzustellen hat. Mit wenigen Ausnahmen zeigt die Autowerbung die Familie immer vierköpfig: Vater, Mutter, Sohn und Tochter. Und während sich «das Mami» um die

Kinder sorgt, interessiert sich der Vater für die automobile Technik und nimmt als Einziger das Steuer in die Hand. In der Werbung wird der Familienwagen zum Symbol dessen, was in den 1950er- und 1960er-Jahren Ziel jedes erwachsenen Menschen sein musste: das Leben in einer glücklichen Kleinfamilie, in der die Frau für die Reproduktion der Arbeitskraft und das Gedeihen der Kinder zuständig war.[71]

Ästhetisch-gehoben

Ästhetische Aspekte gewinnen zwischen 1948 und 1965 an Bedeutung. Werbung, die sich vor allem dem Äußeren des Wagens widmet, entspricht einem Lebensstiltyp, bei dem die Form wichtiger ist als die Funktion. Nach Bourdieu ist das Vermögen, beliebige Objekte zu ästhetisieren, ein wichtiges Distinktionsmerkmal; es verweist auf einen bestimmten Typ von Geschmack, der nicht aus «Not und Zwang geboren» ist, sondern aus der «Distanz zur Notwendigkeit»[72] – dieser Geschmack entspricht denen, die sich frei von Geldfragen entscheiden können. In der Werbung wird die Ästhetik denn auch immer wieder mit «Repräsentation» in Verbindung gebracht. Dabei unterstreicht sie zwar, dass Ästhetik hohen Rang bezeugt, erklärt aber gleichzeitig, dass sich dieser auch günstig erwerben lässt. Denn gerade auch günstige Modelle, wie der Isar[73] oder der VW-Käfer[74], setzen auf ihre ästhetischen Qualitäten und bringen diese mit repräsentativem Charakter in Verbindung. So löst die Werbung den ästhetisch-gehobenen Lebensstil von den ökonomischen Verhältnissen der Kundschaft: Er lässt sich kaufen wie jeder andere auch.

Die bevorzugte Lösung

Das Angebot an Lebensstilen in der Werbung ist nicht auf diese drei reinen Grundtypen beschränkt. Das Auto kann sowohl einen repräsentativen wie auch einen familiär-praktischen Lebensstil symbolisieren, Sportlichkeit und ästhetischen Sinn verraten, ein idealer Familienwagen sein und doch überall in seiner Formvollendetheit bewundert werden. Die Werbung

zwischen 1948 und 1965 präferiert eine bestimmte Kombination: jene des sportlich-individuellen und des familiär-praktischen Lebensstils. Die Werbung für den Ford Cortina GT *(Abb. 13)* zum Beispiel skizziert den Wagen mit seinen Insassen, einem Mann, einer Frau und einem kleinen Kind. Der Cortina steht inmitten von Rennfahrern, die mit ihren Wagen beschäftigt sind. Trotzdem steht weder die Familie noch der Cortina auf verlorenem Posten. Der Rennfahrer, der sich mit dem Cortina-Lenker unterhält und dem sich auch Frau und Kind zuwenden, schlägt die Brücke zwischen Rennsport und Familienglück. Weder auf die Familie noch auf den Sport verzichten zu müssen: Diese Möglichkeit verdeutlicht der Text. «Ein schnittiges Profil – und trotzdem Platz für Fünf. Aggressiv im Anriss (...) – aber zahm im Verbrauch (...) Sportliche Stockschaltung – und doch vier vollsynchronisierte Gänge.»

Hier lässt die Werbung zusammenkommen, was sich nur schwer gleichzeitig realisieren lässt. Denn das Bedürfnis des Mannes, sich nach der Arbeit in indivi-

duell gestalteter Freizeit zu verwirklichen, widerspricht der zeitgenössischen Forderung, «die Freizeit innerhalb der Familie zu verbringen»[75], und drängt die Familie als «erste und wertvollste Gemeinschaft»[76] an den Rand. Indem die Cortina-Werbung die Familie in den «sportlichen Flitzer» setzt, symbolisiert sie die Möglichkeit, beide Lebensstile zu vereinen.

Der Platz der Frau

Die Lebensstilvarianten im untersuchten Zeitraum haben eine Gemeinsamkeit – sie sprechen Männer an. Männer werden viel häufiger abgebildet, und der Mann ist es, der als Kunde angesprochen wird. «Sie sitzen ans Steuer», heißt es bei Rambler. «Ihre Frau freut sich. Ihre Kinder jubeln (...)»[77] Lassen sich zwischen 1948 und 1965 dennoch Zuschreibungen zwischen Frauen und Autos erkennen, obwohl diese nie als Käuferinnen und nur selten als Fahrerinnen angesprochen werden?

Bis Mitte der 1950er-Jahre erscheint die Frau vorwiegend als Begleiterin eines Mannes. Während er am Steuer sitzt, nimmt die Frau – oder gleich drei Frauen wie in der Fiat-Werbung von 1952 *(vgl. Abb. 9)* – auf dem Beifahrerinnensitz Platz oder auf der Hinterbank. Die Messerschmitt-Werbung von 1956 *(Abb. 14)* ist eines der ganz raren Beispiele zwischen 1948 und 1965, welche die Frau hinter dem Steuer zeigen (vgl. auch den Beitrag von Monika Baumann). Beim Messerschmitt handelt es sich allerdings nicht um ein «richtiges» Auto, sondern um einen Kabinenroller – um ein typisches «Frauenauto», das man seiner Kleinheit wegen nicht zu fahren scheint. Der Mann fehlt aber auch in diesem Beispiel nicht: Er sitzt hinten und lächelt wohlwollend.

Später zeigt die Werbung die Frau hauptsächlich in der Mutterrolle. Sie hat auf dem Beifahrersitz Platz genommen oder steht neben dem Auto und wendet sich ihren Kindern zu. Niemals ist sie mit diesen allein, immer erscheint sie in Begleitung eines Mannes. Erst das Aufkommen des Zweitwagens lässt die Frau auch hinter das Steuer «richtiger Autos» sitzen, nicht aber um ins Reich neuer Lebensstilvarianten zu fahren: Die einzige Rolle, welche die Werbung für Frauen bereithält, ist ihr traditionelles Dasein als Hausfrau, Mutter und Ehefrau.[78]

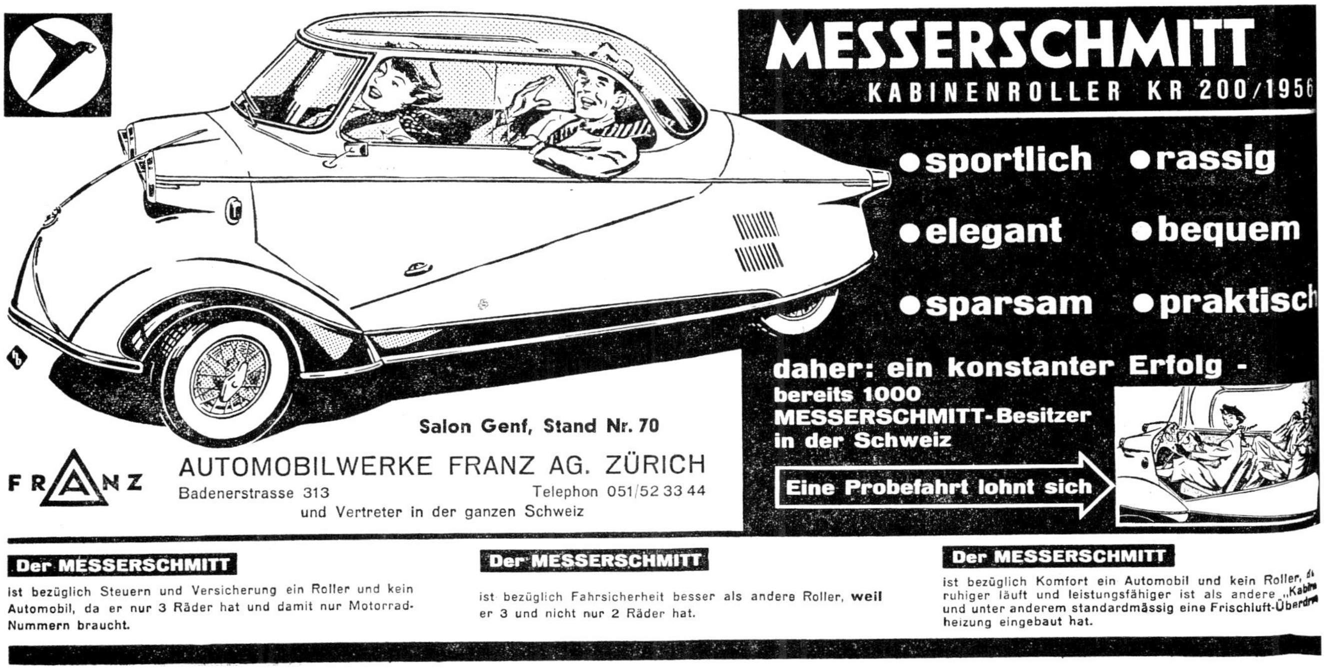

Daneben zeigt die Werbung Frauen, für die sich keine eigentliche solche «Rolle» ausmachen lässt – und dabei handelt es sich um die Mehrheit der Werbebeispiele, in denen eine Frau im Zentrum steht. Hier ist sie weder Gattin noch Mutter, sondern reines Objekt. Dabei dient das Produkt nicht der gesellschaftlichen Verortung einer Person, sondern die weibliche Person dient umgekehrt der Verortung des Produkts. Das zeigt sich etwa in der Werbung für den Opel Kapitän *(Abb. 15)*. Der Text verdeutlicht, dass hier die Frau nicht als Besitzerin, Fahrerin oder Kundin ins Bild kommt, sondern als konsumierbares Objekt, dem Wagen vergleichbar: «Sieht doch hübsch aus! Der Wagen? Der Wagen auch. Sieht doch attraktiv aus. Der Wagen? Natürlich der Wagen. Der Kapitän. Der erfolgreiche Kapitän. Kein Opel Kapitän vor ihm hatte solchen Erfolg. Wie sich das erklärt? Das ist schwer zu beschreiben. Aber leicht zu erproben. Auf einer Probefahrt. Wann Sie wollen. Beim nächsten Opel Vertreter. Herzlich willkommen! Der vielbegehrte Opel

Kapitän.» Die Anzeige spielt mit der Übertragung der «weiblichen» Merkmale «hübsch» und «attraktiv» auf den Opel Kapitän.[79] Daneben gibt sie zu verstehen, dass der Kauf eines Autos zugleich den «Erwerb» einer Frau garantiere. Der Erfolg des Kapitäns bezieht sich in erster Linie auf das Begehrtsein bei Frauen. Dieses, so die Werbung, könne mann bei einer Probefahrt erfahren.

Fazit: Lebensstile, Leitbilder und die Autowerbung

Auch wenn die Frauen nur am Rand an der Distinktionsfunktion des Automobils teilhaben – es gilt die Relevanz dieser Funktion vor Augen zu halten. Der Ausbau des Autos zum Vehikel von tausend feinen Unterscheidungen, sein Bedeutungsgewinn als Mittel zur Distinktion und als Indikator des Lebensstils fällt nicht nur in eine Zeit, in der allenthalben von einer ausgleichenden «Demokratisierung» des Autos gesprochen wird – sondern auch in eine Zeit, in welcher der Lebensstil als gesellschaftliche Orientierungshilfe zunehmend wichtig wird (vgl. die Beiträge von Albert

Tanner und Simon Eggimann). Soziologen sprechen von der Auflösung der traditionellen Klassengesellschaft, die auf den Kriterien Bildung, Beruf und Einkommen basiert. Dabei rückt der Lebensstil als soziale Integrationsform ins Blickfeld.[80] Es sind feine Differenzen im Lebensentwurf, die schließlich zur Verortung in der Gesellschaft dienen. Als Distinktionsmittel übernimmt unter anderem das Automobil die gesellschaftlich wichtige Funktion, diese Unterschiede in der Öffentlichkeit sichtbar zu machen. Die Werbung ist ein Ort, wo die Distinktion am Auto formuliert und festgemacht wird.

Werbung ist schließlich – nach einer Überlegung von Roland Barthes – Teil jenes gesellschaftlichen Kommunikationsvorgangs, in dem ein käufliches Objekt mit Vorstellungen ausgestattet wird, die über dessen Funktion als Gebrauchsgegenstand hinausgehen.[81] Diese Vorstellungen lassen sich als Leitbilder definieren.[82] Dabei kann Werbung ihr Publikum – potenzielle Kunden und Auftraggeber – in diesem Kommunikationsvorgang nur dann ansprechen, wenn sie deren

Leitbilder möglichst trifft.[83] Das heißt: Was sich aus der Autowerbung zwischen 1948 und 1965 lesen lässt, was die Werbung über den Umgang mit dem Automobil erzählt, über das Bild, das man sich vom Auto macht, über die Gründe, derentwegen man Auto fährt, über die Werte, die beim Kauf entscheiden sollen – all das vermag Aufschluss zu geben über geläufige Ideale und Wunschvorstellungen jener Zeit.

*15
«Hübsch» und
«attraktiv»: Wenn
die Frau mit dem
Konsumobjekt
vergleichbar wird.
Opel, 1960.*

124
125

Das Auto dem Volk

Ein besseres Leben in schönen neuen Welten?

Sozialer und kultureller Wandel in der Schweiz in der zweiten Hälfte des 20. Jahrhunderts[1]

**Albert Tanner,
Rob Gnant (Fotografien)**

Das wirtschaftliche Wachstum und der steigende Wohlstand, der Ausbau des Sozialstaates und die Bildungsexpansion – all das hat in den letzten fünfzig Jahren die Lebenslage, den Lebensstandard und die Lebenschancen der Menschen nachhaltig verändert, in der Schweiz wie überall in Europa. Den Männern und Frauen, den Jugendlichen und Kindern eröffneten sich neue Entscheidungs- und Handlungsspielräume. Herkömmliche Verhaltensmuster, Werte und Leitbilder verloren ihre Deutungs- und Orientierungskraft. Neue Einstellungen, Vorbilder und Lebensstile[2] prägten zunehmend den Alltag und die Lebensgestaltung weiter Teile der Bevölkerung. Soziale und kulturelle Selbstverständlichkeiten änderten sich. Vor allem im Bereich des Konsums und der Freizeit wurde vieles für viele erschwinglich, woran man früher noch nicht einmal zu denken wagte.[3] Für immer mehr Menschen gewannen auf der subjektiven Ebene persönliche Freiheit und Autonomie an Bedeutung, die sie auf die verschiedenste Art und Weise zu nutzen wussten.

Zuwachs an Optionen und Lebenschancen, Anspruch auf Selbstverwirklichung, Pluralisierung und Individualisierung der Lebensformen und der Lebensgestaltung: Dies charakterisiert den Durchbruch der Konsumgesellschaft auch in der Schweiz. Haben die Menschen damit die freie Wahl bekommen, ihr Leben so zu führen, wie sie es wollen? Sind mit der so genannten «Demokratisierung des Konsums» neben den

Waren auch die Daseinsformen frei verfügbar und beliebig geworden? Alles Lifestyle, alles nur noch eine Frage der richtigen Marke? Man könnte es meinen, wenn man gewissen euphorischen Zeitdiagnosen und modischen Reden gerade über die Bedeutung der heutigen Werbung glaubt – aber auch manchen wissenschaftlichen Analysen, denen nur die Momente des Wandels ins Auge fallen, nicht aber die Kräfte des Beharrens. Hier soll gezeigt werden, wie sich in der Schweiz der letzten fünfzig Jahre die materiellen Möglichkeiten, die Werthaltungen und die Vorstellungen vom besseren Leben, insbesondere auch die Einstellungen gegenüber dem Konsum, verändert haben. Dabei wird auch klar, inwiefern diese Entwicklung nach wie vor geprägt ist von einer ungleichen Verteilung von Chancen und Optionen.

Aufbruch in die Konsumgesellschaft: Mehr Geld, Zeit, Sicherheit

Die «goldenen Jahre» von 1949 bis 1974 mit ihren enormen wirtschaftlichen Wachstumsraten und die «wilden Achtzigerjahre» mit ihrer Konsumeuphorie verwandelten die Schweiz in eine Wohlfahrts- und Konsumgesellschaft. In dieser Zeit verdoppelten sich die durchschnittlichen Reallöhne, und das erlaubte es den meisten Schweizerinnen und Schweizern, ihren Lebens-

1
Ein Arzt auf Hausbesuch im Lötschental um 1959: Kargheit prägte noch in den 1950er-Jahren das Leben vieler – nicht nur auf dem Lande.

und Konsumspielraum auszuweiten. Vor allem ab den 1960er-Jahren erhielten auch die Angehörigen der breiten unteren Schichten die Möglichkeit, ihren Lebensstandard zu erhöhen sowie neue Bedürfnisse und Ansprüche zu entwickeln. Wohlfahrtsstaatliche Maßnahmen zur sozialen Sicherung gegen Alter, Invalidität, Arbeitslosigkeit, Unfall und Krankheit trugen ebenfalls dazu bei, dass Dürftigkeit, hohe wirtschaftliche und soziale Unsicherheit den Lebensalltag der großen Mehrheit der Bevölkerung nicht länger bestimmten. Mit der Einführung der AHV um 1947 und ihrem Ausbau ab Mitte der 1960er-Jahre war selbst das Altwerden nicht mehr wie früher mit einem hohen Armutsrisiko verbunden. Den Wandel der Lebensführung und der Lebensgestaltung begünstigte im Weiteren die Verfügung über mehr Zeit. Diese kam durch die Reduktion der wöchentlichen Arbeitszeit mit der 5-Tage-Woche sowie durch die Einführung und Verlängerung der Ferien zustande.

Mehr Geld also, mehr Zeit, mehr Sicherheit: Das waren in der Schweiz wie überall in den westlichen Arbeits- und Industriegesellschaften die wichtigsten Voraussetzungen für den Aufbruch in die Konsumgesellschaft. Immer stärker entfaltete der Konsum eine eigene Wertigkeit und Dynamik, wobei er als wichtiger kultureller Faktor die herkömmlichen sozialen Strukturen und Beziehungen, die Mentalitäten und Werthaltungen unterminierte und umdeutete.[4] Zwar kam der Durchbruch in die moderne Konsumgesellschaft in der Schweiz später als in den USA, doch aufgrund der günstigen wirtschaftlichen Ausgangslage um 1945 früher als in den meisten anderen westeuropäischen Ländern.[5]

Wie stark der große Zuwachs der Kaufkraft Lebenshaltung und Lebensführung veränderte, lässt sich an der Analyse der Haushaltsbudgets der Arbeiter- und Angestelltenfamilien nachvollziehen. Über alle sozialen Kategorien hinweg kam es generell zu einer Verlagerung der Ausgaben auf Verkehr, Reisen, Bildung und Erholung, daneben auf Versicherung und Steuern. Relativ stabil blieben anteilmäßig die Kosten für das Wohnen. Im Wandel der Lebenshaltung, der Bedürfnisse und ihrer Befriedigung in den breiten Bevölkerungsschichten spielte weitgehend das so genannte

«Engelsche Gesetz»: Wo das verfügbare Realeinkommen wuchs, da nahm zunächst der Anteil der Güter des Grundbedarfs ab (Nahrungs- und Genussmittel, Hausrat, Kleider, Schuhe), während die Anteile der Güter des gehobeneren Bedarfs (Wohnqualität, Auto, Freizeit, Bildung, Dienstleistungen) sowie die Ausgaben für die soziale Vorsorge anstiegen. Gleichzeitig erhöhten sich die Qualitätsanforderungen sowie das Bedürfnis der Konsumenten nach individualisierten Produkten und Dienstleistungen, nicht zuletzt deshalb, weil man sich über den Konsum von anderen distanzieren und dem gewonnenen Selbstbewusstsein Ausdruck geben wollte. Fazit der Entwicklung der Haushaltsausgaben in der Schweiz nach 1950: Mit steigendem Einkommen wurden zunächst mehr herkömmliche und dann verstärkt andere Güter nachgefragt, vermehrt aber auch neue individuelle wie soziale und kulturelle Bedürfnisse befriedigt.

Die größere Bedeutung der gehobenen Bedürfnisse für breite Bevölkerungskreise schlug sich zunächst vor allem im Kauf langlebiger oder dauerhafter Konsumgüter nieder, zudem in der größeren räumlichen Mobilität bzw. der allgemein wachsenden inner- und außerhäuslichen (kommerziellen) Freizeitkultur. Freizeitaktivitäten, Reisen und Ferien sowie der Konsum von Dienstleistungen und symbolisch wichtigen kulturellen Gütern wie Fernseher und Auto nahmen besonders von 1958 bis 1974 erstmals stark zu. Dieser höhere Freizeitnutzen, zeitgenössisch als das «konsumtive Glück» bezeichnet, wurde in manchen sozialen Milieus ergänzt durch das «produktive Glück» in den so genannten Do-it-yourself-Beschäftigungen. Ein neuer

Angleichung des Lebensstandards: WC, Bad oder Dusche — ab den 1960er-Jahren immer weniger ein Luxus und schon bald die Norm.

Verbürgerlichung der Arbeiterschaft und Nivellierung der Gesellschaft

Zwischen 1955 und 1975 verdoppelten sich die Reallöhne der Arbeiter und Arbeiterinnen. Der wachsende Wohlstand bewirkte eine kollektive Verbesserung der Lebenschancen der einheimischen Arbeiterschaft. Verstärkt wurde dieser «Fahrstuhleffekt», wie Ulrich Beck den kollektiven sozialen Aufstieg breiter Bevölkerungsschichten bezeichnet, in der Schweiz durch die hohe Zuwanderung ausländischer Arbeitskräfte. Gleichzeitig fand eine gewisse Nivellierung zwischen Arbeiterschaft und Angestellten statt – gefördert durch eine Angleichung der Arbeiter- und Arbeiterinnenlöhne an jene der Angestellten, aber auch durch Veränderungen in der industriellen Arbeitswelt sowie die Ausweitung des Dienstleistungssektors. Ein großer Teil insbesondere der Familien von gelernten Arbeitern erlangte in jenen «goldenen Jahren» die Möglichkeit, ihren Lebensstandard und ihren Lebensstil an mittelständisch-bürgerliche Verbrauchsmuster, Normen und Vorbilder anzugleichen. Dank diesen materiellen Verbesserungen und dem gleichzeitigen Ausbau der sozialen Vorsorge verlor die Angst vor dem sozialen Abstieg ins Proletariat zunehmend ihre Bedrohlichkeit; nicht nur für die Arbeiterschaft, sondern ganz besonders auch für die «kleinen» Angestellten und Selbständigen und ihre Familien.

Wie die Haushaltsbudgets zeigen, kam es zu einer recht starken gesellschaftsübergreifenden Angleichung der Konsum- und Lebensstandards: so zum Beispiel in den Wohnverhältnissen, wo Warmwasser, Bad oder Dusche, Zentralheizung zur fast allgemein üblichen Infrastruktur wurden – zunächst im städtischen Umfeld, dann auch auf dem Lande. Nivellierungstendenzen lassen sich ebenfalls bei der Ernährung und der Kleidung feststellen oder bei der Grundausstattung der Haushalte mit dauerhaften Konsumgütern (Haushaltsgeräte, Fernseher, Fotoapparat, Auto usw.). Auch bei der Freizeit gab es seit den 1970er-Jahren eine gewisse Angleichung der Standards, zumindest in dem Sinne, dass beispielsweise Ferien und Reisen – noch in der Zwischenkriegszeit ein bürgerliches Privileg – nun auch im Arbeitermilieu zu einem festen Bestandteil des

starker Schub in Richtung des «konsumtiven Glücks» erfolgte in den «kauf- und raffgierigen Achtzigerjahren»: damals, als «Verkaufen und ‹Noch-Mehr-Verkaufen› überhaupt kein Problem war» und «New Marketing» selbst das Beschaffen von Lebensmitteln zu einem Einkaufserlebnis hochstilisierte.[6] Die 1980er-Jahre waren aber auch die Zeit, wo die tendenziell konsumkritische Ökowelle verebbte und zum Teil parallel mit der «Konsumfreude» andere hedonistische Werthaltungen für die Menschen an Orientierungskraft gewannen – wie «mehr Abwechslung und Abenteuer», «das Leben bewusst genießen», «mehr freie Zeit für sich selbst» sowie «sich einen gewissen Wohlstand leisten».[7] Diese Einstellungen behielten in der lang anhaltenden wirtschaftlichen Strukturkrise der Neunzigerjahre ihre hohe Wertschätzung. Gleichzeitig nahm jedoch wieder der Wunsch nach «sozialer Sicherheit» stark zu – ein Wert, der in den Achtzigern im Zeichen eines neuen konjunkturellen Aufschwungs an Bedeutung verloren hatte.

Lebensstils wurden. Diese Angleichung der Lebenshaltung und des Lebensstils an (klein-)bürgerliche Standards bzw. dieser Übergang zu einer «materiell demokratischen Lebensweise»[8] erfolgte, wie frühe soziologische Studien über Arbeit und Freizeit in der Arbeiterschaft von Zürich und St. Gallen bzw. von Aargauer Beamten um 1960 zeigen, am frühesten und stärksten in der Arbeiterschaft der Wirtschaftszentren und der Agglomerationen, aber auch hier noch nicht, wie vielfach angenommen wird, schon in den Fünfzigerjahren, sondern auf breiter Ebene meist erst in den Sechzigern. So verfügten laut einer Studie über den Lebensstandard der Metall- und Uhrenarbeiterfamilien selbst diese relativ gut gestellten Haushalte noch um 1957/58 über ein Einkommen, das sie zwar im Allgemeinen vom Druck unmittelbarer Not bewahrte und ihnen einen gewissen Wohlstand, ja eine gewisse Bewegungsfreiheit erlaubte. Für größere Ersparnisse und einen gehobeneren Lebensstandard gab es allerdings noch wenig Spielraum.[9]

Erst in den 1960er-Jahren hatte das weiter ansteigende Realeinkommen in weiteren Kreisen der Arbeiterschaft die «Entscheidungsfreiheit des Verbrauchers» so stark vergrößert, dass nun auch in soziologischen Zeitdiagnosen von einer Wohlstandsgesellschaft gesprochen wurde. Markus Imobersteg verstand darunter «eine Gesellschaft, deren Mitglieder zum größten Teil einen beachtlichen, wenn auch nicht unbedingt luxuriösen Lebensstandard erreicht haben, also mit allen Gütern des lebensnotwendigen Bedarfes wohl versorgt sind und dabei noch mancherlei Annehmlichkeiten genießen können, wie sie sich namentlich aus dem Konsum hochwertiger Gebrauchsgüter ergeben».[10] Mit dieser materiellen Verbesserung verlor die Deckung der so genannten «unmittelbaren Bedürfnisse» ihre einstige Bedeutung, und die öffentliche Diskussion um kulturelle Orientierungen drehte sich seit Ende der 1960er-Jahre schon bald weniger um die Höhe des «Lebensstandards» als um Fragen der «Lebensqualität». Damit rückten mehr und mehr Kriterien der subjektiven Wohlfahrt durch die Versorgung mit Dienstleistungen und öffentlichen Gütern sowie die individuellen Chancen der Wahlfreiheit und Lebensgestaltung in den Vordergrund.

Besonders wichtig für die Verbürgerlichung der Arbeiterschaft und ihren kollektiven «Eintritt in die Wohlstandsgesellschaft» war, dass mit dem Reallohnzuwachs die Arbeiterlöhne weitgehend und erstmals wirklich Familienlöhne wurden. Dies ermöglichte es Arbeiterehepaaren nun in höherem Maße als bisher, den bürgerlichen Vorstellungen der geschlechtsspezifischen Rollenverteilung in Familie und Haushalt nachzukommen, das heißt das bürgerliche Modell des männlichen Alleinernährers zu erfüllen und sich damit voll in die bürgerliche Gesellschaft zu integrieren. Nicht-Erwerbstätigkeit der Frau war gerade in den unteren Schichten eine soziale Norm. In der repräsentativen soziologischen Befragung zum Projekt «Un jour en Suisse» für die Expo 64 lehnten 1962 noch über die Hälfte der Befragten (54 Prozent) eine weibliche Erwerbstätigkeit ab.[11] Selbst zehn Jahre später wurde an dieser Norm festgehalten, nicht im städtischen Milieu, aber in kleinstädtischen und ländlich-dörflichen Regionen.

Besonders die verheirateten Männer lehnten die Erwerbstätigkeit verheirateter Frauen zu einem guten Teil aus Prestigegründen ab, besonders wenn sie in

4
Fenster in die weite Welt: Junges Ehepaar um 1971 vor dem neuen Hausaltar, auf dem Fernsehbild eine Ansagerin des Deutschen Fernsehens.

*5
Italienische Gast-
arbeiter um 1961:
Ihr Zuzug verstärkte
den kollektiven
sozialen Aufstieg der
Schweizer
Arbeiterschaft.*

*6
Bankangestellte in
einem Weiterbildungs-
kurs um 1968 – die
Schweiz auf dem Weg
in die Dienstleistungs-
gesellschaft.*

Zusammenhang mit der «Erhalter- oder Ernährerfunktion» des Mannes genannt wurde. Am stärksten war die Ablehnung in den untersten Einkommensklassen, und zwar bei verheirateten Männern und Frauen.[12] Es ist deshalb wenig erstaunlich, dass das Alleinernährermodell in Schweizer Gewerkschaftskreisen, so etwa im Smuv, bis in die Achtzigerjahre als Leitbild aufrecht erhalten wurde und die Lohnpolitik bestimmte.[13] Mit dem Ziel, einen «angemessenen» Lebensstandard zu erreichen, nahmen laut der Zürcher Mütterbefragung ab den Fünfzigerjahren trotz des bürgerlichen Familienideals und des Alleinernährermodells vermehrt Ehefrauen in «finanziell gesicherten Verhältnissen» nach der Geburt der Kinder wieder eine Erwerbstätigkeit auf – allerdings in viel bescheidenerem Umfang als in den meisten anderen europäischen Ländern und oft damit legitimiert, dass so eher ein «standesgemäßer Lebensstandard» für die Familie erreicht werden könne.[14]

Diese «Fahrstuhleffekte» verstärkten die «Entproletarisierung» oder besser die «Verbürgerlichung»

der Schweizer Arbeiterinnen und Arbeiter und beschleunigten in den 1950/60er-Jahren den Zerfall der spezifischen Arbeiterkultur, wie sie sich nach 1900 wenigstens in einigen industriellen Zentren zu entwickeln vermocht hatte.[15] Der Arbeiterschaft wie den Angestellten und ihren Familien brachten diese Tendenzen mehr Selbstrespekt und mehr soziale Wertschätzung. Die materiellen Verbesserungen und die höhere soziale Sicherheit, verbunden mit einer gewissen Homogenisierung der Lebenshaltung oder «Demokratisierung des Konsums», wurden von vielen nicht in erster Linie als kollektiver Aufstieg gesehen und damit nicht als Resultat einer gesamtgesellschaftlichen Entwicklung, sondern in Übernahme bürgerlicher Leitbilder oft als individuelle Leistung erfahren und gedeutet. Diese Einschätzung stützte den Glauben an die Offenheit der schweizerischen Gesellschaft und verstärkte die Identifikation mit der bestehenden wirtschaftlichen und sozialen Ordnung. Dies äußerte sich unter anderem in der Selbstzurechnung der Arbeiter und Arbeiterinnen sowie der unteren Angestellten zur Mittelschicht sowie darin, dass die Schweizer Gesellschaft als eine homogene Mittelstandsgesellschaft gedeutet wurde oder dass solche Deutungen zumindest ohne Widerspruch über- oder hingenommen wurden. So verorteten sich 1962 61 Prozent der Arbeiterinnen und Arbeiter im Mittelstand beziehungsweise in den Classes moyennes, nur 36 Prozent zählten sich zur Arbeiterklasse.[16]

Diese starke Tendenz unter den Arbeitern und Arbeiterinnen sowie den einfachen Angestellten, sich aufgrund der «Demokratisierung des Wohlstands» der Mittelschicht zugehörig zu fühlen, hat sich weitgehend erhalten. Auch die Krise der 1990er-Jahre hat daran wenig geändert, trotz oder gerade wegen des drohenden sozialen Abstiegs. Dies zeigt die Auswertung der Trenderhebungen von Demoscope deutlich. Im Mittel der Jahre 1974–1998 zählten sich 56 Prozent der gelernten Arbeiter und Arbeiterinnen zur Mittelschicht, 33 Prozent zur Unterschicht und 11 Prozent gar zu einer höheren Schicht. Selbst von den un- und angelernten Erwerbstätigen sahen sich 38 Prozent in der Mittelschicht, 55 Prozent in der Unterschicht. Bei den einfachen Angestellten ordneten sich 53 Prozent der Mittel- und 34 Prozent der Unterschicht zu. Ein starker

«Drang in die Mitte» äußerte sich bei den Kadern und freien Berufen: 1974–1998 verorteten sich 44 Prozent in der Mittel- und 43 Prozent in der höheren Schicht. Einzig in den prosperierenden 1980er-Jahren zählten sich knapp über 50 Prozent zur höheren Schicht.[17] Dies ein Hinweis darauf, wie sehr nach 1960/70 mit der Erhöhung des Lebensstandards und der «Demo-kratisierung des Konsums» in der Schweiz das Bild einer nivellierten Mittelstandsgesellschaft an Glaubwürdigkeit gewann und die Wahrnehmung der sozialen Ordnung und der sozialen Unterschiede prägte. Seit Ende der 1950er-Jahre stellte die schweizerische Gesellschaft nicht mehr nur für bürgerliche Kreise, sondern gerade auch für breite untere Bevölkerungsschichten so etwas wie die Erfüllung der Utopie einer klassenlosen bürgerlichen Gesellschaft dar, in die (fast) alle voll integriert waren.

Kommerzialisierung der Lebenswelt und konsumistischer Lebensstil

Doch die Erhöhung des Lebensstandards, verbunden mit einer allgemeinen Kommerzialisierung der Lebens-welt, das heißt mit dem Vordringen des Marktes in immer neue Lebensbereiche und mit der wachsenden Bedeutung und Abhängigkeit von Marktbeziehungen im alltäglichen Leben, trieb nicht nur die «Ver-bürgerlichung» der Arbeiterschaft voran. Denn in den 1950er-Jahren setzte gleichzeitig in den mittleren und oberen Bevölkerungsschichten ein Prozess der «Entbürgerlichung» ein, der sich ab den 1960er-Jahren zusehends verstärkte. Bewirkt wurde er dadurch, dass gewisse Merkmale einer ehemals spezifisch bürger-lichen Lebensweise verallgemeinert bzw. auch für Angehörige der breiten Bevölkerung erreichbar wurden, dass ein mehr konsumistisch ausgerichteter Lebensstil vordrang. Damit verbunden war eine gewisse «Amerikanisierung» des Lebens. Bisherige Schlüssel-güter des Wohlstands breiteten sich auch in einkom-mensschwachen Bevölkerungsgruppen aus, was viele alte Statussymbole zu diffusen Wohlstandszeichen ver-blassen ließ. Der Distinktionseffekt einer überschauba-ren Zahl von Luxusartikeln wie etwa Fotoapparat oder Auto verflachte, das heißt, sie waren nicht mehr in der

Lage, ihre Besitzer mit jenem Lebensstil zu identifizieren, der sie vor anderen auszeichnen und von anderen unterscheiden sollte (vgl. den Beitrag von Sibylle Lichtensteiger und Daniel Di Falco). Generell verlor die traditionelle bürgerliche Lebensführung, die so genann-te Bürgerlichkeit, mit ihrer teilweisen Verallgemeinerung für die Mittel- und Oberschicht ihre bisher exklusive Distinktionskraft. So verunsicherten Wohlstand, kollek-tiver Aufstieg und Massenkonsum bürgerliche Tradi-tionen und Konventionen.

Diese Tendenzen lösten besonders in eher kon-servativen und bildungsbürgerlichen Kreisen Irritationen aus, die sich unter anderem in kultur- und konsumkriti-schen Haltungen niederschlugen – greifbar etwa in der Ablehnung der Werbung oder des Fernsehens bis weit über die 1970er-Jahre hinaus oder in einem latenten kulturellen Antiamerikanismus. Die in sich stabile, bür-gerlich geprägte Statuspyramide ließ sich unter dem Druck des Massenkonsums und der fortschreitenden Kommerzialisierung der Lebenswelt jedoch nur be-schränkt aufrecht erhalten. Die bürgerliche Lebens-führung wurde in zunehmendem Maße ein Lebens-

7
Einheimische Exoten als Fotosujets um 1970 – als Fotografieren noch ein Hobby für eher besser gestellte Männer war.

Geschäfte mit der Jugend um 1961 in Zürich – die steigende Kaufkraft machte die Jugendlichen zu Trägern der boomenden Freizeit- und Kulturindustrie.

stilmodell neben anderen. In der Schweiz konnte jedoch das bürgerliche Modell seine relative Dominanz für die Gesellschaft stärker als in anderen europäischen Ländern behaupten, allerdings mit neuen Akzentuierungen in den Werthaltungen und Zugeständnissen an den «konsumistischen» Lebensstil.

Der zunehmende Wohlstand und die damit verbundene Erweiterung der Entscheidungs- und Handlungsspielräume führten so seit Ende der 1950er-Jahre zu einer gewissen Nivellierung nach oben beziehungsweise zu einer gewissen Gleichartigkeit im Lebensstandard und in der Lebensführung, verbunden mit einer Lockerung der herkömmlichen, meist stark bürgerlich geprägten Normen. Eine wichtige Vorreiterfunktion kam dabei der Jugend und den Angestellten zu. Sie waren es, die zuerst – teilweise bereits in den 1950er-Jahren – und am nachhaltigsten dem Spiel der sozialen und kulturellen Distinktion eine neue Dynamik verliehen, indem sie neue Formen der Lebens- und Freizeitgestaltung erprobten. Laut der Studie «Un jour en Suisse» waren es besonders die Angestellten, die schon in den frühen Sechzigern am stärksten sowohl in ihrer Einstellung zur Arbeit als auch in ihrem Konsum- und Freizeitverhalten traditionelle bürgerliche Leitbilder wie Fleiß, Arbeitsamkeit und Sparsamkeit relativierten: «Ils aspirent à la possession de biens nombreux et divers, paraissent aimer le confort autant qu'apprécier les multiples objets techniques que la société industrielle met à la disposition de ses consommateurs. Bref, tout

dans les conduites des employés suisses semble en affinité et en harmonie avec les normes et les règles d'une société de l'abondance qui privilégie l'acquisition plûtot que l'épargne, et oriente les intérêts de l'individu vers la consommation autant sinon plus encore que vers la production.»[18]

Diese Ausrichtung auf den Konsum sollte in den folgenden Jahren rasch zunehmen. Der demonstrative Konsum beziehungsweise die individuelle Lebensführung, der Lebensstil allgemein erhielten ein höheres Eigengewicht: als Mittel der gesellschaftlichen Differenzierung, der sozialen und kulturellen Distinktion und Integration, der Bildung von Subkulturen. Vor allem waren die Lebenshaltung und der Lebensstil nicht mehr so direkt wie in der bürgerlichen «Klassengesellschaft» an schicht- und klassenspezifische Grundhaltungen und Muster gebunden.

Arbeit und Freizeit – der Wandel der Werthaltungen und Leitbilder

Wie stark sich mit dem Aufkommen der Massenkonsumkultur aber nicht nur die Nachfragestrukturen verändert haben, sondern auch Werthaltungen und Leitbilder, lässt sich am besten am Wandel in der Haltung zur Arbeit und zu deren Stellenwert im Leben aufzeigen. 1962 war das persönliche Leben der Schweizer und Schweizerinnen von unten bis oben sehr stark von der (Erwerbs-)Arbeit bestimmt (vgl. auch den Beitrag von Simon Eggimann, Abb. 1 und 2). Arbeit war, wie der Schlussrapport von «Un jour en Suisse» zugespitzt festhielt, nicht nur «une source de revenue et de richesse, ni comme un moyen de développer sa personnalité, de s'instruire ou de se servir de ses dons, mais surtout comme un moyen d'exister et de vivre socialement. (...) On n'existe en Suisse que par et au travers de son travail, lequel est le seul mode de promotion; c'est grâce à lui qu'on communique avec autrui; il sert bien sûr à gagner sa vie mais aussi à lui donner un sens, à l'organiser, à la structurer. Il sert aussi à tuer le temps.» Diese Verabsolutierung der Arbeit prägte ganz besonders das Leben der Männer: «Travailler pour un Suisse, c'est être un homme.» Entsprechend bildete 1962 für 46 Prozent der Romands und 44 Prozent der Deutschschweizer die Arbeitsamkeit das wichtigste Merkmal der Schweizer. An zweiter Stelle folgte die Seriosität mit 22 Prozent, an dritter die Sauberkeit mit 15 Prozent bzw. 10 Prozent. War die Arbeit das Privileg der Männer, so waren die Heirat und das Leben als Hausfrau und Mutter die eigentlich legitime Existenzweise der Frauen: «La femme est d'abord une épouse et une mère. (...) Le mariage semble donc être pour la femme, comme le travail pour l'homme, une contrainte totalement assumée et une authentique libération.»[19]

Um 1960 wurde im sozialen Leben die Freizeit zusehends wichtiger. Das lässt sich unter anderem daran erkennen, dass zu dieser Zeit von soziologischer Seite die ersten Studien über das Freizeitverhalten von Arbeitern und Beamten erstellt wurden[20] und auch in der Schweiz eine Diskussion um die sozialen Vor- und Nachteile einer Ausdehnung der arbeitsfreien Zeit einsetzte. Vor allem bürgerlich-konservative Kreise befürchteten – ganz in der Tradition bürgerlicher Kulturkritik –, mit einer weiteren Reduktion der Arbeitszeit und einer Nivellierung der Lebensweise könnte sich die Arbeiterschaft im Übermaß der bloßen Zerstreuung hingeben, einer in ihren Augen für die Gesellschaft gefährlichen Tendenz der Freizeit. Wie die Studie von Dieter Hanhart aufzeigt, scheint für die Zürcher Arbeiter Freizeit bereits um 1960 jedoch eine ebensolche Selbstverständlichkeit gewesen zu sein wie die Arbeit. Freizeit wurde nicht nur als Vakuum zwischen zwei Arbeitsperioden erlebt – sie war für sie bereits ein «eigenständiger, mehr oder weniger vorentworfener Erlebens- und Verhaltensbereich geworden». So wussten sämtliche der Befragten sehr wohl anzugeben, was sie bei einer weiteren Reduktion der Arbeitszeit in den zusätzlichen arbeitsfreien Stunden alles unternehmen möchten. Die Antworten zeigen aber auch, dass die neue Freizeit entgegen bürgerlichen Befürchtungen weniger der Zerstreuung dienen sollte, sondern dass mehr Wert auf Erholung und Selbstentfaltung gelegt wurde, dass Freizeit als eine Lebenssphäre gesehen wurde, die Raum bot für eine Lebensgestaltung in «eigener Befugnis».[21]

Spätestens in den 1970er-Jahren stand die Arbeit, im alltäglichen Leben wie auf normativer Ebene, nicht mehr so absolut im Zentrum der Lebensführung –

sofern sie dies auf normativer Ebene in dem behaupteten Ausmaß überhaupt je war! Wie die Trenderhebungen von Demoscope zur Arbeitseinstellung zeigen, behielt das Bedürfnis nach Befriedigung in der Arbeit seine hohe Wertschätzung, besonders in den unteren und mittleren Schichten. Das abstrakt gefasste Arbeitsethos verlor in den letzten 25 Jahren nur leicht an Bedeutung. Kaum vermindert hat sich der «Arbeitsstolz», das heißt die Freude an der geleisteten Arbeit. Arbeitsethos und Arbeitsstolz bleiben zudem sehr eng mit dem Erwerbsleben verbunden. So weisen die Jugendlichen in diesem Punkt durchgehend die tiefsten Werte auf, allerdings mit einer leichten Zunahme in der Krise der Neunzigerjahre. Vom 20. bis zum 40. Altersjahr steigen die Werte an, sie bleiben dann stabil und gehen erst im Alter leicht zurück. Diese lebenszyklisch bedingten Veränderungen in der Einstellung zur Arbeit sind jedoch überlagert von zeitspezifischen Tendenzen; von einer gewissen Relativierung des Arbeitsethos und des Arbeitsstolzes auch bei jenen, die voll in der Erwerbstätigkeit stehen. Die Arbeits- und Leistungsbereitschaft wurde also offensichtlich in der Regel nicht generell in Frage gestellt, trotz leichter Abschwächung sowie einer gewissen Angleichung nach sozialer Stellung und Alter. Sie wurde vielmehr ergänzt durch eine stärkere Freizeit- und Kulturorientierung, wie dies übrigens schon im gutbürgerlichen Milieu des ausgehenden 19. Jahrhunderts der Fall war – bei aller ideologischen Überhöhung des protestantischen bzw. bürgerlichen Arbeits- und Leistungsethos.[22]

Diese Einschätzungen stimmen weitgehend mit den Ergebnissen früherer Wertestudien[23] sowie den seit

9
Vom Alleinernährer zum Hausmann und Erzieher – eine neue Rolle für den Mann. Zürich, um 1972.

1986 durchgeführten Univox-Analysen zur Arbeitseinstellung überein. So ist gegenüber den 1970er-Jahren um 1992 für eine erheblich größere Mehrheit der Schweizer Berufstätigen die Erwerbsarbeit zwar immer noch sehr wichtig, sie soll aber das übrige Leben nicht stören. Für eine starke Minderheit (35 Prozent) bildet die Arbeit jedoch weiterhin das eigentliche Lebenszentrum – in der «entbürgerlichten» Gesellschaft des ausgehenden 20. Jahrhunderts allerdings weniger aufgrund eines religiös oder bürgerlich fundierten Arbeitsethos, sondern eher als Ausfluss einer individualistischen aufstiegsorientierten Haltung sowie individualisierter Ansprüche an die berufliche Arbeit.[24] Die Entwicklung weg von Pflicht- und Akzeptanzwerten wie Disziplin, Gehorsam und Pflichtbewusstsein und hin zu Werten wie Selbstverwirklichung, Selbstvergewisserung und Selbstrepräsentation – diese Entwicklung bewirkte denn auch im Bereich der Arbeit, dass der Sinn von Arbeit und Leistung nicht mehr in der bloßen Pflichterfüllung gesehen wurde. Leistung lohnt sich immer noch, sie darf auch anstrengend sein, doch im Unterschied zu früher für viele nur, wenn sie Sinn hat und, je nachdem, sogar «Spaß» macht. Damit ging eine höhere «Empfindlichkeit gegen Monotonieeffekte einfacherer und langweiligerer Arbeiten» einher. Dies geht aus den Univox-Studien von 1986 bis 1992 hervor: Hier ist eine große Stabilität in der Rangfolge und der quantitativen Ausprägung der Arbeitswerte festzustellen, und regelmäßig standen affektive und kognitive Werthaltungen im Vordergrund, etwa ein gutes Klima, verständnisvolle Vorgesetzte und interessante Arbeit, das heißt stark individualisierte Ansprüche an die berufliche Arbeit.[24]

In der Krise der 1990er-Jahre erhielt die Arbeit allerdings wieder einen höheren Stellenwert im Leben, die «Arbeitszentralität» nahm wieder zu – ein Hinweis, wie sehr diese Werthaltungen von der Arbeitsmarktkonjunktur abhängig waren und bleiben. Konjunkturresistenter war dagegen die Einschätzung der Arbeitswerte. Auch die stark individualisierte Leistungsbereitschaft blieb bestehen. Die Menschen wünschten sich mehrheitlich eine interessante, vor allem abwechslungsreiche und herausfordernde Arbeit, die ihnen die Möglichkeit gibt, die eigenen Fähigkeiten weiter zu

entwickeln, ihnen aber viel Selbständigkeit lässt. Materielle und instrumentelle Aspekte traten in der Selbstdeklaration der Arbeitswerte zurück, dagegen blieben Konformitätswerte wie gute Aufstiegsmöglichkeiten sowie straffe Führung schwach rangiert.

Freizeitorientierung und hohe Wertschätzung kultureller Aktivitäten als sinnstiftende Grundhaltungen – sie gewannen mit dem Aufkommen und der Durchsetzung der Konsumgesellschaft offensichtlich an Eigenständigkeit; eine Entwicklung, die sich in den 1980er-Jahren noch beschleunigte. So fanden erst in den «wilden Achtzigern» mit ihrer Konsumeuphorie die so genannten Neuen Werte nun auch in breiteren Bevölkerungskreisen eine höhere Zustimmung. Dazu gehörten zwar bis zu einem gewissen Grade auch so genannte postmaterialistische Werthaltungen wie Selbstverwirklichung, soziale Wertschätzung, Mitsprache und geringere Bedeutung materieller Ziele, doch eben nicht nur und weit weniger als bisher angenommen.[25] Noch mehr bestimmten nämlich ganz im Sinne des Modells der Konsumgesellschaft konsumistische bzw. materialistische Ziele und Leitbilder die Werthaltungen.

So gewannen in der subjektiven Einschätzung zwischen 1974 und 1999 sowohl Werthaltungen wie «Aktivismus nach außen» als auch «extravertierter Lebensstil» sowie «Geselligkeit» relativ unabhängig von sozialer Schichtzugehörigkeit, sozialer Klasse und Bildung an Bedeutung, und zwar nicht nur bei den Altersgruppen bis 34, sondern auch bei den älteren Gruppen, jedoch in relativ hoher Abhängigkeit von der Erwerbstätigkeit. Gleichzeitig verlor die traditionelle, auf Sparsamkeit bedachte Lebensführung an Rückhalt, ganz besonders bei den mittleren und einfachen Angestellten sowie den Kadern und freien Berufen. In Arbeiterkreisen dagegen war diese traditionelle Haltung vor allem in Krisenjahren jeweils überdurchschnittlich hoch vertreten; ein Hinweis darauf, wie sehr all die konsumistischen oder lebensstilorientierten Werthaltungen und Verhaltensweisen letztlich doch ganz stark an die materiellen Ressourcen gebunden waren und von wohlfahrtsstaatlichen Absicherungen lebten.

Gegenwarts- und Genussorientierung, materieller Wohlstand und intensivierte Selbstbezüglichkeit im

Erleben und Handeln erhielten im Gefolge der Konsumgesellschaft generell einen höheren Stellenwert – das lässt sich anhand der Trenderhebungen von Demoscope belegen, unter anderem mit dem wachsenden Wunsch nach materiellen Gütern, dem Ziel einer aufwärts orientierten Lebensführung oder der Zunahme hedonistischer Grundhaltungen. Zu einer breit geteilten und akzeptierten Grundhaltung entwickelte sich im Laufe der 1980er-Jahre insbesondere der Konsumismus beziehungsweise der offen erklärte «Spaß» am Einkaufen und Geldausgeben – neben einem Wiedererstarken traditioneller Wohlstandsvorstellungen im Sinne des Besitzindividualismus und einem praktisch ungebrochenen Materialismusstreben, das vor allem von der jeweils jüngsten Generation getragen wird und mit dem Eintritt ins Erwerbsleben noch eine Steigerung erfährt.

«Kaufen als Erlebnis» zeigte sich als Trend bei den Angestellten sowie den Kadern und freien Berufen bereits in den frühen 1980er-, in den unteren Schichten erst in den 1990er-Jahren. 1974–1980 machte Kaufen in der Unterschicht für 32 Prozent Spaß, in der Mittelschicht für 40 Prozent und in der Oberschicht für 44 Prozent; 1991–1997 war dies in der Unterschicht für 46 Prozent (+42 Prozent) der Fall, in der Mittelschicht für 51 Prozent (+29 Prozent) und in der Oberschicht für 56 Prozent (+27 Prozent). Aus geschlechtsspezifischer Optik besonders interessant ist, dass vor allem die Männer in den Achtzigerjahren das Kaufen als Erlebnis entdeckten. Der hohe Wert in den oberen Schichten weist gleichzeitig neben anderen Indizien auf die zunehmende «Entbürgerlichung» der besser gestellten Kreise in der Schweiz hin, und diese schlägt sich unter anderem auch in einer nicht nur in der Schweiz feststellbaren Tendenz nieder, den Reichtum relativ offen zur Schau zu stellen und ihn vermehrt als direktes Mittel sozialer Distinktion einzusetzen – ein Verhalten, das im traditionellen gutbürgerlichen Milieu noch eher verpönt war. Generell belegen diese Tendenzen, wie stark Pluralisierung und Individualisierung mit dem Markt und der Kommerzialisierung der Lebenswelt verbunden waren.

Eine wichtige Rolle in diesen Prozessen kam in den 1980er-Jahren immer mehr den so genannten neuen Kulturvermittlern zu, also jenen Leuten, die

10
Auf Wanderung im Jura um 1972: Gegen den Kommerz und bürgerliche Konventionen – Jugendliche als Träger eines neuen Lebensgefühls.

11
Alternative Vorschule in Zürich um 1972 – ein Hort für neue Werte in der Erziehung?

symbolische Güter und Dienstleistungen produzieren und liefern – sei dies im Marketing, in der Werbung und der Öffentlichkeitsarbeit, bei Radio und Fernsehen, im Journalismus, sei dies in helfenden Berufen als Sozialarbeiter, Therapeutinnen und Animateure. Ihre Suche nach Distinktion, also nach Auszeichnung und Unterscheidung von anderen durch die Kultivierung des Lebensstils, eines stilisierten expressiven Lebens, machte sie fast «allen Distinktionsspielen, erlesenen Posen und anderen äußern Zeichen inneren Reichtums»[26] zugänglich, die bisher zur Domäne der Intellektuellen gehörten. Sie förderten aktiv den Lebensstil der Intellektuellen, übermittelten ihn einem breiteren Publikum und legitimierten neue Felder intellektueller Analyse wie zum Beispiel Sport, Mode, populäre Musik und Kultur allgemein.

Über die allgemeine Verehrung intellektueller Güter und die Vorgabe eines künstlerischen und intellektuellen Lebensstils halfen diese Kulturvermittler mit, innerhalb der neuen Mittelklassen und darüber hinaus ein Massenpublikum für neue symbolische Güter und Erfahrungen zu gewinnen sowie alte Unterscheidungen und symbolische Hierarchien aufzuweichen, wie sie sich vor allem um die Abgrenzung der so genannten populären Kultur von der (bürgerlichen) höheren Kultur drehten. Spätestens in den 1980er-Jahren büßte die «bürgerliche» Hochkultur in der massenmedialen Wahrnehmung ihren Glanz und Vorrang ein: Sie wurde, dem Sport oder der Popkultur gleichgestellt, zu einer «Spartenkultur».[27] Besonders deutlich schlug sich diese Entwicklung in der höheren Diversifizierung des Medienangebotes und den neuen Präferenzen des Medienkonsums nieder, etwa in der eindeutigeren Bevorzugung von Unterhaltungssendungen oder in der (kommerziellen) Populärkultur generell.[28]

Konsumangebote und Freizeitmärkte wurden ausgeweitet, die Kulturproduktion wurde professionalisiert – damit entwertete der Markt aber nicht nur die traditionelle Hochkultur und ihre Prestige setzende Funktion, sondern er förderte auch die konsumbezogene Herausbildung neuer alltagsästhetischer Stile, und er verstärkte die Pluralisierung der gesellschaftlich akzeptierten oder zumindest tolerierten Selbstdarstellungs- und Selbstverwirklichungsformen. Damit verbunden war und ist eine «Kulturalisierung der Gesellschaft», eine Aufwertung der Kultur für die soziale Differenzierung.[29] Dies äußerte sich unter anderem in der Selbstthematisierung der Gesellschaft als «Kulturgesellschaft», in der Rede von der «politischen Kultur», der «Unternehmenskultur», der «Jugend-» oder bald wohl auch der «Alterskultur». Die Einteilung und Zuordnung von Personen und (Sub-)Gruppen wurde dadurch zunehmend von Stil- und Lebensstilkriterien angeleitet. Einkommen und Kreditwürdigkeit als wichtige Kriterien des Zugangs zum und des Ausschlusses vom Konsum von Waren und Dienstleistungen zersetzten eher klassenspezifisch geprägte Vorstellungen über ein gutes und gelingendes Leben, und sie sprengten herkömmliche Werthaltungen und Normen.

Allerdings galt und gilt dies nicht für alle sozialen Milieus, Alters-, Berufs- und Bildungsgruppen im gleichen Ausmaß. Die Kräfte des Beharrens, aber auch die materiellen Zwänge waren und sind viel stärker, als dies manche sozial- und kulturwissenschaftliche Zeitdiagnosen

glauben machen wollen, die zu sehr auf den Wandel fixiert sind. Denn trotz einer gewissen «Demokratisierung des Konsums» und der höheren Vielfalt von Optionen in der Lebensgestaltung sind der Lebensstil und die kulturelle Praxis weiterhin stark von den finanziellen Möglichkeiten abhängig geblieben. Ganz abgesehen davon, dass auch im Zeitalter der fortgeschrittenen Pluralisierung und Individualisierung die soziale Herkunft und insbesondere die formale Bildung die Lebenschancen, die Lebensführung und die Lebensformen in der Schweiz nicht nur stark vorstrukturieren, sondern auch begrenzen.[30]

Die Chancen und Optionen der Stilisierung des eigenen Lebens waren und blieben deshalb auch in der Wohlstands- und Konsumgesellschaft ungleich verteilt, ja in der Krise der 1990er-Jahre nahm diese ungleiche Verteilung sogar wieder zu. Das bloße Einkommen, die Verfügung über materielle Ressourcen, gekoppelt an eine höhere Bildung, scheint in jenen Jahren wieder direkter status- und prestigebildend geworden zu sein, und zwar nicht nur in den unteren Bevölkerungsschichten, sondern auch in den mittleren und oberen. Im letzten Jahrzehnt des 20. Jahrhunderts haben denn auch Werthaltungen wie die «aufwärts orientierte Lebensführung» und die «materialistische Ausrichtung» wieder mehr Zuspruch erhalten – in allen Alters- und Berufsklassen. Gleichzeitig wird ein Wert wie «soziale Sicherheit» wieder stärker eingefordert, dagegen hat die mehr auf die Gemeinschaft bezogene «soziozentrierte Lebensführung» weiter an Orientierungskraft verloren und die «egoistische, subjektzentrierte Lebenshaltung» an Bedeutung gewonnen[31] – das zeigt, dass auch in der postindustriellen, pluralistischen Gesellschaft bestimmte Einstellungsmuster und Lebensstile als individuelle Prinzipien der Lebensführung, der Stilisierung des eigenen Lebens und der Inszenierung des Selbst weiterhin an wirtschaftliche Ressourcen und sozialstaatliche Absicherungen gebunden sind.[32] Aber eben nicht nur.

Die Dritte im Bunde

Die Zigarette als erotisches Accessoire
in der Werbung zwischen 1965 und 1985[1]

Christine Wanner,
Brigitte Walser

«Eine Zigarette besteht aus einem Gramm Tabak und sehr viel Werbung», soll Philipp Reemtsma gesagt haben.[2] Zigaretten sind wie Bier, Zahnpasta oder Waschmittel: Die verschiedenen Marken lassen sich weder über ihren Preis noch über ihren Geschmack definieren. Blindtests ergeben, dass auch passionierte Raucherinnen und Raucher ihre eigene Marke kaum ausfindig machen können. Und trotzdem halten sie daran fest: «Sie rauchen allesamt eine Vorstellung.»[3] Die Zigarettenwerbung kann ihrem Produkt mit Hilfe dieser Vorstellungen einen symbolischen Zusatznutzen verleihen. Dabei ist sie frei wie kaum eine andere Art von Werbung, zumal sie den pharmakologischen Nutzen des Tabaks nur äußerst selten und den Suchtaspekt nie aufgreift. Sie kann die Zigarette zur Bedürfnisbefriedigerin in allen Lagen und Situationen stilisieren.

Die Geschichte der Zigarette ist denn auch ein ständiges Wechselspiel zwischen männlicher und weiblicher Zuschreibung, zwischen niedrigem Status (die Zigarette als gesunkenes Kulturgut) und hohem (die Zigarette als gestiegenes Kulturgut). Zigaretten waren das Markenzeichen von Soldaten, emanzipierten Frauen, Kapitalisten, Revolutionären, Arbeitern und Kaisern. In Filmen waren sie das Accessoire von Helden, Rebellen, Liebhabern und – im Zusammenhang mit Anti-Raucher-Kampagnen – Bösewichten. Zigaretten wurden und werden geraucht zur Provokation, zur Konzentration, zum Kräftesammeln und zur Entspannung. Sie galten als Medizin, als Genuss- und schließlich als Suchtmittel. Man zündet sich eine Zigarette an, um den Außenseiter zu markieren, um sich zu integrieren, um älter zu scheinen und jünger zu wirken. Die Gründe und Umstände könnten nicht vielseitiger und wandelbarer sein; denn Zigaretten an sich enthalten keine Werte, sondern sind prädestiniert dafür, Werte zu vertreten. Dies greift die Werbung dankbar auf und positioniert ihre Marken in unterschiedlichen Lebensstilen.

Dem Tabak wurde einst ähnlich wie dem Kaffee eine antierotische Wirkung nachgesagt: Er «macht das Gehirn und die Nerven trockner und beständiger. Daraus folgt eine sichere Urteilskraft, eine klarere und umsichtigere Vernunft und eine größere Beständigkeit der Seele (...) Gleichzeitig schwächt er aufgrund derselben trocknenden Wirkung die erotischen Leidenschaften und lenkt die lüsterne Einbildungskraft, die so viele müßige Männer beschäftigt, in andere Richtungen.»[4] Diese Einschätzung aus dem Jahre 1700 teilen die Werber des 20. Jahrhunderts offensichtlich nicht. Im Gegenteil: Die Zigarettenwerbung verspricht als symbolischen Zusatznutzen, Rauchen steigere die soziale Kompetenz und damit die Anerkennung in einer Gemeinschaft, insbesondere den Erfolg in der Zweierbeziehung. Kurz gesagt: Wer raucht, wirkt erotisch.

In der Zigarettenwerbung zwischen 1965 und 1985 stellen wir zwei Sexualisierungswellen fest: eine als Folge von 1968 sowie eine zu Beginn der 1980er-Jahre. Unmissverständlich zeigt die Werbung der ersten Welle den sexuellen Genuss zu zweit in Bild und Text, während die zweite Welle subtiler arbeitet: Sexualität wird nur angedeutet und findet eher in der Phantasie statt. Es ist dabei nicht immer einfach, zwischen sexualisierter und sexistischer Werbung zu unterscheiden, wenn auch die Uno 1979 ein Anti-Sexismus-Gesetz erlassen hat zur «Beseitigung jeder Form von Diskriminierung der Frau».[5] Unter sexistischer Werbung verstehen wir Darstellungen von Frauen (Männern), die wenig bis keinen Bezug zum beworbenen Produkt haben, sondern lediglich als Blickfang und Dekorationsobjekt dienen.[6] Sexismus steht aber nicht im Vordergrund dieses Beitrags, da wir mit wenigen Ausnahmen Bilder selbstbewusster Frauen (Männer) antreffen.

Zwischen Aufbruch und Mythos

1968 macht sich die auflehnende junge Generation auf die Suche nach Selbstverwirklichung und zeigt Experimentierfreude. Dass die verhütende Pille seit 1961 auf dem Markt ist, ermöglicht den jungen Frauen dieser Generation ebenso wie den Männern ein selbst bestimmtes Sexualleben. So zumindest stellt die Werbung das neue sexuelle Selbstbewusstsein der Frau dar, das sie auch in den Jahren nach 1968 beibehält. (Dabei verstehen damals durchaus nicht alle Frauen die Pille als ein Stück Freiheit, sondern sehen darin ein weiteres Instrument zur Unterdrückung der Frau durch den Mann.)

Die Grenzerfahrungen sowie die Aktions- und Diskussionslust der Achtundsechziger schrecken nicht

Flirten Sie doch einmal mit einer andern!

Schlagen Sie eine Cigarette, die man Ihnen anbietet, nicht aus, bloss weil Sie sie nicht kennen. Sie könnten eine überraschende Bekanntschaft ver-passen. Die Liebe kommt Zug um Zug.
Die neue WALDORF dürfen Sie übrigens in grossen Zügen geniessen. Sie ist besonders lang: 90 mm.

Wir wollen nämlich nicht, dass der Twintip-Filter Tabak stiehlt. Es ist ein Charcoal-Filter. Der filtert die Reizstoffe, aber nicht das Tabakaroma.
Apropos Tabakaroma: ein Flirt mit der WALDORF geht nicht einfach in Rauch auf. Eine WALDORF schmeckt wirklich nach Cigarette.

Tabakaroma, das nicht einfach in Rauch aufgeht.

nur das freisinnige Renommeeblatt «Neue Zürcher Zei-tung» auf, das auf der Frontseite mit «Wehret den Anfängen!»[7] titelt: Es sieht im «Globus-Krawall» vom Juni 1968 und in der folgenden Besetzung des Globus-Provisoriums in Zürich die Demokratie des Landes gefährdet und fordert, den Jugendlichen Grenzen zu setzen, andernfalls stehe Chaos und Anarchie bevor. Die

Werbung indessen nimmt die Aufbruchstimmung nur zögernd und äußerst vorsichtig auf. Im Gegensatz zu den Forderungen der Jugendlichen nach Freiräumen, freier Liebe und dem Umsturz der etablierten bürger-lichen Werte erscheint die Werbebotschaft von Waldorf direkt harmlos *(Abb. 1)*: «Flirten Sie doch einmal mit einer andern!» Die Aufforderung richtet sich an beide

Geschlechter. Für den männlichen Betrachter werden die Zigarette und die Frau gleichgesetzt, so dass er mit beiden flirten kann, während sich die Betrachterin in die fotografierte Frau hineinversetzt, die mit der Zigarette flirtet und so an Attraktivität gewinnt. Der Begleittext betont den Experimentiercharakter, den Genuss des Augenblicks und die Erweiterung des Erfahrungshorizonts: «Schlagen Sie eine Cigarette, die man Ihnen anbietet, nicht aus, bloss weil Sie sie nicht kennen. Sie könnten eine überraschende Bekanntschaft verpassen.» Zudem verspricht der Werbetext eine Steigerung: zuerst den unverbindlichen Flirt, der dann zu einer überraschenden Bekanntschaft wird und sich zum Schluss, «Zug um Zug», in Liebe und Genuss verwandelt. Dass die Liebe durchaus nicht platonisch bleibt, dafür sorgt die verspielt modisch gekleidete Dame, die mit sinnlichen, halb geöffneten Lippen und den ansprechenden, groß geschminkten Augen dem Genuss entgegensieht.

Explizit fordert auch die Marke Royale (Versailles) dazu auf, die Chance zu packen *(Abb. 2)*: «Piratenglück!

Kapern Sie sich eine ROYALE!» Die erwähnte Doppeldeutigkeit wiederholt sich hier, denn die Werbung rückt eine personifizierte Royale ins Licht und assoziiert das Segelschiff-Emblem der Packung mit einem Piraten im Hintergrund. Während also die königliche Dame («Royale») die Zigarette kapert, kapert (was gemäß Wörterbuch auch grapschen bedeutet) der Pirat die Dame; der Kreis schließt sich, die Royale-Packung ist das verbindende Element. Beider Augen richten sich darauf und sehen die vorweggenommene Vereinigung, denn die Packung ist rot wie das Hemd des Piraten und weiß wie das Kleid der Dame. Die Szene spielt in einem Theater, und nicht nur auf der Bühne, sondern auch in der abgebildeten Loge wird ein Rollenspiel aufgeführt: Der Pirat und die königliche Dame sind nicht echt, sondern verkleidet, denn sowohl Augenbinde als auch Narbe auf seiner Wange wirken aufgesetzt – für einen Piraten hat der Mann zu gut gepflegte Hände. Eine echte Royale würde zudem ihr Haar kaum so stark toupiert tragen und sich weniger anzüglich schminken. Die Verkleidung wird auf den ersten Blick durchschaut, und das muss so sein; denn nur so wirkt diese Werbung humorvoll. Andernfalls würde sich wohl niemand ausgerechnet 1968 getrauen, eine solche Anzeige zu schalten. In der Zeit von Aufbruch und Aufruhr, in der konservative Klischees über Bord geworfen werden, dürfte man sich über ein solch altertümliches Rollenspiel nur lustig machen. Die Royale wird vom Piraten bloß noch im Spaß erobert – ein Märchen und ein Traum werden nicht mehr ernst genommen.

Oder vielleicht doch? Zumindest der Zusatztext «Eine milde, raffinierte Zigarette – eine American-Blend à la Française» ist ernst gemeint, auch wenn er in Klammern steht: Die Royale – welche auch immer – ist mild und raffiniert wie eine Französin. Diese Werbung bewegt sich an einer unsichtbaren Grenze: Man kann über sie und die Wortspielereien lachen, und trotzdem rechnet sie genau mit den ewigen Sehnsüchten: mit dem Mythos einer Liebe zwischen wildem Piraten und edler Königin, mit dem Märchen der Schönen und des Biests. Und dabei sind die dargestellten Gegensätze nicht zuletzt diejenigen, die sich gerade in der Zeit um 1968 auftun – und in der Realität unvereinbar sind: diejenigen zwischen Rebellion und Establishment, zwischen

3

3/4
Flair, 1971: Selbst-
bewusst, erotisch
und erfolgsgewiss –
Annäherung dank
Zigarette.

Freiheit und Anpassung. Nur in Träumen und in der Werbung lassen sie sich überbrücken.

All diesen mythengestützten Hoffnungen und Sehnsüchten steht diese Werbung explizit kritisch gegenüber, sie entlarvt sie – und doch weiß sie offenbar, dass die Beschwörung von Sehnsüchten als Lichtblick im Alltag allgegenwärtig ist. Zwar ist der Mythos der Schönen und des Biests gebrochen herbeizitiert, aber er ist da. Vielleicht, weil die Werbung darauf vertrauen kann, dass selbst oder gerade in der Aufbruchzeit von 1968 solche Glücksversprechen nach wie vor wirksam sind. Gerade in Zeiten des Umbruchs stabilisieren vertraute Vorstellungen und Werte. Worüber man sich öffentlich lustig macht, das kann man sich durchaus heimlich wünschen. Die Royale-Werbung wird in die Nähe des Märchens gerückt. Und dort geschehen noch Wunder. Auch 1968.

Annäherung, Kontakt, Verbindung

«Wer Flair hat, hat auch seinen Partner.» Plakativer, freimütiger wurde der attraktivitätssteigernde Zusatznutzen der Zigarette selten ausgesprochen *(Abb. 3)*. Das Werbebild von 1971 ist auch ohne den Text verständlich, hat doch während der vorangehenden Monate in der Flair-Kampagne eine veritable Annäherung zwischen der Frau und dem Mann stattgefunden *(Abb. 4)*. Nun, in der abschließenden Anzeige, stehen sie eng beieinander. Seine trainierten Arme halten ihren feingliedrigen Körper, während sie die Zigarette, die sie gemeinsam rauchen, in jener Hand hält, die seinen Arm kaum oder nur leicht berührt. Das blaue Muster auf seinen und das rote auf ihren Hot Pants ergeben nach erfolgter Umarmung exakt das dynamisch-harmonische Muster auf der Zigarettenpackung. Der Text säuselt: «Sie hat. Sie hat beides.» Nämlich Flair und einen Partner – dank Flair, versteht sich. Das muss sie auch, denn laut Kampagne genießt man diese Zigarette am liebsten zu zweit.

Hier wird bereits angedeutet, was andere Kampagnen unverblümt zur «ménage à trois» ausbauen: Flair stellt die Frau als Agierende dar, die ihm das Geschmackserlebnis überhaupt ermöglicht, wie sie auch das Näherkommen initiiert. Sich selbst bringt sie zumindest einen Liebhaber und ergo Genuss, der sich über den Tabak hinaus erstreckt. So schafft die Zigarette Kontakt und Verbindung – sie ist gar ein erotisches Accessoire, das die Attraktivität einer Frau erhöht und so den Mann zum Reagieren zwingt. Selbstbestimmte Sexualität der Frau ist 1971 kein neues Thema mehr, selbstbewusstes Auftreten jedoch schon. Bestärkt wird es durch das in der Schweiz eben erlangte Frauenstimm- und -wahlrecht, so dass Zigarettenmarken mit dem Slogan «Eine Frau hat ein Recht auf ihre eigene Cigarette» um Raucherinnen buhlen.[8]

Das Spiel mit dem Feuer

Glücklich ist, wer sich liebt wie das Flair-Pärchen und zusammen an der gleichen Zigarette zieht. In der Regel aber raucht man alleine. Keine gute Voraussetzung eigentlich, um in der Werbung den sozialen Nutzen des Tabaks anzupreisen. Beim Anzünden der Zigarette lassen

sich allerdings Kontakte knüpfen, und soll der Funke springen, braucht es eine Person des anderen Geschlechts, welche die Zigarette anzündet und für «lucky strike» sorgt. Dabei kann diese nur angedeutet werden, zum Beispiel mit einer Hand wie in der Werbung für Lucky Strike Filter von 1966 *(Abb. 5)*. Ein Mann am Steuer, salopp gekleidet, sein Rollkragenpullover weist auf eine Freizeitbeschäftigung hin. Die Frisur sitzt allerdings perfekt, man sieht ihm an, dass er auch im Anzug gute Figur machen würde. Seinen Blick aus dunklen Augen richtet er geradeaus auf die Straße und damit auf uns Betrachterinnen und Betrachter. In seinem Mund steckt eine Zigarette, noch brennt sie nicht. Aber schon taucht von links eine Hand auf, sorgfältig manikürt, die Nägel rosa lackiert, mit einem Feuerzeug, keinem gewöhnlichen, einem goldenen. Der Moment des Anzündens ist im Bild festgehalten.[9] Der Text zur Werbung lautet: «Er schätzt Lucky Filter und bleibt dabei.» Und unter dem Bild steht: «Lucky Box immer und überall. Richtig für jeden, der weiss, wie zu leben ist.» Ambivalent fährt der Text weiter: «Jung muss man sein und geschickt.» Es macht nicht den Eindruck, als ob der Mann besonders viel Geschick aufwenden müsste, um seinen Wagen zu steuern; Geschick braucht schon eher die Hand, die seine Zigarette von weitem anzünden muss. «Charmant. Initiative bringt Erfolg.» Auch hier: Initiativ ist die Frauenhand, der Mann bleibt passiv. Und

5/6/7
Lucky Strike, 1966:
Rauchen tut man
alleine, der soziale
Kontakt findet beim
Anzünden statt.

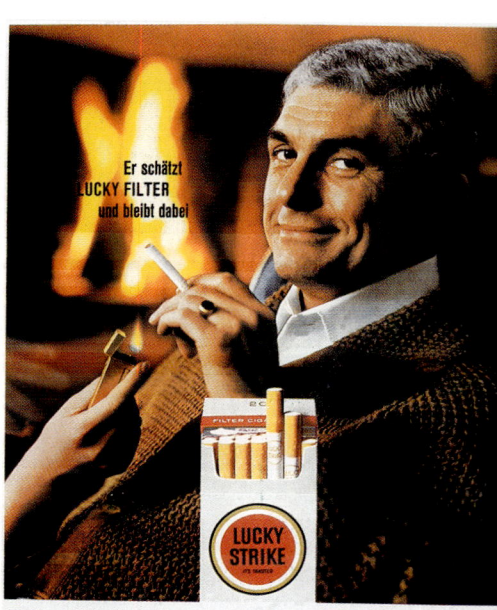

trotzdem ist er es, der im Zentrum steht, der offensichtlich «weiss, wie zu leben ist». Er ist glücklich, denn er ist derjenige, der raucht.

Doch Lucky Strike weiß den Spieß auch umzudrehen: Die Hand mit Ring und lackierten Fingernägeln taucht in einer anderen Werbung – immer noch 1966 – wieder auf *(Abb. 6)*. Diesmal ist sie es, die eine Zigarette hält, und diesmal sieht man auch, wem die Hand gehört: einer stark geschminkten, perfekt frisierten, lächelnden jungen Frau. Von ihrem Körper ist einzig die eine Schulter zu sehen, bedeckt mit den feinen Trägern ihres Kleids. Der Rest ist in roten Stoff gehüllt; fast sieht es aus, als liege die Frau im Bett und umhülle sich mit einer roten Decke. Und wieder nähert sich eine Hand, «lucky strike» garantierend, diesmal von rechts, diesmal eine Männerhand, diesmal mit einem silbernen Feuerzeug. Der Blick der Frau richtet sich erneut geradeaus und nicht zum Nebenan, als wolle sie ganz dem Werbetext gemäß sagen: «Auskosten!» Und dazu gehört natürlich Lucky Filter, «angenehm und elegant. Be lucky – smoke Lucky Filter».

Der Text «Jung soll man sich fühlen» kehrt auch dann noch wieder, wenn in einer weiteren Anzeige einem grau melierten Herrn in Strickjacke am Kaminfeuer die Zigarette angezündet wird *(Abb. 7)*. «Für Kenner, Könner und Männer mit Anspruch.» Die Werbekampagne ist dadurch, dass sie umgekehrt wird und damit beide Geschlechter gleichermaßen berücksichtigt, auf eine möglichst große Kundschaft ausgerichtet (nur eine ältere Frau erscheint nicht in dieser Kampagne). Das Rauchen ist ins Zentrum gerückt; auf die richtige Zeit und die richtige Stimmung für den Tabakgenuss wird Wert gelegt. Diese Konsumhaltung wird erst nach 1975 aus der Werbung verschwinden. Von da an ist die Zeit für eine Zigarette immer richtig.

Die Hand an der Zigarette

Lucky Strike ist nicht die einzige Marke, welche die Hand des anderen Geschlechts ins Spiel bringt. Sechs Jahre später, 1972 nämlich, erscheint auch bei Gallant eine Frauenhand *(Abb. 8)*. John Gallant ist erstmals in einer Werbekampagne Ende der 1960er-Jahre als Personifi-

zierung der Zigarette aufgetaucht. Nun, zu Beginn der 1970er-Jahre, macht er sich nicht mehr selbst mit vollem Namen kenntlich; wir wissen nur noch, dass es sich um eine galante Persönlichkeit handelt. Exklusivität, Stil und Feingefühl zeichnen ihn ebenso aus wie die Zigarette. Gallant steht bis in die frühen Siebzigerjahre für Exklusivität, Prestige und Kultur. Auf den ersten Blick erscheint die Werbung für Gallant nicht sexualisiert. Jedoch umgibt sich der Herr meist mit einer oder zwei Kindfrauen, die an den Twiggy-Typ der Sechzigerjahre erinnern. Umso deutlicher wirkt er distinguiert, umso mehr wird er bewundert. In der Anzeige von 1972 hilft John Gallant einer Frau aus dem Taxi. Während er in ganzer Größe dasteht (aber ohne Zigarette), sieht man von ihr erst die Hand aus dem Taxi ragen (ebenfalls ohne Zigarette). Im

8
Gallant, 1972:
Niemand raucht,
Werbung für eine
Zigarette ist es
trotzdem.

Hintergrund sind die Umrisse eines Theaters zu erkennen. Leute strömen dem Eingang zu. Man ahnt, dass Gallants und seiner Begleiterin Abend stilvoll verbracht werden soll. Und dabei wird die richtige Zigarette nicht fehlen dürfen: «Gallant... Ausdruck einer gewissen Persönlichkeit.»

Am Anfang der 1980er-Jahre taucht wiederum eine Frauenhand auf, diesmal in einer Werbekampagne von Barclay *(Abb. 9 und 10)*. So ähnlich sie derjenigen von Lucky Strike auf den ersten Blick auch ist, so verschieden zeigt sie sich in den Details. Wir befinden uns wie bei Gallant auf hohem gesellschaftlichen Niveau. Der Mann auf den Bildern ist immer derselbe, er hat Klasse, Stil, Geld und in seinem Gebaren einen Hauch von James Bond, er trägt stets Anzug, weißes Hemd, Fliege oder Krawatte. Auch noch knapp zehn Jahre später wird es schwierig sein, derartigen «Männlichkeitstaumel» in der Zigarettenwerbung nicht für ernst gemeint zu nehmen – und ihn etwa als «sublime Ironisierung eines Rollenstereotyps» zu verstehen.[10] Der Barclay-Mann würde es nicht zulassen, dass ihm jemand die Zigarette zwischen seinen Lippen anzündet. Er ist ein Individualist, dem niemand zu sagen braucht, wann der richtige Zeitpunkt für eine Zigarette ist. Dieser Konsument will selbst bestimmen, was er wann wie tut. Sein goldenes Feuerzeug betätigt er also durchwegs selbst, seine Aufmerksamkeit wird dabei abgelenkt. Die Hand taucht stets von rechts ins Bild. Meist beringt, immer gepflegt, die Fingernägel

mit edlem Rot lackiert. Die Hand stützt sich auf des Mannes Schulter, streicht ihm in einer anderen Anzeige sanft übers Jackett – oder aber berührt den Gentleman gar nicht, streicht über die entblößte Schulter der Frau, zu der sie gehört, weiß sich aber stets im Blick des Mannes. Die Szene spielt vor einem Großstadthintergrund, in der Nacht oder auf dem Rücksitz eines Fahrzeugs. Sie hat nichts Dauerndes, und der Mann wird im nächsten Moment zwischen den Lichtern der Metropole an einen anderen Ort verschwinden. Die Werbung bildet den klassischen Großstadt-Individualisten ab, den Yuppie der 1980er-Jahre, namenlos, geschichts- und heimatlos, selbstbewusst, selbständig und hedonistisch.

Der Text unterstreicht, was einen das Bild ahnen lässt: «Genuss kommt wieder.» Von links und von rechts, möchte man anfügen. Der Genuss der Zigarette, dem die linke Bildhälfte gewidmet ist, und der Genuss, der von der Frauenhand ausgeht und die rechte Bildhälfte einnimmt. Der Mann ist Teil beider Hälften. Er hätte sich eigentlich dem Genuss der Zigarette hingeben wollen, doch sein Blick verrät, dass er sich nur zu gerne ablenken lässt. Muss er sich entscheiden? Zigarette oder Frau? Nein, ein solcher Mann bekommt beides. «Er hat. Er hat beides», könnte man analog zur Flair-Werbung sagen. Doch er hat nicht beides dank der Zigarette. Nicht auf sie ist das Augenmerk gerichtet, sie ist nur Teil eines

9/10
Barclay, 1983
und 1985: Zigarette
und Frauenhand
als Accessoires des
Manns von Welt.

Genuss kommt wieder
BARCLAY
American Blend
1mg 0,2mg

Kommen Sie zum Erfolg
BARCLAY
BARCLAY BAHNBRECHEND

9

10

Ganzen, die Werbung arbeitet sublimer als noch 1971. Die Zigarette gehört zu einem solchen Mann wie Anzug und Krawatte; locker im Mundwinkel steckend, ist sie ein bloßes Accessoire, das zum Mann von Welt, der alles hat, gehört. Hier ist die Haltung «I want it all and I want it now» auf höchstem Niveau umgesetzt. Schließlich titelt eine Anzeige aus dieser Serie: «Kommen Sie zum Erfolg.» Oder ist dies etwa eine Aufforderung an die auf ihre Hand reduzierte Frau? Wer ist der werbende, wer der umworbene Teil der Werbung? Kommt sie zum Erfolg, wenn sie dank sanftem Streicheln ihrer oder seiner Schultern einen Barclay rauchenden Mann erobert? Denn dass der Mann bereits Erfolg hat, das ist auf den ersten Blick erkennbar.

Bei Barclay gibt es keine Seitenwechsel wie bei Lucky Strike. Immer ist es der Mann, der seine Zigarette im rechten Mundwinkel anzündet, immer nimmt diese Handlung die linke Bildhälfte ein und die weibliche Hand die rechte. Die Frauenhand wird gleichgesetzt mit der Zigarette: Beiden wird gleich viel Platz eingeräumt auf dem Bild. Das Spiel zwischen Mann und Frau ist dabei höchstens angedeutet. Und nichts weist darauf hin, dass die Beziehung länger als eine Nacht dauern könnte. Vertrautheit und Geborgenheit sind in dieser Werbung nicht mehr präsent. Und trotzdem lebt das Bild von der Erotik. Nirgends wird geschrieben, gezeigt oder auch nur darauf hingewiesen, wie die Handlung weitergeht. Die Fortsetzung findet im Kopf von Betrachterin und Betrachter statt. Eine Zweierbeziehung ist nicht mehr offen dargestellt, die Werbung ist auch hier subtiler, privater, den erotischen Phantasien in intimerer Weise auf der Spur. In den zwei Jahrzehnten zwischen 1965 und 1985 weichen sich sittliche Gebote und sexuelle Tabus auf, so dass Sexualität individuell gelebt werden kann.[11] Sexualität wird somit vielfältiger, zwar öffentlich thematisiert, doch vorerst wiederum privat gelebt.[12] Die Barclay-Werbung spiegelt diese (Re-)Privatisierung der Bereiche Genuss und Sexualität.

Bei der Barclay-Werbung lässt sich vielleicht – so lupenrein, diskret und erhaben die Werbung auch scheint – von sexistischer Werbung sprechen. Die weibliche Hand ist Dekoration, allenfalls Blickfang; einen logischen Grund, weshalb sie auftaucht, gibt es nicht. Die Hand als Stellvertreterin der Frau erhält die gleiche Funk-

tion wie die Zigarette: Sie wird zum erotischen Accessoire und mit den gleichen sinnlichen Schattierungen konnotiert wie der Genuss der Zigarette.

Ménage à trois

Wenn die Zigarette zum amourösen Verhältnis zweier Menschen gehört, wird auf eine Dreierbeziehung angespielt, eine «ménage à trois», die sich meistens aus einem Mann und zwei «Frauen» (eine ist die personifizierte Zigarette) zusammensetzt. Selten findet sich die Zusammensetzung mit einer Frau und zwei Männern.

Lifestyle mit trendigen Menschen, die sich in ihrem Erfolg sonnen: Die Marlboro-Werbung während der Hochkonjunktur inszeniert den gestiegenen Lebensstandard. Freizügigkeit lässt Marlboro aber nur zu, wenn sich eine Szene am Wasser (oder am Pool) abspielt. Selbstbewusste Frauen posierten schon vor den Gleichstellungsdiskussionen der Achtundsechziger für diese Zigarette, schließlich waren sie in den 1950er-Jahren vom Arbeitsmarkt umworben. Marlboro wirbt

11
*Marlboro, 1966:
Begehrtsein als
Höhepunkt des
Lebens.*

e ist jung. Sie ist neu. Sie ist mild. Luftigduftig. Mit dem naturreinen Aroma der modernen American Blend. Sie zündet!

flair
zündet

Flair
AIRLON FILTER

Der fantastische Airlon Filter
Bestehend
aus

Charcoal Triple-Filter und Air-Zone
macht den Rauch vierfach
mild – herrlich, wie sanft sich
das Aroma entfaltet!

Fr. 1.40

1966 zwar mit zwei Paaren *(Abb. 11)*; allerdings ist bereits im ersten Moment klar, dass die blonde Frau im Hintergrund zweitrangig ist (pikantes Detail: Sie raucht nicht). Im Zentrum steht die Dreiergruppe, dominiert von der sexy gekleideten Blondine. Ihren Drink platziert sie auf dem Kopf des ihr zugewandten Mannes und ordnet ihn sich so unter, während sie den zweiten Mann, der zu ihr spricht und sie möglicherweise am neckisch angewinkelten Knie berührt, schlicht ignoriert und durch den zusätzlich aufgestützten Arm quasi aussperrt. Dieser buhlt umso intensiver um ihre Gunst, was bei der Umworbenen das Gefühl der eigenen Attraktivität offensichtlich steigert. In ihrer Überlegenheit fühlt sie sich auf einem «Höhepunkt des Lebens», den sie mit einer Marlboro noch zu steigern vermag. Interessant der letzte Satz des Begleittexts: «Die einzige Cigarette, die mir immer wieder jenen neuen, vollkommenen Genuss vermittelt!» Dass jede Person der Dreiergruppe raucht, lässt den Schluss zu, dass auch hier dank der Zigarette Kontakte geknüpft werden. Die Zigarette macht die junge Frau nebst ihrem Kleid, das Einblicke zulässt, attrak-

tiver. Das eingefügte Zigarettenpaket verhindert dabei diskret den Blick auf die Bikinihose: Raffiniert spielt die Werbung mit Freizügigkeit und Diskretion.

Die Flair-Kampagne von 1970 *(Abb. 12)* lässt viele Fragen offen: Der zeitgenössische Vorwurf der neuen Frauenbewegung müsste «Aufforderung zur Vergewaltigung!»[13] lauten. Der Blick des dunkelhaarigen Mannes und die abwesende Haltung der Frau unterstreichen diese Assoziation. Wenig schmeichelhaft, geschweige denn verkaufsfördernd für Flair. «Flair zündet» könnte aber einfach auch auf den Beginn einer knisternden Leidenschaft zu dritt anspielen. Wir verfolgen diese Interpretation; schließlich handelt es sich hier um die seltene Darstellung einer sexualisierten Dreierkonstellation mit zwei Männern und einer Frau. Allerdings: Mit sichtbaren sexuellen Attributen ist hauptsächlich die Frau versehen – nasses Haar, das demnächst nach hinten geworfen wird, glänzende Haut, ein nasses T-Shirt, das den Blick auf aufstehende Brustwarzen lenkt, und schließlich der geneigte Kopf. Entrückt gibt sich die Frau dem Genuss hin, während sie von den beiden Männern hinter ihr kritisch gemustert wird: «Sie ist jung. Sie ist neu.» So betrachtet, zeigt dieses Foto die ganze Ambivalenz der Sexualität und der Fragen, die ab 1968 aufgeworfen werden: Verhältnis der Geschlechter, Kritik am Patriarchat, Gewalt gegen Frauen und Forderung nach selbst bestimmter Sexualität der Frau.

Nicht ambivalent, sondern eindeutig zeigen sich Parisiennes *(Abb. 13)*: Gemütlich knistert das Kaminfeuer im Hintergrund, der weiche, flauschige Teppich lädt zur Verführung ein. Das Paar hat es sich bereits auf der zeitgemäß designten Couch bequem gemacht. Sie lehnt entspannt zurück und lässt sich von ihm ihre Zigarette mit zwei Streichhölzern anzünden; denn die Parisienne ist die Dritte im Bunde. So auch der Text: «Wir drei gehören zusammen!» Anders als bei Marlboro und Flair kommt hier die Zigarette nicht als Vermittlerin ins Spiel, sondern als Begleiterin wie bei Barclay: «Denn sie gehört dazu – zu den schönsten Momenten im Leben.» Wahrscheinlich sind jene Augenblicke abendfüllend, denn er neigt sich schon sehr umsorgend zu ihr, berührt sie knapp, um sich danach auch seine Zigarette anzustecken, sich zu entspannen und zu genießen. Das Ambiente und das Kleingedruckte legen dem Publikum nahe, Genuss sexuell auszuleben, wenn auch diese Szene nicht den Anspruch erhebt, etwas an den Klischees der Geschlechter zu verändern. Auch in der Realität scheiden gegen Ende der 1960er-Jahre mehr und mehr Frauen wieder aus dem Berufsleben aus, und jene Frauen, die noch weiter «außer Haus» arbeiten, werden spätestens mit dem so genannten «Ölschock» als «Doppelverdienerinnen» an den Herd zurückgeschickt. Gegen diese «Isolation in den Toleranzbereich kleiner Kinder und wilder Tiere»[14] protestiert etwa die Frauenbefreiungsbewegung (FBB, Zürich).

Bild gängige Rollenmuster umgekehrt: Die frühen 1980er-Jahren greift die Frauenzigarette Kim die «ménage à trois» wieder auf *(Abb. 14)*. Hier wird das gängige Rollenmuster umgekehrt: Die zwei abgebildeten Frauen haben sich für den «Genuss, der zu uns passt», entschieden. Voller Tatendrang warten sie nicht, bis der «Genuss» in Form des sportlichen Herrn zu ihnen kommt, sondern holen ihn sich selbst. Interessant ist die Verschiebung: Nicht der Mann wählt zwei Frauen aus, sondern die Frauen wählen ihn aus. Nicht die Damen, sondern der Herr zeigt nackte Haut und ist mittlerweile nach einiger Verzögerung auch zum Sexobjekt geworden. Wie sich das gehört, trägt er einen trainierten Körper zur Schau, doch trotz der physischen Stärke, die in ihm schlummert, «hängt» er förmlich von den Frauen ab. Tatsächlich haben auf die Emanzipation der Frau Teile der Männerwelt irritiert und verunsichert reagiert.

Nicht provozieren! Ein Fazit

Die Zigarettenwerbung instrumentalisiert das Bedürfnis nach Glück in Liebe und Sexualität für ihre Zwecke; den Erfolg in der Zweierbeziehung greift sie als Zusatznutzen über die ganze Zeit von 1965 bis 1985 auf – Glück in der Liebe dank der richtigen Zigarette. Die Werbung preist nicht etwa das Rauchen als Ersatzbefriedigung an, sondern verspricht, das Bedürfnis nach erfüllter Liebe und glücklicher Sexualität sei mit einem Kauf der richtigen Marke zu stillen, und setzt dieses Versprechen in einen gesellschaftlich akzeptierten Zusammenhang. Sie orientiert sich dabei immer an

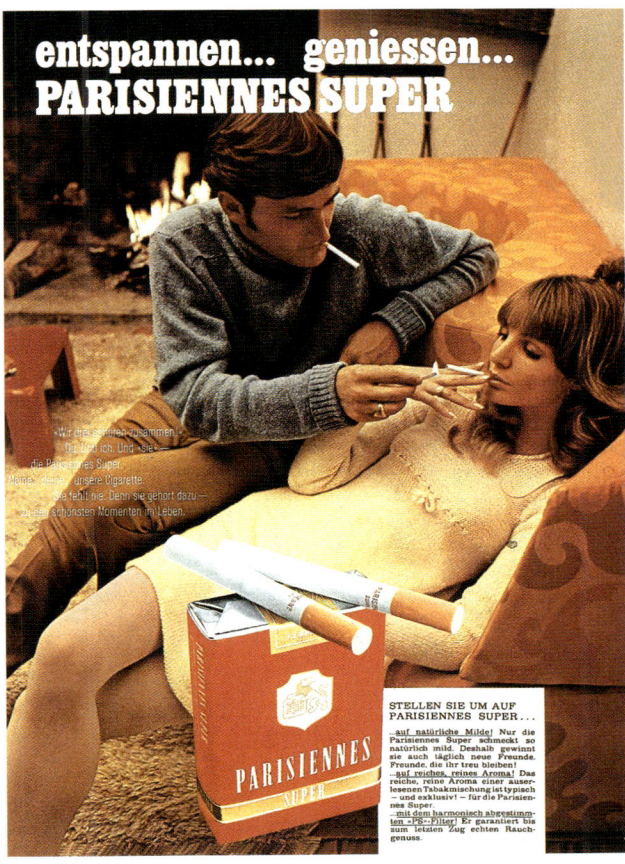

13
Parisiennes, 1969: Kaminfeuerromantik zu dritt.

14
Kim, 1981: Frauen treffen ihre Wahl und greifen zu.

einem Ist-Zustand, auf provokative Darstellungen von Liebe und Sexualität lässt sie sich nicht ein.

Um ihre Botschaft an den Mann und an die Frau zu bringen, bedient sich die Werbung bestimmter Motive, die bei verschiedenen Marken und zu unterschiedlichen Zeiten immer wieder auftauchen, wenn auch jeweils mit leicht veränderter Konnotation. In der Werbung von 1968 wird Sexualität zwischen Aufbruch und Tradition dargestellt. Für den Aufbruch sprechen die klaren Aufforderungen, Neues auszuprobieren, den Horizont zu erweitern sowie Erfahrungen zu sammeln (z.B. Waldorf, Royale, *Abb. 1 und 2*). Diese beziehen sich nicht nur auf die Zigarettenmarke, sondern auf den gesamten Lebensstil, den die Werbung anhand der Zweierbeziehung inszeniert. Die Aufforderung, eine bestimmte Marke zu rauchen und damit einen neuen Schritt zu wagen, ist ambivalent formuliert (z.B. Waldorf, Royale, Barclay, Kim, *Abb. 1, 2, 9, 10, 14*); so wird die Zigarettenwerbung für alle lesbar und dem eigenen Geschlecht entsprechend interpretierbar. Das Gebot der freien Liebe ist jedoch zu provokativ, um in der Werbung umgesetzt zu werden, es wird höchstens in der oft angetönten, selten aber im Bild realisierten «ménage à trois» thematisiert und auch dann nur in der «klassischen» Version: ein Mann, zwei Frauen. Homosexualität bleibt bei allen Marken ein Tabu.[15] Die Tradition lässt sich nach wie vor in der Werbung ausmachen, immer wieder fließen konservative Werte selbst in Anzeigen ein, die Aufbruchstimmung verbreiten. Sie werden zwar zum Teil gebrochen und in humorvollen Rollenspielen entlarvt, aber immer noch herbeizitiert und gar heraufbeschwört (z.B. in der Märchenromantik bei Royale oder im klassischen Rollenverhalten bei Gallant und Parisiennes, *Abb. 2, 8, 13*). Gerade in der Aufbruchzeit um 1968 vertraut man darauf, dass die Sehnsucht nach konservativem Glücksversprechen noch immer wirkt.

Klar salonfähig wird in der Werbung die selbstbewusste Frau, die ebenso wie der Mann weiß, was sie will. So wird bereits in den 1960er-Jahren die gleiche Werbekampagne von Lucky Strike einmal mit einer Frau und einmal mit einem Mann als Hauptperson lanciert (*Abb. 5 und 6*). Das andere Geschlecht ist jeweils nur in Form einer Hand präsent, die der Hauptperson die Zigarette anzündet. Während allerdings bei dieser Werbe-

kampagne auch älteren Herren eine Zigarette angezündet wird, ist das Bild einer älteren Dame offensichtlich nicht werbekonform; die Frauen sind durchwegs jung und hübsch.

Das neue weibliche Selbstbewusstsein macht auch vor der Sexualität nicht Halt, so dass die passive Rolle der Frau zum Teil der aktiven weicht. Bestärkt wird dieses Bild 1971, wenn eine Frau auf ihrem Recht besteht, ihre eigene Zigarettenmarke zu rauchen (Windsor de Luxe: «Eine Frau hat ein Recht auf ihre eigene Cigarette») und ihre Sexualität zu leben (Flair, *Abb. 3*). Trotzdem finden wir bis in die 1980er-Jahre hauptsächlich die Frau sexualisiert und leicht bekleidet dargestellt. Erst verspätet wird auch der Mann zum sexuellen Objekt – es sei denn, wir werten den Erfolg als erotische Komponente, die des Mannes Potenz bestätigt. Höhepunkt genau dieser Vorstellung ist der Barclay-Mann der 1980er-Jahre. Er wird als Yuppie dargestellt, als Hedonist, der scheinbar keine Werbung braucht, die ihm sagt, was er zu tun hat. Die Zigarette wird deshalb auch nicht mehr ins Zentrum gerückt, sondern sie gehört wie selbstverständlich zu diesem Mann von Welt, dem alles gelingt und der alles haben kann. Auch die Frauenhand, die auf jeder Anzeige zu sehen ist. Im Zuge der Pluralisierung und Individualisierung der Lebensstile ist in diesem Beispiel Erotik und Sexualität nur angedeutet. Welchem Gusto die Spielchen entsprechen, die nach oder während dem Rauchen stattfinden, bleibt den Betrachterinnen und Betrachtern verbogen. Mit dieser «Privatisierung» der Sexualität vervielfachen sich die Möglichkeiten. Wir finden eine Projektionsfläche für unser Verlangen; «Genuss kommt wieder».

Vom Kochherd aufs Rollfeld

Ein Streifzug durch die Frauenbilder in der
schweizerischen Anzeigenwerbung 1920–1990

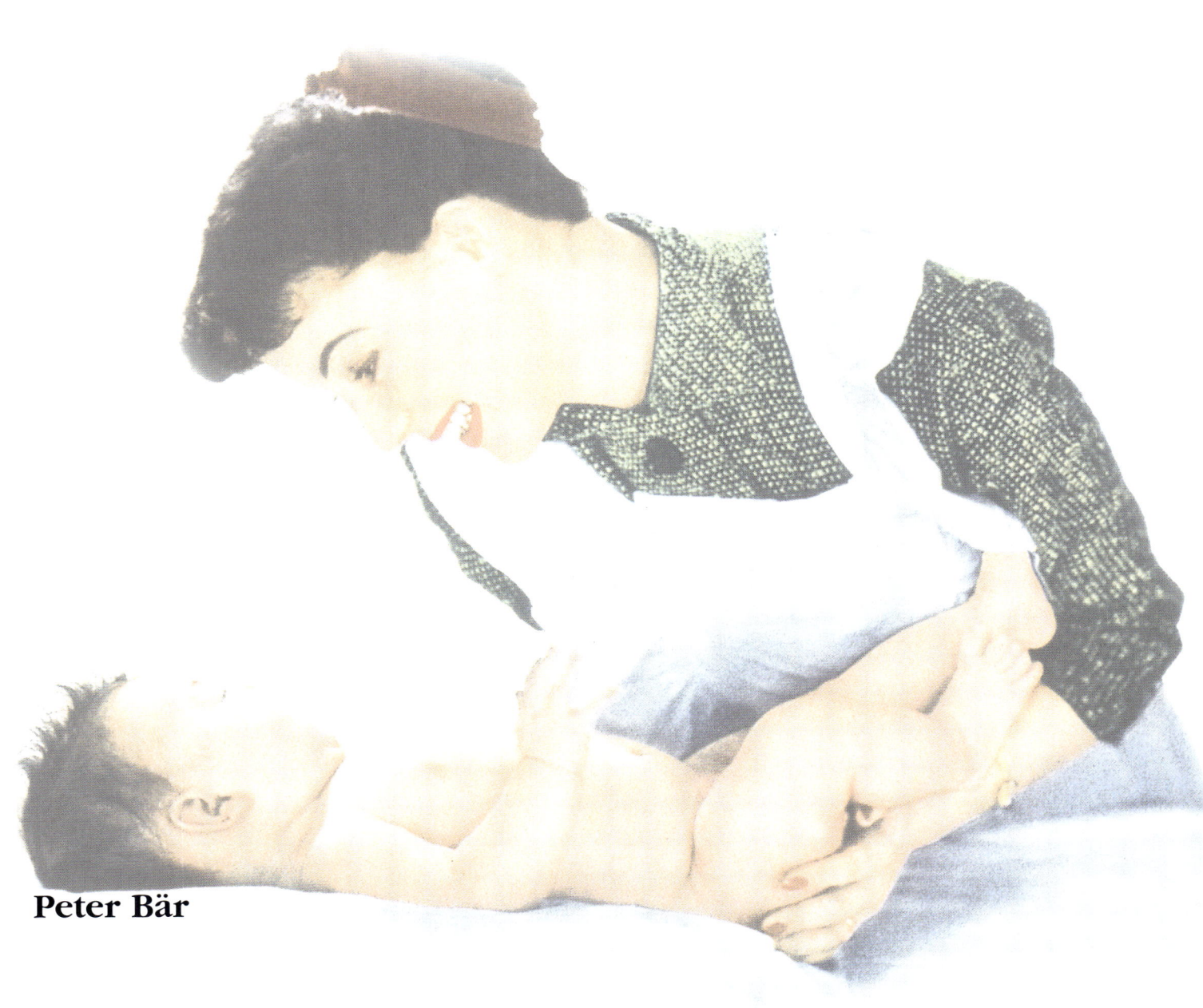

Peter Bär

Die Frauendarstellungen in der Werbung haben sich im Verlauf des 20. Jahrhunderts mehrfach stark verändert: Diese Entwicklung lief jedoch nicht einfach gleichförmig und linear ab. Das Spektrum der Frauendarstellungen in den Werbebildern ist zu jeder Zeit erstaunlich vielfältig. Viele Frauenfiguren können jedoch einigen wenigen typischen Rollenbildern zugewiesen werden.

Vorab einige «Facts»: Zu Beginn der 1920er-Jahre bildeten erst rund 25 Prozent der Werbeanzeigen Menschen ab; seither hat dieser Anteil vor allem bei den großflächigen Anzeigen stark zugenommen. Eine quantitative Untersuchung[1] der Anzeigenwerbung in den vier Zeitschriften «Schweizer Illustrierte», «Schweizer Familie», «Schweizerischer Beobachter» und «Illustré» durch den Autor hat weiter gezeigt, dass Frauen von 1920 bis in die 1960er-Jahre hinein rund doppelt so häufig abgebildet wurden wie Männer. Die Überzahl der Frauenbilder lässt sich jedoch nicht auf ein einseitiges Geschlechterverhältnis bei den Leserschaften der untersuchten Familienzeitschriften zurückführen.[2] Mit der starken Zunahme von Freizeit, Kaufkraft und Einpersonenhaushalten ab den 1960er-Jahren wurden das Einkaufen des täglichen Bedarfs und zudem das «Shopping» als vergnügliche Freizeitbeschäftigung zu gesellschaftlich anerkannten Aktivitäten auch für Männer (vgl. den Beitrag von Albert Tanner). Entsprechend hat parallel dazu auch die «Übermacht» der Frauen in den Werbebildern allmählich abgenommen; bis heute werden jedoch mehr Frauen als Männer abgebildet.

Mit Frauenbildern wendet sich die Werbung nicht primär an Männer, sondern sie will die Frauen selbst ansprechen. Die Werber gingen seit den 1920er-Jahren davon aus, dass – aufgrund der klaren Rollenteilung zwischen den Geschlechtern – die allermeisten Kaufentscheide von Frauen getroffen würden. Die Männer waren hauptsächlich bei den großen Anschaffungen ausschlaggebend.[3]

Offensichtlich hatten viele für Werbung Verantwortliche die Vorstellung, speziell Frauen hätten ein Bedürfnis nach Orientierung. Neben Tipps durch männliche Experten offerierte die Werbung den Frauen deshalb Möglichkeiten der positiven Identifikation mit Vorbildern des eigenen Geschlechts, die bei den Männern oder in ihrem Umfeld Erfolg hatten. Die in der

Werbung abgebildeten Situationen versprachen zumeist gesellschaftliche Anerkennung. Wie sich die Gesellschaft seit den 1920er-Jahren verändert hat, so haben sich auch die Vorbilder und Verhaltensweisen mehrfach gewandelt, mit denen die Werber die verschiedenen Zielgruppen zeitgemäß anzusprechen versucht haben.

Einfach für alles «ist der fehl- und charakterlose, süss lächelnde Mädchenkopf das Universalwerbemittel. Je härter und gefahrvoller die Zeiten werden, um so kitschiger und massenhafter tritt das ‹schöne Mädchen für alles› auf. (...) Ein Hauptfehler, in den der Reklamer der Schönheitsindustrie immer wieder verfällt, ist der, dass er die Kritiklosigkeit der Frau voraussetzt. Die Frau ist gerade in diesen Dingen viel kritischer veranlagt als der Mann.»[4] So argumentierte tadelnd der Werber Traugott Schalcher 1940 aus Besorgnis über die Wirkung solcher Werbung. Tatsächlich werden zur vermeintlichen Attraktivitätssteigerung bis heute immer wieder Anzeigen mit Frauenbildern «dekoriert», ohne dass ein wirklicher Bezug zum Produkt besteht, ein Zusatznutzen demonstriert oder ein Lebensstil vorgeführt wird. Oder hilft ein verträumtes, hübsches Mädchen tatsächlich, ein Mittel gegen Verstopfung zu verkaufen?[5] Obwohl gerade in der Frühzeit der Werbung solche Frauenbilder häufig vorkamen, werden sie im vorliegenden Artikel nicht weiter behandelt. Dasselbe gilt für die omnipräsente Aufforderung an die Frauen, schön, schlank und jugendlich zu sein, sowie für die in den Sechzigerjahren stark zunehmenden erotischen und sexualisierten Darstellungen (vgl. den Beitrag von Christine Wanner/ Brigitte Walser und den Kommentar zu Abb. 10 bei Simon Eggimann). Hier kommt nun die Entwicklung einiger Typen von Frauendarstellungen in der Werbung zur Sprache, nämlich die Hausfrau, die Mutter, die Sportsfrau, die berufstätige sowie die «neue» unabhängige Frau.

Vom «sparsamen Hausmütterchen» zur modernen Hausfrau

Die Ovomaltine-Werbung von 1932 *(Abb. 1)* zeigt eine Frau abends konzentriert beim Bügeln, neben ihr schläft ein Kleinkind friedlich im Stubenwagen. Am Tisch neben der arbeitenden Frau sitzt der Ehegatte, der, entspannt die Pfeife rauchend, seine Zeitung liest. In schweren Lettern steht neben dieser Eheszene geschrieben: «Doppelte Bürde. Zwei- und dreifach ist die Last, welche die Frau von heute zu tragen hat. (...) Arbeit von morgens früh bis abends spät, die nur selten genügend gewürdigt wird.» Dass diese Mehrfachbelastung einzig auf den Schultern der Hausfrau und Mutter lastet, wird hier zwar angesprochen, und die möglichen negativen Konsequenzen für die Gesundheit werden aufgezeigt, aber dieses «natürliche», geschlechtsspezifische Rollenverhalten wird nicht in Frage gestellt. Die Belastung war oftmals sogar dreifacher Natur. Denn auch berufstätige Frauen mussten gemäß der traditionellen Rollenteilung die Haus- und Mutterpflichten alleine tragen; immerhin betraf dies in den 1920er- und 1930er-Jahren rund 25 Prozent der Frauen.[6]

Die Männer wiederum sind in den Werbebildern bis in die Siebzigerjahre hinein – wenn überhaupt – im Haushalt höchstens beim Geschirrabtrocknen behilflich; viel lieber schauen sie ihren Frauen prüfend in die Kochtöpfe. Wenn sich die Väter überhaupt mit ihren Kindern beschäftigen, dann meist nur mit den Söhnen. Diesen vermitteln sie, wie man zum richtigen Mann wird. Erst in jüngster Zeit kümmern sich die Werbeväter aktiver und kollegialer um ihre Kinder und tollen gar mit ihnen herum. Aufgabe der Mütter war es entsprechend auch, ihre Töchter in der richtigen Haushaltführung zu unterweisen. Die Ovo-Anzeige greift jene beiden eng miteinander verwobenen Themenkreise – Hausfrauen- und Mutterpflichten – auf, die bis in die 1960er-Jahre sehr häufig in der Werbung anzutreffen sind und die im Folgenden weitgehend getrennt betrachtet werden.

Der Gegensatz zwischen der anstrengenden Hausarbeit und den Verheißungen eines sorgenfreien, kräfteschonenden Hausfrauenlebens durch technologischen Fortschritt war in der Zwischenkriegszeit ein beliebtes Werbethema: Gezeigt wurde beispielsweise das Schleppen von Wassereimern, Kohle und Holz, das mühsame Schrubben schwerer Pfannen oder das Bodenwichsen auf den Knien – und natürlich wurden Lösungen zur Arbeitserleichterung angeboten. Gerade auch das mühevolle Wäschewaschen war ein häufiges Thema. Die Mechanisierung des Waschens, aber auch die Verbesserung der Waschmittel versprachen großen

Gewinn an Kraft und Zeit, welche wiederum für die Familienbetreuung hätten eingesetzt werden sollen.

Die bereits ganzseitige Anzeige für Vigor *(Abb. 2)* von 1923 zeigt im größeren Bild eine schick angezogene Frau, die in einer großzügig bemessenen Waschküche zwar freudlos, aber doch ohne große Mühe und in distinguiert-aufrechter Haltung ihre Wäsche abends bei elektrischem Licht in Vigor einweicht. Nach dem Werbetext sind die Wäschestücke am nächsten Morgen scheinbar ohne große Kraftanstrengung nur noch mehrmals zu spülen. Ein zusätzliches kleines, nur knapp erkennbares Bildchen will – im Kontrast zum «modernen» Waschen – vor Augen führen, wie kräftezehrend die Arbeit am Waschbrett und das lange Stehen im Dampf des kochenden Wassers gewesen seien. Bei vorausschauender Planung – so das Werbeversprechen – sei in fünf Minuten am Vorabend erledigt, was sonst fünf

Stunden dauern würde. «Sie ersparen sich nicht nur jene langen, mühsamen Stunden harten Reibens über dem Waschbrett, sondern Sie entgehen auch all der umständlichen Plackerei des Kochens (...)». Das Damenhafte der jungen Hausfrau in der Hauptillustration, ihre elegante Kleidung (mit adretter Schürze) und die großzügige Waschküche weisen wohl auf einen bürgerlichen Haushalt hin, obwohl von keiner Waschfrau die Rede ist. Das neue Waschmittel verspricht einen umfassenden Fortschritt: Nicht nur die Gesundheit und das Aussehen werden geschont, sondern durch den Wegfall der harten Handarbeit wird das Haushalten aufgewertet und damit das Selbstwertgefühl gesteigert.

Bereits in den 1910er-Jahren gab es in den USA die ersten Bemühungen, die Rationalisierung in den Fabriken auf die Hausarbeit zu übertragen. Berühmt geworden ist in diesem Zusammenhang auch die erste vollständig eingerichtete und auf der Basis von Arbeitsplatz-, Zeit- und Bewegungsanalysen entworfene «Frankfurter Küche» von 1926.[7] Wichtiger Ausgangspunkt solcher Überlegungen war der nach Frederick W. Taylor benannte «Taylorismus», der die Betriebsführung auf eine «wissenschaftliche» Grundlage stellte – wissenschaftlich heißt hier: genaue Analyse der Arbeitsschritte und optimale Abstimmung der Arbeitsprozesse aufeinander. Hauptsächlich ging es Taylor darum, einen (Groß-)Betrieb als Gesamtsystem zu einer gut geölten «Maschine» werden zu lassen, indem die Arbeitskraft des Menschen und der Maschinen möglichst effizient ausgenützt wurden – was konkret für die Menschen meist unangenehme Akkordarbeit bedeutete.[8] Generell wurde der Rationalisierungsgedanke in den 1920er-Jahren auch hierzulande zu einem wichtigen Thema und Schlagwort. Die Bestrebungen der ab Mitte der 1920er-Jahre recht aktiven Bewegung zur Rationalisierung der Haushaltsführung fanden auch häufig Eingang in die Werbung: Die Reorganisation der Arbeitsabläufe, die praktische und reinigungsfreundliche Einrichtung der Wohnung sowie die Mechanisierung des Haushalts wurden propagiert. Ziel sollte es sein, Zeit, Kraft und auch Geld zu sparen.[9]

Die Hausfrauen begannen sich bereits in den 1920er-Jahren zu organisieren und setzten sich für die Verbesserung des Ansehens ihres Berufsstandes ein. In den 1930er-Jahren bekam die Hausfrauenbewegung auch Unterstützung von staatlicher Seite, was auch im Zusammenhang mit der Politik der Geistigen Landesverteidigung und der dort betriebenen Aufwertung der Familie zu sehen ist. Diese Förderung äußerte sich beispielsweise in der Verbesserung der hauswirtschaftlichen Ausbildung durch die Gründung von Hauswirtschaftsschulen.[10] Auffallend ist, dass mit der Aufwertung der Hausarbeit sich die Werbung auch seltener der – häufig von männlichen Experten vorgetragenen – eher herablassenden Belehrungen bediente und die Hausfrauen vermehrt als auf ihrem Gebiet selbständige und fachkundige Personen ansprach, die ihrem Ehegatten in familiären Belangen, durchaus Verantwortung übernehmend, zur Seite zu stehen hatten.[11]

Auch in der Nachkriegszeit drehte sich mehr Werbung denn je um die Hausfrau und ihre Arbeit – nicht nur wegen der weiterhin konservativen Grundstimmung in den Zeiten des Kalten Kriegs, sondern auch wegen der Produktinnovationen, die sich in rasantem Tempo ablösten. Die Werbeargumente blieben grundsätzlich dieselben: die Erleichterung der Arbeit und die Reduktion des Zeitaufwands durch technischen Fortschritt. Was sich änderte, war die Form der Argumentation: Die Anzeigen zeigten kaum noch mühevolle Hausarbeit, sondern fokussierten meistens auf die angenehmen Folgen des Produktgebrauchs.

Die Rationalisierung der Hausarbeit durch den Apparateeinsatz und der Konsum von Fertig- und Tiefkühlprodukten sollen es der Hausfrau erlauben, sich weniger mit Küchenarbeiten zu beschäftigen. So fordert eine Nescafé-Anzeige 1957 die Frauen auf: «Lassen Sie nicht den Kopf in der Küche» *(Abb. 3)*. Denn «Nescafé verrichtet in Vollkommenheit all die Arbeit, von der er Sie befreit». So könne sich auch die Hausfrau eine «kurze Ruhepause nach dem Essen gönnen», und zumal der Gatte seinen Kaffee ja nicht gerne alleine trinke, solle die Gattin ihm dabei Gesellschaft leisten. Im Werbebild widmet sich der Gatte allerdings weniger seiner artig dasitzenden und ihn anhimmelnden Gemahlin als – mit verführerisch-ermunterndem Blick – der vermuteten Betrachterin der Anzeige.

Der zeitliche Aufwand für Erziehungsarbeit, aber auch für Reinigungsarbeiten und die Nahrungszube-

5 Minuten Abends
ersparen Jhnen 5 Stunden
am nächsten Morgen

Ein neues Waschverfahren, das den Schmutz aus der Wäsche schwemmt, einzig und allein durch Einweichen.

Gerade 5 Minuten! Die 5 Minuten, die nötig sind, um die Wäsche im Bottich nach der neuen Art einzuweichen. Am nächsten Morgen ist Ihre Wäsche fix und fertig, ohne hartes Reiben — ohne weiteres Mühen und Plagen!

Sie brauchen die Wäsche nur noch in mehreren Wassern zu spülen — und schneeweiss hängt sie schon an der Leine. Nur Manchettenränder und andere äusserst schmutzige Stellen sollten leicht zwischen den Händen gerieben werden.

Dieses Einweichen schont Ihre Wäsche!

Früher rieben Sie sich über dem Waschbrett auf um den Schmutz aus Ihrer Wäsche herauszubringen. Sie zermürbten dabei die Wäsche und gefährdeten Ihre Gesundheit.

Jetzt brauchen Sie nur Ihre Wäsche über Nacht in Vigor einzuweichen, es ist von so hoher Waschkraft, dass es allen Schmutz aufweicht und von den Geweben loslöst.

Und dennoch enthält Vigor nichts, das den

Geweben oder den Farben irgendwie schaden könnte. Die Vigorkörnchen bestehen aus feineren und besseren Grundstoffen, als die bisher zur Erzeugung ähnlicher Produkte verwendeten.

Um 9 Uhr morgens mit der Wäsche fertig!

Sie ersparen sich nicht nur jene langen, mühsamen Stunden harten Reibens über dem Waschbrett, sondern Sie entgehen auch all der umständlichen Plackerei des Kochens, es sei denn, dass Sie gelegentlich doch zu kochen wünschen, jedoch nur der Sterilmachung wegen. Um 9 Uhr früh ist Ihre Wäsche bereit zum Aufhängen — rein, weiss und wohlriechend! 5 Minuten leichter Arbeit am Abend haben Ihnen die aufreibende Waschtagsqual erspart, welche Sie früher oft für den Rest der Woche müde und missmutig machte! — Probieren Sie Vigor, kaufen Sie es heute schon in Ihrem Laden; ein Paket genügt vollkommen für Ihre Wochen-Wäsche! Befolgen Sie die einfache Gebrauchsanweisung auf dem Paket. Pakete zu Fr. 0.65 und Fr. 1.20

Hergestellt durch die Erzeuger von Lux, in Olten

VIGOR

Die neue Art Seife für die Familienwäsche

V. 16.

2
«5 Minuten Abends ersparen Ihnen 5 Stunden am nächsten Morgen». Anzeige für Vigor von Sunlight (Olten), 1923.

reitung hat in den 1950er-Jahren deutlich, seither jedoch nur noch leicht abgenommen, wie die wenigen hierzu verfügbaren Zahlen für den Fall der BRD aufzeigen.[12] Einigkeit besteht auch darin, dass die körperlich harte Arbeit abgenommen hat. Umstritten bleibt hingegen, inwiefern dieser Rückgang der Arbeitszeit in einem Zusammenhang mit der Technisierung und Rationalisierung der Haushalte stand. Riccarda Haase meint, neue Standards – höhere Ansprüche an die Hygiene, größerer Wäscheverbrauch wegen des steigenden Wohlstands, gewandelte und individuellere Essgewohnheiten usw. – hätten gar zu einer Ausweitung der Hausarbeit geführt. So könnte gemäß Haase die Technisierung der Hausarbeit tendenziell gar die traditionelle Arbeitsteilung verfestigt haben, da durch die Apparate Kinder und Ehemann eher von einer Mitarbeit im Haushalt entlastet worden seien und weil auch nur eine Person die Arbeit habe erledigen können.[13]

Die Werbung der Nachkriegszeit vermittelte – in oft überzeichneter Form – die Vorstellung, die Hausarbeit sei zu einem Kinderspiel geworden, die kaum

5

Zwei Typen, die sich hervorragend
ergänzen. Sie ist der gesellige Typ
Frau. Sie liebt Parties über alles.
Und trägt dazu elegante Prêt-à-
Porter-Mode. Sie freut sich, wenn
ihr Geschirr immer ‹Prêt-à-Servir›
aus dem Geschirrspüler kommt.
Der Therma-Typ, der ihr ent-
spricht? Ein formschöner, leiser
Geschirrspüler. Der sorgt Tag und
Nacht für blitzblankes Geschirr
und strahlende Gläser.

Einbau-Geschirrspülautomat DELTA elec-
tronic mit vollelektronischem Programm-
ablauf. Alle Normalprogramme sind Spar-
programme mit Stromeinsparungen bis
30%. Höhenverstellbarer oberer Geschirr-
korb, der sich dem Geschirr anpassen
lässt. In Perlaweiss, Thermabraun oder voll-
integrierbar in jedes Küchendesign.

therma macht mehr aus Ihrer Energie.

Verlangen Sie Prospekte bei Therma AG Haushaltapparate, Flurstrasse 50, 8048 Zürich, Tel. 01/491 75 50.

mehr Zeit in Anspruch nehme. Damit hat die Werbung
das ohnehin nachlassende gesellschaftliche Ansehen der
Hausfrau als Zentrum der Familie mit Sicherheit nicht
gefördert. Sie rückte auch zunehmend vom traditionellen
Hausfrauenbild der sich für die Familie aufopfernden, die-
nenden Hausmutter ab. Die «moderne» Hausfrau wurde
ab Ende der 1960er-Jahre zunehmend als modebewuss-
te, weniger auf den Ehemann bezogene Frau dargestellt,
die das Leben ebenfalls zu genießen weiß – die Schürze
als Erkennungszeichen fiel in der Folge weg.

Zwei Anzeigen aus einer Werbekampagne für
St. Galler Conserven *(Abb. 4 und 5)* argumentieren in
dieselbe Richtung wie viele andere Anzeigen auch:
Konserven helfen wertvolle Stunden zu sparen, die sinnvoll für andere Zwecke eingesetzt werden können. Ist die

Anzeige mit dem Baby noch ganz der traditionellen
Familienbezogenheit der Hausfrau verpflichtet, so zeigt
die zweite Anzeige etwas Außergewöhnliches: Dieselbe
«Frau Erika» besucht alleine eine Kunstausstellung! Zwar
stellt auch diese Werbung das Leben für die Familie nicht
grundsätzlich in Frage, wenn sie fragt: «Gehört die Frau
nur in die Küche?» Nein, nicht nur, so die Antwort, natürlich sei es wichtig, ein «Bijou von einem Haushalt» zu führen. Den brav arbeitenden Hausfrauen sei jedoch manchmal auch der Besuch eines Konzerts oder einer
Ausstellung zu gönnen; schließlich lebe die glücklichste
Ehefrau nicht von Brot und Liebe allein. Der tüchtigen
Hausfrau wird somit gleichsam als Lohn etwas unabhängige Weiterbildung und Selbstentfaltung zugestanden –
diese kleine Freiheit kostet «Frau Erika» denn auch aus.

Stets «von Mutterhand umsorgt»

Ist mit der Hausarbeit ein Teil der traditionellen «doppelten Bürde» mit der Zeit fast völlig aus der Werbung verschwunden, so blieb der Themenkreis Mutterliebe und Familie stets präsent. Wir haben bereits gesehen, wie eng Hausfrauen- und Mutterpflichten in der Werbung miteinander verflochten wurden *(vgl. Abb. 1 und 4)*. Das hingebungsvolle Umsorgen der Kinder und des Ehemanns gehört auch unabhängig von der Hausarbeit seit jeher zum festen Repertoire der Werbung.

Mutter-Kinder-Szenen wurden in der Zwischenkriegszeit besonders häufig für Produkte eingesetzt, die den Müttern die Wichtigkeit von Sauberkeit und Hygiene oder gesundheits- und wachstumsfördernder Ernährung ans Herz legen wollen (zum Beispiel Nestlé-Kindermehl, Banago, Ovomaltine usw.). *Abb. 7* zeigt beispielsweise eine fröhliche Mutter, die liebevoll ihren drei erwartungsfrohen, artig am Tisch sitzenden Kindern den ersehnten Kakao einschenkt. Die von der damals bedeutenden, bereits multinationalen Annoncenagentur Rudolf Mosse 1923 gestaltete Anzeige wirbt für das «unerreichte» und «wertvolle volkstümliche» Produkt zeittypisch mit den Argumenten der Sparsamkeit («ausgiebig u. billig»). Der «Cacao Zürcher» wird als gesundes, für alle erschwingliches Produkt angepriesen. Eine Mutter, die sich um die Gesundheit ihrer Kinder sorgt, sollte ihnen regelmäßig nahrhaften Kakao auftischen.

Ein ebenfalls gängiges Werbemotiv seit den 1920er-Jahren ist die Abbildung der engen Beziehung zwischen Mutter und Bébé (oder Kleinkind). Die Werber haben früh erkannt, dass das Kindchenschema – große leuchtende Kinderaugen und die typisch rundlichen Körperformen von Kleinkindern – bei den Konsumentinnen zu hoher Aufmerksamkeitswirkung führt.[14] Eine Radion-Anzeige von 1963 *(Abb. 8)* zeigt eine charakteristische Darstellung des innigen Verhältnisses zwischen Mutter und Kleinkind: Die modisch in Weiß zurecht gemachte Mutter hält ihr Kind in die Höhe, das eingehüllt ist in ein von Radion «weisser» gewaschenes Badetuch. Gerührt strahlend beweist die junge Frau ihre Mutterliebe und die im Text angesprochene Sorgfalt bei der Pflege des Kindes; dieselbe

Eine solche Werbebotschaft ist Mitte der 1950er-Jahre noch eine Ausnahmeerscheinung.

Bis in die 1960er-Jahre hinein gehörte die Hausfrau zu den häufigsten Frauendarstellungen in der Werbung. Danach wurden solche Darstellungen in den untersuchten Zeitschriften immer seltener. Unser letztes Beispiel *(Abb. 6)* zeigt denn auch nicht mehr wirklich eine Hausfrau, sondern eine genuss- und erlebnisorientierte Partygängerin. Hausarbeit ist für sie mit Sicherheit kein Lebensinhalt mehr, sondern eine lästige Nebensache, die es möglichst angenehm und zeitökonomisch zu erledigen gilt – beispielsweise mit einem Geschirrspüler. Mit der Veränderung der Lebensstile und der hohen Verbreitung der Haushaltgeräte änderten sich auch die Werbeargumente: Ab den 1980er-Jahren werden Haushaltprodukte und -apparate beispielsweise häufig mit Umweltargumenten angepriesen.

Fürsorge lässt sie gemäß Werbetext auch den Hemden des Vaters angedeihen. Die leuchtend weißen Stoffe von Kleid und Frottétuch gehen ineinander über und verstärken damit optisch die Vorstellung von der reinen und symbiotischen Beziehung zwischen Mutter und Kind. Bis ab den 1970er-Jahren in der Werbung zunehmend intimere Szenen zwischen erwachsenen Menschen abgebildet werden konnten, waren solche Mutter-Baby-Darstellungen wohl die zwischenmenschlich emotionalsten und innigsten, die den Werbern zur Verfügung standen.

Die Anzeige für die Zigarette Reynolds No.1 *(Abb. 9)* führt uns zu einem bereits angesprochenen Aspekt *(vgl. Abb. 3)*: Die liebende Ehefrau umsorgt nicht nur ihre Kinder, sondern auch ihren Mann. «Ihm zuliebe, ihr zuliebe» begleitet sie ihn zum Auto und reicht ihm zum Abschied mit einer zärtlichen Liebkosung eine milde Sorte Zigaretten. Eine so fürsorgliche Gattin war eher eine Ausnahme in der Werbung der 1970er-Jahre, die meist auf partnerschaftliche und freundschaftlich aktive Beziehungen setzte; wahrscheinlich richtete sich diese Anzeige an ein männliches Publikum.

Die «Sportsfrau»

Die eingangs erwähnte quantitative Untersuchung des Autors hat ergeben, dass Sport gerade in der Werbung der späten 1920er- und der 1930er-Jahre als Motiv relativ häufig vorkam – auch in Bezug auf Frauen. In der Anzeige für die Damenbinden der Internationalen Verbandsstoff-Fabrik Schaffhausen von 1932 *(Abb. 10)* turnen vier Frauen aus einer Turnerinnenriege barfuß, kraftvoll und mit großem Elan durchs Bild. Die bein- und armlose Bekleidung gibt große Bewegungsfreiheit; sie ist ähnlich freizügig wie die Ende der 1920er-Jahre gängige Bademode. Die Headline besagt, die Frauen seien frei und glücklich. Auch während der Menstruationszeit seien die jungen Frauen nicht mehr verlegen und befangen wie ihre Mütter, sie müssten dank der neuen Damenbinden auch nicht der Arbeit fern bleiben und auf den Sport verzichten. Durch die neuen Produkte sollten die Frauen nach Aussage einer anderen Anzeige aus der-

8
«Mutter meint es gut... man sieht es!» Anzeige für Radion, 1963.

9
«Dir zuliebe, mir zuliebe». Anzeige für Reynolds No. 1, 1975. Werbeagentur: Gisler & Gisler.

Kochherd und Rollfeld

selben Serie dauernd leistungsfähig und damit «stärker im Wettbewerb mit ihren männlichen Kollegen» sein.[15]

Die Frauen werden in der Werbung der 1920er- und frühen 1930er-Jahre nicht nur beim beschaulichen Wandern, bei der Schlittelpartie oder beim Skifahren mit ihren Partnern gezeigt. Sie vergnügen sich auch selbständig bei Golf oder Tennis. In einer Anzeige für Cosy-Unterwäsche von 1931 (Abb. 11) sind Frauen schwungvoll und ungehemmt in Bewegung: Das eine der beiden «Sportgirls» spielt in luftig-lockerer Bekleidung Landhockey, das andere spielt Tennis. Keine Korsetts behindern mehr die «exakten, geschmeidigen Bewegungen» der dynamischen, sportbegeisterten jungen Frauen. Solche Darstellungen zeigen eigenständige und individualistische Frauen – sie sind meilenweit von den gleichzeitig erscheinenden Bildern der braven, auf die

Familie bezogenen Hausfrau und Mutter entfernt. Obwohl Tennis damals kein Breitensport war, trat es als Werbethema dennoch vergleichsweise häufig auf. Vielleicht erklärt sich dies mit Albert Tanners Hinweis, Tennis habe für die Töchter aus bestem Hause schon um 1900 unabdingbar zum Lebensstil gehört.[16]

Nicht nur in Anzeigen, sondern auch in redaktionellen Artikeln kommt die «Körperkultur der Frau» in den 1920er-Jahren zur Sprache, so beispielsweise in einer «Schweizer Illustrierten Zeitung» von 1928: «Für die Frau von heute ist der Sport unentbehrlich, denn sie hat erkannt, dass sie diesen natürlichen und lebendigen Leistungen ihre Jugendfrische, ihre Beweglichkeit verdankt. (...) Die leichtathletischen Uebungen stehen dem Wesen der Frau wohl am nächsten (...).» Die Frau zeige «gern ihre Geschicklichkeit beim Handball, beim Hockey und Golf. Im Tennis ist sie dem Mann vollkommen ebenbürtig.» Immer beliebter würden zudem das Paddeln, das Rudern und das Fechten.[17] Auch im Konzept der Geistigen Landesverteidigung spielten die körperliche Ertüchtigung und der Sport eine wichtige Rolle. Deutlich zeigt dies beispielsweise eine Anzeige, die kaum einer weiteren Erklärung bedarf. Zwei stämmig gebaute, einfach gekleidete Frauen mit Fahrrädern lassen sich vom bekannten greisen Pfarrer Johannes Künzle, dem sie respektvoll zuhören, sagen: «Radfahren mit dem eigenen Motor, mit der eigenen Kraft, das ist ein idealer Sport. Radfahren ist überhaupt wie kein anderer Sport geeignet, einem Heimat und Vaterland, Natur und Volkstum näher zu bringen (...).»[18]

In der «Wirtschaftswunderzeit» nach dem Zweiten Weltkrieg kamen Sport treibende Frauen seltener vor. Ins Zentrum rückte die motorisierte Fortbewegung; erst ab den 1960er-Jahren wurde der Sport wieder zu einem häufiger eingesetzten Sujet. Sport wurde nun meist in Zusammenhang mit einem aktiven, erlebnis- und genussorientierten Lebensstil präsentiert – und er wurde für einige Zeit fast ausschließlich zur Männersache. Entsprechend dem allgemeinen Trend werden seit den 1980er-Jahren insbesondere neumodische Extrem- und Erlebnissportarten, aber auch herkömmliche Leistungssportarten häufiger zu Werbesujets – die Männerdominanz bleibt weitgehend bestehen. Dennoch werden sportliche Frauen bei trendigen oder traditionelleren

Sportarten dargestellt: Auch Frauen klettern, surfen, joggen, skaten oder snowboarden. Im Kampf um die Aufmerksamkeit bei der potenziellen Kundschaft kommen – mit sehr ironischem Unterton – auch so ausgefallene Sujets wie eine blondierte Bodybuilderin in Wettkampfpose vor.[19]

Die berufstätige Frau

Insbesondere die Werbung der 1920er- und der frühen 1930er-Jahre bietet noch manchmal einen direkten, dennoch wohl beschönigenden Einblick in den Alltag der Erwerbsarbeit von Frauen. Ein Beispiel ist das Handstickerei-Atelier der Leinenweberei Bern. Zu sehen sind gegen zwanzig zumeist jüngere Frauen, die in ihren vielleicht besten Kleidern, aber auf engstem Raum Stickereiarbeiten erledigen *(Abb. 12)*.

In einer längeren Werbekampagne hat die Firma Cailler 1928 einen Eindruck der verschiedenen Produktionsschritte in ihrer Schokoladefabrik gegeben: Da sehen wir beispielsweise Frauen am Fließband Schokolade-«Tabletten» aus den Blechformen schlagen; das Einfüllen der flüssigen Schokolademasse jedoch wird bereits von Maschinen erledigt, ebenso die gleichmäßige Verteilung der Masse in den Formen. Eine Cailler-Anzeige mit zum Teil übereinander gelegten Fotografien gibt einen Einblick in den – idealisierten – Fabrikalltag der 1920er-Jahre *(Abb. 13)*. Die größte der drei Fotografien von De Jongh gibt eine Vorstellung vom Ausmaß einer Fabrikhalle, in der die vielen verschiedenen «braunen, süssen Dinger» verpackt werden. Auf engem Raum in Reih und Glied stehen Maschinen, Verpackungstische und Arbeiterinnen nebeneinander. Das mittlere Bild zeigt eine Maschine, die Cailler-Milchschokolade in Papier einwickelt, bedient von zwei «sauberen Mädchen» – so der Text. Die Frauen scheinen mit dem Nachreichen von Produkten und Verpackungsmaterial und mit der Kontrolle der eingewickelten Schokolade beschäftigt zu sein. In der kleinsten Fotografie ist zu erkennen, wie eine Arbeiterin in fabrikeigener, hygienischer Arbeitskleidung Pralinen in Schachteln verpackt.

Neben der allgemeinen Hygiene und der hingebungsvollen, «stillen Geschäftigkeit der Arbeiterinnen» stellt der Werbetext in der Cailler-Anzeige hauptsächlich

11
«Man sieht es diesen Sportgirls an: sie tragen Cosy». Anzeige für Cosy-Unterwäsche der A.G. vorm. Meyer-Waespi & Co. (Altstetten), 1931.

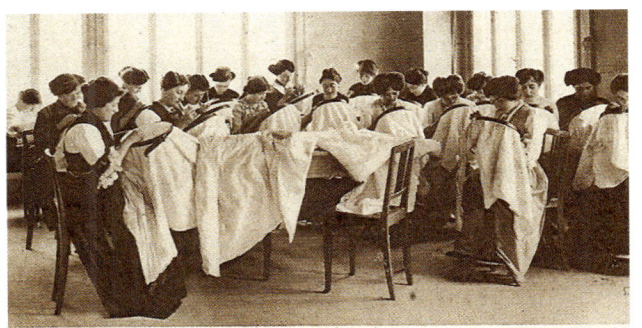

12
«Handstickerei-Atelier». Anzeige der Leinenweberei Bern A.-G., 1920.

13
«In den Wickelsälen
entströmt dem
poesievollen Fabrikat
ein feines Aroma».
Anzeige für Milch-
Chocolade von Cailler,
1928.

14
«Warum Togal?»
Anzeige für Togal,
1932.

die Errungenschaften des technischen Fortschritts und die bereits angesprochenen Rationalisierungsbestrebungen der 1920er-Jahre ins Zentrum der Argumentation. Es wird geschwärmt von den «emsig schaffenden Wundermaschinen», die getreu der menschlichen Hand nachgeahmt seien – und wohl auch menschliche Hände ersetzt haben. Auch wenn die Verpackungsabteilung vielleicht nicht der lärmigste Bereich der Fabrik war, ist die Idealisierung der Atmosphäre als «häusliche Poesie» doch eine ziemliche Übertreibung. Der Fabrikalltag dürfte vielmehr durch Lärm, intensive Gerüche und erschöpfende Akkordarbeit bei zu wenig Lohn geprägt gewesen sein.

Abb. 14 zeigt eine andere Facette der harten Arbeitsrealität in der Zwischenkriegszeit: Mitleid erregend abgekämpfte, müde blickende Waschfrauen werben für das heute noch verkaufte Antischmerzmittel Togal[20], das damals auch gegen Rheuma, Gicht und Ischias eingesetzt wurde. Selbstverständlich dürfte es sich auch hier um eine gestellte Werbefotografie handeln – dementsprechend ist nicht sicher, ob die abgebildeten Frauen tatsächlich Waschfrauen waren. Der Illustration ist dennoch zu entnehmen, dass diese einfachen, schon etwas älteren Frauen auf ein Leben voll harter Arbeit zurückschauen; davon zeugen nicht nur die kräftigen Arme, sondern vor allem die deformierten (Gicht-)Hände und der abgearbeitete Körper der rechts stehenden Frau. Ebenso wenig zu bezweifeln ist, dass die ständig mit sehr heißem und kaltem Wasser in Berührung kommenden Waschfrauen wohl oft an Gelenk- und Rückenkrankheiten und damit an Schmerzen litten.

Hin und wieder finden sich auch in der Werbung aus der Zwischenkriegszeit einzelne Anzeigen oder ganze Werbekampagnen, die neue Frauenberufe vorstellen und damit auf den Wandel der Zeit hinweisen. Unter dem Titel «Moderne Frauen» schaltete die Firma Wander für ihre Ovomaltine eine Serie, die junge, vitale Frauen in verschiedenen Berufen zeigte: beispielsweise die Telefonistin, die Arztassistentin oder das Berufsmannequin in einem Modehaus.[21] Solche Darstellungen waren damals Ausnahmen. So auch jene Anzeige für Kaffee Hag von 1932, in der eine Frau sich als Ärztin zu erkennen gibt und ihren Ehemann freundlich, aber bestimmt über eine medizinische Frage belehrt. Für einmal wird den weiblichen Konsumentinnen nicht ein männlicher Experte, sondern eine gleichgeschlechtliche Fachkraft als vertrauensvolle «Überzeugungshilfe» oder Identifikationsfigur angeboten.

Werbebilder mit Frauen in höheren oder akademischen Berufen waren in den 1920er- und 1930er-Jahren, aber auch in der Nachkriegszeit höchst selten. Als typische Frauenberufe galten untergeordnete und zudienende Tätigkeiten, da diese gemäß damaligen Vorstellungen der weiblichen «Natur» entsprachen. So sind die Frauen in der Werbung denn auch hauptsächlich in Verkaufs-, Pflege- und Büroberufen dargestellt. Seit den 1920er-Jahren war die Sekretärin oder Büroangestellte ein recht häufig eingesetztes Werbemotiv. Die Szenen gleichen sich jeweils: Fast immer wurden die Frauen an der Schreibmaschine arbeitend gezeigt und ihr Fleiß und Leistungswille hervorgehoben. Eine Anzeige für Gril von Maggi von 1957 *(Abb. 15)* präsentiert zur Headline «5 Fehler auf einer Seite?... Höchste Zeit für ein Gril!» ein Bild mit einer Sekretärin, die wegen ihrer Tippfehler verzweifelt. Hinter ihr steht ein adrett gekleideter Mann, der besorgt prüfend die ungenügende Leistung seiner Mitarbeiterin betrachtet. Seine Gestik, seine Mimik und seine dominante Position im Bild lassen darauf schließen, dass es sich hier um den Vorgesetzten handelt. Wie im vorliegenden Fall wurden die hierarchischen Verhältnisse zwischen den meist in untergeordneten Positionen arbeitenden Frauen und ihren meist männlichen Vorgesetzten hervorgestrichen.

Mit der zunehmenden Betonung der Erlebnisorientierung in der Werbung und der Gesellschaft sowie mit der schwindenden Bedeutung der Arbeit als zentraler Lebensinhalt[22] seit den 1960er-Jahren (vgl. dazu den Beitrag von Albert Tanner) kommen arbeitende Menschen in der Werbung tendenziell immer seltener vor. Die dünn gesäten Darstellungen arbeitender Frauen zeigen sie in Berufen, die von den erwähnten Frauenberufen über die erfolgreiche Geschäftsfrau oder Wissenschaftlerin bis hin zur unabhängig-flippigen Künstlerin oder Velokurierin reichen.

Im heutigen Kampf um die Aufmerksamkeit der Konsumentinnen und Konsumenten greift die Werbung manchmal Themen in überzeichneter und ästhetisieren-

der Form auf. Ein Beispiel bezüglich weiblicher Berufstätigkeit ist hierfür eine im deutschen Magazin «Der Spiegel» geschaltete Anzeige für West-Zigaretten mit der Headline «The power of now» *(Abb. 16)*: Zwei Militärpilotinnen stehen in Overalls rauchend auf dem Rollfeld, das nur schemenhaft zu erkennen ist. In ruhiger Anspannung erwarten sie wohl gerade eintreffende Anweisungen über Funk. Die Szene wirkt irritierend und künstlich zugleich, nicht nur wegen des unterkühlt-abge-

16
«The power of now».
Anzeige für West,
1997.

Test it.

West

THE POWER
West Lights
OF NOW.

17
«Für den Ballsaal».
Anzeige für Twink von
Sunlight (Olten), 1923.

Für den Ballsaal.

Dieses einfache und doch so vornehme Kleid
war zuerst in zartem Blau mit Silberbrokat
und Sylvia sah darin bezaubernd aus. Sie trug
es zweimal. — Dann erschien sie zweimal in
reizendem Grün mit Silberbrokat, — jenem ge-
heimnisvoll dunkel leuchtenden Grün, — um
hierauf in Schwarz mit Silberbrokat, herrlicher
denn je, aufzutreten.
    Die Freundinnen raunten und grübelten. —
Sylvia aber hatte einfach entdeckt, dass
Twink ihrem Silberbrokat-Kleid stets gerade die
von ihr gewünschte prächtige Farbe verleihe
und dabei den Glanz des Brokates noch erhöhe.

Twink
24 prächtige
Farben
reinigt und
färbt zugleich.

brühten Auftretens der beiden Frauen, sondern auch
wegen der harten Gesichtszüge der gezielt ausgewählten
Mannequins. Abgesehen von den langen Haaren und den
gepflegten Händen der rechts abgebildeten Frau sind von
den unechten Pilotinnen nur die leicht geschminkten
Gesichter zu sehen. Trotz des Titels «The power of now»
wird keine dynamische Aktivität dargestellt. Die Stärke
der Frauen «von heute» ist ihre Professionalität und
Selbstsicherheit, so könnte die Botschaft lauten – Frauen
können nicht nur in Normaljobs «ihren Mann stehen»,
sondern auch in Berufen, die das Äußerste abverlangen.

Die «neue Frau» der Zwischenkriegszeit

Interessanterweise tauchen bereits in der Werbung der
1920er-Jahre zunehmend Abbildungen von selbstbewusst und unabhängig auftretenden, erlebnishungrigen
und abenteuerlustigen «neuen» Frauen auf.[23] Eine überaus divenhaft-prunkvoll gekleidete Dame zelebriert in
einer Twink-Reklame von 1923 ihren sehr selbstbewussten, eleganten Auftritt *(Abb. 17)*. Wie hindrapiert
steht sie, Sylvia, ohne männliche Begleitung und neckisch mit einer langen Kette spielend auf der Treppe
zum Ballsaal. Sylvia zeigt keine Emotionen, sie tritt als
kühle Verführerin auf – diese Art von anziehender Unnah-
barkeit kennen wir auch von späteren Fotografien von
Filmdiven wie Greta Garbo. Sylvia zieht die Blicke der
Männer auf sich, aber auch die neidvollen Grübeleien
ihrer Freundinnen: Scheinbar ist sie nicht auf Rosen
gebettet, und doch schafft sie es, jedes zweite Mal mit
einem andersfarbigen, vornehmen Kleid für Aufsehen
im Ballsaal zu sorgen. Sylvia ist eben eine sparsame
Verführerin, denn mit Twink lassen sich Kleider nicht nur
reinigen, sondern auch färben!

Die Werbezeichnung aus einem Inserat für Kaffee
Hag von 1927 versetzt den Betrachter in ein gehobenes,
genussorientiertes Milieu, das sich gemäß Werbetext
durch ausgewählte Gesellschaft, stimmungsvolle Musik,
reizendes Interieur und geistreiche Unterhaltung auszeichnet *(Abb. 18)*. Die Darstellung lässt auf einen Tisch
mit zwei Herren und einer schulterfrei gekleideten Frau
mit damals modischer Kurzhaarfrisur blicken. Die Dame

nimmt sich die Freiheit zu rauchen und stützt sich dazu eher etwas burschikos mit beiden Ellbogen auf den Tisch. Über das neue Schönheitsideal in den 1920er-Jahren schreiben Hoffmann und Klotz: «Auch äußerlich bot die ‹neue Frau› ein bis dahin ungekanntes Bild. Sie rauchte in der Öffentlichkeit, rasierte sich die Beine und die Augenbrauen und stutzte die braven Zöpfe zum Bubikopf. (...) Die knabenhaft schlanke, flachbrüstige und langbeinige Frau, die Garçonne, die Knäbin mit schlankem Umriss, wurde nun zum neuen Frauenideal (...).»[24] Gerade der Tanz, so Hoffmann und Klotz, wurde zum Inbegriff von Bindungslosigkeit, Individualismus und damit von Emanzipation, er galt aber auch als Inbegriff femininer Verlockung. Besonders häufig tritt die «neue», unabhängige Frau in der für eine Oberschicht bestimmten Autowerbung der 1920er- und 1930er-Jahre auf (vgl. den Beitrag von Monika Baumann).

Wir stoßen in der Werbung somit auf Anhaltspunkte, die auf eine allmähliche und punktuelle Verwässerung gewisser traditioneller Wert- und Sittlichkeitsvorstellungen im Verlauf der 1920er-Jahre hindeuten – in einem Umfeld allerdings, in dem von anderer Seite zugleich auch eindringlich das Festhalten an konservativen Weltbildern propagiert wurde. Es entsteht der Eindruck, dass sich das bereits ältere Gedankengut verschiedener Bewegungen (Lebens- und Sexualreform, Suffragetten, Sozialismus) nach dem Ersten Weltkrieg weiterentwickelt und in gewissen städtischen Gesellschaftsschichten beziehungsweise bei einer jungen Generation zu einem Versuch geführt hat, herkömmliche Vorstellungen von geschlechtstypischem Verhalten und Selbstverständnis aufzubrechen.

Die Werbung ist auch im medialen Kontext jener Zeit zu sehen: Im redaktionellen Teil der Zeitschriften wird mit schöner Regelmäßigkeit über die moderne «neue» Frau berichtet. Cläre Naef schrieb 1928 in der «Schweizer Illustrierten Zeitung», im gleichen Atemzug mit dem Zeitalter der Technik sei vom «Zeitalter der Frau» zu sprechen.[25] Mit einer Mischung von Erstaunen und Bewunderung wurde über kühne Abenteuerinnen, Fliegerinnen und Frauen in ungewöhnlichen Berufen – in der großen, weiten Welt – berichtet. Oder unter dem Titel «Die Frau als Konkurrent des Mannes» wurde 1927 ausgeführt, welche Berufe im Ausland nun neu auch

Frauen zur vollsten Zufriedenheit verrichteten. Genannt wurden beispielsweise: Malerin, Mechanikerin, Chauffeuse, Polizistin, Bergführerin, aber auch Richterin, Maschinen- und Schiffsingenieurin.[26] Ein anderer Artikel endet mit dem selbstkritischen Seufzer: «Schade, dass wir bei uns noch nicht so weit sind!»[27] Die gleichzeitige Be- und Verwunderung über diese früh emanzipierten Frauen speziell in den westlichen Metropolen dürfte ebenfalls darauf hinweisen, dass eine solche Aufbruchstimmung in der Schweiz wohl nur sehr beschränkte Kreise erfasst hatte.

Mit der konservativen Wende in den 1930er-Jahren kam die antifeministische Komponente in der Ideologie der aufstrebenden «Neuen Rechten» immer stärker zum Tragen. Im Konzept der auch vom Staat geförderten Geistigen Landesverteidigung hatte die «moderne» Frau keinen Platz; sie sollte heim an den Herd.[28] Die Werber erkannten die Zeichen der Zeit: Die Darstellungen unabhängiger, individualistischer Frauen

18
«Kaffee und Musik».
Anzeige für
Kaffee Hag, 1927.

19
«I'm a winner... I smoke Marlboro». Anzeige für Marlboro, 1965.

20
«Die passen zu mir: Markenprodukte von Coop». Anzeige von Coop, 1993.

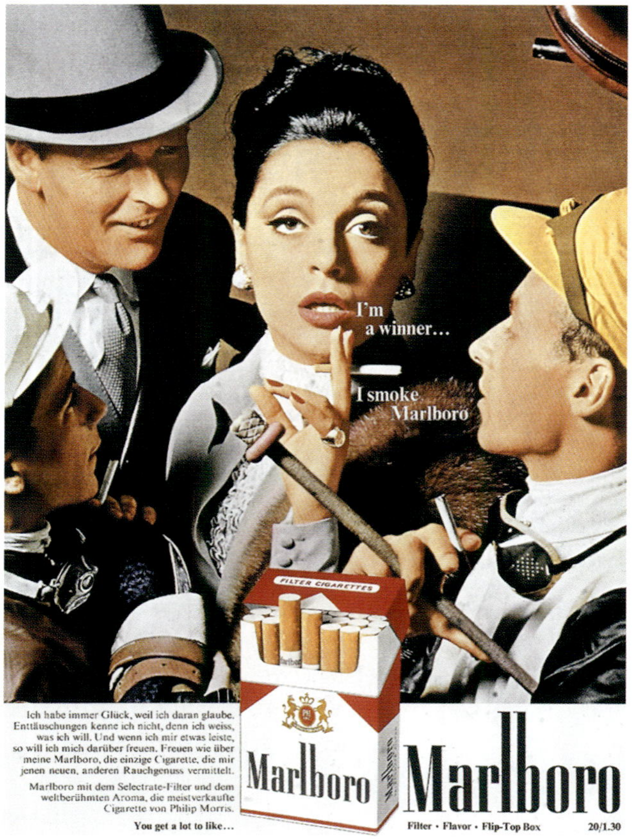

verschwanden in der zweiten Hälfte der 1930er-Jahre aus der Werbung und fanden erst in den 1960ern – oft über amerikanische Produkte – dahin zurück.

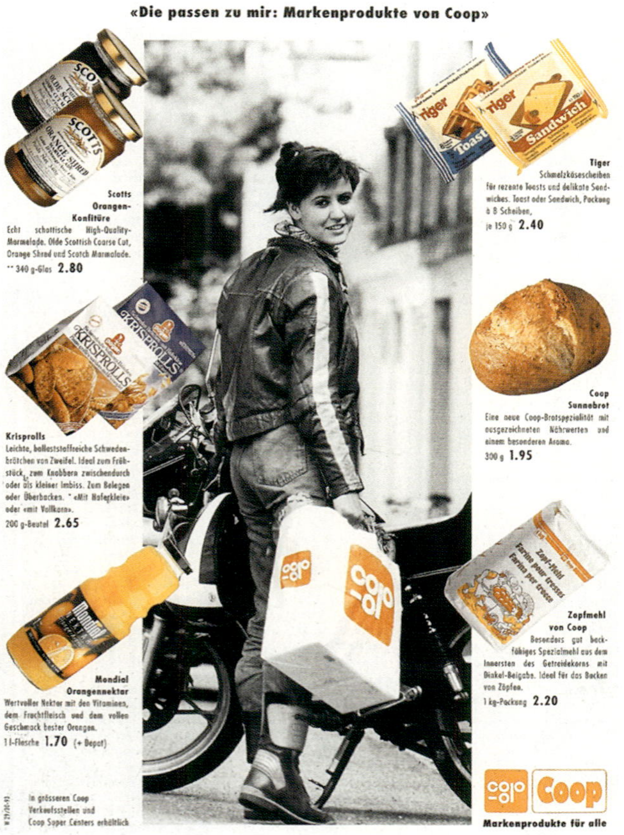

Emanzipierte Frauen: Aufbruch in die Vielfalt

Ab den frühen 1960er-Jahren, als sich ein recht breiter Wohlstand bereits eingestellt hatte, wurde in der Werbung ein neuer, zaghafter Aufbruch der Frauen aus ihrem Hausfrauendasein erprobt. Zuerst zeigten die Anzeigen nur kleine Akte der Selbständigkeit und des selbstbestimmten Konsums *(vgl. Abb. 5)*. In einer anderen Werbung stellt eine rauchende junge Frau fest: «Ich stehe dazu – so bin ich!» Zum kleinen Kleid einmal eine «aufregende Kette» oder ein «verwegen buntes Tuch» kombinieren und den Haushalt einmal Haushalt sein lassen – das ist bereits ein «prickelndes Abenteuer».[29] Ganz generell versuchte die Werbung ab Mitte der 1960er-Jahre immer häufiger, die Frauen mehr als unabhängige Konsumentinnen denn als Haus- und Ehefrauen anzusprechen. Freilich ist dieser allmähliche Wandel der Argumentation in Teilen der Werbung nicht nur mit Veränderungen des weiblichen Selbstverständnisses zu erklären, sondern auch mit ökonomischen Entwicklungen: Die Zahl der alleine lebenden Singles – Frauen und Männer – und deren Kaufkraft nahm ab den 1960er-Jahren stark zu. Diese neuen Absatzmärkte galt es zielgruppengerecht zu bearbeiten.[30]

Vereinzelte Darstellungen unabhängiger, emanzipierter Frauen tauchen zwar schon in den 1960er-Jahren auf (vgl. auch den Beitrag von Simon Eggimann); eine wirkliche Zunahme solcher Sujets ist aber erst ab den 1980er-Jahren festzustellen. Folgende vier Beispiele sollen die Vielfalt solcher Frauenbilder illustrieren.

Die Erfolgreiche

Das dezidierte Auftreten einer Dame aus besseren Kreisen in der Werbekampagne für Marlboro-Zigaretten von 1965 war damals noch eine Ausnahmeerscheinung mit Vorbildcharakter *(Abb. 19)*. Direkt und ohne große Umschweife gibt die Dame in auserlesener Kleidung ihre knappen, klaren und hedonistischen Lebensgrundsätze bekannt: «Ich habe immer Glück, weil ich daran glaube. Enttäuschungen kenne ich nicht, denn ich weiss, was ich will. Und wenn ich mir etwas leiste, so will ich mich darüber freuen.» Die Umschwärmte doziert nicht nur über positives Denken, sondern sie deklariert auch unverblümt: «I'm a winner... I smoke Marlboro». Sowohl Mimik als auch Gestik lassen keine Zweifel am Durchsetzungswillen und am unerschütterlichen Selbstvertrauen dieser Frau aufkommen – an ihrer Hand ist denn auch ein protziger Siegelring zu bewundern.

Die Individualistin

Im Zentrum der Werbung steht immer öfter die Individualistin und Genießerin, die ihre eigenen Bedürfnisse befriedigen will und nach individueller Selbstverwirklichung strebt. Eine Coop-Kampagne von 1993 bildet eine ganze Reihe solcher Frauen ab (Abb. 20), die zudem wie «aus dem Leben gegriffene» Durchschnittskonsumentinnen aussehen, also wohl keine professionellen Mannequins sind. Im vorliegenden Fall handelt es sich um eine Motorradfahrerin: im Unterschied zu den Werbebildern aus den 1920er-Jahren primär ein männliches Hobby, das erst langsam von Frauen wieder entdeckt wird.

Die Kämpferin

Das harte, kämpferische Auftreten von Frauen ist in der Werbung eher selten, kommt aber in jüngerer Zeit etwas häufiger vor. Ein Beispiel hierfür ist eine Anzeige der Vita-Lebensversicherungen von 1981 (Abb. 21): Mit argewinkelten Armen und entschlossenem Blick steht eine Judo- oder Karatekämpferin im Übungsraum und meint: «Eine Lebensversicherung? Nein danke. Ich sorge für mich allein.» Die Werbefotografie vermittelt zusammen mit der Headline das Bild einer Frau, die sich zu wehren weiß und gemäß Werbetext im Beruf erfolgreich ist und gut verdient. Sie ist unabhängig, und das soll auch so bleiben.

Die aktive Verführerin

Im Unterschied zu herkömmlichen Verführungsmustern nimmt die Frau nun auch den aktiven, dominanten Part ein (Abb. 22). So sendet die junge Verführerin aus der Lindt-Anzeige von 1987 dem passiv dasitzenden Mann

21
«Eine Lebensversiche-rung? Nein danke. Ich sorge für mich allein.» Anzeige für Vita-Lebensversiche-rungen, 1981.

22
«Die runde, zarte Welt der Lindor Kugeln aktiv erleben!» Anzeige für Lindor von Lindt, 1987. Werbeagentur: Transvertas.

nicht nur erotische Signale aus, indem sie ihm den Blick auf schlanke Oberschenkel freigibt und ihn zugleich mit den Augen direkt und provokativ fixiert. Durch das energische Festhalten ihres «Fangs» an den Schultern – sie könnte ihn wohl zu sich hinziehen – dominiert sie auch das Spiel. Die Verführerin scheint mehr als nur die «zarte Welt der Lindor Kugeln aktiv erleben» zu wollen. In den 1990er-Jahren geisterten vereinzelt noch weit dominantere und gefährlichere Verführerinnen durch die Werbewelt.

Eine Bilanz

Ein kurzer Streifzug durch die Frauenbilder in der Werbung des 20. Jahrhunderts kann nur ausgewählte Aspekte aufgreifen. Trotzdem ist festzustellen, dass es in dieser Entwicklung verschiedene Zäsuren gibt. Gewisse Rollenbilder verändern sich nur langsam, um dann teilweise oder weitgehend an Bedeutung zu verlieren (z. B. die Hausfrau). Andere Darstellungsformen (z. B. die unabhängige Frau) verbreiten sich in den 1920er-Jahren, verschwinden anschließend, um dann erneut populär zu werden ab der für Frauenbilder bedeutendsten Umbruchphase, der zweiten Hälfte der 1960er-Jahre. Solche nicht linearen und gegenläufigen Entwicklungstendenzen sind als Summe der Reaktionen der Werbung auf gesellschaftliche Veränderungen zu sehen. Dabei ist zu bedenken, dass die werbetreibenden Firmen und die Werber mit seltenen Ausnahmen versuchen, ihre Kunden mit zeitgemäßen, positiven Botschaften zu erreichen, das heißt, die Werbung orientiert sich an den Wunsch- und Wertvorstellungen der Kundinnen und Kunden beziehungsweise an der Vorstellung, die sich die Werber davon machen. Die Botschaften wirksamer Werbung müssen verständlich sein und wenigstens von der Zielgruppe akzeptiert werden.

Die Frauenbilder sind schon in der Zwischenkriegszeit vielfältiger, als man vielleicht erwarten würde; dahinter stehen verschiedene konkurrierende Vorstellungen und Konzepte der Lebensführung, aber auch der technologische Fortschritt und die mannigfaltigen Einflüsse aus dem Ausland, insbesondere aus den USA. Die schnelle Etablierung der Konsumgesellschaft in der Nachkriegszeit löst umfassende gesellschaftliche Veränderungsprozesse aus, die allmählich auch in die Frauenbilder der Werbung Eingang finden. Es liegt in der Logik der Werbung, dass sie auf neue, ungebundene, kaufkräftige Kundinnen und auf die Verbreitung von Genuss- und Erlebnisorientierung, von Selbstverwirklichung und emanzipatorischen Ideen allmählich mit einer Änderung der Werbebotschaften reagiert. So pluralistisch und individualistisch die Gesellschaft geworden ist, so ausufernd vielfältig entwickeln sich auch die Frauenbilder in der Werbung (zur Situation bei den Männerbildern: vgl. den Beitrag von Diego Hättenschwiler). Die in der Zwischenkriegszeit doch noch relativ klar definierten Rollenbilder sind in Auflösung begriffen. Dabei scheint die interessengebundene Werbung jedoch nicht avantgardistisch zu arbeiten. Sie hat bei traditionellen Rollenbildern lange Zeit eher bewahrend gewirkt: Gesellschaftliche Tendenzen werden meistens erst aufgenommen, wenn sie eine gewisse allgemeine Akzeptanz erreicht haben.

Der «herbe Naturgeschmack» der Schokolade

Männlichkeiten in der Werbegeschichte[1]

Die Chocolade für den Herrn

Diego Hättenschwiler

Über den Einsatz von Frauenbildern in der Werbung wird immer wieder diskutiert.[2] Im Schatten der öffentlichen Debatte und auch der geschichtswissenschaftlichen Reflexion blieb allerdings das andere Geschlecht weitgehend unbeachtet. Der «Frauenzoo der Werbung»[3] ist über weite Strecken erkundet; hier folgen nun einige Beobachtungen von einem Rundgang durch den «Männerzoo». Die Aufmerksamkeit gilt dabei der Frage, wie die meist männlichen Werbetreibenden in der Vergangenheit Männerbilder genutzt haben, um ihre Produkte an die Frau und an den Mann zu bringen.

Der helvetische Cowboy

Mit einem Mann wirbt 1938 die Genfer Zigarettenfabrik Laurens im «Schweizerischen Beobachter» *(Abb. 1)*. Im unteren Teil des ganzseitigen farbigen Aquarells wird ein für Schweizer Augen vertrautes Bild gezeigt: die Limmat in der Stadt Zürich. Überraschend erhebt sich darüber gigantisch ein amerikanischer Cowboy, dicke Metallschnallen an den breiten ledernen Beinschützern, den Colt griffbereit an der Hüfte, mit halb verschränkten Armen, in der Linken die Zigarette, von der ein Räuchlein zur Krempe des Hutes emporsteigt – so breit ragt die Krempe über die Stirn, dass das Gesicht halb in ihrem Schatten verschwindet: leicht lächelnd der Mund. Über den Dächern der Stadt wird ein Zigarettenpaket mit der Aufschrift «Buffalo / Maryland» abgebildet. Links neben dem Cowboy die große Überschrift «Buffalo» und der Untertitel «der Liebling der Schweizer Raucher!». Ein kraftvoller, riesiger Cowboy, überlegen wirkend, aber dank des freundlichen Gesichtsausdrucks nicht bedrohlich: So kommt diese Gestalt über der Silhouette einer bekannten Schweizer Stadt auf uns zu – was steckt hinter diesem überraschenden Werbebild?

Die Anzeige wendet sich sowohl vom Text als auch vom Bild her ausdrücklich an ein Schweizer Publikum. Der Umstand, dass der Cowboy nicht im Wilden Westen, sondern mitten in Zürich erscheint, erzeugt eine Sensation, durch welche das Inserat wohl besonders auffallen und in Erinnerung bleiben will. Das Sujet mit Zürich ist Teil einer fortlaufenden Werbekampagne zwischen Oktober und Dezember 1938

(Abb. 2, 3, 4), in welcher der Cowboy zuerst eine Buffalo-Flagge in den Alpen hisst, um dann den Eroberungszug über die Schweiz zu vollenden: Bilder der ganzen Schweiz, Zürichs, des Schlosses Chillon und zuletzt der Bundesstadt Bern folgen einander.[4] Bei vielen Produkten wurde versucht, durch eine Bezugnahme zu nationalen Gefühlen einen zusätzlichen Umsatz zu erzeugen, in der Zeit dieser Inseratekampagne jedoch ganz besonders. «Der Ruf nach geistiger Landesverteidigung ertönt landauf, landab», hielt der «Beobachter» im selben Jahr in einer patriotischen Kritik an einer Heidi-Verfilmung aus Hollywood fest.[5] Übrigens hatte die werbende Firma Laurens ihren Sitz in der Schweiz, ihre komplizierte Holdingstruktur wurde aber offenbar vom Van-der-Elst-Konzern in Belgien gelenkt.[6]

Da sich die Betonung von Geschmackseigenschaften in der Werbung für Raucherwaren wegen der geringen Unterschiede zwischen den Marken rasch tot läuft beziehungsweise von vornherein wenig Aussicht auf Erfolg hat, lag es bei diesem Produkt schon früh nahe, ihm beim Publikum eine Identität zu verschaffen, indem gleichzeitig ein «Zusatznutzen» mitverkauft wurde: eine bestimmte Lebensart, eine Wunschwelt. Ausdrücklicher als bei jedem anderen Produkt waren es bei den Raucherwaren Männerwelten, die angeboten wurden. Rauchen war in der bürgerlichen Gesellschaft lange Zeit den Männern vorbehalten und sogar ein besonderes Kennzeichen von Männlichkeit[7] (zum Verhältnis beider Geschlechter in der Zigarettenwerbung: vgl. den Beitrag von Wanner/Walser). Das Wunschbild des Cowboys steht für eine unabhängige, abenteuerlustige Männlichkeit: In den unendlichen Weiten der Prärie gebietet er, strotzend vor männlicher Kraft und Gesundheit, über den Reichtum riesiger Rinder- und Pferdeherden und macht sich mit dem Colt an der Seite sein Gesetz gewissermaßen selbst. Die sprichwörtliche Einsamkeit etwa am nächtlichen Lagerfeuer wirft ihren Glanz auf die gesellschaftliche Unabhängigkeit, die sich der Cowboy damit erkauft. Aus jedem noch so gefährlichen Abenteuer geht er in den einschlägigen Darstellungen siegreich hervor – oder doch zumindest als von der Nachwelt gepriesener Held.

Das Cowboybild wurde im Lauf der letzten zwei Jahrhunderte durch verschiedene Medien geprägt. In der

1

Buffalo
der Liebling der Schweizer Raucher!

Buffalo – die neue „amerikanische" Cigarette, die Cigarette mit dem neuen Geschmack: kräftig und milde zugleich. Eine neue, äusserst glückliche Mischung von dunklen amerikanischen und hellen Orient-Tabaken ergibt den neuen, unübertroffen feinen Geschmack und das reine Aroma.

Probieren Sie Buffalo „rot" – es wird Ihre Cigarette bleiben!
Probieren Sie auch Buffalo „gelb" – die feine Maryland extra!

Erzeugnis der Cigarettenfabrik LAURENS A.G. in Genf.

20 Cig. 65 cts.
g.

2

Buffalo
hisst seine Flagge in der Schweiz!

Buffalo – die neue „amerikanische" Cigarette, die bereits von Millionen in andern Ländern geraucht wird. Sie bringt dem Schweizer Raucher einen neuen Genuss. Buffalo – das Ergebnis der glücklichsten Mischung dunkler amerikanischer und heller Orient-Tabake. Buffalo – würzig und mild zugleich, besser als irgend eine andere Cigarette ihrer Preislage.

Probieren Sie Buffalo „rot" – es wird Ihre Cigarette bleiben!
Probieren Sie auch Buffalo „gelb" – die feine Maryland extra!

Buffalo

Erzeugnis der Zigarettenfabrik LAURENS A.G. in Genf.

20 Stück 65 Centimes

1–4
Der Geschmack des Wilden Westens lange vor den Zeiten des Marlboro Man: Buffalo, 1938.

3

Buffalo
in der Schweiz!

Ein neuer Geschmack, ein neuer Genuss, das ist Buffalo. Kräftiger, dunkler amerikanischer Tabak in glücklichster Mischung mit feinsten goldgelben Orient-Tabaken – das ergibt den verführerisch feinen Geschmack, das besondere Aroma von Buffalo. Buffalo hat sich viele Länder erobert – Buffalo wird auch die Schweiz für sich einnehmen.

20 Cig. 65 cts.

Probieren Sie Buffalo „rot" – es wird Ihre Cigarette bleiben!
Probieren Sie auch Buffalo „gelb" – die feine Maryland extra!   Erzeugnis der Zigarettenfabrik LAURENS A.G. in Genf.

4

Buffalo
siegt auf der ganzen Linie!

Buffalo, die neue „amerikanische" Cigarette, aus dunklen amerikanischen und hellen Orient-Tabaken, hat die Schweizer Raucher im Sturm gewonnen. Jeder sagt es: Buffalo ist ganz anders – ist besser als irgendeine andere Cigarette in gleicher Preislage.

Probieren Sie Buffalo „rot" – es wird Ihre Cigarette bleiben!
Probieren Sie auch Buffalo „gelb" – die feine Maryland extra!

Erzeugnis der Cigarettenfabrik LAURENS A.G. in Genf.

20 Cig. 65 cts.

zweiten Hälfte des 20. Jahrhunderts nahm die Werbekampagne für Marlboro-Zigaretten einen außerordentlich starken Einfluss darauf. Sie schuf «Marlboro Country», eine zivilisatorisch unberührte, von Steppen, Felsen und Flüssen geprägte Welt mit Sonnenuntergängen und Lagerfeuerromantik, wo die «Marlboro Men» zusammen mit wilden Pferden und Rinderherden in «Freiheit und Abenteuer» leben. Diese wahrscheinlich größte Werbekampagne aller Zeiten wurde seit ihrem Beginn in den USA in den 1950er-Jahren auf immer mehr Länder dieser Erde ausgedehnt. Vor dieser Kampagne galt Marlboro als Frauenzigarette. Mit Slogans wie «Marlboro – Mild As May» fand sie kaum Absatz. 1953 machte der Produktionschef der Werbefirma die Auflage, «der Zigarette eine ‹männlichere› Mischung zu geben, damit er mit gleich langen Spießen gegen die Konkurrenzprodukte mit ihrem ausgesprochen virilen Image kämpfen konnte».[8] In Europa wurde dieses Werbekonzept erst nach den Erfolgen in den USA in den 1960er- und 1970er-Jahre eingesetzt.[9] Das Cowboybild der Buffalo-Werbung ist also unabhängig vom Marlboro-Cowboy entstanden.

Ein etwas anderes, aber auch klischiertes Bild des Cowboys wurde über das ganze 20. Jahrhundert hinweg im Genre der Westernfilme inszeniert. In der Westernwelt herrscht ein ständiger, immer von männlichen Helden und männlichen Schurken ausgetragener Kampf zwischen Gut und Böse. Das Filmbild des Cowboys geht seinerseits in weiten Teilen auf die so genannten Westernshows zurück, die auch auf ausgedehnten Europatourneen zu sehen waren und bis zur Ablösung durch den Film am Anfang des 20. Jahrhunderts sehr erfolgreich blieben. Die berühmteste dieser Shows war jene von Buffalo Bill (eigentlich William Cody): Hier waren die Cowboys «keine Rinderhirten, sondern Männer, die reiten, schießen und das Lasso werfen konnten wie keine anderen, die von galoppierenden Pferden auf Postkutschen sprangen (...) und immer gerade noch rechtzeitig eintrafen, um eine Frau vor Bösewichten zu retten».[10]

Mit dem Namen Buffalo Bill verbinden sich gleichzeitig Mythos und Realität: Auf der Bühne stellte er sich selbst in Taten dar, die er teilweise wirklich vollbracht hatte, etwa im Krieg gegen Indianer. Er entwarf aber auch selbst Elemente des Western- und Cowboystils, die bis heute das Bild des Wilden Westens prägen. Buffalo Bill war schon früh eine der bekanntesten Gestalten der USA und gewann durch seine Show eine so immense Berühmtheit, dass er 1887 in London in die Lage kam, gleichzeitig den Prinzen von Wales, die Könige Leopold von Belgien, Christian IX. von Dänemark, Georg I. von Griechenland und Albert von Sachsen in einer Fahrt mit der Postkutsche in seine Show einzubeziehen.[11] Dass der Name der Buffalo-Zigarette in unserem Werbebild eine Anspielung auf diesen legendären Mann ist, liegt zumindest nahe. Die Idealisierung des Wilden Westens begann mit den «Lederstrumpf»- und Karl-May-Romanen bereits im 19. Jahrhundert. Und schon ab den 1870er-Jahren finden sich Darstellungen von Cowboys in der US-Werbung.[12] Doch nicht nur mit Cowboys, auch mit typischen Schweizer Männern wurde fürs Rauchen geworben. Gleich eine ganze Palette kleiner Porträts zeigte die Brissago-Werbung 1935 *(Abb. 5)*. Während in späteren Jahrzehnten vorwiegend mit jungen Menschen geworben wurde, richtete sich dieses Inserat explizit an gestandene Männer, indem es titelte: «Der reife Mann weiss, was er raucht».

Das Beispiel von Villiger Export aus dem Jahre 1972 *(Abb. 6)* zeigt vermutlich zwei Nachbarn, die sich eine Pause gönnen und eine Zigarre rauchen, beobachtet von einer Frau. Der Titel dieses Inserats kann auf zwei Arten gelesen werden: «Männer rauchen» als generelle Aussage – oder zusammen mit dem Produkt: «Männer rauchen Villiger Export». Der traditionelle Stumpen- und Zigarrenkonsum ist bis heute in Männerhand geblieben, während sich beim Zigarettenrauchen zunehmend auch Frauen beteiligten. Die Marke Mary-Long versuchte sich in ihrem Inserat von 1960 *(Abb. 7)* offenbar von ihrem Image als «Männer-Cigarette» vorsichtig zu lösen, indem sie betonte, Mary-Long sei «auch für Frauen ein Genuss».

Aus der Art und Weise, wie Tabak konsumiert und vermarktet wurde, lässt sich Verschiedenes über den Lebensstil und den Status von Raucherinnen und Rauchern, über die gesellschaftliche Anerkennung beziehungsweise Ächtung des Rauchens sowie über die Bedeutung der Tabakindustrie herauslesen.[13] Bezüglich Geschlechterrollen kann bilanziert werden: Raucher-

wäsche ging: «Macht den Mann zum Mann», versprach ein Inserat 1995.[15] Aus Angst davor, nicht als «richtiger» Mann angesehen zu werden, versuchten Männer dem gesellschaftlichen Druck und dem entsprechenden Selbstideal zu genügen. Und davon konnte die Werbewirtschaft profitieren.

Der Aufsteiger aus dem Mittelstand

Das ganzseitige Inserat aus der «Schweizer Illustrierten Zeitung» von 1951 *(Abb. 8)* besteht hauptsächlich aus einem Aquarell. Ins Auge springt vorerst der auf Hochglanz polierte Volkswagen mit Zürcher Nummernschild in der oberen Seitenhälfte. Rechts daneben, mit dem Ellbogen locker auf das Autodach gestützt, steht ein Mann um die Dreißig mit hellem Anzug und rot-bunter Krawatte, den Strohhut auf dem Kopf, das rechte Bein locker vor das linke geschlagen, die linke Hand in die Hüfte gestützt, lächelnd. In der unteren Bildhälfte steht eine jüngere schlanke Frau mit kurz geschnittenem braunem Haar, über deren Schulter wir mit ihr zusammen zu Mann und Auto hinüberblicken – sie durch den Sucher der Kamera, deren Etui an einem Lederriemen von ihrem rechten Oberarm baumelt. Links über dem Auto der kurze Text: «Der große Tag… VW-Besitzer!» Rechts unten, neben dem Bild der Frau, eine in kleiner Schrift gedruckte Liste der 77 VW-Vertretungen in der Schweiz. Und ganz am unteren Seitenrand erscheinen Signet und Name der Auftraggeberin (Neue Amag AG, Schinznach-Bad) und der Name Looser (sehr wahrscheinlich die Signatur des Grafikers Hans Looser, 1919–1988).[16]

Was könnte hinter der scheinbar einfachen Werbebotschaft stecken? Im «Wirtschaftswunder» der Nachkriegszeit verbreitete sich in den industrialisierten Ländern Europas die Idealvorstellung des für jeden (Mann) erschwinglichen Autos. VW, Volks-Wagen, lag in jener Zeit im Hinblick auf Produktionsmengen und Erschwinglichkeit an der Spitze. Dem Ideal zum Trotz war der Besitz eines Autos noch alles andere als selbstverständlich: Das Auto, auch der verhältnismäßig billige VW, war ein Statussymbol. Der Mann im Bild posiert offensichtlich stolz mit seinem neuen Besitz: Nicht nur die fotografierende junge Frau, sondern die ganze Nachbarschaft

warenwerbung arbeitete oft mit Bildern von besonders «männlichen» Männern – sie nahm bestehende Klischees «vom Mann» für ihren Zweck auf, nährte und verstärkte sie dadurch gleichzeitig. Was Männlichkeit ist, galt lange Zeit als so selbstverständlich, dass sie kaum als solche thematisiert wurde. Und wenn sich doch einmal die Frage nach Männlichkeit stellte, war die Antwort ein Zirkelschluss: Ein Mann ist dann ein Mann, wenn er ein richtiger Mann ist.[14] Das galt auch, wenn es um Unter-

und Öffentlichkeit sollen ihn sehen und bewundern. In Worte gefasst wurde dieselbe Werbebotschaft in einer deutschen Ford-Taunus-Anzeige aus demselben Jahrzehnt: «Wir haben es geschafft: Das neue Auto steht vor der Tür. Alle Nachbarn liegen im Fenster und können sehen, wie wir für eine kleine Wochenendfahrt rüsten. Jawohl, wir leisten uns etwas, wir wollen etwas haben vom Leben.»[17]

Fast alles, was das Auto verkörperte, wurde dem Zuständigkeitsbereich des Mannes zugeschrieben[18]: «der Auftritt in der Öffentlichkeit», der Umgang mit der Technik, die Rolle des Lenkers (Familienvorstand), die Verfügung über physische Gewalt (im Auto herrscht er über soundso viele Pferdestärken). Wolfgang Sachs beschreibt die seltsame Dynamik der sich entwickelnden Konsumgesellschaft: Das Auto war gewißermassen der Inbegriff des «besseren», unabhängigeren Lebens – aber dieses bessere Leben war knapp.[19] Im hohen Maß abhängig vom Begehren nach Unabhängigkeit, hatte man(n) sich dafür abzurackern – auch Geldverdienen war ja Sache des Mannes. Das Automobil als teures Konsumgut, das von Zeit zu Zeit erneuert werden musste, eignete sich besonders gut, um den aktuellen sozialen Status gegen außen darzustellen.

«Jederzeit bereit, überall, für alles, für alle!» Mit großen Versprechen konkurrierte im selben Jahr die Firma Lambretta mit ihrem «kleinen Wunder für jedermann» den Volkswagen (Abb. 9). Der Motorroller war viel preiswerter als ein Auto. Im Gegensatz zur VW-Reklame wurden der Kaufpreis und auch die Kosten pro Kilometer im Inserat genannt. Im Unterschied zum Auto ließ sich mit dem Motorroller zwar nicht eine ganze Familie, aber immerhin eine zweite Person mitnehmen. So wurde auf dem Bild mit einem Ausflug in weiblicher Begleitung geworben: Beide Beispiele zeigen, wie der Besitz eines Fahrzeugs fürs Werben ums andere Geschlecht nützlich sein konnte. Die Werbung hat zu ihrem Zweck also nicht nur harte Cowboys herangezogen, sondern auch den durchschnittlichen, auf sozialen Aufstieg bedachten Mittelschichtsmann; dieser hatte seine gesellschaftliche und geschlechtliche Position zu hüten und zu verteidigen.

Piloten, Fernfahrer und andere Profis

Den Piloten in seinem Cockpit erkennt man hier auf den ersten Blick *(Abb. 10)*: Fliegerbrille und Kopfhörer mit Mikrofon, die Streifen des Flugkapitäns auf den Achseln. Auf kleineren Bildern wird ein Düsenflugzeug gezeigt, das soeben landet beziehungsweise bereits mit den hinteren Rädern auf der Piste aufgesetzt hat. Der Vorgang wird im Text beschrieben: «dieser Pilot setzt 91,6 Tonnen auf die Landepiste». Weitere technische Angaben unterstreichen die «unbarmherzige Beanspruchung» der Reifen, die «höchste Sicherheits-Standards» verlange. Schließlich wird der Bogen zum Normalverbraucher geschlagen: Man könne sich auf die Erfahrung der Ingenieure verlassen, die Reifen für extreme Einsatzbedingungen konstruierten. «Darum fahren Millionen von Automobilisten auf Firestone.» Wenn sich also «Professionals» auf diese Reifen verlassen, so kann dies der Autofahrer getrost auch tun. In diesem Inserat wird ein Mann als Vertreter einer hoch angesehenen Berufsgruppe als Garant für ein Produkt eingesetzt. Der Pilotenberuf als typischer Bubentraum wurde 1969 – im Jahr der ersten Mondlandung – wohl nur noch vom Beruf des Astronauten übertroffen. Vordergründig wird rein sachlich mit Technik argumentiert («wo wahre Leistung zählt»). Im Inserat werden aber auch viele Emotionen transportiert, die besonders Männer ansprechen: Wer an seinem Auto diese Reifen montiert, kann sich ein wenig wie dieser Pilot fühlen – eine riesige Maschine lenken und sie trotz hoher Geschwindigkeit im Griff behalten.

Ähnliche Gefühle vermittelt 1993 ein Inserat mit einem Fernfahrer *(Abb. 11)*. Er ist mit seinem «Truck auf Europas Straßen zuhause». Und er weiß, wo die guten Orte sind, an denen er auftanken und sich frisch machen kann – nämlich die Shell-Tankstellen. Unterstrichen wird diese in kleiner Schrift gemachte Aussage mit dem Slogan «Profis wählen Shell» an prominenter Stelle oben links. Auf dem Foto sehen wir den im Text mit Namen genannten Daniel Reichen im Vordergrund und seinen eindrücklichen Lastwagen im Hintergrund. Verstärkt wird der Eindruck von der Größe des Fahrzeugs durch zahlreiche Scheinwerfer, die unter-, aber auch oberhalb der Fahrerkabine strahlen.

12
Angst vor der Glatze und der Reaktion des anderen Geschlechts: Seborin, 1957.

Die Inserate mit diesen «Profis» arbeiten mit einer spannenden Kombination von zwei ganz verschiedenen Überzeugungsstrategien. Einerseits mit der sachlichen Argumentation, dass ein vom Berufsmann bevorzugtes Produkt auch für Alltagsmänner gut sein müsse. Andererseits werden mit traditioneller Männlichkeit verbundene Identifikationsfiguren angeboten. So hat der Konsument beim Kauf ein Stück weit das Gefühl, ebenfalls ein Profi zu sein.

Der beratungsbedürftige Mann

In der «Schweizer Illustrierten Zeitung» erschien 1957 ein halbseitiges Inserat für ein Antischuppenmittel *(Abb. 12)*. Es setzt sich aus verschiedenen Bild- und Textteilen zusammen; dominant ist die fotografische Szene links, die fast die Hälfte der Inseratfläche ausmacht. Sie zeigt zwei Leute, Frau und Mann, stehend in einem öffentlichen Verkehrsmittel. Die junge Frau blickt angewidert auf Kragen und Schulter des Mannes, die von übergroß dargestellten Schuppen bedeckt sind. Ihre Abscheu kommt in ihrer ganzen Mimik zum Ausdruck, vor allem im verächtlich verzogenen Mund. Der Mann mittleren Alters mit kurz geschnittenem Haar, im Mantel, den Hut aufgesetzt, hält sich mit der behandschuhten Linken am Haltegriff fest. Er schaut aus dem Fenster und bemerkt die Frau in seinem Rücken kaum. Im Inserat gibt es zwei große Schriftzüge: Über dem Bild die Worte «Bei Schuppen droht Haarausfall!», unten rechts die Lösungsformel: «Seborin macht schuppenfrei!» Weitere bildliche Elemente sind zwei kreisrunde Detailaufnahmen des Haaransatzes, jeweils vor bzw. nach der Behandlung, die Abbildung einer Flasche des Haartonics und die Zeichnung eines Mannes bei der Anwendung von Seborin mit zweihändiger Haarbodenmassage. Rings um die Bilder gibt es viel klein gedruckten Text, der den aufmerksamen Leser – allenfalls die Leserin – eindringlich auf die Gefahr des Haarausfalls hinweist, die bei Schuppen drohe, und als beste Lösung das beworbene Produkt anpreist.

Wie argumentiert die Anzeige? Schuppen und Haarausfall werden als Unheil aufgeführt, denen kein Mann zum Opfer fallen will. Der Mann auf dem Bild

wirkt mit den (manipulativ vergrößerten) Schuppen auf den Schultern nicht sauber und gepflegt, weshalb die Frau sich von ihm angewidert zeigt. In Text und Bildern wird als primärer Nutzen des Produkts das Verschwinden von Schuppen und die Verhinderung von Haarausfall angeboten. Der versprochene Zusatznutzen von Seborin wäre, dass der Anwender nicht mehr abstoßend auf Frauen wirkt. Schließlich löst etwa Glatzenbildung bei vielen Männern Ängste aus – beispielsweise die Angst, auf Frauen weniger anziehend zu wirken. Oder die Angst vor dem Nachlassen der Leistungsfähigkeit im Alter, wofür die Glatzenbildung ein Indiz sein könnte. In den Bildern werden ausschließlich die Schuppen und ihre negative Wirkung thematisiert, während der Text versucht, die Angst vor dem Haarausfall zu nutzen, um den Kauf von Seborin dringlich erscheinen zu lassen.

Im reproduzierten Bild ist es die Frau, welche die Ungepflegtheit des Mannes beurteilt. Den traditionellen Geschlechterrollen gemäß sind Frauen die Expertinnen für Körperpflege; in diesem begrenzten Gebiet können auch Männer Ratschläge von Frauen entgegennehmen,

14/15
*Der Experte,
ein Klassiker im
Repertoire:
Togal, 1931;
Blend-a-dent, 1987.*

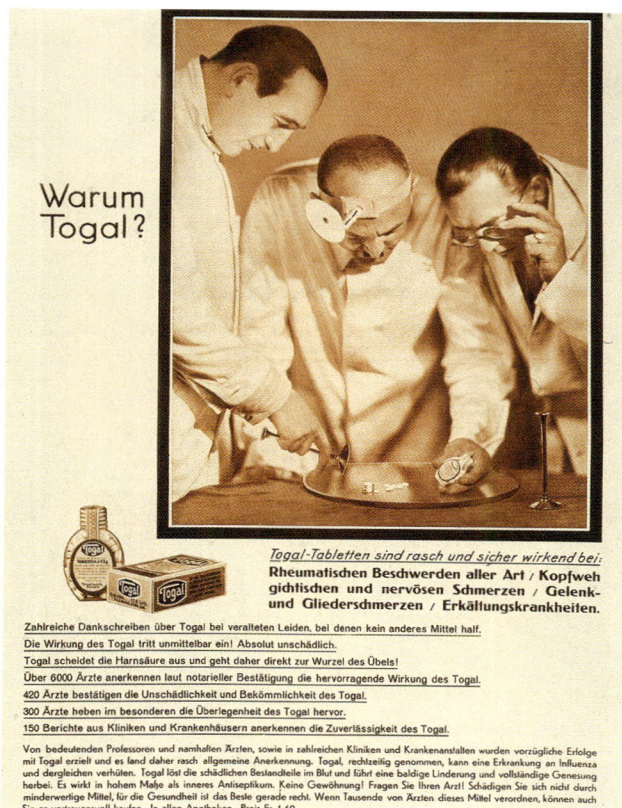

Warum
Togal?

Togal-Tabletten sind rasch und sicher wirkend bei:
Rheumatischen Beschwerden aller Art / Kopfweh
gichtischen und nervösen Schmerzen / Gelenk-
und Gliederschmerzen / Erkältungskrankheiten.

Zahlreiche Dankschreiben über Togal bei veralteten Leiden, bei denen kein anderes Mittel half.
Die Wirkung des Togal tritt unmittelbar ein! Absolut unschädlich.
Togal scheidet die Harnsäure aus und geht daher direkt zur Wurzel des Übels!
Über 6000 Ärzte anerkennen laut notarieller Bestätigung die hervorragende Wirkung des Togal.
420 Ärzte bestätigen die Unschädlichkeit und Bekömmlichkeit des Togal.
300 Ärzte heben im besonderen die Überlegenheit des Togal hervor.
150 Berichte aus Kliniken und Krankenhäusern anerkennen die Zuverlässigkeit des Togal.

Von bedeutenden Professoren und namhaften Ärzten, sowie in zahlreichen Kliniken und Krankenanstalten wurden vorzügliche Erfolge
mit Togal erzielt und es fand aller rasch allgemeine Anerkennung. Togal, rechtzeitig genommen, kann eine Erkrankung an Influenza
und dergleichen verhüten. Togal löst die schädlichen Bestandteile im Blut und führt eine baldige Linderung und vollständige Genesung
herbei. Es wirkt in hohem Maße als inneres Antiseptikum. Keine Gewöhnung! Fragen Sie Ihren Arzt! Schädigen Sie sich nicht durch
minderwertige Mittel, für die Gesundheit ist das Beste gerade recht. Wenn Tausende von Ärzten dieses Mittel verordnen, können auch
Sie es vertrauensvoll kaufen. In allen Apotheken. Preis Fr. 1.60.

KOMPLIMENT FÜR IHREN
ZAHNFLEISCH-SCHUTZ.

Beim Zahnarzt schlägt die Stunde der Wahrheit. Ist Ihr
Zahnfleisch vor Zahnfleischproblemen geschützt oder nicht?
Regelmäßiges Zähneputzen mit blend-a-dent schützt Sie wirksam vor Zahnfleischproblemen. Denn die Zahnmedizin kennt
keine andere Zahncreme mit einer derartigen Wirkstoffkombination.

blend a dent
Gel
blend a dent

BLEND-A-DENT. DAMIT SIE AUCH MORGEN NOCH
KRAFTVOLL ZUBEISSEN KÖNNEN.

ohne dadurch in ihrer Männlichkeit beeinträchtigt zu
werden. Aber im Bereich der Körperpflege wurden von
den Werbern oftmals auch Männer als Experten zitiert –
gern mit dem Verweis auf «wissenschaftliche» Untersuchungen. In unserem Inserat wird die Anwendung des
Haartonics unter Verwendung einer bestimmten Zehn-
Finger-Druckmassage empfohlen, die am «Schwarzkopf-
Institut für Haarhygiene» als hervorragende Ergänzung
zu dessen chemisch-biologischer Wirkung erprobt worden sein soll.

Ein anderes Inseratebeispiel spitzt die Beratungs-
bedürftigkeit von Männern in Sachen Körperpflege zu
(Abb. 13): «Er versteht nichts vom Rasieren», steht provokativ unter dem Bild einer Frau und eines Mannes bei
der Morgentoilette. Und kleiner: «(...) folgen Sie einmal
dem Rat, den eine kluge Frau ihrem Mann gegeben hat.
Bevor Sie Pinsel und Seife zur Hand nehmen, reiben Sie
auf dem noch feuchten Gesicht ein wenig Malacëine-
Creme ein.» Hier wird dem Mann sogar für jenen Bereich
der Körperpflege, den er eigentlich kennen sollte – die
Bartrasur –, die Kompetenz abgesprochen. Die werbende
Firma profitiert vom Anschein, als würde nicht sie selbst,
sondern die «kluge Frau» ihrem Mann das Produkt an-
preisen. Diese hat bereits Erfahrung mit dieser Creme,
und nun soll sie auch der Mann anwenden. Auf berufli-
chem oder gar politischem Terrain wäre eine solche «Beratung» der Männer durch Frauen undenkbar gewesen.

Die Rolle des Experten ist ein Klassiker in der
Werbeargumentation. Dafür gibt es zahllose Beispiele
von den Anfängen der Reklame bis zur Gegenwart
(Abb. 14, 15). Abgebildet sind einerseits drei Ärzte, die
sich über Tabletten beugen, und andererseits ein
Zahnarzt, der seiner Patientin ein Kompliment für ihre
Zahnhygiene macht. In beiden Fällen wird die Autorität
des Arztes – erkennbar durch die weiße Schürze – genutzt. Im Tablettenbeispiel wird mit großen Zahlen operiert: «Über 6000 Ärzte anerkennen laut notarieller
Bestätigung die hervorragende Wirkung (...)». Im
Zahnpasta-Beispiel soll wohl vor allem der Charme des
attraktiven Zahnarztes seine Vertrauenswürdigkeit verstärken.

Insgesamt zeigt sich, dass die Werbung auch
Situationen einsetzte, in denen der Mann Unterstützung
nötig hatte. Im Hinblick auf ihren Erfolg bei Frauen

besonders beratungsbedürftig waren Männer in Sachen Körperpflege, die als spezifisch weibliche Domäne galt. Die männliche Rolle durfte jedoch nur in einem eng begrenzten Bereich in Frage gestellt werden. Im Kontrast dazu traten Männer in der Werbung oftmals als Experten in Erscheinung. Die Werber wollten ihren Aussagen mehr Gewicht geben, indem diesen ein wissenschaftlicher Anschein verliehen wurde. Seit den 1990er-Jahren werden Männer zunehmend auch als reiner Blickfang eingesetzt, indem sie vereinzelt mehr oder weniger nackt gezeigt werden.[20]

«Die Chocolade für den Herrn»

Ein ganzseitiges schwarzweisses Inserat aus dem Jahre 1929 *(Abb. 16)* zeigt in der oberen Hälfte das gemalte Bild eines Herrn mittleren Alters mit Schnurrbart, klassisch gekleidet mit Hemdkragen, Krawatte, aufgesetztem Hut. Sichtbar sind nur Kopf und Hände, abgesehen von der schwach angedeuteten Brust- und Schulterpartie. Die Rechte hält ein Stück Schokolade, das sie gerade der in der Linken liegenden Schachtel entnommen hat. Auf diesem Stück ruht nun der von Vorfreude erfüllte Blick des Mannes – gleich wird er es in den Mund schieben. Die Schachtel erinnert an eine Zigarren- oder Zigarettenpackung; darauf stehen in breiten Lettern die Markenbezeichnung Orba und der Name des Herstellers: Kohler. Die untere Inseratehälfte ist ausgefüllt durch eine grosse Handschrift: «Die Chocolade für den Herrn»; darunter erneut das Markenzeichen Orba mit den Attributen «extrafein» und «bitter».

Die Werbekampagne für Orba ist besonders interessant, weil deren Autor selber Kommentare und Überlegungen dazu publiziert hat. Der Werber Paul O. Althaus berichtete 1930 über die Orba- und andere seiner Kampagnen unter dem selbstbewussten Titel: «Wie's gemacht wird; 17 vorbildliche Reklamefeldzüge aus der Praxis des Reklameberaters Paul O. Althaus». Während das Rauchen lange Zeit als typisch männlich angesehen wurde, wurde der Schokoladegenuss mit Weiblichkeit verbunden. Althaus behauptete, nie vorher habe eine Firma «die Männerwelt als spezielle Konsumenten für Schokolade beansprucht. (...) Warum aber soll denn der

16
Bittersüsses essen, «ohne lächerlich zu wirken»: Orba, 1929.

17
Herrenschokolade für den Berufsmann, Variante «Edelherb»: Lindt, 1929.

18
Kampagne gegen Vorurteile: Orba, um 1930.

Für die Umsetzung seines «Reklamefeldzugs» suchte Althaus nach dem idealen Typus des Mannes, der die Idee der «Herrenschokolade» verkörpern könnte. Er wollte einen Herrn gesetzten Alters, der Achtung einflöße, aber doch noch jugendlich genug sei, um jungen Leuten als Vorbild zu dienen. Einen eleganten Herrn, «wie ihn auch die junge Dame liebt, gepflegt, doch aber ursprünglich genug, damit er auf Schweizer Boden nicht fremd wirke». Aus der Sicht von Althaus war es offenbar möglich, all diese Eigenschaften in einer einzigen Mannsperson zu vereinigen. Gleichzeitig liefert er Hinweise auf den idealen Mann für seine Werbestrategie; dieser sollte zeigen, dass auch «der gediegene Herr überall Schokolade genießen und anbieten darf, ohne lächerlich zu wirken». Althaus' Erläuterungen zeigen die Widerstände, die überwunden werden mussten, damit man(n) sich getraute, öffentlich Schokolade zu essen. Die Konkurrenz von Lindt *(Abb. 17)* konterte wahrscheinlich die Orba-Kampagne, indem sie im selben Jahr ihrerseits betonte: «Der Herr von Geschmack liebte von jeher als Stärkung während der Arbeit die edelherbe Lindt Chocolade (...)»[22] In ihrem Inserat wurde ein ähnlicher Männertypus gezeigt, ebenfalls im Begriff, ein Stück Schokolade zu essen.

Setzte Althaus nun vor allem auf die Kraft der Bilder, um die Männer zu überzeugen? Bei vielen seiner Orba-Inserate setzte er großflächige Zeichnungen *(Abb. 18)* oder Fotos ein[23]; für die Kampagne scheint recht viel Geld zur Verfügung gestanden zu haben, wie sich an den diversen ganzseitigen Inseraten in der «Schweizer Illustrierten Zeitung» ablesen lässt. Der Einsatz großformatiger Fotos war in den 1920er-Jahren zudem noch wenig verbreitet, während die Zeichnung in der Tradition der Reklame lag. Althaus war aber ausdrücklich auch von der Bedeutung des Textes überzeugt: «Der Zeichner kann eine Anzeige, einen Prospekt noch so anziehend gestalten, überzeugen – das Wichtigste – können erst die Worte. Ein Werbemittel ohne Illustration kann, wenn es gut abgefasst ist, noch sehr wirksam sein. Dasjenige ohne Worte dagegen kann selten eine vollständige Werbewirkung ausüben.»[24]

Mit den Worten, die Althaus so wichtig waren, wurde vor allem eine Botschaft transportiert: Diese neuartige Schokolade mit einem bitteren, «herben Naturgeschmack» entspreche auch Männern. Während

Herr sein Schokoladenstückchen verstohlen zum Munde führen, warum kann er nicht ebenso offen Schokolade essen, wie er Zigaretten raucht, warum können Herren unter sich einander nicht ebenso gut ein Stückchen Schokolade anbieten wie Zigaretten?»[21] Selbstverständlich wusste er auch die Antwort: «Alles nur eine Frage der Erziehung.»

Männer in den Abbildungen ohne weiteres als Konsumenten der Schokolade dargestellt werden konnten, ließ sich das bittere Aroma kaum bildlich zeigen. Die verschiedenen Werbeinstrumente wurden hier also ergänzend eingesetzt. Gerade dieses bittere Aroma war das entscheidende Argument, um den «harten» Männern die süße, «weibliche» Schokolade schmackhaft zu machen.

Zwei andere Schokoladeinserate aus demselben Jahr 1929 zeigen eine andere Werbestrategie. In beiden Fällen werden Männer beim Schokolade-Essen gezeigt – ein bitterer Geschmack wird jedoch mit keinem Wort erwähnt. Einmal sieht man einen Schmied in seiner Werkstatt in der Arbeitspause *(Abb. 19)*. Im anderen Fall Oskar Heer, Sieger des Einzeltourenfahrens des Schweizerischen Radfahrer-Bundes 1928, auf dem Fahrrad *(Abb. 20)*. Beide essen Milchschokolade, im zweiten Fall eine Sorte «mit Blütenhonig und Edelmandeln». Während bei Orba primär Produkteigenschaften hervorgehoben werden, die Männern entgegenkommen sollen, werden in diesen zwei Fällen männliche Vorbilder gezeigt. Der Schmied braucht viel Kraft für seine Arbeit, der Velofahrer für seine Rennen. In einem als Faksimile abgedruckten Text bestätigte Oskar Heer «auf Ehrenwort», dass er sich während seiner Rennen «fast ausschließlich mit Chocmel Kohler und Mineralwasser» ernähre. Er verlor so keine wertvolle Zeit in Restaurants, weil er sich fahrend verpflegen konnte.

Fazit: Die Werbung hat es also zuweilen unternommen, bislang «Unmännliches» an den Mann zu bringen. Während sie das bestehende Klischee von Männlichkeit innerhalb enger Grenzen zu verändern suchte, nutzte sie ein tiefer liegendes Bedürfnis des Mannes, als «Mann an sich» bestätigt zu werden – auch wenn du Schokolade isst, bist du einer![25]

Wann war ein Mann ein Werbemann?

Während das Frauenbild in der Werbung seit der neuen Frauenbewegung nach 1968 vielfach untersucht und kritisiert worden ist, gibt es erst in jüngerer Zeit Studien zum Männerbild.[26] Der Kommunikationswissenschaftler Guido Zurstiege erklärt: «Inhaltlich fokussiert die Forschung

178

179

20

weiterhin auf die Untersuchung des Frauen- und Mädchenbildes; die Rolle des Mannes wird überwiegend nur am Rand analysiert.» Er weist dabei auch auf einen besonders problematischen Aspekt hin: Wieder werden Mädchen und Frauen als «Sondergruppe» behandelt, während Jungen und Männer als das «Allgemeine» (oder gar nicht) gesehen werden. «Männlichkeit wird auf diese Weise stillschweigend vorausgesetzt und bleibt unreflektiert. Die Kritik am Patriarchat führt so zu der Verdoppelung jener Strukturen, deren Enttarnung eigentlich beabsichtigt war.»[27] Nachdem nun auch Männlichkeit als gesellschaftlich geprägt und veränderlich erkannt worden ist, sollten in Zukunft sinnvollerweise beide Geschlechter ins Auge gefasst werden.

In seiner Zusammenfassung deutscher und US-amerikanischer Untersuchungen hält Zurstiege fest, dass in beiden Ländern in der Werbung mehr Männer als Frauen gezeigt wurden.[28] Männer wurden vornehmlich im Zusammenhang mit Produkten dargestellt, die im weitesten Sinn auf traditionelle Männlichkeit verwiesen, sie waren in der Mehrheit älter als die dargestellten Frauen und wurden seltener als diese nackt oder nur spärlich bekleidet gezeigt. Sie lächelten seltener als Frauen, wirkten emotional kontrolliert, unabhängig und stark. Nach Einschätzung von Zurstiege zeigte sich das Spektrum an möglichen Darstellungsformen von Männlichkeit stärker ausdifferenziert als jenes für Weiblichkeit. Dazu Stefan Krohne: «Den klassischen weiblichen Profilen der begehrenswerten Geliebten und der mütterlichen Hausfrau stehen auf der Seite des Mannes der kompetente Experte, der coole Draufgänger, der selbstbewusste und erfolgreiche Geschäftsmann, der bestimmende Vater und Partner und der sich selbst verwirklichende Abenteurer gegenüber.»[29] Diese Darstellungsbreite sei abhängig vom Werbemedium und vom beworbenen Produkt. So sei das Spektrum an Männerdarstellungen bei weit verbreiteten Zeitschriften größer als bei Special-Interest-Magazinen mit ihren klar umrissenen und homogenen Zielgruppen.

Von Peter Bär durchgeführte Stichprobenauszählungen von Menschendarstellungen in den Inseraten von Schweizer Zeitschriften zwischen 1920 und 1990 haben ergeben, dass im gesamten Zeitraum häufiger Bilder von Frauen als von Männern gezeigt wurden. Allerdings war der Anteil der Männerdarstellungen mit Ausnahme der Kriegsperioden nicht verschwindend klein, sondern durchaus bedeutsam. Ab den 1970er-Jahren nahm der Anteil der Männerbilder stark zu. In den 1980er-Jahren gab es nur noch etwa 20 Prozent mehr Frauendarstellungen.[30] Insgesamt wurden Männer vorwiegend im Zusammenhang mit Raucherwaren, Rasurartikeln und Kleidern eingesetzt, also mit Männerprodukten, die vermutlich auch eher von Männern gekauft wurden.

Einige Schlussthesen:

1. Die Werbeindustrie hat in erster Linien Frauen, aber auch Männer gezielt als Blickfang eingesetzt und traditionelle Männerbilder für ihre Zwecke genutzt.

2. Eingesetzt wurde nicht nur ein, sondern verschiedene Aspekte der Männerrolle – vom harten Cowboy bis zum in der Körperpflege beratungsbedürftigen Mann.

3. Im Vergleich zum Frauenbild hat sich beim Männerbild in der Reklame im 20. Jahrhundert wenig verändert. «Neue Männer» blieben Ausnahmeerscheinungen.

Wann also war ein Mann ein Werbemann? Werbemänner mussten die Männerrolle meist möglichst klar spielen, denn die Geschlechterdarstellungen der Werbung waren «deutlicher konturiert»[31] als Darstellungen im sonstigen Programm der Medien. Über die vergangenen Lebenswelten der Männer im 20. Jahrhundert ist damit wenig gesagt – dafür umso mehr über vorgestellte Männlichkeitsideale und ihre Beharrungskraft.

Warum die Warenhülle Werbung treibt

Die moderne Verpackung als Produkt
veränderter Konsumgewohnheiten[1]

Matthias Nast,
Peter Stöferle

Gestern ging Großmutter täglich mit dem eigenen «Chessi» zur Molkerei, wo man ihr die rohe Milch mit dem Litermaß aus einer großen Tanse reichte. Heute kauft ihr Enkel die Milch trinkfertig in der Wegwerfpackung mit Schraubverschluss, zudem Cola in der Büchse und tiefgefrorene Pizzas – in einem Selbstbedienungsladen. Einkaufen war früher eine Begegnung zwischen Personal und Kunde, heute ist es vor allem eine Begegnung zwischen Packung und Kunde. So haben in der Konsumwelt des Enkels die Warenpackungen eine neue Funktion: Sie sind «stumme Verkäufer»[2] geworden.

Moderne Waren werben für sich selber – mit dem «sales appeal» ihrer Hüllen. Bunte Materialien, ausgesuchte Formen, reizende Namen und klein gedruckte Informationen sind die historischen Erben des Personals hinter der Ladentheke. So gewohnt uns heute tagtäglich die Verpackungen durch die Hände gehen und so rasch sie ihre Aufgabe erfüllt haben und im Abfall landen, so wenig werden sie als Ergebnis eines tief greifenden Umbaus, ja einer Umwälzung der Einkaufs- und Konsumgewohnheiten wahrgenommen, die vor einem halben Jahrhundert in der westlichen Welt begann und auch einen neuen Typ des Konsumenten schuf. Davon ist im Folgenden die Rede.

Sozialkontakt über den Ladentisch

Noch bis in die 1950er-Jahre hinein war der Alltag geprägt durch die Tugenden der Sparsamkeit und Bescheidenheit. In den Einzelhandelsgeschäften erschwerte noch keine Qual die Wahl; dafür war das Sortiment viel zu bescheiden. Mit Ausnahme weniger abgepackter Markenartikel und Kolonialwaren wie Kaffee, Tee oder Kakao wurden die Waren lose angeboten. Der frühere Berner Politiker und Konsumentenschützer Alfred Neukomm erinnert sich an die nicht immer so guten, doch immerhin alten Zeiten: «Der Händler beförderte (...) das Salz mit einer kleinen Schaufel aus dem Trog in ein Gefäß, das ich von zu Hause mitnahm; die Milch wurde jeden Tag mit dem Kesselchen geholt.»[3]

Die traditionellen Bedienungsläden wurden größtenteils als Familienbetriebe geführt. Die Kundschaft kaufte meist täglich ein und stammte vorwiegend aus der Nachbarschaft. In diesen Geschäften spielte die Verpackung eine untergeordnete Rolle. Der Händler, der die Kunden meistens persönlich kannte und oftmals auch Kredit gewährte, war sich seiner Stammkundschaft gewiss. Innovationen seinerseits waren kaum nötig. Die Güter des täglichen Bedarfs wurden in Regalen, Fässern und Schubladen aufbewahrt. Der Ladentisch trennte das Geschäft in zwei klar definierte Räume: Hinter der Theke arbeiteten die Verkäuferinnen und Verkäufer. Diese Zone blieb für die Kundschaft tabu; ihr Territorium lag vor der Theke. Der Modus des Verkaufens war das gesprochene Wort. Die Händler und Verkäufer priesen ihre Waren an und strichen ihre Vorteile heraus: Der Schwatz im Bedienungsladen war Alltag.

Aufbruch ins Schlaraffenland

Nach dem Zweiten Weltkrieg eröffnete sich der Schweiz ein Wirtschaftswachstum, das in seiner Durchschlagskraft von niemandem erwartet wurde und das 25 Jahre

1
Als die Haltbarkeit von Lebensmitteln noch nicht selbstverständlich war: Hausfrau beim «Einwecken» von Früchten. Abbildung aus einem hauswirtschaftlichen Lehrbuch.

dauern sollte. Diese Phase ungebremsten Wachstums fegte eingespielte, lange Zeiten hindurch unverändert überlieferte Verhaltensmuster in Wirtschaft und Gesellschaft innert einer Generation hinweg. Im Detailhandel führte die steigende Kaufkraft zur vermehrten Nachfrage nach Konsumartikeln aller Art.

Die bisherigen Produktions- und Distributionsmodelle wurden diesem Ansturm allerdings nicht mehr gerecht. In dieser Epoche des aufkommenden Massenkonsums, der den Menschen im Westen eine Vielfalt von Konsumgütern zur Auswahl bot, wie sie menschheitsgeschichtlich einmalig ist – in dieser Epoche war der althergebrachte Bedienungsladen nicht mehr zeitgemäß. Er war kaum mehr in der Lage, die angebotene Warenfülle zweckmäßig und kostengünstig abzusetzen. Abhilfe kam aus den USA, die nach dem Zweiten Weltkrieg nicht nur Rock 'n' Roll, Coca-Cola, Kaugummi und Nylonstrümpfe nach Europa exportierten. Nicht ganz uneigennützig machten sie Europa auf die Vorteile der industriellen Massenproduktion im Konsumgüterbereich aufmerksam, auf den Nutzen des rationelen Self-Service-Systems und auf die Überlegenheit moderner Marketingmethoden.

Die Vorzüge des amerikanischen Distributionssystems wurden in der Schweiz am frühesten von Gottlieb Duttweiler erkannt. 1948 eröffnete er in Zürich den ersten Migros-Selbstbedienungsladen.[4] Die Konsumgenossenschaften zogen kurz darauf nach. Damit begann ein Wandel der Einkaufsgewohnheiten, der als revolutionär bezeichnet werden kann. Das durchrationalisierte Einkaufs- und Verkaufssystem überzog zuerst Städte, später auch ländliche Gebiete mit einem dichten Netz von Filialen und Verteilerzentren. Viele Händler wehrten sich anfangs gegen die Einführung dieser «amerikanischen Verkaufsmethoden». Wenige Tage nach der Eröffnung des ersten Selbstbedienungsladens stellten die mittelständischen Lebensmittelhändler die Migros an den Pranger: «Es ist ja nichts Neues, dass die Migros – übrigens auch die Konsumgenossenschaften – rücksichtslos mit allen Mitteln die Konzentration des Umsatzes, die Entseelung der Wirtschaft und damit die Wirtschaftsdiktatur anstreben»[5], hieß es in ihrer Zeitschrift «Lebensmittelhandel». Da predigten die Händler sogar in Gotthelfscher Manier: «Ware und Geld.

Es fehlt also der Hauptfaktor, der Geist und die Seele.»[6] Die «Schweizerische Gewerbezeitung» forderte Maßnahmen, die eine Weiterentwicklung dieser Selbstbedienungsläden verunmöglichen sollten.[7] Doch auch der gewerbliche Mittelstand musste die Vorteile des neuen Verkaufssystems anerkennen: «Indem er» – der Kunde – «sukzessive alle Warengruppen abschreitet, tätigt er, was ich ganz deutlich feststellen konnte, viele zusätzliche Selbstkäufe, und gerade darin liegt ein wesentlicher materieller Vorteil im System.»[8]

Doch auch in der Bevölkerung regte sich Unmut. Peter Gysin und Thomas Poppenwimmer weisen auf die verbreitete Skepsis gegenüber der Idee des Massenkonsums hin, die in den neuen Selbstbedienungsläden vorgeführt und propagiert worden sei. Diese Zurückhaltung liege im Wertesystem der Kriegsgeneration begründet; die Erfahrung von Mangel sei ihr noch in zu wacher Erinnerung gewesen, als dass sie sich unbeschwert dem Genuss hätte hingeben können.[9] Die Antwort der Unternehmer auf das von potenziellen Kunden an den Tag gelegte Misstrauen gab Gottlieb Duttweiler persönlich: «Das soll jedoch den Kaufmann nicht daran hindern, sein Geschäft zu führen, wie er es als richtig erachtet, und nötigenfalls den Kunden auch zu erziehen.»[10]

Das Ende der Bescheidenheit

Das neue Verkaufssystem wies der Kundschaft zwei neue Funktionen zu: die (Selbst-)Bedienung und den Transport der Waren zur Kasse. Beides setzte zwingend die

5 Minuten vor Zwölf
Kein Problem mehr!

Nur
5 Minuten
Kochzeit
für
MAGGI s
SUPPEN IN STANGEN
mit
der blauen Uhr

ERBS MIT SCHINKEN
OCHSENSCHWANZ
ERBS MIT SPECK
MARIANNEN
ERBS MIT SAGO
ERBS MIT REIS
HAUSMACHER
KÖNIGIN
ERBSEN
FAMILIEN

MAGGI s
70 Rp. Erbs mit Schinken

VERLANGEN SIE DIE

MAGGI 5 Minuten-Suppen
MIT DER BLAUEN UHR

Vorverpackung der Konsumgüter voraus. Damit diese rationell verkauft werden konnten, mussten sie einerseits in einheitlichen Größen angeboten werden – das heißt in genormten Packungen. Erst diese Standardisierung ermöglichte die zweckdienliche Verteilung und das rationelle Einkassieren an der Kasse.

Andererseits ging mit dem Auszug des Bedienungspersonals das gesprochene Wort im Detailhandel fast ganz verloren. Bildliche Reize übernahmen die Aufgabe des Bedienungspersonals. Die Verpackungen richteten sich nun als «stumme Verkäufer» an eine mehr und mehr visuell orientierte Welt. Der Platz der Konsumartikel war nicht mehr hinter dem Ladentisch. Sie drängten hinaus; dorthin, wo die Kundschaft wartete. Die in Masse und Serie hergestellten Produkte bezogen ihre strategisch günstigsten Positionen in den Regalen und Vitrinen der modernen Konsumpaläste. Da warteten sie auf den kurzen «Augenblick» der Kunden, den es zu fangen galt.

Ein Recht, eine Routine

Bereits 1951 behauptete der damalige bundesdeutsche Wirtschaftsminister Ludwig Erhard, die freie Konsumwahl sei eines der wesentlichen demokratischen Grundrechte. Nur sechs Jahre nach Kriegsende mochte seine Forderung vielen illusorisch erschienen sein. Den Deutschen steckte die Erinnerung an den Hungerwinter 1946/47 in den Knochen, und auch in der Schweiz herrschte noch immer Mangel. Doch mit dem anbrechenden Wirtschaftswunder wurde Erhards Utopie rasch vertraute Wirklichkeit. Ot Hoffmann beschreibt dies kein halbes Jahrhundert später als «Demokratisierung der Zugänglichkeit zu Speisen und Getränken aller Art für breiteste Bevölkerungsschichten».[11]

Führte um 1900 ein Lebensmittelgeschäft in der Schweiz erst rund 450 Artikel, so waren es kurz nach dem Zweiten Weltkrieg etwa 1'400 und um 1957 bereits gegen 2'000 Artikel.[12] Vor der Einführung der Selbstbedienung wurden in einem traditionellen Bedienungsladen der Genossenschaft Migros Zürich im Jahre 1947 sogar noch weniger, nämlich nur rund 360 Artikel, angeboten.[13] Mit dem durchschlagenden Erfolg der Selbstbedienung erweiterte auch die Migros ihr Sortiment. Ende 1959 umfasste das Lebensmittelangebot in einem Supermarkt (Migros-Markt) zirka 1'100 Artikel oder rund 40 Prozent des gesamten Sortiments. Mit diesen 40 Prozent wurden indes rund 80 Prozent des Gesamtumsatzes der Migros Zürich erwirtschaftet.[14]

Wir können heute angesichts des nachdrücklichen und schnellen sozialen Wandels seit 1950 erstaunt feststellen, wie wenig diese Veränderung beachtet worden ist. Es scheint, dass die Zeitgenossen den Weg von Entbehrung zu Wohlstand wenig hinterfragten und hinterfragen (im umgekehrten Fall ist es anders üblich). Gewöhnlichkeit, ja Banalität herrscht im heutigen Umgang mit den alltäglichen Akten des Konsums, mit den vielerlei Lebensmitteln und ihrer Verpackung. Dafür ist der morgendliche Griff zur Margarineschachtel oder zum Milchbeutel im Kühlschrank vielleicht das beste Beispiel. Der ununterbrochene Kontakt mit der Warenwelt ist so routiniert geworden, dass wir dessen historische Einmaligkeit nicht mehr erkennen.

Individualität und Masse

Mit dem Übergang vom Verkäufer- zum Käufermarkt (Angebotsüberhang) wurde der Absatz zum Schlüssel des unternehmerischen Erfolgs. Historiker verstehen die 1950er-Jahre daher als Übergang von der Industrie- zur Konsumgesellschaft.[15] Damit wurde die Kundschaft am «Drehkreuz zur Einsamkeit»[16] zur ununterbrochen umworbenen Masse. Zu einer Masse, die sich selbst aber nicht als solche verstand. Im Gegenteil: Jede und jeder erkannte sich mehr und mehr als einzigartig. Die Ausbreitung der Massenproduktion standardisierter Produkte und Dienstleistungen bei gleichzeitigem Drang nach Individualität ist ein Kennzeichen der Periode seit den späten 1950er-Jahren. Im traditionellen Bedienungsladen war jeder Kunde tatsächlich individuell angesprochen worden. Nun, da der Konsument sich selbst zu bedienen und somit Herr und Knecht in einem zu sein hatte, suchte diese Individualität – oder zumindest deren Illusion – eine neue Sprache.

Im Selbstbedienungsladen und später in den Supermärkten lag es nun an der Verpackung, die indivi-

5
Früh übt sich: Klare Warenpräsentation soll auch dem jüngsten Kunden im Selbstbedienungsladen helfen, den gesuchten Artikel rasch zu finden. Bild von 1958.

6
Und draußen wartet das Familienauto: 1959 wurden in der Schweiz erstmals Einkaufswägelchen durch die Gänge der Supermärkte gestoßen. Darin hatten die vielen bunten Verpackungen Platz, die dann im Kofferraum des Autos auf dem Ladenparkplatz verschwanden.

*Maggi zeigt, wie mans
macht: Mit einem
Auslageplan für
die Bestückung der
Lebensmittelgeschäfte
versuchte der Hersteller
aus Kemptthal bei
Winterthur bereits
Ende der 1940er-Jahre
seine Produkte ins
beste Licht zu rücken.*

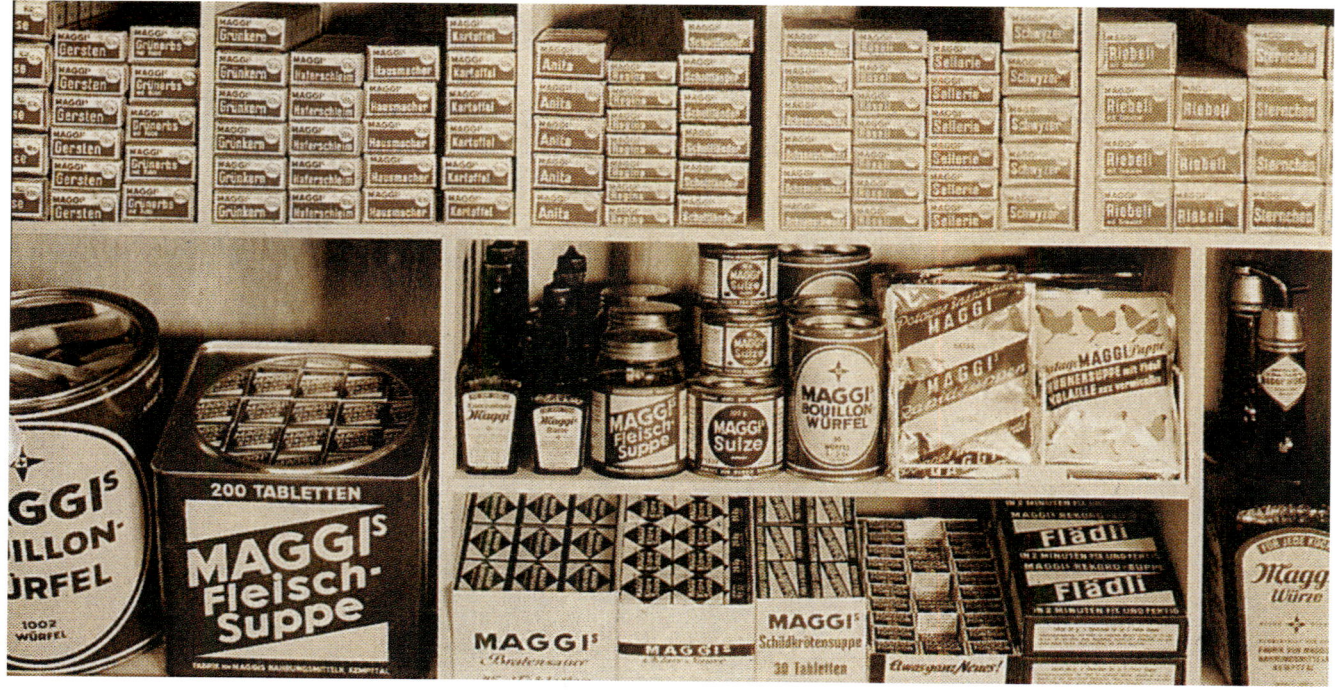

duellen Bedürfnisse anzusprechen. Damit begann die hohe Zeit des Verpackungsdesigns. Wie weiter unten genauer gezeigt wird, gingen die Gestalter die Sache anfangs etwas unbeholfen an. Doch eines war bereits damals klar: Die Kommunikation hatte sich an einer visuellen Welt zu orientieren. Im «Schweizer Verpackungskatalog» von 1950 lesen wir: Die Verpackung «wird ihre Wirkung ganz auf das Auge konzentrieren, starke Wunschreaktionen auslösen und die nüchterne Verstandesargumentation möglichst zurückdrängen. Ganz nach der Erkenntnis: Erfreuet die Augen, denn diese entscheiden beim Einkauf!»[17]

Am «point of sale»

In den 1960er-Jahren wurde viel Geld ausgegeben, um den geheimen Wünschen und versteckten Trieben der Konsumenten auf die Schliche zu kommen. Da die USA bereits auf eine längere Erfahrung mit der Selbstbedienung zurückblicken konnten, sind dort auch die ersten Ansätze psychologischer Packungsforschung anzutreffen. Die Gestalter schielten zu ihren Kollegen aus der Werbebranche und setzten sich mit der so genannten

Motivforschung (motivation research) auseinander. Am «point of sale» hatte das Kleid der Ware in Form, Farbe, Material und Beschriftung eine bestmögliche optische Wirkung zu erzielen. Die Sichtbarkeit der Elemente und die Lesbarkeit der Schriften wurden unter allen denkbaren Bedingungen gemessen und verglichen: im Winkel, in der Entfernung, bei verschiedener Helligkeit, Lichtfarbe, Lichtreflexion, Verzerrung aller Art usw. Mittels spezieller Kameras testete man den Blickverlauf und verfolgte die Augen des Kunden, wie sie über Packungswände streifen, an gewissen Packungen hängen bleiben, sich auf ein bestimmtes Element konzentrieren und dann weiterschweifen. Man bestimmte die Zeit bis zum Auffinden einer Packung und dabei auch den Einfluss der Nachbarprodukte rechts und links.[18] Auch in der aufkommenden Fernsehwerbung stand die Verpackung im Rampenlicht. Die sofortige Wiedererkennbarkeit der Marke war schon damals oberstes Prinzip. Von diesem ist man aus nahe liegenden Gründen bis heute nicht abgekommen: Der bunte angebissene Apfel aus Kalifornien oder das orange M aus der Limmatstadt sind längst Ikonen am Konsumhimmel geworden.

Das Bedürfnis wird zerlegt

Die Marketingspezialisten machten sich die psychologischen Erkenntnisse zu Nutze und loteten mit Hilfe populärfreudscher Theorien die Bedürfnisse der «Verbraucherpsyche» aus. Das hörte sich zum Beispiel folgendermaßen an: «Die Erkenntnis der Bipolarität der modernen Psychologie, besonders aber der große Einfluss der Primitivperson auf jegliches menschliches Erleben gibt dem Unternehmer die Grundlagen für die Werbe- bzw. Packungsgestaltung, besonders, da Illustration, Farbe, Formen und Schriftarten fast ausschliesslich auf die Primitivperson einwirken.»[19]

Seither ist viel über die manipulativen Effekte der Werbung im Allgemeinen und der Packungsgestaltung im Speziellen nachgedacht und geschrieben worden. Der Historiker Hans-Jürgen Teuteberg verweist auf die zeitgenössische Konsumverhaltensforschung, die zeige, dass eine globale Fernsteuerung des Kaufverhaltens ins Reich der Legenden gehöre. Er meint in seinem Beitrag zur Kulturgeschichte des Geschmacks, der Konsument sei in seinem Nahrungsverhalten zwar durchaus beeinflussbar, aber eben nicht nur, wie immer wieder fälschlicherweise suggeriert werde, als passiver Empfänger von Informationssignalen: «Der Mensch kann sich diesen Reizen, ganz anders als bei der sinnesphysiologischen Wahrnehmung, partiell oder gänzlich verweigern oder sogar entgegengesetzte Geschmacksäußerungen produzieren. (...) Die durch die Werbung vermittelte Botschaft an den Geschmack muss an bereits eingelagerte soziokulturelle Leitbilder, Modeströmungen, Traditionen oder geheime Wunschträume anknüpfen, um rezipiert zu werden. Die Lebensmittelwerbung kann somit die Geschmackspräferierung in bestimmte Richtungen verschieben und verstärken, aber keine völlig neuen Normen schaffen. Zwar hat das gestiegene Lebensmittelangebot den Zwang zur Marktbeeinflussung und damit die Zahl der Werbebotschaften erhöht, doch ist zweifelhaft, ob die Macht der ‹Geheimen Verführer›, wie Vance Packard die Werbung voreilig nannte, wirklich zugenommen hat.»[20]

Trotz des berechtigten Einwands kann den Werbeprofis und den Packungsgestaltern unter ihnen ein gewisser Erfolg nicht abgesprochen werden. Denn

8
Die Vitrine als stumme Verkäuferin. Offen ist, ob sich das Versprechen «...darum steigern Schaller-Kühlvitrinen Ihren Umsatz um ein Mehrfaches!» ausnahmslos halten liess. Inserat von 1958.

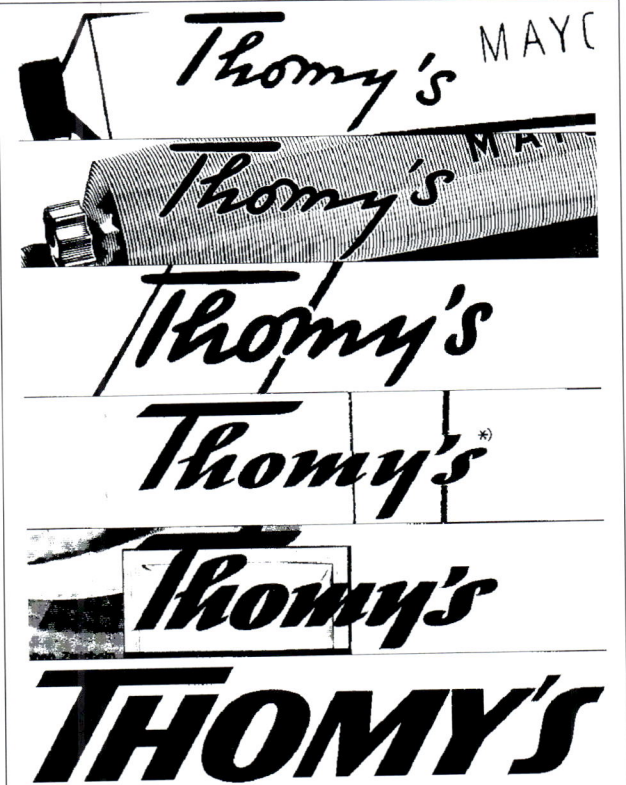

9
Von der verspielten, leichten Typografie der Nachkriegszeit zur Sachlichkeit der 1960er-Jahre: Thomy-Tube 1955, 1956, 1959, 1959, 1963 und 1967.

immerhin haben sie es geschafft, die traditionelle Verzichtsmentalität zu untergraben: In den 1950er- und 1960er-Jahren galt das beliebige Konsumieren als anstößig. Damit sich die Menschen an einen «hohen und schuldgefühlfreien Konsum»[21] gewöhnen konnten, mussten verankerte Moralprinzipien gelockert und neue, lust- und genussbetonte Verhaltensmuster propagiert wer-

den.[22] Auch sonst haben sich die Anstrengungen der Packungsgestalter gelohnt. Denn zwischen den 1960er- und 1980er-Jahren sind für die meisten Produkte optimale Packungslösungen gefunden worden. So hat sich beispielsweise für Milch eine wie auch immer geartete kubische Verpackungsform durchgesetzt. Nur noch Episoden sind die Experimente mit eigentlichen Schlabberbeuteln in den 1960er-Jahren und ähnliche, aus ökologischen Gründen angestellte Versuche rund drei Jahrzehnte später: Die Verteiler sahen sich in der Folge vor ein beträchtliches Transportproblem gestellt, und auch manche Eltern, deren Kinder die Milch mit noch ungelenken Fingern einschenkten, dürften sich stabilere Verpackungen herbeigewünscht haben.

«The package is the message»

Verpackungen widerspiegeln ihre Zeit auf zweierlei Arten. Als «stumme Verkäufer» nehmen sie Trends auf und gehen eine Allianz mit kommerziellen Interessen ein. Modeerscheinungen und Lebensstil finden Eingang in Form, Farbe und Typografie. Die leichten Schriften und hellen Farben der Nachkriegsverpackungen dürfen durchaus als Reaktion auf die Kriegsjahre betrachtet werden. Und der Retrolook, der Ende der 1970er-Jahre auch den Verpackungsbereich erreichte, weist seinerseits auf diese «Goldenen Fünfzigerjahre» hin. Die Verpackungsdesigner schaffen Brücken in Erlebniswelten. Wohl sind sich die meisten Konsumenten darüber im Klaren, dass der Kuchen aus Großmutters Küche und die Fertigpizza aus dem Holzofen keineswegs dem euphorischen Bild entsprechen, das sie vermitteln. Die Gestalter machen sich dabei lediglich die Macht der Lebensstil-Assoziationen zu Nutze. Da auf den Regalen uneingeschränkte Konkurrenz herrscht und sich viele Produkte qualitativ kaum voneinander unterscheiden lassen, liegt es an der Packung, Charakter, das heißt ideelle Werte, zu schaffen.[23] Dabei hält die Werbewirkung einer Verpackung länger an als diejenige einer Kampagne. Odol, Maggi und Coca-Cola beispielsweise haben durch ihre unverwechselbare Gestalt eine Markenidentität über Generationen hinweg erhalten.

Wenn Christoph Bignens schreibt, dass sich in der Warenpackung die Geschichte unserer Konsumgesellschaft wie kaum in einem anderen Bereich spiegle[24], weist er auf einen zweiten Aspekt hin. Denn wie andere Formen der Werbung unterliegt auch die Verpackung gesetzlichen Vorgaben dafür, was sie behaupten darf und was nicht[25], und wie ein Plakat oder ein Spot trägt sie eine Werbebotschaft in die Welt hinaus. Doch dabei hat sie ihre anderen Funktionen wie Schutz, Lager- und Transportfähigkeit nicht einfach verloren. Im Gegenteil, auch diese Anforderungen mussten der Zeit entsprechend gestaltet werden. Das Motto lautete und lautet: «Convenience»!

So boten 1949 die Suppenhersteller Knorr und Maggi ihre Produkte erstmals in hermetisch versiegelten Beuteln aus thermoplastisch präparierten Aluminium- folien an. Zuvor waren diese Suppen nur in den kleinen würfelförmigen Kartonhüllen erhältlich gewesen. Das neue Verfahren ermöglichte den besseren Schutz des Inhalts vor Licht, Feuchtigkeit und Fremdgeruch, es konn- ten größere Einlagen wie Teigwaren oder Gemüse beige- mengt werden, und die Packung bot mehr bedruckbare Fläche an. Die Auswirkungen dieser Innovation bewertet Bernward Selter folgendermaßen: «Während Fleisch- extrakt und Suppenwürze noch als Hilfsmittel (Ge- schmacksverstärker) rangierten, nahmen die Päck- chensuppe und die Fertig-Bouillon als arbeitssparende und damit den Rationalisierungstendenzen moderner städtischer Haushalte entgegenkommende Nahrungs- mittel eine Vorreiterrolle ein.»[26]

«Convenience» bedeutet Annehmlichkeit, Be- quemlichkeit. Produkte dieser Art werden definiert als «(...) Verbrauchsgüter, in die industriell vorgefertigte, reprodu- zierbare Dienstleistungen eingegangen sind. Diese Dienstleistungen werden beim Verbrauch oder der Zubereitung des Produktes frei, indem sie sonst anfallende Arbeitsgänge ganz oder teilweise ersetzen.»[27] «Conve- nience-Food-Produkte» umfassen nicht nur Fertiggerichte, sondern auch Halbfertiggüter wie Gemüse- und Kartoffel- gerichte, Fleisch, Fisch, Saucen, Pizzas, Teigmischungen und Desserts. Deren Alltäglichkeit hat uns schon längst ver- gessen lassen, dass diese Konsumartikel mit enormen logis- tischem Aufwand produziert und verteilt werden, elekt- rische und fossile Energie verbrauchen und Rohstoffe ver- schlingen. Auch so unspektakuläre Produkte wie Teigwaren, Gewürze, Backwaren, Molkereiprodukte, Snacks und

Getränke werden schon seit langem kaum mehr zu Hause hergestellt. Ihre Verwendung ist so selbstverständlich, dass sie nicht einmal mehr als Fertigprodukte wahrgenommen werden.[28] Gleichzeitig eroberte die künstliche Kälte die Haushalte. Galten die Privathaushalte bis zum Zweiten Weltkrieg noch weitgehend als technologiefreie Sphäre, lief bei Siemens in Westberlin in den späten 1950er-Jahren bereits alle 98 Sekunden ein Kühlschrank vom Band.[29] Der Kühlschrank und später das Tiefkühlfach passten zum neuem Konsumverhalten, denn viele Convenience- Produkte sind leicht verderblich und müssen zu Hause, am Ende der «Kühlkette», entsprechend gelagert werden.

Ex und hopp

In den Bereich der Annehmlichkeit (oder eben der Trägheit als deren Schattenseite) gehört auch das Prinzip «ex und hopp». Zukünftige Historikerinnen und His- toriker werden auf Deponie-Exkursionen wichtige Erkenntnisse über das Konsumverhalten des späten 20. und des 21. Jahrhunderts gewinnen können. All die Plastikbeutel, Blechbüchsen und Aludosen verrotten nämlich derart langsam, dass sie noch von unseren Urenkeln studiert werden können.

Einwegverpackungen und kleine Portionenpackungen entsprachen (und entsprechen immer noch) dem herrschenden Zeitgeist. Gehörte das fleißige Aludeckelsammeln vor über zehn Jahren noch zum guten Ton, kommen heute wieder vermehrt Plastikflaschen in die Regale, und die Pfandflasche hat im neuen Jahrtausend endgültig ausgedient. Wirtschaftlich lohnt es sich schon seit den späten 1950er-Jahren kaum mehr, Mehrwegverpackungen herzustellen. Die Kosten, die beim Ersatz von Mehrweg- durch Einwegverpackungen entfielen, sind vorwiegend Personalkosten, während jene Kosten, die hinzukommen, hauptsächlich auf die Faktoren Kapital und Energie zurückzuführen sind. Insbesondere die seit der zweiten Hälfte der 1950er-Jahre stetig fallenden realen Erdölpreise verhalfen den Wegwerfverpackungen zum Durchbruch.[30] Plastik eroberte nun die Supermärkte – und füllte später die Abfalleimer.

Die Anwendungsmöglichkeiten von Kunststoffen im Verpackungssektor schienen unbegrenzt: zur Herstellung von Folien, Spritzgussartikeln, Netzen, Beuteln, Tüten und Flaschen; je nach Füllgut starr, halbstarr oder weich, glasklar, bunt oder bedruckt, wärmebeständig, gas- und wasserdicht, reiß- und schlagfest. Eine bessere Praktikabilität der Verpackung, beispielsweise Erstöffnungsgarantie, Portionierung, Wiederverschließbarkeit, Zubereitungshilfe usw., soll den «Convenience-Effekt» unterstützen.[31] Zudem stellten neue Technologien immer höhere Anforderungen an die Verpackungshersteller. So hat die Verpackung von Tiefkühlprodukten tiefsten Temperaturen standzuhalten. Handelt es sich dazu um ein Mikrowellengericht, muss die Temperaturfestigkeit gar von minus 40° bis plus 240° C gewährleistet werden.

Durchs Essen gezappt

Die ökonomischen, gesellschaftlichen und technologischen Rahmenbedingungen haben sich seit den 1950er-Jahren stark gewandelt. Diese Veränderungen haben sich auf das Konsumverhalten im Allgemeinen und auf die Ernährungsgewohnheiten im Speziellen niedergeschlagen. Die Neuorientierung der Konsumenten hin zu den neuen, kleinen Freiheiten beeinflusste wiederum das

14   15   16

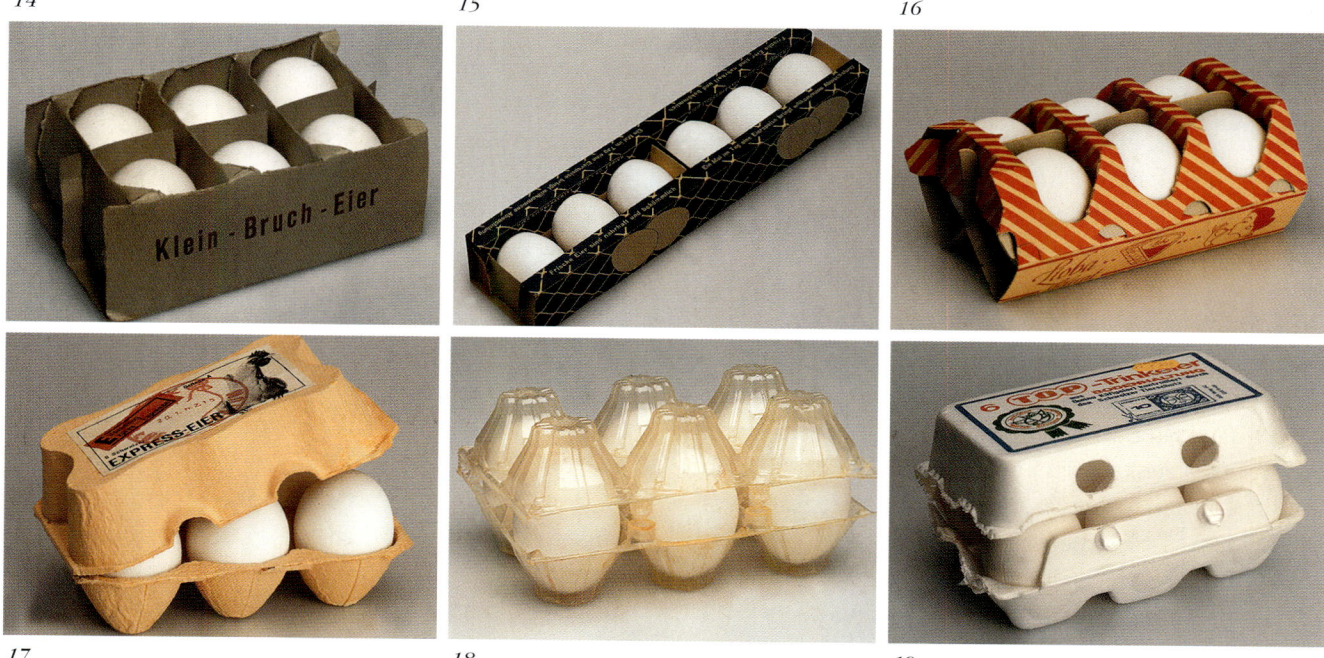

17   18   19

14-19
Geblieben ist das Ei selbst: An dessen Verpackung hingegen ist die Zeit nicht spurlos vorübergegangen – mit unterschiedlichen ökologischen Auswirkungen nota bene.

20
*Warenkorb aus den
1940er-Jahren:
Kunststoffe spielten
damals praktisch noch
keine Rolle, dafür fan-
den umso mehr Blech,
Glas, Karton und
Papier Verwendung.*

21
*Warenkorb um 1970:
Kunststoffe und
Aluminium eroberten
die Regale. Die Ver-
packungen mussten
bedienungsfreundlicher
gestaltet werden; damit
stieg auch der
Materialaufwand.*

Gesamtsystem. Michael Wildt fasst die Elemente zusammen, die diesen scheinbar selbsttätigen Verstärkungsprozess ausmachten: «Produktion von Massenkonsumgütern, Steigerung des Realeinkommens, Ausbreitung der Selbstbedienung als Ver- und Einkaufsform sowie Massenkonsum bilden somit einen Wirkungszusammenhang, als dessen Resultat ‹ein neuer Verbrauchertypus› entstehen sollte.»[32] Michael Andritzky bringt es auf die Kurzform: «Essen, wie man will, wo man will, was man will.»[33] An der Spitze dieser «Nahrungskette» steht der Konsument: Er deutet den freien Zugang zu vorgefertigten und vorverpackten Lebensmitteln als eine Art von Menschenrecht und erkennt darin keinen historischen Einzelfall.

«Junge Menschen zappen sich durch Menüpläne, sind neugierig, wählerisch, ambivalent, illoyal, verfressen, lustvoll», schreibt der Trendforscher Reto Wüthrich. «Morgens um vier machen sie sich eine Pfanne Teig-

Höchster Wiederer-
kennungseffekt wäh-
rend eines ganzen
Jahrhunderts: Es gibt
wenige Produkte wie die
Ovomaltine, bei denen
die Verbraucher selbst
heute noch eine Dose
aus den 1920er-Jahren
blindlings aus dem
Regal greifen würden.

waren. Sechs Stunden später essen sie drei Getreide-riegel, trinken Mineralwasser. Und abends tafeln sie in einem noblen In-Lokal. Gestört? Nein. Fixe Mahlzeiten lösen sich auf und gehen ineinander über. Wer vor dem Computer arbeitet, Arbeitsnomade ist und Teilzeitjobs hat – und dies trifft auf immer mehr Leute zu – isst und trinkt rund um die Uhr. Wer selbständig arbeitet, füllt seinen Kühlschrank sieben Mal wöchentlich der Tagesform gehorchend. Langfristige Ernährungsplanung fällt flach.»[34] Essen jenseits herkömmlicher Muster, Kon-sumieren in freier Lust – das wurde weitgehend erst durch jene Verpackungsrevolution möglich, deren Ursprung in den 1950er-Jahren des letzten Jahrhunderts liegt.

23

24

25

23-28
Modewechsel der
Getränkehüllen:
In den 1950er-
Jahren eroberte der
Tetraederbeutel die
Kühlregale. Heute
wird pasteurisierte
oder homogenisierte
Milch meist in kunst-
stoffbeschichteten
Packungen angeboten.

26

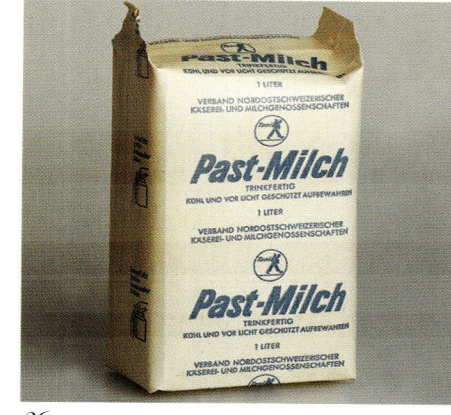

27

28

Von der Lebensweise zum Lebensstil

Werbung als Abbild des Wandels von Werten und Lebensformen in der Schweiz 1950 bis 1990

Simon Eggimann

1/2

Stete Arbeit, frohe Laune: Ovomaltine als Geheimmittel, um vor den Anforderungen mittelständischer Lebensführung zu bestehen. 1953.

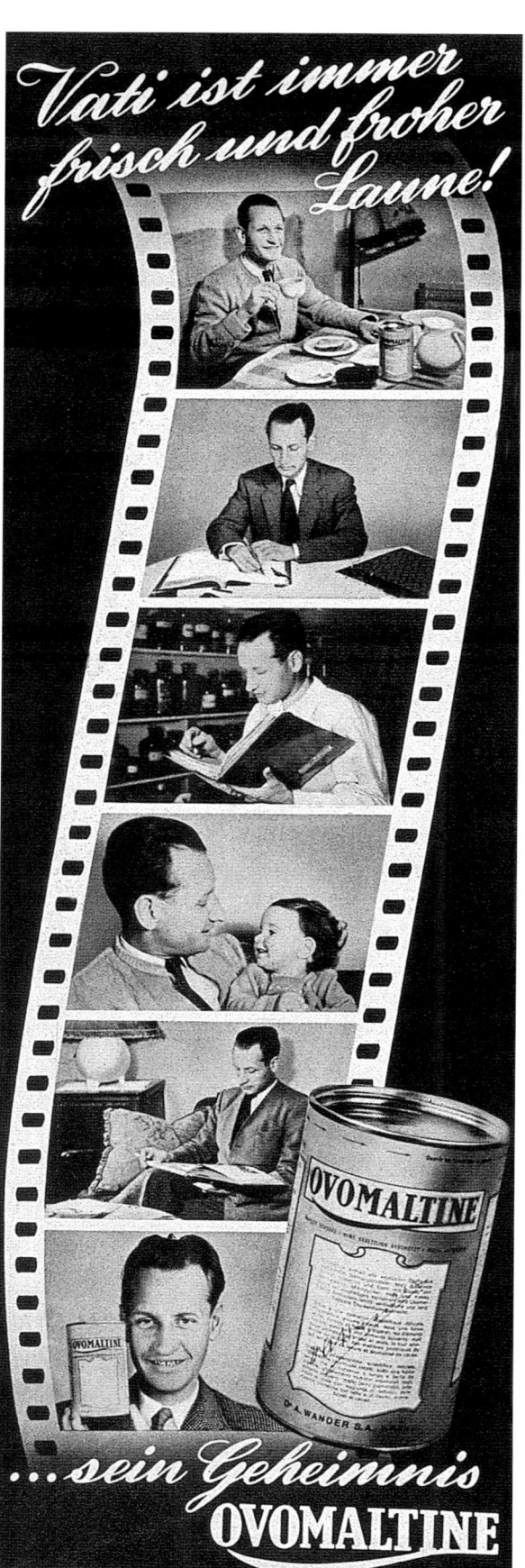

Die wirtschaftliche Dynamik der Nachkriegsjahrzehnte führte auch in der Schweiz zu tief greifenden gesellschaftlichen Transformationsprozessen: Kaum je zuvor hatten sich im Zeitraum einer Generation nicht nur die Lebensbedingungen, sondern auch die Vorstellungen davon, was das gute Leben sei, in derart fundamentaler Weise verändert. Mit dem stetigen Wohlstandswachstum wurde zunächst die überkommene Klassenstruktur weiter aufgeweicht, und die vormals klassenabhängigen Formen der Lebensgestaltung glichen sich in der Tendenz einander an. Damit gewann ein relativ eng gefasstes Leitbild bürgerlich-mittelständischer Lebensführung vorübergehend an Verbindlichkeit.

Doch das Zurücktreten der alten Klassenlagen in der Wachstumsgesellschaft und die vorläufige Zentrierung um mittelständische Ideale ließen bald neue Abgrenzungsmechanismen hervortreten: In jenem umfassenden gesellschaftlichen Raum «jenseits von Klasse und Stand»[1] wurde zunehmend die individuelle Lebensgestaltung, der Lebensstil, zur Möglichkeit, sich von anderen sozialen Gruppen abzuheben. Dabei stand die über den Stil vermittelte Gruppenzugehörigkeit nicht mehr ausschließlich in direkter Relation zur wirtschaftlichen Potenz des jeweiligen Individuums, sondern wurde bis zu einem gewissem Grad frei wählbar.[2] Entsprechend wurden die gesellschaftlichen Trennlinien vielfältiger und verliefen nicht mehr notwendigerweise horizontal. Diese Loslösung von sozial und ökonomisch vorbestimmten Standardbiografien und Gruppenzugehörigkeiten ist Teil jenes übergreifenden Prozesses, den die Sozialwissenschaften mit dem Begriff der Individualisierung zu erfassen suchten.[3]

Parallel zur Ausprägung verschiedener Lebensstile und gleichsam als Begleiterscheinung dieses umfassenden Modernisierungseffekts verschoben sich die Werthaltungen der Schweizer Bevölkerung. Die Wertewandel-Forschung stellte eine Verlagerung von Pflicht- und Akzeptanzwerten hin zu Selbstentfaltungswerten[4] respektive – in der Terminologie von Ronald Inglehart – von materialistischen hin zu postmaterialistischen Werten[5] fest (vgl. den Beitrag von Albert Tanner).

Da Werbung durch ihre verzerrende Idealisierung hindurch gesellschaftliche Mentalitäten widerspiegelt, ist davon auszugehen, dass sowohl der Wertewandel als

auch die Ausdifferenzierung der Gesellschaft in Lebens-
stilgruppen sich in den Werbebildern niederschlagen,
zumal dem Konsum als stilbildendem Moment in der
sozialen Abgrenzungsmechanik eine wichtige Funktion
zukommt und die entsprechende Aufladung der
Produkte mit Bedeutung in maßgeblicher Weise durch
die Werbung vorgenommen wird. In diesem Beitrag
werden vor dem Hintergrund der beschriebenen
Prozesse eine Anzahl Werbeanzeigen interpretiert,
denen exemplarische Bedeutung für die jeweilige historische Situation zugesprochen wird. Die Ergebnisse
basieren auf einer Längsuntersuchung von Werbeanzeigen zwischen 1950 und 1990 in der «Schweizer
Illustrierten Zeitung» bzw. «Schweizer Illustrierten».[6] Dabei wurde eine Unterteilung in drei Phasen vorgenommen, die hier im Groben beibehalten wird:[7]

     1. Die erste Phase umfasst die 1950er- und frühen
1960er-Jahre und stellt die Zeit des ungebremsten Wirtschaftswachstums und des gesellschaftlichen Konsenses dar.

     2. Danach folgt von Mitte der 1960er- bis Mitte
der 1970er-Jahre eine Periode, in der die Widersprüche
der bestehenden Gesellschafts- und Wirtschaftsordnung
deutlich zu Tage treten – unter anderem in der 68er-
Bewegung, der Überfremdungsdebatte, den «Grenzen
des Wachstums» und der Wirtschaftskrise von 1975/76.[8]

     3. Die dritte Phase schließlich setzt in der zweiten
Hälfte der 1970er-Jahre ein und zeichnet sich, unter den
Vorzeichen eines wieder einsetzenden Wirtschafts-
wachstums, durch eine scheinbare Stabilisierung aus.
Diese ist geprägt durch einen gewissen Pragmatismus
bei gleichzeitigem Bewusstsein für die Widersprüche des
Systems, was sich in der Synthese verschiedener
Wertstränge im Sinne eines Vorwärtsdrängens ohne
Zukunftseuphorie ausdrückt.

Die 1950er- und frühen 1960er-Jahre: Dominanz mittelständischer Normen

In den 1950er- und frühen 1960er-Jahren entsprechen
die in den Werbeanzeigen abgebildeten sozialen
Situationen insgesamt einer relativ einheitlichen bürgerlich-mittelständischen Norm. Unter weitgehender
Ausblendung des bäuerlichen und insbesondere des

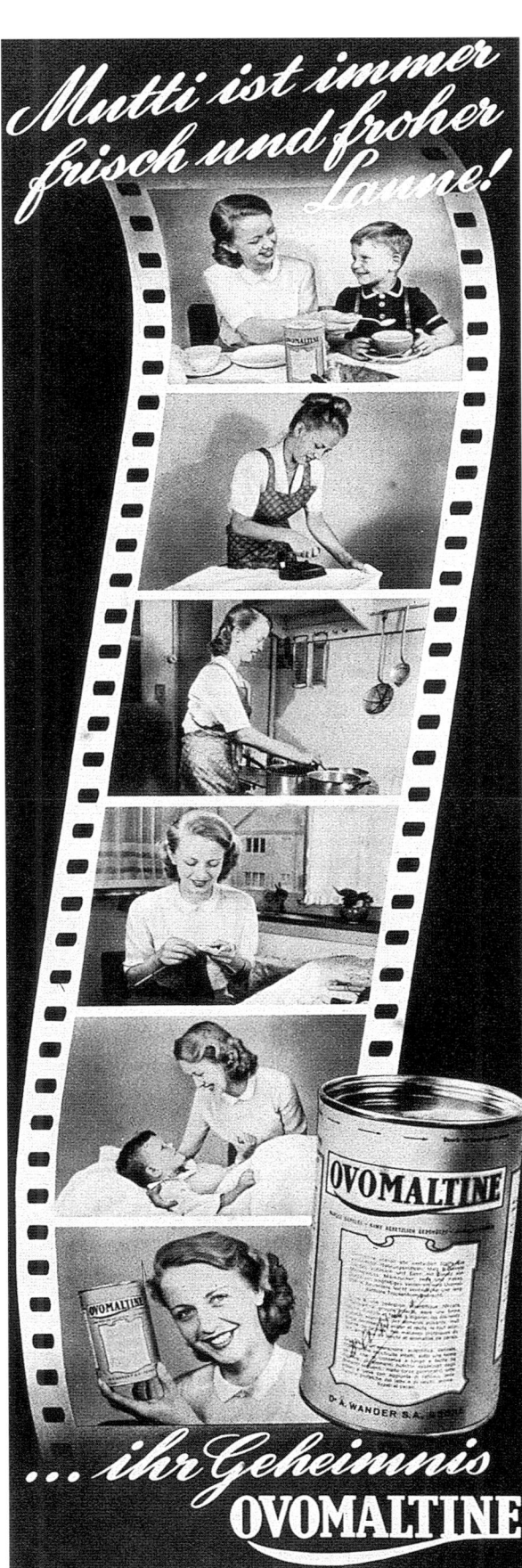

2

Arbeitermilieus dominieren die weißen Kragen der Angestellten und Freiberufler. In ihrer Stereotypisierung werden die Akteure als verheiratete Personen mit Familie dargestellt. Dabei herrscht eine klare Rollenteilung vor: Der Mann geht als Ernährer – in der Regel außerhalb des Hauses – einem bezahlten Beruf nach, während die Frau die Hausarbeit besorgt.[9]

Exemplarisch für den Zeitabschnitt wird 1953 in einer Serie von Werbeanzeigen für das Frühstücksgetränk Ovomaltine in separaten Anzeigen mit identischem Aufbau der Normal-Tagesablauf eines Mannes und einer Frau gezeigt *(Abb. 1/2*, vgl. auch den Beitrag von Myriam Berger). Beide beginnen in der ersten Einstellung der Bildabfolge ihren Tag mit einem Ovomaltine-Frühstück, wobei die Frau sich gleichzeitig noch um die geordnete Nahrungsaufnahme ihres Sohnes kümmern muss. Etwas später sieht man den Mann, jetzt im Anzug, bei buchhalterischer Arbeit, die sich dann ins Praktische wendet, als er sich einen weißen Kittel übergezogen hat und im nächsten Bild mit einem aufgeschlagenen Folianten in der Hand ein Regal mit Apothekerflaschen abschreitet. Die Mutter hat sich der-

weil eine Schürze umgebunden, bügelt – noch ohne elektrisches Bügeleisen – weiße Wäsche, um sich dann gut gelaunt hinter die Zubereitung des Mittagessens zu machen. Nach Erledigung der anstehenden Haushaltsarbeit legt sie die Schürze ab und gibt sich ihrer Strickarbeit hin. Die Zufriedenheit, die sich dabei auf ihrem Gesicht einstellt, scheint sich aus dem Wissen zu nähren, dass sie auch in dieser Zerstreuung noch Nützliches tut. Schließlich bringt sie ihren selbst noch zum Schlafengehen sauber gescheitelten Sohn ins Bett und lächelt ihn in den Schlaf hinüber. Unterdessen ist in der Paralleldarstellung auch der Vater nach Hause gekommen, gibt sich liebevoll mit seinem Kind ab und setzt sich endlich, die Krawatte noch umgebunden, auf das Sofa, wo er zur Erholung noch etwas liest.

Ein Charakteristikum dieser Lebensführung ist also die klare Trennung der Tagesabläufe nach Geschlecht. Sie drückt sich in der Werbedarstellung auch darin aus, dass die beiden Protagonisten respektive deren Tagesabläufe auf keinem der Bilder zusammengeführt werden. Das Mittelständische dieser Lebensweise zeigt sich am kaufmännischen Beruf des

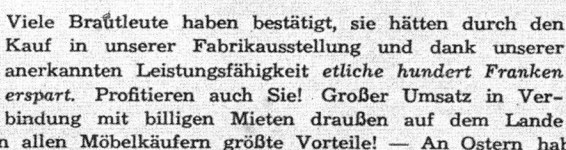

Kluge Brautleute

fahren am Ostermontag direkt in die Fabrik Möbel-Pfister Suhr!

Viele Brautleute haben bestätigt, sie hätten durch den Kauf in unserer Fabrikausstellung und dank unserer anerkannten Leistungsfähigkeit *etliche hundert Franken erspart*. Profitieren auch Sie! Großer Umsatz in Verbindung mit billigen Mieten draußen auf dem Lande bieten allen Möbelkäufern größte Vorteile! — An Ostern haben alle Freunde schöner Möbel die seltene Gelegenheit zum Besuch der weitaus interessantesten und vorteilhaftesten Möbelschau *der ganzen Schweiz!* Die Fahrt ins schöne Suhrental am Ostersamstag oder am Ostermontag direkt in die Fabrik Möbel-Pfister wird für Sie ein Höhepunkt, ein unvergeßlich schönes Erlebnis sein. Dazu genießen Sie die reellen Vorteile der führenden Vertrauensfirma unseres Landes, wie Franko-Domizillieferung überallhin, Gratislagerung, volle Fahrtvergütung bei Kauf ab 500 Franken (auch alle Auto-, Moto- und Velofahrer erhalten die volle Vergütung des SBB-Billetts von ihrem Wohndomizil bis Aarau und retour!) Ferner vertragliche Garantie; prompte Lieferung auf Tag und Stunde und *günstige Zahlungsbedingungen!* In unserer Zeit der teuren Möbelpreise weiß man so große Vorteile sehr wohl zu schätzen. — Da die Fabrik direkt an der großen Ueberlandstraße (nur 2 km von Aarau) *sehr günstig gelegen ist*, erreicht man sie von überall her sehr bequem und in kürzester Zeit. Bahnfahrer benützen das stets vor dem Bahnhof Aarau bereitstehende Pfister-Auto. Jeder Käufer ist zu einem Lunch eingeladen. — Die blumengeschmückte Oster-Ausstellung zeigt die allerneuesten und apartesten Modelle des schweizerischen Möbelgewerbes. Ferner sind die so beliebten, heimeligen Pfister-Sparaussteuern und eine wundervolle Auswahl vorteilhaftester Einzel- und Polstermöbel ausgestellt. Die große Sehenswürdigkeit aber sind *die völlig neuartigen, bahnbrechenden «Original»-Raumsparmöbel!* Ein Möbelkauf, ohne ihre überzeugenden Vorteile zu prüfen, ist nicht zu verantworten. Bringen Sie bitte einen Fachmann mit. — All dies und viel mehr ist im Rahmen dieser einzigartigen Oster-Möbelschau zu sehen, die über 1000 Interieurs aller Stilarten und Preislagen und 5000 Einzel- und Polstermöbel umfaßt. *Wer sparen will, kauft Pfister-Möbel!* — Wichtig: An Ostern ist die Fabrikausstellung nur Brautleuten und Möbelkäufern reserviert! Wiederverkäufer können leider nicht empfangen werden. Sämtliche Ausstellungen in Basel, Zürich, Bern, Lausanne, Bellinzona und die Fabrik in Suhr sind *am Ostersamstag durchgehend geöffnet. Am Ostermontag hält die Fabrik in Suhr offen!*

3
Die Möbelwerbung richtet sich an Brautleute: Ehe und Familie als Fixpunkt der bürgerlichen Normalbiografie. Möbel Pfister, 1950.

Mannes, der genug einbringt, um die Ehefrau von der Lohnarbeit im Sinne eines Zusatzverdiensts freizustellen. Es ist auch durchaus bezeichnend, dass die dargestellte Lebensrealität nicht über Freizeitbilder wiedergegeben wird, obschon in der Werbung der 1950er- und frühen 1960er-Jahre Freizeitszenen beträchtlichen Raum einnehmen. Doch wird hier Freizeit eben noch nicht – wie es in den 1970er- und 1980er-Jahren der Fall sein wird – als unabhängige, von der Arbeit abgekoppelte Gegenwelt mit identitätsdefinitorischer Funktion verstanden (vgl. den Beitrag von Albert Tanner). Sie ist vielmehr Teil der arbeitenden Existenz im Sinne eines wohlverdienten Ausruhens von den Mühen der Arbeit und eines Kräftesammelns für das nächste Tagwerk. Entsprechend erscheint die arbeitsfreie Zeit in ihrem Wesen in den Anzeigen als Feierabend- und Sonntagnachmittag-Freizeit. Im Bild des Zeitung lesenden Mannes und der strickenden Frau einerseits sowie des Sonntagsspaziergangs oder des Sonntagstischs andererseits erfährt diese Freizeitsvorstellung ihre modellhafte Verdichtung.

Die auch in der vorliegenden Ovomaltine-Anzeigeserie implizierte Wichtigkeit von Ehe und Familie im Sinne einer alles dominierenden Fixgröße in der bürgerlichen Normalbiografie drückt sich in den Werbeanzeigen des fraglichen Zeitabschnitts unter anderem in der Wahrnehmung der Jugend aus: Die Jugendzeit erscheint primär als ein Altersabschnitt auf dem Weg vom Elternhaus zur eigenen Familie. Sie ist noch kaum ein Lebensabschnitt mit eigenen Gestaltungsansprüchen in klarer Absetzung und Gegenposition zum Leben in der Familie. Dem Nicht-mehr des aus der elterlichen Obhut entwachsenden jungen Menschen haftet schon das Noch-nicht des baldigen Familiengründers an. So richtet sich beispielsweise die Möbelwerbung wie in der Anzeige von Möbel Pfister aus dem Jahr 1950 *(Abb. 3)* häufig an Brautleute, denn der Möbelkauf, der mit der Eröffnung eines eigenen Haushalts und damit der Erlangung eines eigenen «Platzes» in der Gesellschaft gleichgesetzt wird, erfolgt oftmals zum Zeitpunkt der Eheschließung.

Dass die Jugend nur bedingt ein Lebensgestaltungs-Abschnitt in eigenem Recht war, zeigt sich in den Inseraten unter anderem darin, dass sich die jungen Leute im Stil ihrer Kleidung grundsätzlich kaum von

5

Sparen aus Prinzip, auch wenn die Zeiten der Knappheit vorüber sind. Hero, 1955.

jenem der Eltern abheben. Die Gesellschaft erscheint also auch in dieser Hinsicht nivelliert. Abweichungen vom bürgerlichen Lebensstil der Eltern im Sinne einer eigenständigen Jugend-Subkultur treten im Gegensatz zur Werbung späterer Jahrzehnte kaum auf. Zudem sind Jugendliche als Zielgruppe aufgrund ihrer geringen ökonomischen Potenz für die Werber noch relativ uninteressant. Nicht selten werden daher, wie an einer Werbung für Camelia-Binden aus dem Jahr 1955 zu zeigen ist (*Abb. 4*), die Eltern der jungen Verbraucher beworben: Hier obliegen sowohl die Verantwortung für die Hygiene der Tochter wie auch der entsprechende Kaufentscheid der Mutter.

Eine Werthaltung, die in den Anzeigen der 1950er-Jahre ein größeres Gewicht hat als in den nachfolgenden Jahrzehnten, ist die Sparsamkeit: Preisangaben sind häufiger als in den Siebziger- und Achtzigerjahren[10], und Sparsamkeit wird selbst dort als Wert propagiert, wo keine unmittelbare Knappheit sparsamen Umgang mit Geld gebietet. So ist beispielsweise auf einer Hero-Anzeige von 1955 (*Abb. 5*) ein Ravioli ko-

6

Modern oder traditionsverbunden? Aufhebung der Widersprüche zwischen dem Interieur und seinen Nutzern. Möbel Glass, 1960.

chender Hochschullehrer zu sehen, dessen Menüwahl unter anderem dadurch begründet wird, dass auch Professoren «mit dem Haushaltungsbudget auskommen» müssten. Es wird also auch bei höheren Einkommen aus Prinzip gespart – ganz gemäß der Mangel- und Sozialisationsthese von Inglehart, die besagt, dass die Menschen jenen Gütern zeitlebens große Wichtigkeit beimessen, die in ihren Jugendjahren relativ knapp waren.[11]

Eine weitere für die Fünfziger- und frühen Sechzigerjahre charakteristische Wertdisposition, nämlich das Nebeneinander von heimeliger Gemütlichkeit und Modernität, zeigt sich in einer 1960 in der «Schweizer Illustrierten Zeitung» erschienenen Anzeige der Möbel Glass AG *(Abb. 6)*. War diese Dualität eines Sicherheit und Geborgenheit vermittelnden Wertkonservatismus und des gleichzeitigen Fortschrittsideals der Moderne bestimmend für die Periode insgesamt, so erfuhr sie im Ringen eines traditionellen und eines modernen Wohnleitbilds ihre sichtbare Ausgestaltung.

Das in der Möbel-Glass-Anzeige wiedergegebene Interieur ist in einem modernen, neofunktionalistischen Stil konzipiert: Der Raum ist in Übereinstimmung mit der Maxime «Licht, Luft und Raumfreiheit» sparsam möbliert und wird durch einfache und klare Formen bestimmt. Die Dominanz von vertikalen und horizontalen Linien wird durch die frontale Ansicht zusätzlich verstärkt. In der Fotografie wird der Raum zur ästhetisch gestylten Komposition: Die Schatten der Sitzflächen sind zugunsten der feinen antennenförmigen Schattenlinien der Stuhlbeine wegretouchiert, was dem ganzen Arrangement eine zusätzliche Leichtigkeit und – durch die Ausrichtung der feinen Schattenantennen – Dynamik verleiht. Das Bild wird außerdem durch die drei Frontflächen an der Kommode, die drei Stühle und die drei Gläser gekonnt rhythmisiert. Da sich eine solchermaßen nach geometrischen Regelmäßigkeiten konstruierte Bildkomposition schlecht mit Karten spielenden Männern verträgt, werden die vermeintlichen Benützer des dargestellten Innenraums in eine Paralleldarstellung am unteren Bildrand verbannt. Obschon das grafische Arrangement und der Text suggerieren, dass die Jassrunde im abgebildeten Wohnraum abgehalten wird, handelt es sich beim gezeigten Spieltisch offensichtlich

nicht um das oben in kühler Ästhetik inszenierte Modell von Möbel Glass. Diese kleine Inkonsequenz scheint symptomatisch für die Schwierigkeit, zwei im Grunde genommen nur schwer kompatible Prinzipien zu vereinigen.

Da sich auf der Ebene des Stils die traditionelle und die moderne Richtung nicht verschmelzen lassen[12], bemühen sich die Werber hier, die Mehrheitsfähigkeit ihres modernen Wohnprogramms dadurch zu erweitern, dass unter Anrufung traditioneller Verhaltensweisen im modernen Interieur die angestrebte Synthese zwischen Moderne und Tradition doch noch erreicht werden kann. Über den Jass als Symbol nationaler Traditionsverbundenheit sollen die schönen Seiten der Schweizer Gemütlichkeit mit den praktischen und ästhetischen Vorzügen des modernen Wohnstils kombiniert und dessen potenzielle Nüchternheit gebrochen werden. Das Konsensstreben von Möbel Glass geht sogar so weit, dass, angesichts einer nach Spielkartentypen zweigeteilten Jassnation, die werbestrategisch potenziell fatale Bevorzugung eines Kartentyps dadurch abgeschwächt wird, dass zwar mit deutschen Karten gespielt wird, aber zumindest der mit einem Symbol der französischen Spielkarten versehene Jassteppich für so etwas wie ikonografische Gleichberechtigung sorgt.

Mitte der 1960er- bis Mitte der 1970er-Jahre: Neue Werte und Lebensformen

In den Werbeanzeigen der 1960er- und 1970er-Jahre ist in Bezug auf die wiedergegebenen Lebensformen insgesamt eine Tendenz zur Ausdifferenzierung in verschiedene, klar voneinander abgegrenzte Lebensstile erkennbar. Das heißt: Die Einheitlichkeit der Lebensformen nimmt ab, und die vormalige Orientierung an einem bürgerlich-mittelständischen Ideal der Lebensführung wird sichtbar aufgeweicht. Klassen- respektive schichtspezifische Lebensweisen und gesellschaftliche Hierarchiemomente rücken in den Hintergrund. Nicht mehr gesellschaftliche Anerkennung durch Zugehörigkeit zu einer bestimmten, gegen unten abgrenzbaren Schicht, sondern Lebensfreude und die Suche nach dem eigenen Stil werden zum dominanten Inhalt.

Dies zeigt sich etwa in einer Anzeige der Kaffeebranche aus dem Jahr 1970 *(Abb. 7)*. Ein im Apparatebau tätiger Facharbeiter in blauem Arbeitskittel und darunter getragenem Freizeithemd ist beim Kaffeetrinken an seinem Montagetisch zu sehen. Dabei ist die Arbeitsfläche in scheinbar unordentlicher Anhäufung mit Instrumenten und Apparateteilen überstellt, was deutlich macht, dass in diesem Fall das Gebot der Ordnung hinter den Hang zur individuellen, mithin chaotischen Arbeitsorganisation zurücktritt. Dieser Arbeiter stellt nicht mehr durch Spannkraft und Arbeitseifer seine Mittelstandstauglichkeit unter Beweis. Auch wird er nicht bei der eigentlichen Arbeit gezeigt, sondern beim entspannten Pausenmachen, was im Gesamtzusammenhang wiederum als Ausdruck einer tendenziellen Abschwächung von Pflichtwerten und Arbeitsethos zugunsten von Selbstbestimmung und Genuss gedeutet werden kann.

Eine etwas ältere Anzeige von Philip Morris aus dem Jahr 1965 *(Abb. 8)* gibt ebenfalls eine Szene aus der Berufswelt wieder, doch kommt hier eine Wertekonfiguration zum Ausdruck, die noch deutlich aus der vorangehenden Phase der 1950er- und frühen 1960er-Jahre hervorgeht – wenngleich die in dieser Darstellung enthaltenen Werte durchaus über die 1960er-Jahre hinaus bedeutsam bleiben. Die Bildkomposition wird beherrscht durch eine Hochleistungsstraße auf Pfeilern, die, in der Unteransicht gesehen, unter Ausnützung des Breitformats in voller Breite über den Kopf der Betrachter hinwegwächst. Das unter dem Viadukt liegende aufgerissene Terrain deutet darauf hin, dass die Straße sich noch im Bau befindet. Unter der Brücke, inmitten der Bulldozer-Furchen, stehen zwei Männer, die den Kunstbau begutachten. Der Text macht deutlich, dass einer der beiden der geistige Urheber der Konstruktion ist, wobei der andere den gleichen Typus zu verkörpern scheint. Bei den beiden Protagonisten handelt es sich offensichtlich um erfolgreiche Kaderleute. Dies deutet auf der Ebene des Werbeinhalts zunächst auf den beruflichen Erfolg als einen mit dem Produkt in Verbindung zu bringenden positiven Wert hin. Doch stehen hier nicht nur der Berufserfolg und das damit einher gehende soziale Ansehen im Zentrum: Ebenso wichtig scheint die als Merkmal der betreffenden Berufssituation erscheinende Tatkraft und Dynamik. Es ist mit anderen Worten also nicht nur das Sein, sondern in ebenso starkem Maße das Tun, das hier zum Argument der Werbung wird.

Es scheint, dass in der Betonung des Tuns und der Stilisierung des Tatmenschen gleichsam eine spezifische Spielform der Selbstentfaltung und des Drangs zum Kreieren anklingt. Die beiden Protagonisten tragen zwar, wie es sich für Kaderleute ziemt, elegante Anzüge, doch gehen sie auch in diesem Aufzug offenbar ohne Bedenken in Staub und Dreck umher, was immerhin zeigt, dass es sich hier nicht um entrückte Technokraten, sondern vielmehr um eigentliche Praktiker handelt, in denen sich Kopfarbeit und Handarbeit zumindest scheinbar vereinigen. Durch das Rauchen legt sich – als Ausdruck neuer Wertprioritäten – über all diese Spannkraft der Genuss, der dem Ganzen zusätzlich eine Aura von Leichtigkeit und Mühelosigkeit verleiht.

Ein zentrales Moment der Anzeige sind Zukunftszuversicht und Fortschrittsglaube. Wenn im Werbetext festgestellt wird, Philip-Morris-Raucher seien «der Zeit voraus», so wird damit gleichzeitig impliziert, dass das Künftige dem Gegenwärtigen überlegen sei. Die Autobahn, zu der die beiden Männer ihre Blicke in gleichsam symbolischer Ehrerbietung hinaufrichten, verkörpert dabei das Objekt, das diesen Zukunfts- und Wachstumsglauben bedeutet. Durch die gekonnte bildkompositorische Anordnung ruft die in der Perspektive gegen vorne sich verbreiternde Schnellstraße gar ein Gefühl der Beschleunigung hervor. Der Beton schlägt in Übereinstimmung mit dem auf der Zigarettenpackung eingestanzten Cäsar-Wort vom Kommen, Sehen und Siegen eine Schneise durch die Landschaft, wobei Bäume und Buschwerk von seiner Wucht gleichsam an den Bildrand gedrängt werden.

Von der Wachstumskritik und der Sorge um eine in zunehmendem Maße der Zerstörung ausgesetzten Landschaft ist hier noch nichts zu spüren. Es kommt vielmehr die Planungseuphorie der 1960er-Jahre zum Ausdruck, die in der Schweiz unter anderem auch den 1958 unter Zustimmung sämtlicher politischer Parteien

beschlossenen Nationalstraßenbau erfasste. Letzterer erfolgte vor dem Hintergrund einer substanziellen Verdichtung des Verkehrs im Gefolge veränderter Lebensgewohnheiten, die unter anderem eine tendenzielle Verlängerung der Arbeitswege mit sich brachte, wobei dem Auto gegenüber der Eisenbahn nun vermehrt der Vorzug gegeben wurde[13] (vgl. den Beitrag von Daniel Beck).

Sowohl in der Philip-Morris- als auch in der Kaffeewerbung ist eine Tendenz zu erkennen, das Berufsleben durch ein Moment des Genusses und der Selbstverwirklichung zu brechen. Diese Tendenz findet ihre Entsprechung in der wachsenden Bedeutung von Freizeitszenen in der Werbung des fraglichen Zeitabschnitts. Dabei wird die Palette der wiedergegebenen Freizeitaktivitäten breiter, und es lässt sich eine zunehmende Ausfächerung in Stilgruppen beobachten. Beispiel hierfür ist die Werbung für Gauloises aus dem Jahr 1975 *(Abb. 9)*: Sie macht deutlich, dass auch die seit den späten 1960er-Jahren sich etablierende Alternativ- und Gegenkultur von der Vereinnahmung durch die

A man ahead of time...

smokes new

Philip Morris Charcoal Filter

(die Cigarette von heute für Ansprüche von morgen!)

Der Zeit voraus: so ist sein Leben. Was er heute plant, ist morgen schon Wirklichkeit. Männer wie er schmieden die Zukunft. Auf der ganzen Welt rauchen diese Männer Philip Morris Charcoal Filter, die Cigarette von morgen! *Charcoal: der Filter von morgen!* Hier finden die neusten Forschungsergebnisse praktische Anwendung. Ein Filter aus zwei Teilen. Im Innenfilter gekörnte Aktivkohle. Ein blütenweisser Aussenfilter verfeinert das Aroma erlesenster Tabake. Deshalb erstmals eine völlig neuartige, selektive Filtrierung des Rauches. *Ever-Fresh: die Packung von morgen!* Auto-Polystyren. Garantiert eine bis heute noch nie erreichte Frischhaltung der Cigarette. Ist leicht, elegant, praktisch und bequem in der Tasche. *Leichte Tabake: in der Mischung von morgen!* Eine neue Kreation von Philip Morris. Eine Auslese feinster Tabake, leicht und aromatisch zugleich.

20 / Fr. 1.30

so richtig leicht – so richtig gut – und immer frisch

Werbung und der damit einhergehenden Logik des Konsums nicht verschont blieb.

Im Zentrum der Szene steht eine Verkehrskanzel, die im Mittagsverkehr von einer Gruppe junger Leute besetzt wird. Wo sonst die Autorität in Gestalt des Verkehrspolizisten steht, jauchzt jetzt das Antiautoritäre, und wo sonst geregelt wird, wird jetzt gespielt. Die fünf Musikanten tragen allesamt Helme, die sich an die Kampfmontur der alten Gallier anlehnen und zugleich dem Logo des werbenden Zigarettenherstellers entsprechen. Die ungewöhnliche Kopfbedeckung funktioniert einerseits als gruppeneigenes Erkennungsmerkmal und verweist andererseits auf eine Karnevalatmosphäre vor dem Hintergrund einer dem frankophonen Sprachraum nachgesagten leichten Lebensart. Die Begleiterin der eigenwilligen Kapelle trägt ein farbiges Kleid, dessen Blumenmuster und weit geschnittene Ärmel an die Blumenkinder von 68 gemahnen beziehungsweise eine sanfte, nun auch von der Modebranche bereitwillig aufgenommene Weiterführung des entsprechenden Kleidungsstils darstellen.

Mit ihrem nonkonformistischen Lebensstil, der sich unter anderem durch Gesellschaftskritik, Gemeinschaftssinn und einen Hang zur Provokation auszeichnet, dürften die sechs Gauloises-Raucher insgesamt recht nahe am Typus des Inglehartschen Postmaterialisten liegen. Bezeichnenderweise sind hier keine Klassen- oder Wohlstandssymbole mehr sichtbar. Es handelt sich vielmehr um eine eigentliche Lebensstilgruppe, die quer zu den traditionellen Klassengrenzen liegt, wobei der Werbetext mit der Bezeichnung «Gauloises-Typen» gleichsam auf die neuen gesellschaftlichen Einteilungsrealitäten anzuspielen scheint.

Das Bild ist in seinem Aufbau von Gegensätzen bestimmt. So wird etwa die Kanzel zur Insel der Lebensfreude in einer weitgehend lustlosen Stadtszenerie. Das rote Kleid der Frau erscheint als farbiger Gegensatz zum Grau der Stadt, das ansonsten nur durch die Leuchtstreifen des Polizeiwagens und das Grün der Baumkrone gebrochen wird. Gleichzeitig wird die ausgelassene Unordnung der «Gauloises-Typen» der hektischen Ordnung des Verkehrs gegenüber gestellt. Implizit ist somit auch der Gegensatz zwischen einer nach Spontaneität und Intensität suchenden Lebens-

einstellung und einer dem reibungslosen Funktionieren des Systems verpflichteten Grundhaltung dargestellt. Damit steht, mentalitätsgeschichtlich gesehen, das Verhalten der abgebildeten jungen Leute in der Tradition der Kulturrevolution von 68; sie ist Ausdruck jener Haltung, die ein Aktivist der Studentenbewegung als Kampf gegen eine Welt bezeichnete, «in der die Sicherheit, nicht vor Hunger zu sterben, gegen das Risiko, vor Langeweile zugrundezugehen, ausgetauscht wird».[14]

Die Verbindung zur Studentenbewegung der späten 1960er-Jahre drängt sich nicht nur durch die witzig-provokative Art der durchgeführten Aktion auf, sondern wird auch in der zelebrierten Ablehnung der staatlichen Autorität sichtbar, die im Bild durch den Streifenwagen repräsentiert wird: Die Gauloises-Leute zeigen sich in ihrem durchaus widergesetzlichen Verhalten von der Präsenz der Polizei nicht nur nicht beeindruckt, sondern scheinen durch diese vielmehr noch zusätzlich angetrieben. Tatsächlich geht von den Ordnungshütern denn auch wenig Respekt Erheischendes oder gar Bedrohliches aus – sei es, weil sie durch die Spiegelung der Windschutzscheibe gar nicht erst sichtbar sind, sei es, weil durch die etwas unscharfe Wiedergabe des Streifenwagens der Eindruck entsteht, die Patrouille fahre unbeirrt weiter. Insgesamt wird damit also jene übergreifende Tendenz sichtbar, die sich durch ein zunehmendes Infragestellen von Autoritäten im Gefolge der mit 1968 assoziierten Veränderungen ausdrückte; ein Trend, der, wie auch die Daten des Marktforschungsinstituts Demoscope gezeigt haben, in der zweiten Hälfte der 1970er-Jahre anhalten sollte.[15]

Eine weitere augenfällige Werteverschiebung schlägt sich in einem Erotisierungsschub nieder, der in den Werbeanzeigen der späten 1960er- und frühen 1970er-Jahren manifest wird (so etwa in der Zigarettenwerbung; vgl. den Beitrag von Christine Wanner und Brigitte Walser). In Übereinstimmung mit einer allgemein freieren Haltung gegenüber Nacktheit und Sexualität werden die Werbebilder insgesamt freizügiger und in vermehrtem Maß mit Erotik aufgeladen. Die diesbezüglich höhere Toleranz zeigt sich etwa in einer Anzeige für Naturelle-Zigaretten aus dem Jahr 1970 *(Abb. 10)*: Noch ein paar Jahre früher wäre sie in einer seriösen Massenzeitschrift wie der «Schweizer Illustrierten»

Natürlich... Gauloises-Typen.

Mit ihrer runden, vollen, festen Cigarette,
die nach nichts als Tabak schmeckt.
Und Fröhlichkeit verbreitet, wo sie angezündet wird.

9
*Lebensfreude statt
Regeltreue: Es weht
der Geist von 68.
Gauloises, 1975.*

schlechterdings nicht vorstellbar gewesen. In einer Comic-Sequenz bringt hier die attraktive Blondine mit Namen Naturella einen asiatischen Spion zur Strecke, wobei die ohnehin schon leicht bekleidete Heldin nach einem halbwegs plausibel in die Handlung integrierten unfreiwilligen Strip bald nur noch im knapp geschnitte-

nen Höschen dasteht. Indem die Werbeanzeige mit den Konventionen und der Darstellungsform des Comics eine zusätzliche Verzerrungsstufe eingebaut hat, scheut sie im zweitletzten Bild auch nicht zurück vor einer sexistischen Verbindung zwischen der Frau als Objekt männlicher Begierde und dem 1970 in der Schweiz noch fehlenden Frauenstimmrecht. Dieses werbegestalterische Vorgehen mag einerseits damit zusammenhängen, dass unter dem Eindruck der neu gewonnenen gesellschaftlichen Freiheiten die Lust an der Provokation eine gewisse Eigendynamik entwickelte und dass es andererseits – gemessen am heutigen Diskurs der politischen Korrektheit – auf der Senderseite diesbezüglich an Sensibilität respektive auf Empfängerseite an Empfindlichkeit fehlte.

Mitte der 1970er-Jahre bis 1990: Gleichzeitigkeit der Gegensätze

Was für die späteren 1970er- und die 1980er-Jahre insgesamt gilt, trifft auch für die Werbung der entsprechenden Periode zu: Es lässt sich ein Nebeneinander verschiedenster Wertkombinationen beobachten, und die Vielfalt der abgebildeten Lebensformen nimmt weiter zu. Dabei vereinigen sich vor dem Hintergrund einer zunehmend atomisierten Gesellschaft verschiedene Wertstränge mitunter in einem Individuum, das heißt, eine Figur kann sich in Bezug auf gesellschaftliche Normen sowohl konformistisch als auch nonkonformistisch verhalten, sie kann pflichtbewusst sein und gleichzeitig nach Selbstentfaltung streben.

Diese Werteambivalenz klingt beispielsweise in einer Anzeige für Flint-Zigaretten aus dem Jahr 1980 an *(Abb. 11)*: Ein durchaus noch junger Kadermann sitzt, die Füße auf dem Schreibtisch, in seinem Büro und lässt ein Papierflugzeug durch den Raum segeln. Die Büroeinrichtung ist modern und stilvoll und lässt in ihrer Repräsentativität auf eine gewisse Wichtigkeit des Protagonisten in der fraglichen Firma schließen. Dabei erfolgt der Zugang zur hier erkennbaren Berufsposition über eine gute Ausbildung und ein gewisses Streben nach Karriere, welches wiederum ein berufliches und gesellschaftliches Erfolgsdenken voraussetzt. Der in der Wirtschaftswelt erfolgreiche Berufsmann verhält sich also prinzipiell affirmativ gegenüber den in diesem System geltenden Regeln der Konkurrenz und des Erfolgs. Doch während der Flint-Raucher in Bezug auf das System grundsätzlich konformistisch eingestellt ist, bricht er gleichzeitig durch sein verspieltes Verhalten die geltenden Normen, womit deren Akzeptanz eine gewisse opportunistische Qualität erhält. Mit der Aufforderung des Slogans, «mal eine Flint lang»

11
Ambivalenz der Werte: Nonkonformismus für die Dauer einer Zigarette. Flint, 1980.

Streiken Sie mal eine Flint lang.

FLINT

7 mg Kondensat 0,6 mg Nikotin

zu streiken, wird auf der sprachlichen Ebene symbolisch eine kollektive Kampfmaßnahme aus den Arbeitskämpfen der Industriegesellschaft in ein individuelles Aufbäumen gegen verinnerlichte Verhaltenszwänge und Rollenerwartungen der postindustriellen Gesellschaft transformiert. Pflicht- und Akzeptanzwerte stehen hier also neben Selbstentfaltungswerten, und beide scheinen sich funktional zum Genuss zu verhalten: Erfolgreiche Pflichterfüllung im Beruf bringt die materiellen Voraussetzungen, die ein angenehmes, genussreiches Leben ermöglichen, während gleichzeitig der potenziell einschränkende Verhaltenscode notfalls zugunsten eines Genusserlebnisses gebrochen wird.

Der abgebildete Businessman ist durchaus kompatibel mit dem Erscheinungsbild des Yuppies, einer Lebensstilgruppe, die in den 1980er-Jahren eine Beachtung fand, die über ihre zahlenmäßige Bedeutung hinausging. Dieser Typus gedieh im neoliberalen Klima jenes Jahrzehnts und scheint – deshalb die hartnäckige Präsenz in den Medien – in seinem Nebeneinander von Materialismus und Hedonismus eine Verdichtung von im fraglichen Zeitabschnitt latenten Grundströmungen darzustellen. Die Zugehörigkeit zu dieser Gruppe setzt einen gewissen finanziellen Standard voraus, ist aber ansonsten anders als bei der Klassengesellschaft alleine vom selbst gewählten Stil abhängig und insofern Ausdruck einer neuen gesellschaftlichen Strukturierungslogik.

Die Werteambivalenz des verspielten Geschäftsmanns spiegelt sich schließlich auch in der Einrichtung: Durch die Zimmerpalme und das Flugzeugmodell auf dem Tisch wird der sachlich eingerichtete Arbeitsraum mit Objekten gebrochen, die mit der Sphäre des Fernen behaftet sind. Dabei hat insbesondere das kleine Metallflugzeug, welches in den gefalteten Papierflugzeugen eine Verdoppelung findet und mit der Flügelstudie auf dem Bild an der Wand noch eine zusätzliche thematische Abwandlung erfährt, eine symbolische Bedeutung für eine Mobilität, die im Fall einer in Arbeit und Genuss getrennten Lebensführung eben stets auch die Möglichkeit bereit hält, in andere «Welten» zu entfliehen.

Als weiterer Trend lässt sich für die Werbung in diesem Zeitabschnitt auf der Ebene der Gestaltung eine Ästhetisierung beobachten, wobei hier oft eine Distanz zum Objekt geschaffen wird, die das Produkt über seinen Gebrauchsnutzen hinaus ins Fetischhafte erhebt. Ein Beispiel, das von diesen Gestaltungskriterien bestimmt wird und gleichzeitig für die Untersuchungsperiode wichtige Wertdispositionen aufzeigt, liegt mit einer BMW-Anzeige von 1985 vor *(Abb. 12)*. Auf dem Bild sind eine BMW-Limousine, die in dominanter Position rund die Hälfte der Bildfläche einnimmt, sowie eine Frau in einem eleganten Kleid mit Hut zu sehen. Durch die Steilansicht wird die Straße zum Hintergrund und ermöglicht nicht nur die durch das Rot des Kleides gebrochene Grau-in-Grau-Komposition, sondern ist auch dem gestalterischen Spiel mit Licht und Schatten zuträglich.

Der Mittelklassewagen, die elegante Kleidung der Frau und ihre repräsentativen Geschenkpakete evozieren eine Atmosphäre von Wohlstand, wobei diesem Wohlstand durch die Unschärfe und Gesichtslosigkeit der Protagonistin etwas Selbstverständliches, nicht zu Betonendes anhaftet. Diese Strategie klingt auch im Hinweis an, dass BMWs für Menschen gebaut würden, «die erste Klasse als ein Stück Selbstverständlichkeit verstehen», wodurch die «Klasse» des fraglichen Autos unterstrichen wird. Die «Klasse» liegt also im Produkt selbst, und der Konsument muss sich die Frage stellen, ob diese – wie im Werbetext suggeriert wird – zu ihm «passt» oder nicht. Dadurch wird die identitätsbezogene Natur des Kaufentscheids hervorgehoben, und zwar insofern, als dieser vom Konsumenten eine Auseinandersetzung mit der eigenen Persönlichkeit und eine entsprechende Selbstdefinition erfordert. Parallel dazu wird eine grundsätzliche Wahlfreiheit jenseits jeglicher finanzieller Einschränkungen impliziert. Dies bedeutet, dass die «Klasse» – zumindest in der Absicht der werbenden Firma – nun erst recht auf die Ebene des Produkts verlagert wird. Der in seinen Wahlmöglichkeiten grundsätzlich freie, von klassenabhängigen Konsummustern weitgehend losgelöste Käufer kann sich diese «Klasse» in Übereinstimmung mit seinem Selbstkonzept aneignen – oder nicht.

Die BMW-Anzeige richtet sich an Frauen und bewirbt somit ein bestimmtes Segment. Gleichzeitig wird im Text deutlich, dass BMW seine Wagen nicht als

12
Umweltverträglichkeit und vordergründige Gleichberechtigung der Geschlechter. BMW, 1985.

reine «Frauen-Autos» propagiert, sondern vielmehr ein vermeintlich typisches Männerauto der weiblichen Kundschaft anempfiehlt. Dabei drückt die Werbung in Bezug auf die Position der Frau in der Gesellschaft jene spezifische Situation aus, die durch ein Nebeneinander alter Rollennormen und gleichzeitiger Emanzipation von überkommenen Bildern bestimmt ist. Mit der Frage nach der Feminität von 143 PS und dem Hinweis auf «typische Frauen-Autos» wird die Existenz von spezifischen Rollenbildern und Erwartungen an Verhalten und psychische Beschaffenheit der Frau manifest. Diese scheinen geprägt von der Vorstellung, dass Frauen kleinere Wagen fahren und nicht das Bedürfnis nach Repräsentation und Selbstdarstellung durch entsprechende Autos haben. Dies wiederum findet seinen Ausdruck in der durch die überkommene Rollenteilung bestimmten «Zweitwagenkultur» – der Mann fährt die Limousine, die Frau das kleine Stadtauto. In der vorliegenden Anzeige wird die Frau indessen aufgefordert, diese Konventionen aufzubrechen, das heißt, sich auch im Konsumbereich Zugang zu vermeintlichen Männerdomänen zu verschaffen und «das BMW Fahren nicht nur den Männern zu überlassen». Indem allerdings ausgerechnet die kleinsten BMW-Modelle als Frauenautos propagiert werden, wird die erwähnte Asymmetrie geschlechtsspezifischer Konsumformen auf einem etwas höheren Niveau gleich wieder zementiert.

Neben diskretem Luxus und vordergründiger Gleichberechtigung der Geschlechter propagiert die BMW-Werbung als weitere Werte Technik und Umwelt. «Technische Spitzenklasse» und Innovation sollen, ohne dass diese im Einzelnen benannt werden, dem verbreiteten Bedürfnis nach Leistungsfähigkeit und Convenience gerecht werden und zudem BMW als Hersteller von Mittelklassewagen mit Forschung und Entwicklung in Verbindung bringen. Obwohl in Übereinstimmung mit den 143 PS Dynamik und Leistungsfähigkeit betont werden, wird gleichzeitig auf das umweltfreundliche Potenzial des Wagens hingewiesen. Dieser Widerspruch zeigt die Wichtigkeit umweltschützerischer Belange in der entsprechenden Periode, wenngleich – aus der Sicht der Autoindustrie durchaus nachvollziehbar – im Sinne eines vom Publikum gewünschten Beruhigungsrituals mit Hilfe der Werbung lediglich versucht wird, die

Lösung des Schadstoffproblems auf eine Frage des technischen Raffinements zu reduzieren. Dabei scheint im Hinweis auf die Katalysatortechnik und in der gleichzeitig vorangestellten Hervorhebung der Pferdestärken ein für die 1980er-Jahre charakteristisches Nebeneinander widersprüchlicher Grundhaltungen in der Rangfolge ihrer Wichtigkeit gebündelt.

Eine große Bedeutung kommt bei den Lebensstildarstellungen der späten 1970er- und der 1980er-Jahre der Freizeit zu: Die fortschreitende Ausgestaltung der Freizeitgesellschaft schlägt sich in der Werbung mit Deutlichkeit nieder. Dabei nimmt insbesondere der Sport eine zentrale Position ein. Sport scheint als Freizeitaktivität denn auch besonders kompatibel mit zentralen Grundströmungen dieser Zeit: So weist er auf der Ebene der Ausrüstung eine stark materialistische Komponente auf, während er gleichzeitig Raum zur Selbstentfaltung und Selbsterfahrung bietet und insofern auch postmaterialistische Bedürfnisse zu befriedigen vermag. Der Sport kann zudem, wie anhand einer Muratti-Anzeige von 1990 zu zeigen ist *(Abb. 13)*, als Flucht- und Gegenwelt

206
207

13
Das Surfboard als Ikone der Lifestyle-Werbung: Die Erlebnisgesellschaft bei Muratti, 1990.

zu den Realitäten des Alltags funktionieren: Hier reitet eine Gruppe junger Surfer mit ihren Brettern auf großen Brandungswellen irgendwo in einer wärmeren Klimazone, tollt am Strand herum und erholt sich schließlich vor der Strandhütte bei kontemplativem Rauchen. Damit wird ein Lebensstil dargestellt, der in dieser Weise nur von einem Bruchteil der Konsumentenschaft – und selbst hier nur temporär – gelebt werden dürfte. Dennoch sind das Surfboard und der damit verbundene Lifestyle in der Werbung der 1980er-Jahre allgegenwärtig. Es scheint also, dass es sich beim Surfen um eine Sportart handelt, die sich als Projektionsfläche für eine Vielzahl von Werten eignet, die in diesem Jahrzehnt nachgefragt werden.

Bereits das erste Bild lässt die Eigenschaften des Surfsports und die diesbezügliche Faszination der Werber erkennen: Ein einzelner Surfer in voller Fahrt spielt mit der Kraft der Brandungswellen, wobei sich physische Aktivität und das Erleben der Naturgewalt zum sportlichen Abenteuer vereinigen. Das Surfen wird also nicht nur dem allgemeinen Drang zum Erlebnis gerecht, sondern nimmt als Individualsport auch den Trend zu Individualismus und Selbstentfaltung auf – Spielregeln und Beschränkungen gibt es hier nicht. Dennoch bietet der Surfsport, wie diese Anzeige deutlich zeigt, auch ein Gruppenerlebnis; Anerkennung und Eingebundensein in eine Gruppe sind auch für den Individualisten zentral. Dabei scheint für die Macher der Muratti-Werbung mit Blick auf die Befindlichkeit des Publikums insgesamt also gerade die Balance zwischen Individualerlebnis und Geselligkeit attraktiv.

Das in der Muratti-Werbeanzeige dargestellte Leben vermittelt den Eindruck von Freiheit und kommt damit einem verbreiteten Bedürfnis nach Kompensation für einen in starkem Maße reglementierten Alltag entgegen. Es handelt sich hierbei um eine eigentliche Gegenwelt, welche fernab von den westlichen Wirtschaftszentren zu liegen scheint und insofern auch geografisch eine Distanz zur Arbeitswelt impliziert. Gezeigt wird ein Leben ohne Zeitdruck unter den Prämissen eines selbst bestimmten Tagesablaufs. Es ist eine Welt, in der sich Aktivität, Erlebnis, Geselligkeit, Erotik und Muße vereinen, womit eine Anzahl von für die fragliche Zeit zentralen Werten in einer Lebensstildarstellung zusammengefasst wird.

Insgesamt illustriert Muratti jenes Lebensstil-Konzept, das von den Sozialwissenschaften zur Erfassung gesellschaftlicher Strukturen verwendet worden ist: Die Zugehörigkeit zur Gruppe ist nicht mehr an soziale Zuschreibung oder ökonomisches Kapital gebunden, sondern findet über gemeinsame Freizeitgestaltung und identische Werthaltungen statt. Entsprechend ist die Gruppenzugehörigkeit grundsätzlich frei gewählt – auch wenn im Fall dieser Lebensstilgruppe die Beherrschung des Wellenreitens vorausgesetzt wird und somit weitere, vom Sozialen und Ökonomischen losgelöste Formen der Exklusivität angedeutet werden. Dies zeigt, dass die Abgrenzungen vielschichtiger werden und die vormalige, entlang einer Wohlstandsachse funktionierende Mechanik identitätsstiftender sozialer Unterscheidung um zusätzliche Dimensionen erweitert worden ist.

Eine Bilanz

Der Wandel der Werte und die Werte der Werbung

Peter Bär, Daniel Di Falco, Christian Pfister

Der Volksmund weiß, dass Werbung lügt. Und er hat Recht damit: Ein Frühstücksgetränk bringt noch kein Familienglück, es braucht mehr zum sozialen Aufstieg als ein neues Auto, und die Zigarette der richtigen Marke ist kein Garant für Freiheit und Abenteuer. Warum also sollte sich die Geschichtswissenschaft mit Werbung als historischer Quelle auseinander setzen? Und welche Art von Erkenntnissen ist von dieser Beschäftigung zu erwarten?

Wie Werbung Geschichte erzählt

Die Lüge der Werbung liegt in den Versprechungen, die sie macht. Ihre historische Wahrheit hingegen zum Beispiel in den Arten des Glücks, das sie verspricht: Das Familienglück in einer Anzeige der 1950er-Jahre ist ein anderes als jenes in einer Anzeige von heute. Genau hier deutet sich an, was die Erforschung von historischer Werbung leisten kann: Sie kann den zeitgenössischen Wunschbildern, Wertvorstellungen, Mentalitäten nachgehen, die die Werbung transportiert und überliefert – den Bildern vom besseren Leben. Schließlich ist der Konsum von Symbolen und Imaginationen der Wirtschaftswaren neben jenem ihrer Gebrauchswerte seit dem ausgehenden 19. Jahrhundert immer wichtiger geworden.[1]

Zu Recht hat Konrad Dussel davor gewarnt, vorschnell von der Werbung auf ein Phantom namens «Zeitgeist» zu schließen.[2] Das ist andererseits kein Grund, die Aussagekraft von Werbung als historischer Quelle auf ein Niveau hinunterzuschrauben, auf dem

sie nur noch die Vorstellungen des Auftraggebers als des primären Adressaten der Werbemacher transportieren soll. Nötig ist es hingegen, die «Reichweite» von Werbung genauer zu erfassen. Dies haben die Autoren dieses Bandes dort versucht, wo sie jene Veränderungen erklären, die sie in der Werbung über den Lauf der Jahre feststellen. Das Spektrum reicht weit. In den Blick kommen – verkürzt gesagt – Firmenstrategien unter dem Einfluss des unternehmerischen Umfelds (Stefan Altorfer), Reaktionen auf das Konsumverhalten des Publikums (Daniel Beck), die kulturelle Repräsentation von Technologien (Daniel Di Falco), Mechanismen der sozialen Distinktion (Sibylle Lichtensteiger), Ideale von Schönheit und Gesundheit (Lisa Bechter/Rita Stöckli), kollektive Vorstellungen von Wohlbefinden und Wohlstand und ihrer Bedrohung (Myriam Berger), Fortschritte und Rückschläge der Emanzipation der Frau (Monika Baumann), die Entwicklung der Geschlechterrollen (Peter Bär und Diego Hättenschwiler), Restriktionen und Freiheiten im öffentlichen Reden über Sexualität (Christine Wanner/ Brigitte Walser) oder epochale Transformationen in der Art und Weise, wie sich Gesellschaften strukturieren (Simon Eggimann).

Der Fokus liegt – je nach Erkenntnisinteresse – auf verschiedenen Seiten des Kommunikationsdreiecks, das Auftraggeber, Werbemacher und Zielgruppe zusammen bilden. In diesem Band liegt er vor allem auf der Seite des Publikums; dort öffnet sich Werbung als historische Quelle am unmittelbarsten in jene Richtung, die mit «Bilder vom besseren Leben» gemeint ist. Für eine solche Werbegeschichte als Mentalitätsgeschichte gilt auf jeden Fall dasselbe wie für eine Werbegeschichte als Wirtschaftsgeschichte: Tragfähige Erkenntnisse lassen sich am ehesten gewinnen, wenn weitere Beobachtungsfelder benutzt werden. Wer, beispielsweise, den Wandel im Ideal der Hautbräunung untersucht, stützt sich neben dem Diskurs der Sonnenschutzmittelwerbung mit Vorteil auf andere Diskurse, etwa jenen über die Hautkrebsgefahr. Und wer erklären will, warum in der Autowerbung tausend feine Unterschiede wichtig sind, wird dabei nicht ohne einen Blick auf die Vorgänge sozialer Diffusion und Distinktion auskommen.

Die Werte der Werbung im Überblick

Was aber ist «die» Werbung, und wie lässt sich ihr Verhältnis zu den übrigen gesellschaftlichen Bereichen bestimmen? Als Ganzes ist sie für die Forschung kaum fassbar. Deshalb sind bei qualitativen Analysen sowohl thematische als auch zeitliche Beschränkungen unumgänglich. Die sozialwissenschaftliche quantitative Methode der Inhaltsanalyse erlaubt eine weniger tief gehende, dafür viel breitere Überblicksuntersuchung. Um die folgenden Schlussfolgerungen zum Wandel der Wertvorstellungen, die über die Werbung vermittelt wurden, auf ein breiteres Fundament zu stellen, wer-

den die qualitativen Analysen dieses Bandes um ausgewählte Resultate einer quantitativen Inhaltsanalyse angereichert.[3] Die quantifizierende Analyse langfristiger kultureller Prozesse eröffnet die Möglichkeit, wie Manuel Eisner hervorhebt, «empirisch besser fundierte Beschreibungen von kulturellen Dynamiken zu erhalten. Dass es dabei zu einer Komplexitätsreduktion kommt, steht außer Zweifel. Der Preis ist ein Verlust an Detailschärfe (...)».[4]

Peter Bärs inhaltsanalytische Untersuchung an über 5'000 Anzeigen aus vier schweizerischen Zeitschriften[5] zielt nicht nur auf die äußerliche Veränderung der Werbeanzeigen, sondern auch die Entwicklung der Wertvorstellungen, die über Bild und Text der Anzeigen vermittelt werden. Für diese Erhebung wurde in Anlehnung an ähnliche Untersuchungen[6] ein System von über 60 Einzelkategorien erstellt, die jeweils einer spezifischen Aussage entsprechen (zum Beispiel Heimatverbundenheit). Dabei lassen sich verschiedene Einzelkategorien zu vier Werthaltungen zusammenfassen, die tendenziell die inhaltlichen Veränderungen der Werbeargumentation offenlegen. So umfasst die Kategorie «traditionell-bewahrende Werthaltung» jene Argumente, die einem konservativen Gesellschaftsbild und einer traditionellen Lebensführung verhaftet sind: Neben Heimatverbundenheit, Familienverbundenheit und traditionellem Verständnis der Rollenteilung zwi-

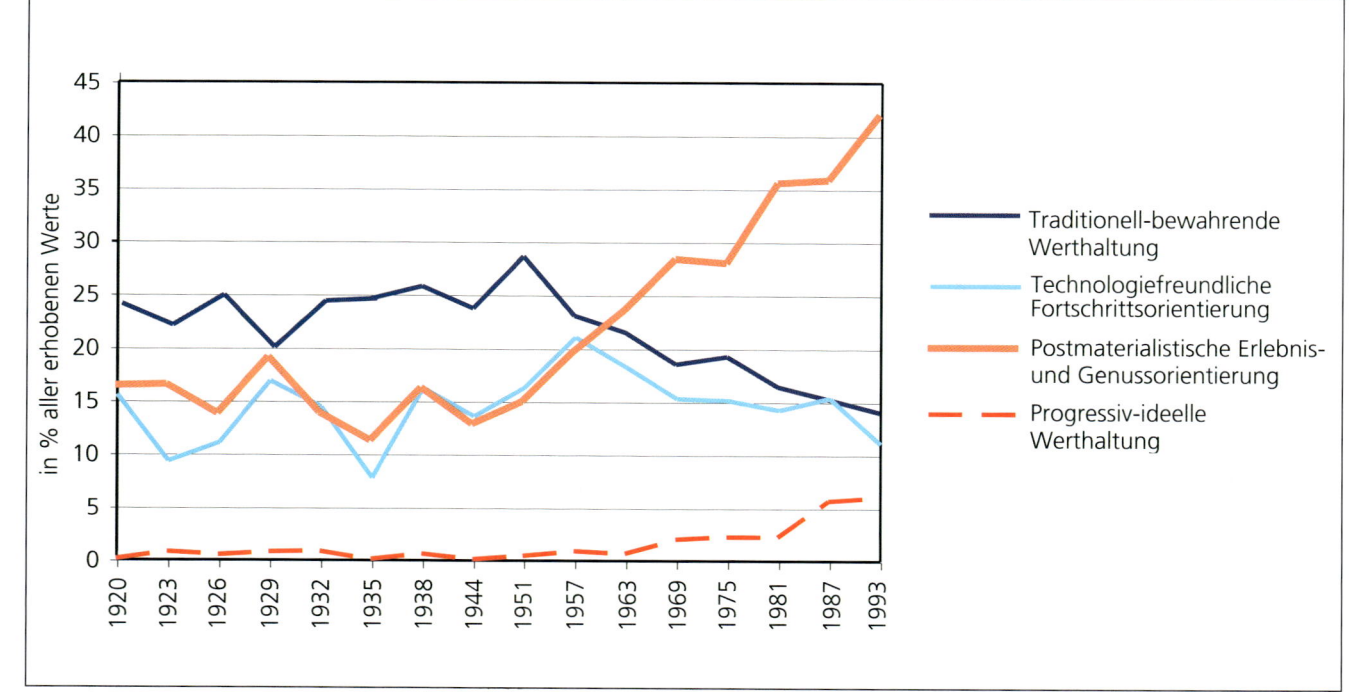

Grafik 1
Quantitative Entwicklung von vier über die Anzeigenwerbung vermittelten Werthaltungen[7]

schen den Geschlechtern gehören dazu Aspekte wie Sparsamkeit, Fleiß, Eigentum und Sicherheit. Unter dem Begriff der «technologiefreundlichen Fortschrittsorientierung» sind jene Werbeargumente zusammengefasst, die höheren materiellen Wohlstand durch wissenschaftliche und technologische Innovation versprechen. Dazu gezählt werden Themen wie Rationalisierung der Arbeit, Zeitersparnis und Convenience, Leistung, Erfolg, Mobilität und Weltoffenheit. «Postmaterialistische Erlebnis- und Genussorientierung» umfasst als Wertekonglomerat eine Vielzahl von Werbethemen, die Lebensgenuss und positive Erlebnisse versprechen. In der «progressiv-ideellen Werthaltung» sind Themen wie Selbstverwirklichung, Frauenemanzipation oder Umweltbewusstsein zusammengefasst.

Die grafische Umsetzung der quantitativen Erhebung von Werbebildern zwischen 1920 und 1993 *(Grafik 1)* zeigt auf den ersten Blick den Rückgang der Argumentation mit traditionell-bewahrenden Wertvorstellungen in Korrelation mit dem markanten Zuwachs von Darstellungen postmaterialistischer Erlebnis- und Genussorientierung. Eine genauere Lektüre der Grafik zeigt interessante Zusammenhänge: Erlebte die Darstellung traditionell-bewahrender Werte in der Werbung bereits in den 1920er-Jahren einen ersten Einbruch, so deckt sich ihr erneutes Aufkommen mit den folgenden wirtschaftlichen und politischen Krisen – in der Folge der Wirtschaftskrise der 1930er-Jahre werden traditionell-bewahrende Werte wieder zu einem häufigen Werbeargument, das sowohl in den Krisenjahren vor dem Zweiten Weltkrieg als auch mit der wertkonservativen Haltung in den heißesten Jahren des Kalten Krieges korreliert.

Dass die Werber sensibel auf die zeitgenössischen gesellschaftlichen Veränderungen reagierten, zeigt sich ebenso in der Zunahme jener Werbebilder, die mit der postmaterialistischen Erlebnis- und Genussorientierung argumentieren. Diese setzt in den 1950er-Jahren abrupt ein und hält bis in die frühen 1970er-Jahre unvermindert an. Sie deckt sich weitgehend mit dem Boom[8] der «langen Fünfzigerjahre».[9] In der Verschiebung der von der Werbung propagierten Wertemuster – im langfristigen Bedeutungsverlust sparsamkeitsorientierter zugunsten genussorientierter

Motive – äußert sich auf der Ebene der Kulturgeschichte des Alltags die historisch einzigartige Erweiterung der materiellen Handlungsspielräume, für welche die Metapher des «1950er-Syndroms» steht.[10]

Mit dem Begriff der «Erlebnisgesellschaft»[11] hat Gerhard Schulze diese Entwicklung auf den Punkt gebracht: In den letzten Jahrzehnten sei die westliche Gesellschaft ins Zeitalter der Unterhaltung, der guten Laune, der Selbstverwirklichung, der Ästhetisierung des Alltagslebens sowie des Hedonismus eingetreten – eine Erlebnisgesellschaft sei entstanden, in der die hierarchische Gesellschaftsstruktur verblasse. Die Erlebnisorientierung bedeutet, dass die Menschen positive Erlebnisse selbst aktiv herbeizuführen suchen. Je nach Mensch und Milieu kann sich dies unterschiedlich äußern. Die zunehmende Erlebnisorientierung bedeutet nicht zwingend die Abkehr vom banalen Alltäglichen und die allgemeine Hinwendung zu höheren Genüssen. Entscheidend ist einzig, dass der Konsum zu einem innerlich befriedigenden Erlebnis führt. Diese Innenorientierung ist auch für die Argumentation der Werbung relevant: In einer Gesellschaft, in der Erlebnisse von wachsender Bedeutung sind, muss mit den Produkten ein Zusatznutzen – beispielsweise persönliche Erfüllung, Lebensgenuss, Erfolg oder soziales Ansehen – verkauft werden. Die genauere Untersuchung der Werbebilder bestätigt diese These. Mit dem wachsenden Wohlstand und der dadurch erweiterten Konsumfreiheit werden in der Werbung immer vielfältigere Lebensstile zur Identifikation angeboten.

Doch kehren wir zur Überblicksgrafik zurück und betrachten noch einmal die Kurvenverläufe der traditionell-bewahrenden Werte sowie der postmaterialistischen Erlebnis- und Genussorientierung. Gerade die gegenläufige Tendenz der beiden Kurven in der ersten Hälfte der 1970er-Jahre verdeutlicht die Korrelation von Werbeargumenten mit der wirtschaftlich-politischen Entwicklung, decken sich doch die abweichenden Kurvenverläufe mit der so genannten ersten Erdölkrise von 1973.[12]

Im Gegensatz zu den zwei bis anhin besprochenen Wertkategorien zeigt die technologiefreundliche Fortschrittsorientierung, wie das statistische Verfahren der linearen Regression sichtbar macht, eine konstante Entwicklung: Darin äußert sich eine Haltung mit langer Tradition, die zu einer der Grundkonstanten in den Modernisierungsprozessen des 20. Jahrhunderts zu zählen ist. Schon Ende des 19. Jahrhunderts wuchs mit den Erfolgen der Naturwissenschaften und der Technik der Glaube an die zukünftige technische Lösbarkeit existenzieller Menschheitsprobleme.[13] War das Vertrauen in den Fortschritt gerade in den 1950er-Jahren ungebrochen, so wurde dieses Denkmuster – wenn auch nicht zum ersten Mal – von den 1970er-Jahren an wiederholt in Frage gestellt, indem die Nebenwirkungen des Fortschritts[14] (Umweltverschmutzung, Aussicht auf Ressourcenverknappung, Nord-Süd-Gefälle) und die lebensbedrohlichen Gefahren von Großtechnologien (Atomenergie) ins Bewusstsein breiter Bevölkerungskreise drangen.

Dennoch: Trotz lang anhaltender technologiefreundlicher Fortschrittsorientierung ist festzuhalten, dass sowohl die traditionell-bewahrenden als auch die erlebnisorientierten und postmaterialistischen Wertvorstellungen in den Werbebildern zumeist deutlich häufiger vorkommen als die Technologie- und Fortschrittsthemen. Weiter sticht aus der Grafik hervor, dass gerade in der Zeit des Wirtschaftswunders und des Kalten Kriegs in den «langen Fünfzigerjahren» besonders häufig sowohl mit konservativen als auch mit fortschrittsorientierten Argumenten gearbeitet wurde. Beide Argumentationsrichtungen erreichen bezeichnenderweise in jener Zeit ihre relativen Höhepunkte – die traditionell-bewahrenden Argumente in den frühen, die fortschrittsorientierten in den späteren 1950er-Jahren. Die Analyse der Werbeanzeigen lässt dementsprechend für die 1950er-Jahre eine eigenartige Konstellation ans Licht treten, die Jakob Tanner treffend als eine Schweiz zwischen «American Way of Life» und «Geistiger Landesverteidigung» beschrieben hat.[15] Hansjörg Siegenthaler meint, man könne diese Epoche als Zeit der Ruhe und der Bewahrung kultureller Tradition beschreiben, aber auch als Zeit des technischen, ökonomischen und sozialen Umbruchs. Genau in dieser Widersprüchlichkeit liegt der Grund für die «Entfesselung der Triebkräfte der Modernisierung», indem die konservativ gestimmte Schweiz Stabilität als Nährboden für den Aufschwung zu bieten hatte. Dies ist nach Siegenthaler charakteristisch für alle Phasen des raschen Wirtschaftswachstums.[16]

Als Letztes richtet sich die Aufmerksamkeit auf das zögerliche Auftauchen progressiv-ideeller Werthaltungen, namentlich Selbstverwirklichung, Emanzipation der Frauen sowie Natur- und Umweltbewusstsein. Diese Werte waren ursprünglich Protestbewegungen und Randgruppen mit progressiven Weltbildern zuzurechnen, wurden aber allmählich von weiteren Bevölkerungsgruppen übernommen. Dementsprechend fanden sie zeitlich verzögert mit der Zeit Eingang in die Werbeargumentation. Für die Werbeintention stellt es immer ein Risiko dar, Abweichungen von der Norm zu propagieren. Umso mehr signalisiert die Übernahme von solchen Idealen in die Werbeargumentation, dass sie konsensfähig geworden sind.

Fazit: Tatsächlich stimmen die in der Werbung ermittelten Trends gut mit jenen der konjunkturellen Entwicklung und der Mentalitätsgeschichte überein.[17] Die Gründe liegen auf der Hand: Um die Konsumenten ansprechen zu können, greift die Werbung gezielt zeitgemäße gesellschaftliche Werte und Normen auf. Dabei arbeitet sie fast ausschließlich mit positiven Argumenten und liefert darum ein verzerrtes Spiegelbild der gesellschaftlichen Wertvorstellungen. In diesem Sinne kann man die Werbung wohl höchstens in den Bereichen der Konsum-, Technologie- und Erlebnisorientierung als Trendsetterin bezeichnen. Ansonsten folgt ihre Wertvermittlung meist reaktiv den gesellschaftlichen, politischen und ökonomischen Veränderungen.

Weitere Indikatoren des Wertewandels

Nun drängt sich ein Vergleich der Ergebnisse dieser quantitativen Untersuchung mit der seit 25 Jahren laufenden Diskussion zum Thema Wertewandel[18] auf. Auf die Frage nach der Werbung als Indikator für kulturelle Wandlungen, der viel weiter als bloß in die 1970er-Jahre zurückreicht, ergeben sich verschiedene Antworten: Zum einen zeigen die Auf- und Abwärtsbewegungen innerhalb der Kurvenverläufe, dass es sich beim Wertewandel nicht zwingend um einen stetigen, unumkehrbaren Prozess handelt, wie dies in der Wertewandeldiskussion gerne behauptet wird. Dementsprechend kommt es auch nicht zu einer gänzlichen

Ablösung ganzer Werthaltungen – beispielsweise des Materialismus durch den Postmaterialismus –, sondern bloß zu stärkeren, sozio-ökonomisch bedingten Verschiebungen unter konkurrierenden Wertmustern. Allerdings tritt in der Werbung ab den 1960er-Jahren die starke Gewichtsverlagerung weg von der materialistischen hin zur postmaterialistischen Argumentation auffällig zu Tage. Weiter zeigt gerade die stetige Entwicklung der Fortschritts- und Technologieorientierung, dass nicht alles im Zeichen der Veränderung steht, sondern dass es auch relativ konstante Werthaltungen gibt. So gesehen gibt die Werbung mit den in ihren Bildern vermittelten Werten letztlich die Komplexität gesellschaftlicher Konstellationen und Prozesse wieder.

Wie gut stimmen diese aus der Untersuchung von Werbebotschaften gewonnenen Ergebnisse mit anderen Indikatoren des langfristigen Wertewandels[19] überein? Manuel Eisner hat zusammen mit Marlis Buchmann 7'700 Heirats- und Kontaktinserate untersucht, die im «Tages-Anzeiger» und in der «Neuen Zürcher Zeitung» zwischen 1900 und 1996 publiziert wurden.[20] In solchen Anzeigen werden einerseits die «Leitideale des Selbst» herausgestrichen, also jene Eigenschaften, die sich die betreffende Person zuschreibt. Zugleich wird ein Idealprofil der für die Partnerschaft gesuchten Person entworfen. Aus den selbst zugeschriebenen und den gewünschten Werteprofilen lassen sich Indikatoren gewinnen, die auf die Richtung kultureller Wandlungsprozesse hindeuten (Grafik 2).

Eisner und Buchmann unterscheiden die beiden Indikatoren «utilitaristisches Selbst» (umfasst Selbstanpreisungen wie «solide», «fleißig», «angesehen», «häuslich» und «von gutem Charakter») und «expressives Selbst» (gekennzeichnet durch Qualitäten wie «sensibel», «tolerant», «gesellig», «unkonventionell» und «aktiv»). Grafik 2 zeigt eine langfristige Ablösung des «utilitaristischen Selbst» durch das «expressive Selbst»; diese Verschiebung bei den Selbstdarstellungen beschleunigt sich zwischen den frühen 1950er-Jahren und Mitte der 1970er-Jahre stark.

Beim Vergleich zwischen den Wertemustern der Werbebotschaften und jenen der Kontaktinserate ist zu bedenken, dass die Kategoriensysteme, in denen

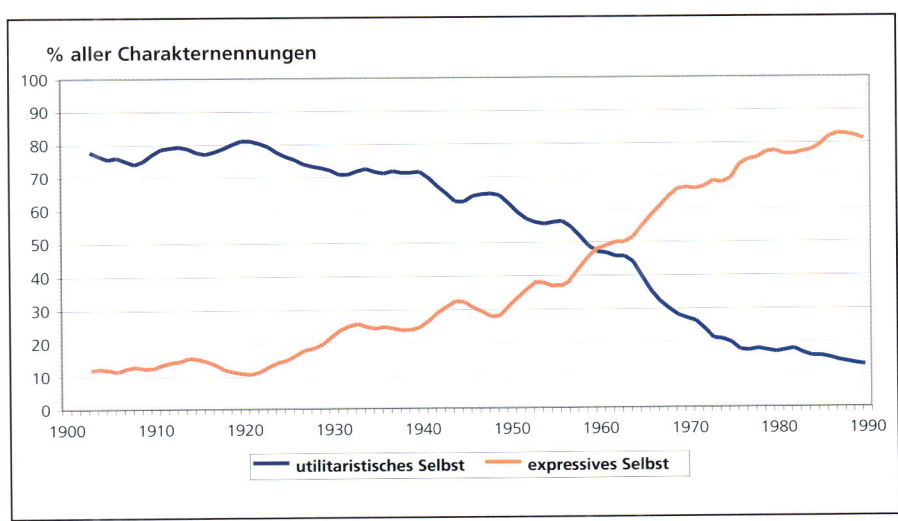

% aller Charakternennungen

utilitaristisches Selbst — expressives Selbst

diese Werte erfasst sind, nicht überall dieselben sind. Ferner wurden die beiden Arten von Kommunikation mit unterschiedlichen Zielsetzungen realisiert. Trotz dieser Einschränkungen sind Übereinstimmungen in der Richtung der Werteverschiebungen unverkennbar. Namentlich gilt dies für den Bedeutungsverlust der traditionellen Werte ab den späten 1950er-Jahren, während sich erlebnisorientierte Werte erst von den frühen 1960er-Jahren an, also einige Zeit nach der verstärkten Propagierung durch die Werbung, auf der Ebene der individuellen Präferenzen äußern. Dies deutet darauf hin, dass Beziehungen bestehen zwischen der Verschiebung von Wertemustern auf der individuellen Ebene, die über den Generationenwechsel laufen, und der auf überindividuelle Tendenzen zielenden Werbekommunikation. Diese Beziehungen müssten weiter untersucht werden.

Keiner der beiden langfristig verfügbaren Indikatoren, weder die Werbekommunikation noch die Kontaktinserate, vermag das Phänomen des Wertewandels repräsentativ abzubilden. Bei den Werbebotschaften geschieht dies nur indirekt über die Wertemuster, welche die Werbefachleute der jeweiligen Zielgruppe zuschreiben. Die Kontaktinserate lassen sich nicht nach weiteren Kriterien aufschlüsseln. Dafür fehlen die biografischen Daten der Inserentinnen, und die Stichprobe ist zu klein. Die Ergebnisse von Umfragen bieten in dieser Hinsicht bessere Voraussetzungen. Einmal ist das Datenmaterial wesentlich umfangreicher. Dann bietet es die Möglichkeit,

Grafik 2
Vom utilitaristischen Selbst zum expressiven Selbst. Entwicklungstrends von Charaktermerkmalen in Selbstbeschreibungen von Heirats- und Kontaktanzeigen nach Buchmann und Eisner (1997). Summe aus mehreren Indikatoren.[21]

Ergebnisse mit statistischen Methoden weiter aufzuschlüsseln, um Fragen zu untersuchen, die eine vertiefende Ausleuchtung des Phänomens ermöglichen, namentlich eine Betrachtung nach Generationen. Allerdings sind solche Umfragen in der Schweiz nur für die jüngsten 25 Jahre, also für die Periode der fortgeschrittenen Konsumgesellschaft, verfügbar.

Hier ist auf die vom Marktforschungsinstitut Demoscope von 1974 bis 1999 erhobenen 40'000 Interviews hinzuweisen, die Albert Tanner mit seiner Gruppe ausgewertet hat (vgl. seinen Beitrag in diesem Band). Forschungsleitend war dabei die Einstellung zur Arbeit. Eines der wesentlichen Ergebnisse: Der Abbau von traditionellen Werten zugunsten von Werten der Selbstverwirklichung, wie er in den Werbebotschaften und in den Kontaktinseraten greifbar wird, muss im Lichte der Demoscope-Umfragen dahingehend präzisiert werden, dass weniger der Arbeitsstolz und das Arbeitsethos an sich an Geltung einbüssten. Wohl dagegen die Bereitschaft, Arbeit und Leistung aus bloßem Pflichtbewusstsein, ohne persönliche Motivation, zu erbringen. Anhand dieses Beispiels wird deutlich, dass das Phänomen des kulturellen Wandels einer vertieften Analyse bedarf. Hervorzuheben ist schließlich Tanners Einschätzung, wonach die konsumistischen und lebensstilorientierten Werthaltungen und Verhaltenweisen eng an die materiellen Ressourcen gebunden sind und von wohlfahrtsstaatlichen Absicherungen leben. Das heißt: Eine Wende gegenüber den Tendenzen der letzten Jahrzehnte ist unter veränderten materiellen Bedingungen sehr wohl denkbar.

Wofür historische Werbung steht

Aus diesen Erörterungen wird eines deutlich: Historische Werbung zeigt uns – genauso wie andere Arten von Quellen – nicht die «geschichtliche Realität». Sie präsentiert uns kein verzerrungsfreies Bild vergangener Wertemuster. Die vorliegenden Untersuchungen haben jedoch ergeben, dass die Werbung mitten im Alltag steht, gezielt zeittypische Wertvorstellungen aufgreift

und zur Schau stellt. Weggelassen wird dabei grundsätzlich alles, was die Attraktivität des beworbenen Produkts schmälern könnte. Oft reagiert die Werbung schnell auf Veränderungen in den Wertvorstellungen, namentlich im Zusammenhang mit wirtschaftlichen Krisen. Zögerlich fällt jedoch die Reaktion bei neuen Themen wie der Emanzipation oder der Umwelt aus. Es ist zu vermuten, dass neue Wertvorstellungen, die wenig mit der primären Intention der Werbung zu tun haben, erst dann aufgegriffen werden, wenn sie in breiten Bevölkerungsschichten als akzeptiert gelten. In solchen Fällen kann die Werbung die Verbreitung neuer Werte verzögern oder hemmen. Die vermittelten Werte sind also zum überwiegenden Teil dem Mainstream zuzurechnen. Nur selten erwecken sie Anstoß; vermehrt ist dies erst seit den 1990er-Jahren der Fall.[22] Werbung ist demnach ein sensibler, weit zurückreichender Indikator für den Wandel der vielfältigen Wertvorstellungen einer Gesellschaft.

Anhang

Anmerkungen und Quellen

Hinweis: Bild- und andere Quellen finden sich am Ende der Anmerkungen zu den einzelnen Beiträgen.

Bilderwelt der Konsumgesellschaft

1 «Media have made commercial messages inescapable». Leiss, William; Kline, Stephen; Jhally, Sut. 1986: Social Communication in Advertising. Persons, Products and Images of Well-Being. Toronto: 71, zit. bei König 2000: 398

2 König 2000: 398

3 Printmedien sind «alle auf Papier gedruckten Medien wie Zeitungen, Zeitschriften, Bücher usw., mit deren Hilfe Inhalte vorwiegend durch das geschriebene Wort, gedruckte Bilder und Illustrationen verbreitet werden» (Koschnik, Wolfgang. 1987: Standard-Lexikon für Marketing, Marktkommunikation, Markt- und Medienforschung. München: 433, zit. bei Stark 1992: 15).

4 König 2000: 397

5 Gries u.a. 1995: 3ff.

6 Pierenkemper 2000

7 Gries u.a. 1995: 19

8 Gries u.a. 1995: 6–8, Bäumler 1996

9 Überblick über den Stand der Diskussion bei König (2000: 394–396), für die Zeit vor 1890: Lamberty 2000

10 Merten 1994

11 Gries u.a. 1995: 13

12 Gries u.a. 1995: 14

13 Dies ist der Ansatz von Gries u.a. 1995

14 Gries u.a. 1995: 15

15 Dieses Diktum haben Gries u.a. als Titel ihres Sammelbands vom deutschen Werbeberater Hans Domizlaff übernommen. «Wir haben doch einen sehr merkwürdigen Beruf», erklärte er 1956 seinen Kollegen in einem Referat, «wir sollen von unserem persönlichen Geschmack, von unseren eigenen privaten Ansichten, Neigungen und Interessen erst einmal ganz und gar absehen. Wir sollen auch den Geschmack unserer Auftraggeber missachten, damit wir ganz vorurteilslos in das Gehirn der Masse kriechen können, auf die wir Einfluss gewinnen möchten!» (Gries u.a. 1995: 1)

16 Wischermann 1995a: 12f.

17 Wischermann 1993

18 Wischermann 1995a: 14

19 Haas 1995

20 Richards, Thomas. 1990: The Commodity Culture of Victorian England. Advertising and Spectacle 1851–1914. Stanford: 8, zit. bei Wischermann 1995a: 13

21 Schlegel-Matthies 1987

22 Reinhardt 1993: 429

23 Kriegeskorte 1995: 8, Reinhardt 1993: 170

24 Reinhardt 1993: 171–176, Reuveni 2001: 99. Für Frankreich: Martin 1992: 21–56 sowie Winkelmann 2000.

25 Reinhardt 1993: 431

26 Reuveni 2001: 99

27 Schlegel-Matthies 1987

28 Kirchner, Joachim. 1962: Das deutsche Zeitschriftenwesen. Seine Geschichte und sein Wesen. Band 2. Wiesbaden: 240, 415, zit. bei Reuveni 2001: 99

29 Reinhardt 1993: 432f. In Frankreich war dies schon von den späten 1820er-Jahren an der Fall gewesen (Martin 1992: 56–69).

30 Für die Schweiz: Kutter 1983: 26f., für Deutschland: Hansen 1970: 24–29

31 Reinhardt 1993: 436, König 2000: 396

32 Schlegel-Matthies 1987: 301f., Deichsel 1996: 26

33 Mast, Claudia. 1986: Was leisten die Medien? Funktionaler Strukturwandel in den Kommunikationssystemen. Osnabrück: 18, zit. bei Stark 1992: 22

34 Stark 1992: 16f., Reuveni 2001: 104. In der Schweiz ab 1894 «La Patrie Suisse», ab 1911 die «Schweizer Illustrierte Zeitung». Vgl. den einleitenden Beitrag von Peter Bär.

35 Schlegel-Matthies 1987: 301f., Reuveni 2001: 105, Stark 1992: 16f.

36 Reinhardt 1995: 52

37 Reinhardt 1993: 442f.

38 Reuveni 2001: 116

39 Reinhardt 1993: 443f.

40 Berghoff 1999

41 Wengenroth 1994

42 Stihler 1998: 18f.

43 Stihler 1998: 235f.

44 McKendrick u.a. 1982

45 Sandgruber 1982: 380

46 McKendrick u.a. 1982

47 Den zurzeit einleuchtendsten Überblick über das Thema Konsumgesellschaft liefert König 2000.

48 Voy u.a. 1991, Bornschier 1998

49 Pfister 1995: 72

50 Drieseberg 1995: 45

51 Mit Blick auf Europa ist der Begriff von Victor Scardigli geprägt worden (1983: La consommation. Culture du quotidien. Paris, zit. in Haudenschild 1989: 258).

52 Haudenschild 1989, Pfister 1995, Siegrist u.a. 1997. Bezeichnenderweise wurde der Begriff «Konsumgesellschaft» ursprünglich 1964 in den USA geprägt, wo die kennzeichnenden Eigenschaften des Phänomens bereits voll entwickelt waren (vgl. Katona 1964).

53 Brewer 1997: 58f.

54 De Grazia 1998: 68

55 Maddison 1995

56 Landau 1990: 2. Vgl. Albert Tanner in diesem Band.

57 Merki 2002: 88

58 Haase 1992: 24

59 Andersen 1998

60 Maddison 1995

61 Pfister 1995

62 Andersen 1997a: 58

63 Maddison 1995

64 Ambrosius u.a. 1992: 12f.

65 De Grazia 1998: 83

66 Einen vollständigen, sämtliche Medien einschliessenden Überblick über die Entwicklung der Werbung im deutschsprachigen Europa liefert König (2000: 394–306); er bezieht ebenfalls die Verhältnisse in den USA ein.

67 Reuveni 2001: 100

68 Wischermann 1995a: 14

69 Haas 1995: 72–75

70 Clausen 1964: 89

71 Schmidt 1988

72 Reinhardt 1993: 432

73 Wischermann 1995a: 17

74 Die Kunstgewerbebewegung des Kaiserreichs versuchte als Teil eines allgemeinen Programms der Kunst- und Geschmackserziehung nach 1900, die viel beklagte Kluft zwischen Wirtschaft und «gutem Geschmack» durch die Propagierung einer künstlerisch anspruchsvollen Werbung zu verringern (Lamberty 2000: 68–70).

75 Bubik 1996: 92

76 Reuveni 2001: 101

77 Reinhardt 1995: 52–56

78 Sachs 1984: 79–85, Reinhardt 1995: 52–57

79 Reinhardt 1995: 58

80 Wischermann 1995a: 18

81 Wischermann 1995a: 18

82 Reinhardt 1995: 59f.

83 Bau 1995: 60–62

84 Werner Kroeber-Riel geht von einer gesamtgesellschaftlichen Informationsüberlastung von 98% aus (1990: Strategie und Technik der Werbung. Verhaltenswissenschaftliche Ansätze. 2. Auflage. Berlin: 15, zit. bei Bau 1995: 64).

85 Franck 1998: 64

86 Packard 1964: 19

Über den Umgang mit Bildern

1 Der Fotopionier Rodolfo Namias über die Fotografie: «Sie ist ein wahrhaftiges Dokument, auf das die Nachwelt – hat man einmal Photoarchive angelegt – zurückgreifen wird können, nicht zum Studium der erzählten Geschichte, die man immer zur Gänze oder zum Teil für unwahr oder übertrieben halten kann, sondern um etwas über die photographische Geschichte zu lernen, die nicht lügt, denn sie wurde vom Licht selbst auf die Photoplatte geschrieben.» Zitiert nach Ortoleva 1989, Teil 1: 5.

2 Fritzsche 1996: 11

3 Wilharm 1995: 7f. Die zurückhaltende Bewertung von Bildern scheint in besonderem Maße im deutschsprachigen Raum verbreitet zu sein. Irmgard Wilharm attestiert der französischen Geschichtswissenschaft in dieser Beziehung ein regeres Interesse.

4 Auf dem Einzelblatt mit dem Titel «Die Geschichte im XIX. Jahrhundert» notierte Burckhardt: «Wohl aber ist unsere Zeit zur Erkenntniß der Vergangenheit besser ausgerüstet als irgend eine Frühere. Aeussere Förderungen: (…) Zugänglichkeit der Denkmäler durch Reisen; Abbildung, besonders Photographie.» Burckhardt 1982: 247.

5 Es kann vermutet werden, dass die tragische Erfahrung mit der rassistischen, teils visuellen Propaganda im nationalsozialistischen Deutschland und die in den nachfolgenden Jahrzehnten eher überzeichnende Kritik an den manipulatorischen Möglichkeiten von Massenmedien auch in demokratischen Systemen nicht unschuldig daran waren, dass die Geschichtswissenschaft von der Beschäftigung mit Bildquellen Abstand nahm.

6 Jäger 2000

7 Wohlfeil 1991: 18

8 Talkenberger 1998, vgl. auch Jäger 2000: 65ff.

9 Die historische Bildbetrachtung beschränkt sich bei diesem Ansatz auf die Untersuchung der auf Bildern dargestellten Gegenstände («Realien») und ihres Verwendungszusammenhangs.

10 Dieser Ansatz legt den Akzent auf die Frage nach der Funktion und Absicht visueller Kommunikation im gesellschaftlichen Umfeld und rückt daher – stärker als der ikonologische Ansatz – die kommunikativen Prozesse bei der Produktion und Verbreitung von visuellen Botschaften sowie die formalen Gestaltungskriterien ins Zentrum.

11 Dieser Ansatz widmet sich ähnlichen Fragestellungen wie die Funktionsanalyse. Mit Unterstützung einer eigenen Terminologie, die der Theorie der Zeichen, der Linguistik und dem Strukturalismus entstammt, werden primär Argumentation, Rezeption und Wirkung visueller Kommunikation erforscht.

12 Dieser steht wiederum dem semiotischen Ansatz recht nahe und untersucht vornehmlich Bildelemente, die den Rezipienten mehr oder weniger explizit einbeziehen.

13 Panofsky 1979

14 Wohlfeil 1991

15 Barthes 1964: 43

16 Laufende Dissertation von Peter Bär zum Wertewandel in der schweizerischen Werbung seit 1920 (Bär i. V.)

17 Vgl. Stark 1992: 16

18 Gesellschaft für Marktforschung 1951

19 AG für Werbemittelforschung 1968: Tab. 17

20 Quelle: Untersuchung Bär (Webikum; Bär i. V.)

21 Quelle: Untersuchung Bär (Webikum; Bär i. V.)

22 Büsch 1909: 5f.

23 Thommen 1967: 93/132

24 Jäggi 1991: 7

25 Quelle: Untersuchung Bär (Webikum; Bär i. V.)

26 Quelle: Untersuchung Bär (Webikum; Bär i. V.)

27 Häusler 1976: 203

Wollen und Sollen der «Bilder vom besseren Leben»

1 Reinhardt 1993: 12

2 Für einen Forschungsüberblick: z. B. Dussel 1997, Gries u.a. 1995, Wischermann 1995a, Bär 1995, Bär i. V. – Der Versuch, einen Forschungsstand zur Geschichte der Werbung zu erstellen, ende notgedrungen in einer «Mängelliste», erklärte Reinhardt (1993: 12). Für einen mentalitätsgeschichtlichen Zugang zur Werbung hat sich mit den Sammelbänden von Gries u.a. sowie

Wischermann u.a. zwei Jahre später die Lage etwas aufgehellt, für die Geschichte der Werbewirtschaft in Deutschland mit Reinhardts eigener Arbeit (1993) und jener von Lamberty (2000), für die Schweiz mit der Lizentiatsarbeit von Peter Bär (1995). Für die Schweiz außerdem beschränkt brauchbar: Kutter 1983, Martin u.a. 1994. Knapp zum Schweizer Werbefilm: Bochsler 1998, zur Kunstgeschichte des Plakats: Rotzler u.a. 1991.

3 Das ist, überspitzt formuliert, das Verfahren beispielsweise von Kriegeskorte 1995.

4 Haubl 1992: 9–18, Wischermann 1995b. – Hierzulande stößt historische Werbung auf ein öffentliches Interesse, das in jüngster Zeit für zwei Ausstellungen zum Thema reichte: «100 Jahre Schweizer Werbefilm», Museum für Gestaltung Zürich, 1998; mit historischem Teil: «Happy. Das Versprechen der Werbung», Museum für Kommunikation Bern, 2001/2002.

5 McLuhan, Marshall. 1968: Die magischen Kanäle. Düsseldorf, Wien: 253 (Originalausgabe 1964: Understanding Media. The Extensions of Man. New York), zit. nach Dussel 1997: 416

6 Seinen Titel verdankt der Band nicht zuletzt einer Anregung durch Arne Andersens «Traum vom guten Leben» (1997a).

7 Für Deutschland: König 2000: 394–406

«Der Kluge reist im Zuge»

1 Dieser Beitrag basiert auf Ergebnissen meiner Lizentiatsarbeit (Beck 1999). Die Originale der abgebildeten Plakate werden zur Hauptsache im Archiv der Schweizerischen Bundesbahnen in Bern (SBB-Infothek) aufbewahrt.

2 Seger 1982: 23

3 Vgl. dazu Krebs 1996

4 Sämtliche nicht näher belegten Verweise auf Aussagen von Werner Belmont beziehen sich auf ein Interview, das der Verfasser mit Belmont am 6. Juli 1998 in dessen Atelier in der Berner Altstadt führte (vollständiges Interview in Beck 1999: 116–121).

5 Statistisches Jahrbuch 1999: 266–267

6 Monheim u.a. 1990: 407

7 Belmont 1975

8 SBB 1996: 63–65

9 Wobmann 1997: 5

10 Treichler 2001: 45

11 SBB 1996: 29

12 Wobmann 1997: 6

13 Seger 1997: 43

14 Seger 1997: 43

15 Balthasar 1993: 135; Schwabe u.a. 1997: 208; SBB 1996: 166

16 Seger 1997: 43

17 Die statistischen Angaben in diesem Abschnitt stammen aus verschiedenen Jahrgängen der Statistischen Jahrbücher der Schweiz.

18 SBB-Generaldirektion 1930: 9

19 Schwabe u.a. 1997: 292

20 Schobinger 1986: 7–16; Schwabe u.a. 1997: 291–292

21 Schwabe u.a. 1997: 306-307

22 Belmont 1978: 67

23 Gerber 1997: 77–101

24 Seger 1997: 45

25 Zu Leben und Werk Herbert Leupins vgl. die Biografie von Lüönd/Leupin (1995)

26 Zu den verschiedenen Werbemitteln der SBB vgl. Fallet 1956: 78; Kuster 1986: 45; Seger 2001: 181

27 Belmont 1975: 36

28 Belmont 1969

29 Fallet 1969: 92

30 Krebs 1996: 15

31 Portmann 1963: 12

32 Bundesamt für Verkehr 1973: 6

33 Gesellschaft der Ingenieure der SBB 1975: 7

34 Gesellschaft der Ingenieure der SBB 1975: 7

35 Schwabe u.a. 1997; SBB 1996

36 Zur Entwicklung der SBB-Werbung ab 1980 vgl. Seger 2001

37 Gesellschaft der Ingenieure der SBB 1975: 12

Werbequellen
- Archiv SBB, Bern
- Archiv Verkehrshaus der Schweiz, Luzern
- Archiv GGK, Zürich

Andere Quellen
- Belmont, Werner. 1969: Lob der Reise auf fröhliche Weise. In: Schweizer Reklame, Nr. 10/11: 793–798
- Belmont, Werner. 1975: Die SBB wirbt. In: Schweiz (hg. von der Schweizerischen Verkehrszentrale/SVZ), Nr. 5: 35–36
- Belmont, Werner. 1978: Zum Werbestil der Schweizerischen Bundesbahnen. In: Neue Zürcher Zeitung, 23.3.1978: 67
- Bundesamt für Verkehr (Hg.). 1973: Die Belastung der Umwelt durch den Verkehr. Schlussbericht einer Studie über Umwelt und Verkehr. Basler & Hofmann Ingenieure und Planer. Zürich
- Fallet, Edouard. 1956: Die Verkehrswerbung der Bahnen. In: Schweizerische Verkehrs- und Industrie-Revue, Nr. 12: 78–79
- Fallet, Edouard. 1969: Analyse der Entwicklungstendenzen im Personenverkehr und die zu ihrer Bewältigung in Anspruch zu nehmenden Massnahmen. In: Wirtschaft und Technik im Transport, Nr. 174: 91–94
- Portmann, Max. 1963: Die Baupolitik der SBB. In: Wichser, Otto u.a.: Der Ausbau der Schweizerischen Bundesbahnen. Darmstadt
- SBB-Generaldirektion (Hg.). 1930: Bundesbahnen und Automobil. Caveant Consules. Bern

Ein Schweizer Trunk gegen die Leiden der Zeit

1 Dieser Beitrag ist im Wesentlichen eine aktualisierte Zusammenfassung meiner Lizentiatsarbeit (Berger 1997).

2 Der Chemiker Justus Liebig hatte 1864 die Bierfabrikation untersucht und im gleichen Jahr von einer neuen «Suppe für Säuglinge» berichtet, die ihrer Zusammensetzung nach die Muttermilch ersetzen sollte. Das Malz besaß seit Liebigs Malzsuppe – einer Mischung aus fein gemahlenem Gerstenmalz mit Kuhmilch – bei Diätetikern einen hervorragenden Ruf; die Milch ihrerseits drängte sich als Fettlieferantin auf, da sie in den Gesundheitsbüchern der Jahrhundertwende geradezu als Heilmittel angesehen wurde. Keller 1898, vgl. Pfiffner 1993: 114f.

3 Die Arzneifertigwaren – auch Heilmittel – um die Jahrhundertwende lassen sich in drei Gruppen unterteilen: «industrielles Geheimmittel», «pharmazeutische Spezialität» und «Arzneispezialität». Die Herstellung der «industriellen Geheimmittel» und «pharmazeutischen Spezialitäten» zeichnete sich durch ihren Abstand zur wissenschaftlich-rationalen Medizin aus. Sie gelten als Vorläufer der Arzneispezialitäten, die auf systematisch durchgeführter Forschung beruhen. Vgl. dazu Ernst 1969: 21–23.

4 Sämtliche Zitate von Albert Wander in diesem Beitrag stammen aus: «Wir stellen vor», Textentwurf von 1944, Archiv Wander o. Nr.

5 Wanderstab 1934, Nr. 5: 6f. (Hauszeitung der Wander AG)

6 Von 1921 bis 1927 wurden rund 3,5 Mal mehr grosse wie auch kleine Dosen Ovomaltine verkauft, nämlich 1'191'828 Stück à 500 Gramm und 506'683 Stück à 250 Gramm.

7 Haas 1995. Zur Entstehung des Markenartikels im späten 19. Jahrhundert als Voraussetzung dieser neuen Form von Werbung vgl. Schlegel-Matthies 1987.

8 Unter Leitbildern sind sowohl Sympathieträger (reale Personen) als auch die mit einem Produkt gelieferten Vorstellungen (Produktbilder) zu verstehen.

9 Haas 1995

10 «Das Geheimnis: ‹Ich weiss etwas sehr gutes.›», Inserat 1926, Archiv-Wander Nr. 132

11 «Gesunde Kinder = Ovomaltine-Kinder», Inserat 1931, Archiv Wander Nr. 1016

12 «Gesund und glücklich», Inserat 1925, Archiv Wander Nr. 25

13 Vgl. zum Folgenden Labisch 1992: 247–261, Tanner 1992b

14 Diätetische Nährpräparate waren zwanzig Jahre vorher noch unter dem Aspekt der Kalorien bewertet worden – ihr Preis war mit den Preisen jener Menge Fleisch oder sonstiger Nahrungsmittel verglichen worden, die gleich viel Kalorien lieferte. Vgl. Marcuse 1900: 259

15 Glanzmann (1922) hatte durch Experimente an Ratten und Mäusen bewiesen, dass die Ovomaltine «alle zu einer normalen Entwicklung notwendigen Vitamine» enthielt. Das fette «Ovo-Tier» erfreute sich nach 35 Tagen ausschliesslicher Ovomaltine-Ernährung und 53 Gramm Lebendgewicht bester Gesundheit; die andere Ratte, das vitaminfreie «Kontrolltier», magerte in dieser Zeit auf 28 Gramm ab. Glanzmann gehörte zu den so genannten Wander-externen Autoren, die im Auftrag der Firma Untersuchungen und Experimente mit Ovomaltine durchführten.

16 «Die Technik des geistigen Arbeitens», Inserat 1925, Archiv Wander Nr. 19

17 «Irgendwo in einem Laden», Broschüre um 1933, Archiv Wander o. Nr.

18 Pikant daran: Dr. Louis Sieffert, ein wissenschaftlicher Mitarbeiter der Firma Wander, der dem allgemeinen Laboratorium vorstand, soll um 1930 der Migros die Ovomaltine-Formel zugehalten haben und deswegen später entlassen worden sein. Wander war nämlich einzig durch das Fabrikationsgeheimnis, nicht aber durch Patente geschützt, wie aus der Antwort auf eine Anfrage betreffend der Ovomaltine-Formel von 1931 hervorgeht. Notizen, Archiv Wander o. Nr.

19 «Nahrung und Leistung», Inserat 1924, Archiv Wander Nr. 11

20 «Qualitätsnahrung gegen Quantitätsnahrung», Inserat 1927, Archiv Wander Nr. 180

21 «Mein Sohn, den ich als Kind mit Ovomaltine gerettet habe», Inserat 1928, Archiv Wander o. Nr.

22 Der Trend zu einer Professionalisierung der Beziehungsarbeit äusserte sich in einer Flut populärwissenschaftlicher so genannter Eheliteratur, die in den 1920er-Jahren auf den Markt kam.

23 «Das Recht der Jüngsten», Inserat 1922, Archiv Wander Nr. 8

24 In Berlin beispielsweise war 1885 die eheliche Säuglingssterblichkeit bei künstlicher Ernährung siebenmal höher als bei der Ernährung mit Muttermilch. Pfiffner 1993: 89–95.

25 «Das Recht der Jüngsten», Inserat 1922, Archiv Wander Nr. 8

26 «Familienglück», Inserat 1925, Archiv Wander Nr. 26. – Dr. med. Carl Nauer hatte 1910 herausgefunden, dass Ovomaltine für Wöchnerinnen die Ernährung «par excellence» sei. Bei Veronika L.s zweitem Kind «versiegte die Laktation» schon nach 14 Tagen, das dritte konnte «trotz Anwendung aller möglichen Eiweiss-Nährmittel nicht mehr gestillt werden». Dank Ovomaltine befanden sich die Brüste von Veronika L. nach vier Wochen «im Zustande bedeutender Schwellung und genügenden Milchreichtums, um das Kind ohne Mühe anlegen zu können». Nauer 1910: 6.

27 «Die feineren Punkte rationeller Gesundheitspflege: Nerven, wie pflegt man sie?» Werbebroschüre o. J. (um 1930), Archiv Wander o. Nr.

28 Inserate 1926, Archiv Wander Nr. 164; 1930, Nr. 904; 1930, Nr. 803

29 «Verdauung und Montagebahn», Inserat 1923, Archiv Wander Nr. 7

30 Tanner 1993b: 63–67. Vgl. dazu auch Mesmer 1997.

31 «Wenn das Alter erfüllen soll, was die Jugend verspricht», Inserat 1925, Archiv Wander Nr. 76

32 Inserat 1924, Archiv Wander Nr. 11

33 «Kraftzufuhr», Inserat 1935, Nr. 1398

34 Solange die Diätetik in der therapeutischen Praxis eine wichtige Rolle spielte, blieb auch die Ovomaltine in der medizinisch-therapeutischen Praxis bis zum Anfang der 1940er-Jahre ein wichtiges Nährpräparat.

35 «Blutarmut, Bleichsucht», Inserat 1926, Nr. 154, sowie «Ovomaltine hilft alt werden und jung bleiben», Inserat 1926, Nr. 166

36 Schärer 1992: 31f.

37 Vgl. dazu Ovomaltine-Umsätze 1913–1968, Archiv Wander o. Nr.

38 König u.a. 1994

39 Schlegel-Matthies 1987: 280f.

40 Nicht ohne Wirkung, wie es scheint: Am 2. Dezember 1926 rapportiert der Wander-Vertreter W. Drasdo, dass der Kinderarzt Dr. med. H. Reich – mit einer «mittleren Praxis» an der Zürcher Seefeldstrasse 19 – sich «sehr ungehalten» über die Werbung für Ovomaltine geäussert und kritisiert habe, dass er «in der ärmsten Familie (…) Ovomaltine-Büchsen [antreffe], statt dass diese Leute ihr Geld für bessere Nahrung oder bessere Wohnung ausgeben». Ordner «Ovomaltine und Korrespondenz», 2.12.1926, Archiv Wander

41 «Ovomaltine als Zwischenverpflegung», Flugblatt um 1930, Archiv Wander o. Nr.

42 Mit diesem Rezept fuhr zum Beispiel die Migros sehr gut. In einem 1932 veröffentlichten Vortragszyklus mit dem Titel «Der Markenartikel» steht zu lesen: «Der Erfolg der Migros AG liegt nicht zum mindesten darin begründet, dass sie sich in ihrer Werbung an die tägliche Erfahrung der Verbraucher wendet und die Ware für sich selber sprechen lässt.» Kutter 1983: 116.

43 Vgl. dazu König u.a. 1994: 251 und 266

44 «Der letzte Centimeter!», Inserat 1926, Archiv Wander Nr. 163

45 Schaffner o. J.: 32

46 «Höchstleistungen», Inserat 1925, Archiv Wander Nr. 14; «Wo es auf den letzten Funken Kraft ankommt», Inserat 1925, Archiv Wander Nr. 56

47 Zum Beispiel: «Vor dem Aufbruch...», Inserat 1933, Archiv Wander Nr. 1151

48 Kutter 1983: 120

49 Vgl. dazu Braun 1993: 173f.

50 Auch wurde beispielsweise 1934 «auf Grund der Anregung eines unserer Automechaniker» in Ferienkolonien Werbung gemacht. Wanderstab 1934, Nr. 6: 5 («Propaganda in Ferienkolonien»).

51 Wanderstab 1936, Nr. 6: «Unsere Organisation bei der Tour de Suisse»: 8–9

52 «In Form bleiben», Broschüre 1933, Archiv Wander o. Nr.

53 Die moderne Wirtschaftswerbung ist für Haas «entscheidender Bestandteil der Moderne im Übergang von einer primär schriftlichen zu einer tendenziell stärker visuellen Kultur». Haas 1995: 64.

54 «Nerven», Inserat 1930, Archiv Wander Nr. 800

55 «Eindrücke verarbeiten», Inserat 1930, Archiv Wander Nr. 835 und 957

56 Jaun 1986: 76–81, König u.a. 1994: 310–329, Jost 1986

57 Halter 1992: 59f. Vgl. auch Kleinspehn 1987: 241–257

58 Jost 1986: 779f.

59 «Wie steht's mit Ihrem Mann?», Inserat 1930, Archiv Wander Nr. 800

60 «Sie sehen Ihren Mann so, selten aber so», Inserat 1930, Archiv Wander Nr. 825

61 «Gut nähren, gut wehren», Inserat 1929, Archiv Wander Nr. 687

62 Jaun 1986: 67–107, König u.a. 1994: 271f.

63 «Moderne Berufe», Inserat 1933, Archiv Wander Nr. 1098

64 Vgl. zum Folgenden König u.a. 1994: 310–329, Jost 1986

65 «Alarm», Inserat 1932, Archiv Wander Nr. 1065; «Notsignale!», 1933, Nr. 1094; «Warnung!», 1930, Nr. 834

66 «Angst vor dem Leben», Inserat 1925, Archiv Wander Nr. 63

67 «Eine Hilfe in der Überwindung der Wirtschaftskrise», Inserat 1931, Archiv Wander o. Nr.

68 «Mut!», Inserat 1933, Archiv Wander Nr. 1100

69 «Rechtzeitig vorbeugen», Inserat 1930, Archiv Wander Nr. 829

70 Vgl. zum Folgenden Jost 1986: 783–796, Kreis 1992, Siegenthaler 1992. Die 1930er-Jahre waren die Geburtsjahre des «homo alpinus helveticus», eines vermeintlich nachweisbaren Vertreters der älplerischen «Rasse». Marchal 1992: 44.

71 «In den unwegsamen Gebieten des Peloponnes...», Inserat Dez. 1936, Archiv Wander Nr. 1503. Der Bauer als Sympathieträger: zum Beispiel «Krank zur Erntezeit», Inserat 1937, Archiv Wander Nr. 1542. Vgl. dazu auch Schaffner o. J.: Kap. «Die Bauern-Propaganda», 35.

72 Billeter 1995. Die avisierte Zusammenarbeit von Wander mit dem Schweizerischen Milchverband für eine mögliche Werbeserie «Milch ist gut» 1934 stieß laut Wander-Werbeleiter Jakob Schaffner auf wenig Gegenliebe. Der Schweizerische Milchverband beschied ihm nämlich, dass er nicht nur Milch zu verkaufen habe, sondern auch Butter und Käse und dass die Leute das Geld, das sie «für Butter und Käse ausgeben sollten, (…) heute zum Kauf von Ovomaltine» verwendeten. Schaffner o. J.: 29.

73 «Im Lande, wo Milch und Honig fliesst», Inserat 1934, Archiv Wander Nr. 1262

74 «Trinkt mehr Milch», Inserat 1934, Archiv Wander Nr. 1245

75 Im Hof 1991: 247

76 Tanner 1992a: 93 und Tanner 1993a

77 «Die Anforderungen des modernen Lebens: Wachsam sein wie ein Sperling!», Inserat 1931, Archiv Wander Nr. 980

78 Das heutige Ovo-Sport ist die Weiterentwicklung der Militär-Ovomaltine.

Quellen aus dem Wander-Archiv

- Inserate (ohne Angabe des Publikationsmediums)
- Unterlagen (Briefe, Entwürfe, Notizen usw.); Werbebroschüren; Hauszeitung «Wanderstab»
- Schaffner, Jakob. o. J. (etwa 1943): Der Grundstock unserer Propaganda. Maschinengeschrieben
- «Wir stellen vor. Die Ovomaltine 40jährig. Eine interessante Unterredung mit Herrn Dr. Albert Wander, Seniorchef, dem Vater der Ovomaltine». Textentwurf, 7.6.1944

Andere Quellen: Zeitungen, Zeitschriften

- Billeter, Fritz. 1995: Milch ist ein ganz besonderer Saft. In: Tages-Anzeiger, 10. März: 81
- Correspondenzblatt für Schweizer Aerzte, 1. März 1904, 15. Dezember 1905
- Glanzmann, E. 1922: Die biologische Bedeutung der Vitamine für die Kinderheilkunde. In: Schweizerische Medizinische Wochenschrift, Nr. 3: 57–61
- Keller, A. 1898: Malzsuppe, eine Nahrung für darmkranke Säuglinge. Jena
- Marcuse, Julian. 1900: Neuere Arzneimittel. Kritische Übersicht über die diätetischen Nährpräparate der Neuzeit. In: Therapeutische Monatshefte, Bd. 14: 257–261
- Nauer, Carl. 1910: Über Nährpräparate, speziell Ovomaltine. Separatabdruck aus: Schweizer Rundschau für Medizin, Nr. 46

Werbung, die anzieht. Und anstößt

1 Zit. nach der Firmenzeitschrift «PKZ-Faden», Ostern 1956, o. S. (Archiv PKZ, Faden). Cornelius Vanderbilt (1794–1877) galt bei seinem Tod als einer der reichsten Amerikaner. Er war zunächst in der Stahlindustrie, später mit Eisenbahnlinien und Börsenspekulation zu Geld gekommen. – Der vorliegende Artikel beruht auf der Lizentiatsarbeit der Autors (Altorfer 2000). Dort finden sich auch die Angaben zu den quantitativen Aussagen sowie eine ausführliche Bibliografie zum Thema.

2 Das Unternehmen wurde 1881 als «Winterthurer Kleiderfabrik» gegründet und benutzte ab 1891 die Marke PKZ. Auch die Unternehmung wurde in PKZ umbenannt (später PKZ Burger-Kehl & Co. AG). Zur Geschichte des Unternehmens: Altorfer 2000: Kap. 3.3. Mit dem Slogan «Papa kann zahlen» warb PKZ erstmals im Jahr 1925.

3 Dussel 1997. Der Auftraggeber (und nicht der Konsument) ist für Dussel der primäre Adressat von Werbung. Die Werbeagentur (als Werbeproduzent) macht also vor allem Werbung, die den Auftraggeber ansprechen soll.

4 Zit. nach PKZ-Faden, Ostern 1956, o. S. (Archiv PKZ, Faden). Der Originalbrief ist in französischer Sprache abgefasst und befindet sich im PKZ-Archiv (Archiv PKZ, Gesamt-Werbung, Reaktionen).

5 Paradowski 1990

6 Reinhardt 1993: 25–43

7 Dafür steht der Begriff der Horizontalen Motivaufnahme. Dazu: Paradowski 1989: 174, Paradowski 1990: 134

8 Vgl. Paradowski 1990

9 PKZ-Frühjahrskatalog 1929 (Archiv PKZ, Kataloge)

10 von Gunten 1930

11 PKZ-Frühjahrskatalog 1929 (Archiv PKZ, Kataloge)

12 PKZ-Frühjahrskatalog 1933 (Archiv PKZ, Kataloge)

13 Brief H. Behrmann an die PKZ-Reklameabteilung vom 5.4.1933 (Archiv PKZ, Gesamt-Werbung, Reaktionen)

14 Aktennotiz Besprechung vom 7.9.1939 (Archiv PKZ, Unternehmen, Div. Mat.)

15 PKZ-Herbstkatalog 1939 (Archiv PKZ, Kataloge)

16 Juryprotokoll PKZ-Plakatwettbewerb 1941 (Archiv PKZ, Plakate, Div. Mat.)

17 Juryprotokoll PKZ-Plakatwettbewerb 1941 (Archiv PKZ, Plakate, Div. Mat.)

18 Vorschlag für das Reklame-Budget 1948/49 (Archiv PKZ, Plakate, Div. Mat.)

19 PKZ-Faden, Weihnachten 1948, o. S. (Archiv PKZ, Faden)

20 Juryprotokoll PKZ-Plakatwettbewerb 1948 (Archiv PKZ, Plakate, Div. Mat.)

21 Vgl. zum Gegensatz zwischen amerikanischer und europäischer Auffassung von Werbung: Reinhardt 1993: 49–97, 220–255 (mit weiterführender Literatur). Vgl. dazu auch den Beitrag von Daniel Beck in diesem Band.

22 PKZ folgt dem gleichen Entwicklungsmuster wie die SBB (Eigenproduktion, Zusammenarbeit mit Spezialisten, Fremdvergabe an Agenturen), jedoch in unterschiedlichen zeitlichen Abständen. Vgl. den Beitrag von Daniel Beck in diesem Buch.

23 Kriegeskorte 1992: 126–139

24 Kriegeskorte 1995: 188–203

25 Kontaktrapport Consultas-PKZ vom 18.11.1969 (Archiv PKZ, Gesamt-Werbung, Konzeption). Die Fotos für die dort erwähnten Werbeentwürfe sind leider nicht auffindbar.

26 Die Werbeagentur Consultas reagierte darauf, indem für die Folgesaison eine Kampagne präsentiert wurde, die auf Fotografie beinahe vollständig verzichtete und den Akzent auf Information legte.

27 PKZ-Geschäftsbericht 1966 (Archiv PKZ, Unternehmen, Protokolle und Berichte)

28 Chapman 1999: 65–110. Eine interessante Zusammenstellung zeitgenössischer Reaktionen auf James Bond findet sich bei Del Buono u.a. 1966.

29 «Todsicher schocksicher!», in: Nebelspalter Nr. 48/1966: 36

30 Antwortschreiben auf Reklamationen (Standardantwort) vom 8.11.1966 (Archiv PKZ, Gesamt-Werbung, Reaktionen)

31 Brief von Walter und Karl Burger an A. Kobelt-Leu vom 17.11.1966 (Archiv PKZ, Gesamt-Werbung, Reaktionen)

32 Normalerweise folgen die Ausgaben für die Werbung den Umsatzprognosen. Vgl. Altorfer 2000: Kap. 8.1.

33 Altorfer 2000: 156

Werbe- und andere Quellen

• Archiv PKZ, Urdorf ZH: Werbeträger, Geschäftsberichte, Korrespondenz usw. (für eine detaillierte Auflistung der verwendeten Quellen aus dem Archiv: Altorfer 2000: Kap. 9.3).

• Bäumler, Susanne (Hg.). 1996. Die Kunst zu werben. Das Jahrhundert der Reklame. Ausstellungskatalog München (Stadtmuseum) und Hamburg (Altonaer Museum). Köln

• Nebelspalter Nr. 48/1966: 36

• Nourmand, Tony; Marsh, Graham (Hg.): Film posters of the 60s. London 1997

• von Gunten, Ernst. 1930: erfahrungen mit der kleinschrift in der reklamepraxis. In: Schweizer Reklame, Nr. 2: 42

«Das grosse Wettbrennen»

1 Der vorliegende Aufsatz basiert zu einem großen Teil auf der Lizentiatsarbeit von Lisa Bechter (2001). Rita Stöckli hat im Sommersemester 2001 ein Proseminar zum Thema dieses Aufsatzes am Historischen Seminar der Universität Zürich abgehalten.

2 Lier 1986

3 «Schweizer Illustrierte Zeitung», ab 6.9.1965 «Schweizer Illustrierte»

4 Zudem Bär 1995: 7. Zur Sonderstellung der SI in der schweizerischen Presselandschaft: ebd. 8f.

5 Tavenrath 2000

6 Anzeige ETA-Handhüllen. In: SI 21.2.1920: 124

7 Dasselbe Labor ETA bot auch eine Gesichtsmaske an, die einen «beneidenswerten, reinweissen Teint» verleihen soll. Anzeige ETA-Maske. In: SI 25.2.1922: 90

8 Anzeige Dihydron 1923. In: SI 13.9.1923: 438

9 Behrens 1931

10 Die «Exposition Coloniale Internationale», die im Mai 1931 in Paris eröffnet wurde, hatte zum Ziel zu zeigen, was Frankreich in seinen Kolonien erreicht hatte und welche Bedeutung die Kolonien für Frankreich hatten.

11 Behrens 1931: 768

12 Anzeige Kaloderma Sonnenbrand-Creme. In: SI 31.7.1929: 1248

13 Anzeige Nivea-Creme. In: SI 31.7.1929: 1244

14 Anzeige Daggett & Ramsdells Perfect Cold Cream. In: SI 14.5.1930: 770

15 Es wird häufig angenommen, dass der Übergang vom Schönheitsideal der blassen zur gebräunten Haut allein auf die Modeschöpferin Coco Chanel zurückzuführen sei, die in den 1930er-Jahren mit einer tief braunen Haut aus dem Urlaub nach Paris zurückkehrte. Vgl. z. B. Kocher 1995: 14. Simone Tavenrath ist jedoch der Ansicht, dass Chanel wohl höchstens einen Beitrag dazu geleistet habe, dass nun auch in den «besseren» Kreisen dieser neue Trend salonfähig wurde. Es sei nämlich, so Tavenrath, davon auszugehen, dass die Übernahme der gebräunten Haut als neues Schönheitsmerkmal durch die Haute Couture zeitlich eher am Ende einer Entwicklung anzusiedeln sei, die sich über mehrere Jahrzehnte erstreckte. Tavenrath 2000: 41.

16 Vgl. Posch 1999: 39

17 Anzeige Kaloderma Sonnenbrand-Creme. In: SI 7.8.1929: 1281

18 Anzeige Nivea-Creme. In: SI 23.7.1930: 1231

19 In der rechten oberen Ecke der Anzeige hat sich der Urheber der Anzeige vermerkt: Es dürfte sich um denselben Paul O. Althaus handeln, der 1929 für die «Herrenschokolade» Werbung trieb.

Vgl. die Ausführungen zu Abb. 16 bei Diego Hättenschwiler in diesem Band.

20 Vgl. dazu z. B. Reinke 2000: 405. Ferner Schmitz u.a. 1994

21 Zum Beispiel Anzeige Skol: SI 4.7.1955: 45. Zur sonnenge-bräunten Haut bei Männern: Möhring 2001: 40–42

22 Anzeige Combi-Tan. In: SI 1.8.1960: 44

23 Anzeige Tan-o-Tan. In: SI 26.9.1960: 85

24 Eine genauere Messung und quantitative Auswertung der in der Werbung vorgenommenen Tönungen der Haut, beispielsweise mit der Technik der Densitometrie, konnte leider nicht vorge-nommen werden. So hätte etwa die Gefahr bestanden, dass statt der effektiven Hautbräune Licht- und Schatteneffekte ge-messen worden wären. Ebenso hätte die unterschiedliche Pa-pierqualität der gedruckten Werbung zum Problem werden können, das die Vergleichbarkeit der Anzeigen in Frage gestellt hätte. Bei alten Fotos, ob schwarzweiß oder farbig, hätten schließlich Vergilbungseffekte die Messungen verfälschen können.

25 Grimmel u.a. 1994: 34–36. Vgl. auch Grundmann u.a. 1999: 226

26 Grossmann 1995: 61

27 Coupland u.a. 1997

28 Reinke 2000: 408

29 Anzeige Hamol Ultra. In: SI 24.7.1940: 915

30 Thurner 1997

31 Kölmel u.a. 1997: 391, Kölmel 1998. Zum Risikofaktor «Sonnen-brände im Kindesalter» vgl. auch Itin 1998. Todd Donavan und Surendra Singh gehen in ihrer Studie davon aus, dass schon ein einziger Sonnenbrand im Kindes- oder Teenager-Alter die Gefahr, an einem Melanom zu erkranken, verdoppeln kann (Donavan u.a. 1999).

32 Kölmel u.a. 1997: 391. Auch Donavan/Singh sehen die Notwen-digkeit von Aufklärung und Prävention bei Kindern, vor allem jedoch bei deren Eltern (Donavan u.a. 1999: 836). Die Schwei-zerische Krebsliga und das Bundesamt für Gesundheit haben mit einem Auftrag für ein Kinderbuch dieser Notwendigkeit Rechnung getragen: Weber u.a. 1994.

33 Z. B. Hoffmann u.a. 1998: 10

34 Schweizerische Krebsliga 2000: 8. Dieselbe Aussage bei Andrey 1999: 287.

Werbequellen

• Schweizer Illustrierte Zeitung bzw. (ab 6.9.1965) Schweizer Illustrierte, Mai–September 1920–2000

Andere Quellen

• Andrey, Maya. 1999: Gut geschützt die Sonne geniessen. In: Therapeutische Umschau 56: 287–289

• Behrens, Bebe. 1931: «Soll man sich bräunen?» In: Sie + Er, 19. Juli: 768 und 770

• Donavan, Todd; Singh, Surendra. 1999: Sun-Safety behavior among elementary school children. The role of knowledge, social norms, and parental involvment. In: Psychological Reports 84: 831–836

• Grimmel, Margitta; Jung, Ernst G. 1994: Sonne und Solarium – Genuss ohne Reue? Sonnenallergien und Hautkrebs vermeiden, Licht zur Therapie von Hauterkrankungen. Stuttgart

• Grundmann, J.-U.; Gollnick, H. 1999: Präventivmaßnahmen gegen UV-Lichtschäden. Äußerer und innerer Lichtschutz. In: Therapeutische Umschau 56: 225–232

• Hoffmann, K.; Hoffmann, A.; Hanke, D.; Böhringer, B.; Schind-ling, G.; Schön, U.; Klotz, M. L.; Altmeyer, P. 1998: Sonnenschutz durch optimierte Stoffe. In: Der Hautarzt 49: 10–16

• Itin, Peter H. 1998: Risikofaktoren für die Entwicklung maligner Melanome. In: Bundesamt für Gesundheit, Schweizerische Krebsliga (Nationales Krebs-Bekämpfungsprogramm) (Hg.). Hautkrebs. Das maligne Melanom. Fakten und Handlungsbedarf. Bern: 11–13

• Kocher, Kurth W. 1995: Die Sonne hat die Menschen zu allen Zeiten gebannt. In: Schweizerische Gesellschaft für Dermato-logie und Venerologie, Schweizerische Arbeitsgemeinschaft für Klinische Krebsforschung, Schweizerische Krebsliga (Hg.). Sonnenvademecum. Ein Leitfaden zum Themenkreis Sonne, Melanom, Sonnenschutz und Beratung in der Apotheke. Aktion besonnen geniessen/Jugend und Sonne. Bern: 12–17

• Kölmel, Klaus F. 1998: Lichtschutz – Melanomprävention als kinderärztliche Aufgabe. In: Monatsschrift Kinderheilkunde 146: 695–701

• Kölmel, Klaus F.; Pfahlberg, Annette; Gefeller, Olaf. 1997: Melanomprävention durch Sonnenschutzmaßnahmen im Kindesalter. Zeitliche Veränderungen im Bewusstsein von Eltern. In: Der Hautarzt 48: 391–396

• Lier, Edith. 1986: Das grosse Wettbrennen. In: Schweizer Illustrierte, 2. Juni: 20–28

• Reinke, Claudia. 2000: Sicherer Sonnenschutz. Eine Frage des Lichtschutzfaktors? In: Schweizer Apothekerzeitung 12: 405–408

• Schmitz Stefan; Garbe, Claus; Tebbe, Beate; Orfanos, Constantin E. 1994: Langwellige ultraviolette Strahlung (UVA) und Hautkrebs. In: Der Hautarzt 45: 517–525

• Schweizerische Krebsliga. 2000: SonnenSchutz. Schütze mich. Deine Haut. Bern

• Thurner, Verena. 1997: «Schützt die Kinder vor der Sonne!». In: TopFit. Beilage zur Schweizer Illustrierten, 16. Juni: 45–47

• Weber, Heinz; Cocchi, Laurent. 1994: Die Sonne, unsere Freundin. Zürich

Prometheus fährt Rad

1 Dieser Beitrag ist im Wesentlichen eine Überarbeitung und Er-gänzung meiner Seminarbeit bei Christian Pfister (Di Falco 1999).

2 Zit. nach Haltern 1971: 350

3 Barthes 1988a: 182–185 sowie 1990: 28f.

4 Fahrradwerbung ist in diesen Jahren in der General-Interest-Presse kaum zu finden. Untersucht wurden drei Zeitschriftenserien in Stichproben von insgesamt 18 vollständigen Jahrgängen. Vgl. Verzeichnis der Quellen unten.

5 Die Einführung des luftgefüllten Gummireifens in den 1890er-Jahren (Pneumatic, durch Dunlop und Michelin) erhöht Komfort und Leistung des Fahrrads wesentlich. Zu seiner modernen Form kommt es nach einem Umweg über das Hochrad zwischen 1860 und 1890. Vgl. Krausse 1986 und Merki o. J.

6 Barthes 1990: 28

7 Barthes 1988b: 189f. – In Anlehnung an Barthes' Zeichentheorie lässt sich das kommerzielle Objekt (die Ware) begreifen als Zeichen mit zwei Seiten: mit einer wörtlichen Bedeutung (Denotation; ihr Gebrauchswert) und einer übertragenen Bedeu-tung (Konnotation; ihr Symbolwert).

8 Lefebvre 1972: 148

9 Die Kenntnis des doppelten Konsums, also des praktischen und des symbolischen, ist heute Standard in der Soziologie und Geschichte des Konsums. Vgl. beispielsweise Stihler 1998; Rosenkranz u.a. 2000.

10 Sachs 1984: 129

11 Ranke-Graves 1984: 127–132

12 Vernant 1987: 184f.

13 Peters 1999: 18

14 Zur Firmengeschichte: Cosmos 1944 (hier: 9)

15 Sternberger 1981: 34

16 Diese Vorstellung hat bereits ihre Tradition, als die Fahrradwerbung sie benutzt: Auch der Eisenbahn dient das Flügelrad als Symbol. Bis vor einigen Jahren tat es beispielsweise Dienst als ein Emblem der Schweizerischen Bundesbahnen (vgl. Abb. 6, Seite 33, und Abb. 10, Seite 35). Die Verbindung von Organischem und Technischem war zudem eine Metapher für weitere Technologien des industriellen Zeitalters, etwa der Dampfmaschine und der Telegrafie (Sternberger 1981: 27–42).

17 Bertz 1997: 7f.

18 Bertz 1997: 8f.

19 Bertz 1997: 9–12

20 Salvisberg 1980: o. S.

21 Biesendahl 1980: 7, 11, 23

22 Ruppert 1993a: 29f.

23 Sternberger 1981: 27–42

24 Sternberger 1981: 32

25 Schuster 1980: 296f.

26 Schuster 1980: 294

27 Ruppert 1993a: 28

28 Ruppert 1993b: 139. – Ruppert zählt die «Steigerung der Bewegung, der Mobilität von Personen und Gütern mit Hilfe von Bewegungsobjekten wie dem Fahrrad» zu den technisch-kulturellen Strängen der Moderne; neben der «Intensivierung von Zeit», der «Vervielfältigung von Symbolen und Zeichen» und der «Reproduktion und Entlokalisierung von Information und Bildern» (Ruppert 1993a: 29).

29 Di Falco 2002: 238. Zur Mentalitätsgeschichte des Autos: Sachs 1984

30 Pelser u.a. 1994: Abb. 43/3

31 Ruppert 1993b: 142

32 Sachs 1984: 145 und 198–200

33 Mehr zu dieser «idée fixe»: Di Falco 2000

34 Haberlandt, Michael. 1900: Das Fahrrad. In: ders.: Cultur im Alltag. Gesammelte Aufsätze. Wien: 127f. Zit. nach Ruppert 1993b: 139

35 Vgl. dazu auch Sachs 1984: 123f.

36 Zit. nach: Sachs 1984: 19

37 Sachs 1984: 127

38 Ausführlich zur sozialen Karriere des Fahrrads: Di Falco 1999: Kap. 5.1. Vgl. auch Eisner u.a. 1992 und Rohner-Gassmann 1991.

39 Zu den obsessiven Glücksversprechen des Autos in der Werbung: Di Falco 2002 (hier: 253); neben Freiheit und Abenteuer werden die Versprechen von Ansehen und Erfolg sowie von Familie und Freundschaft untersucht.

40 Di Falco 2002: 237

41 In der Tat sinken die relativen Preise für Fahrräder in der Schweiz, gemessen an der Entwicklung der Arbeiterlöhne, nach

1920 entscheidend ab. Als These lässt sich trotz Forschungslücken vermuten, dass auch in der Schweiz Preisabfall und Verbreitungsschub zu tun haben mit dem Einsetzen billiger Massenproduktion (vgl. Di Falco 1999: 22, Rohner-Gassmann 1991: 11 und 45–49). In diesem Zusammenhang wären denn auch die neuen Bilder der Industrie in der Werbung von Torpedo, Automoto und Continental zu sehen.

Werbe- und andere Quellen

- Bertz, Eduard. 1997: Philosophie des Fahrrads. Mit einem Anhang neu hg. von Wulfhard Stahl. Paderborn (Originalausgabe 1900)
- Biesendahl, Karl. 1980: Geschichte des Fahrrades. In: Salvisberg 1980: 7–23
- Glaser, Hermann. 1984: Die Kultur der wilhelminischen Zeit. Topographie einer Epoche. Frankfurt a. M.
- Pelser, Annette von; Scholze, Rainer (Hg.). 1994: Faszination Auto. Autowerbung von der Kaiserzeit bis heute. Publ. zur Ausst. im Deutschen Werbemuseum e. V. Frankfurt a. M./Berlin
- Salvisberg, Paul von (Hg.). 1980: Der Radfahrsport in Bild und Wort. Unter Mitwirkung zahlreicher Fach- und Sportsleute. Hildesheim/New York (Originalausgabe 1897)

Zeitschriftenserien:

- Verbandszeitschrift des späteren Centralverbands für den Fahrradhandel: Der Schweizerische Radmarkt. Fachblatt für Velohändler, Fahrrad- und Automobilindustrie. Fachblatt der Nähmaschinen- und Schreibmaschinen-Branche. Obligatorisches Organ des Verbandes schweizerischer Velohändler, 1904–1915; fortgesetzt durch: Schweizerische Fahrrad- und Nähmaschinen-Zeitung. Fachblatt für die gesamte Fahrrad-, Motorrad- und Nähmaschinenindustrie. Obligatorisches Organ des Schweizerischen Nähmaschinenhändler-Vereins und des Verbandes der Schweizer Grossisten und Fabrikanten der Fahrrad- und Automobilbranche, 1916–1933
- Verbandszeitschrift des späteren Schweizerischen Radfahrerbunds (SRB): Der Schweizerische Velosport. Offizielles Organ der Federation Schweizerischer Velocipedisten, 1891–1899; fortgesetzt durch: Automobil- und Velosport. Offizielles Organ des Schweizerischen Velocipedisten-Bundes (SVB), 1900; fortgesetzt durch: Neues Schweizerisches Sportsblatt/Schweizerisches Sportblatt. Offizielles Organ des Schweizerischen Velocipedisten-Bundes (SVB), 1901–1906; fortgesetzt durch: Rad-Sport. Offizielles Organ des Schweizerischen Velocipedisten-Bundes (SVB), ab 1921: des Schweizerischen Radfahrer-Bundes (SRB), 1907–1930
- illustrierte Beilage zur SRB-Zeitschrift: Rad-Sport/Illustrierter Radsport/Rad-Sport Illustriert. Illustrierte Monatsschrift, hg. vom Schweizerischen Radfahrer-Bund (SRB), 1909–15 und 1922–29

Ein kurzer Traum von der Freiheit am Steuer

1 Dieser Beitrag stützt sich in aktualisierter und überarbeiteter Form auf die Ergebnisse meiner Seminararbeit (Baumann 1998).

2 Die verwendete Werbung stammt aus verschiedenen Ausgaben der «Illustré» und der «Schweizer Illustrierten Zeitung» der 1920er-Jahre. Vgl. Peter Bärs einleitenden Beitrag.

3 Zum Motorisierungsprozess in Europa und in den USA siehe u.a. Glaser 1986, Sabel 1988, Pohl 1988, Bardou 1989, Asséo 1990, Rimmler 1991, Marsh u.a. 1991, Laux 1992, Nolan 1994,

Schmucki 1995, Kuhm 1995, Merki 1995a, 1995b, 1998, 2002

4 Vgl. dazu Rimmler 1991: 45ff.

5 Zum Stand der Diskussion über Henry Ford: Flik 1999

6 Das Fließband wurde um 1870 für die Verpackungsabteilung von Schlachthöfen in Cincinnati und Chicago entwickelt.

7 Der amerikanische Ingenieur Frederick Winslow Taylor (1856–1915) gilt als der Begründer der wissenschaftlichen Betriebsführung.

8 Goodrum u.a. 1990: 236. Das während Jahren unveränderte Design des Modells T wurde Ford später zum Verhängnis. Die Massenproduktion führte zur Anonymität des Produkts, und nachdem sich breite Bevölkerungsschichten ein Auto leisten konnten, kam das Bedürfnis der Autobesitzer nach der Betonung der eigenen Individualität zum Vorschein. Vgl. Marsh u.a. 1991: 60.

9 Zu den ersten französischen Herstellern gehörte das Familienunternehmen Peugeot, das wie viele andere Automobilfabrikanten aus der Fahrradbranche kam und schon um 1905 relativ preisgünstige Wagen produzierte, so 1912 das «Bébé», einen kleinen Vierzylinderwagen.

10 Neben den französischen boten auch einige italienische Hersteller relativ früh preisgünstige Mittelklassewagen an. So begann Fiat um 1911, nach einem Besuch Agnellis in den Ford-Werken in den USA, mit der Produktion von standardisierten Autos. In England stellten um 1912 Singer und Morris, als Antwort auf das von Ford 1911 in Manchester installierte Montagewerk, relativ erschwingliche Wagen her.

11 Merki 2002

12 Schmucki (1995: 585) führt diese Neigung auf die technische Tradition des auf Schwermaschinenbau spezialisierten Deutschland zurück.

13 Ab 1906 wurde eine Luxussteuer für Personenkraftwagen erhoben. Treibstoffknappheit und ein Mangel an Gummireifen führten dazu, dass das 1915 eingeführte Verbot von Privatfahrten erst 1921 gelockert wurde.

14 In der Wirtschafts- und Währungskrise der Nachkriegsjahre verarmte ein großer Teil des deutschen Mittelstandes. Den deutschen Automobilherstellern fehlte damit ein kaufkräftiger Absatzmarkt für günstigere Modelle.

15 Die Beliebtheit des Motorrads ist unter anderem auf die geringeren Anschaffungs- und Unterhaltskosten sowie den kleineren Benzinverbrauch zurückzuführen; außerdem waren die motorisierten Zweiräder von der Zulassungs- und Kraftfahrzeugsteuerpflicht befreit. Wegen der steuerlichen Vorteile stiegen auch viele nicht vermögende Autobesitzer auf das günstigere Zweirad um.

16 Skepsis herrschte vor allem in jenen Kantonen, die ein gut ausgebautes Eisenbahnnetz aufwiesen, etwa Schwyz, Uri, Unterwalden, Graubünden und Glarus; ferner mussten die Straßen dem neuen Verkehrsmittel angepasst werden, was wiederum mit hohen Kosten verbunden war. In Graubünden herrschte von 1900 bis 1925 ein Autoverbot, und in einigen Kantonen wurde eine Durchfahrtsgebühr verlangt. Merki (1998: 238) begründet die unterschiedlichen Reaktionen in der Deutsch- und in der Westschweiz auch damit, dass sich die Automobilindustrie zu Beginn des 20. Jahrhunderts überwiegend in der französischen Schweiz konzentrierte. In Genf gründeten Radfahrer 1896 den Touringclub der Schweiz (TCS); ebenfalls in Genf fand 1905 der erste Automobilsalon statt, die noch heute wichtigste Messe der schweizerischen Automobilbranche. Vgl. Merki 1995a.

17 Um 1900 unter anderen die Firmen Dufour, Orion, Turicum, Martini, Weber, Piccard-Pictet und Egg.

18 Siehe dazu u.a. Kieselbach 1986, Pflugradt 1986, Goodrum u.a. 1990, Zielke 1991, Rimmler 1991, Pelser u.a. 1994, Zatsch 1995, Di Falco 2002.

19 Der in seinen Illustrationen häufig dargestellte Frauentyp wurde nach ihm «Chérette» genannt.

20 Vgl. dazu Rimmler 1991: 77f.

21 Beide Zeitschriften wurden vom Verlag Ringier herausgegeben. Die «Schweizer Illustrierte Zeitung» existiert seit 1911, die «Illustré» seit 1921. Die allererste «Illustré» war bereits 1905 erschienen; wenige Monate später wurde die Produktion aber unterbrochen und erst 1921 wieder aufgenommen.

22 Die Dominanz amerikanischer Wagen rührte nicht nur daher, dass in den Vereinigten Staaten aufgrund moderner Herstellungsverfahren viel günstigere Autos produziert wurden, die auch in Europa einen größeren Absatz fanden – sondern auch daher, dass einige US-Hersteller bereits in den 1920er-Jahren ihre Montagewerke in Europa errichtet hatten, so auch in der Schweiz.

23 Die Automarke Plymouth wird seit 1928 von der Firma Chrysler produziert. Die Anzeige gibt weder Hinweise auf die Werbeagentur noch auf die genaue Entstehungszeit (das ist bei den meisten hier verwendeten Inseraten der Fall, außer es wird ausdrücklich darauf hingewiesen).

24 Es handelte sich dabei um Trommelbremsen, bei denen durch Drehung eines Bremsnockens die Bremsbacke mit dem Bremsbelag an die Innenseite der Trommel gedrückt wurde. Die ersten hydraulischen Bremsen wurden Anfang der 1920er-Jahre in den USA hergestellt. In Europa setzten sie sich erst in den 1940er-Jahren durch; bis dahin verwendeten die Hersteller mechanische Bremsen. Es war eine Besonderheit der Chrysler-Automobile, dass alle Wagen von Beginn an mit Vierradbremsen ausgestattet wurden, die für eine größere Sicherheit bürgten. Vgl. dazu Schrader 1985: 80.

25 Auf dem Inserat selbst befindet sich keine Preisangabe. Aufgrund der rationelleren Produktionsverfahren kostete ein importierter Wagen aus den Vereinigten Staaten zu jener Zeit um die Hälfte weniger als sein europäisches Pendant. Auch in anderen Autoanzeigen wurde häufig auf die guten Zahlungsbedingungen aufmerksam gemacht.

26 General Motors (GM) wurde 1908 von W. C. Durant in Detroit gegründet und zählt heute weltweit zu den größten Automobilkonzernen. Neben Oakland und Pontiac gehören seit den 1920er-Jahren zahlreiche Marken wie Buick, Cadillac, Chevrolet, Oldsmobile, Opel, Vauxhall, Bedford und Holden zum Unternehmen.

27 Beim Caddie handelt es sich um einen Angestellten, der für die Spieler während der längeren Fußmärsche auf dem Golfplatz die Tasche mit den Schlägern trägt.

28 Flik 1999: 128

29 D. Dunbar gründete die Firma 1903 in Detroit (Michigan). 1908 wurde das Unternehmen von W. C. Durant beim Aufbau der General-Motors-Gruppe übernommen.

30 Texte und Abbildungen bilden Rechtecke, die Subheadline hat die Form eines Dreiecks. Die Abfolge der einzelnen Elemente der Anzeige wird durch einen Pfeil – der gleichzeitig als origineller Blickfang wirkt – geregelt.

31 Bis Ende der 1920er-Jahre waren die meisten Autos mit einer vernickelten Oberschicht versehen. Die amerikanischen Automobilhersteller begannen als Erste, den Kühlergrill, die Scheinwerfer und die Beschläge mit einer Chromschicht zu überziehen, die nicht nur pflegeleichter, sondern auch preiswerter war.

32 Vgl. dazu Anm. 8

33 Das Insert links unten gibt Auskunft über den Preis der Schokolade. Eine Tafel à 100 Gramm kostete damals 60 Rappen, ein Geschenkpaket mit vier ausgewählten Tafeln Fr. 2.40. Ein stolzer Preis, wenn man bedenkt, dass 1928 ein Kilo inländischer Kartoffeln je nach Region zwischen 21 und 29 Rappen und ein Liter Vollmilch ungefähr 36 Rappen kosteten. Vgl. Statistisches Jahrbuch der Schweiz 1929: 244.

34 Dazu u.a. Norris 1990, Nolan 1994, Doering-Manteuffel 1995

35 In amerikanischen Reklamen lächelten einem nicht nur viel früher Autofahrerinnen entgegen als auf europäischen; das weibliche Geschlecht wurde bereits in den ersten Jahren des 20. Jahrhunderts als weitere Zielgruppe erkannt. So fand man beispielsweise in einer Ausgabe von «Harper's Weekly» bereits um 1905 eine Anzeige, die zwei elegant gekleidete Damen zeigte; die eine sitzt hinter dem Steuerrad, die andere verweilt neben dem Automobil, das vor einer luxuriösen Villa steht. Ergänzt wurde das Bild durch die Erklärung: «Oldsmobile has endeared itself to the feminine heart (...). Its ease of control and freedom from getting out of order make every woman its friend.» Im selben Jahr warb die Pope Motor Car Company mit dem Waverly als «the ideal Winter Car for Busy Men and Society Women». Vgl. Norris 1990: 149f.

36 Jacobeit 1995: 79

37 Zu den wichtigsten Vorkämpferinnen der Frauenbewegung und des Frauenwahlrechts zählten die Sufragetten, die ihren Ursprung um 1840 in England hatten, sich aber auch in den USA, in Deutschland und Frankreich ausbreiteten. Zur Einführung des Frauenwahlrechts in verschiedenen Ländern Europas: Finnland 1906, Norwegen 1913, Dänemark 1915, UdSSR 1917, Deutschland 1918, USA 1920, Schweden 1921, Großbritannien 1928, Frankreich 1944. Meyers Enzyklopädisches Lexikon 1980, Bd. 9, Mannheim/Wien/Zürich: 385.

38 Zur Geschichte der schweizerischen Frauenbewegung: Joris u.a. 2001: 425ff., zum Kampf für das Frauenstimm- und -wahlrecht in der Schweiz: u.a. Wecker 1983: 5ff., Ruckstuhl 1986, Joris u.a. 2001: 459ff.

39 Vgl. Glaser 1986: 120

40 Einen bedeutenden Einfluss auf die neue Mode übte die französische Modeschöpferin Gabrielle «Coco» Chanel (1883–1971) aus. Sie war eine der Ersten, die sich bei ihren Entwürfen von der Kleidung der arbeitenden Schichten inspirieren ließ; u.a. nahm sie für ihre Arbeit die jungen Amerikanerinnen zum Vorbild, die während des Kriegs als Helferinnen nach Frankreich gekommen waren. Aus Jersey und Tweed schneiderte sie

schlichte Kostüme, die ohne Korsett zu tragen waren. Gleichzeitig entwarf sie eine einfache Linie für die berufstätige Frau. In der zweiten Hälfte der 1920er-Jahre fanden Chanels Kleider immer größeren Anklang und konnten in Warenhäusern gekauft werden; ihr Stil wurde überall kopiert. Vgl. Brockhaus-Enzyklopädie 1996, Bd. 4, Leipzig: 402.

41 Dazu Tatschmurat 1988: 32–39, Joris u.a. 2001: 167, Studer 2001: 83–106

42 Besonders unter dem Einfluss der Nationalsozialisten in Deutschland blühten die traditionellen Familienmuster und die damit verbundenen konservativen Rollenverständnisse wieder auf. Jacobeit 1995: 89

Werbequellen

- «Illustré» und «Schweizer Illustrierte Zeitung», diverse Jahrgänge
- «Illustrierte Automobil-Revue», Katalogausgabe 1929

Wie sich das Automobil dem Volk verkaufte

1 Dieser Beitrag ist eine Zusammenfassung der Lizentiatsarbeit von Sibylle Lichtensteiger (Lichtensteiger 1996), erstellt von Daniel Di Falco. Beleuchtet wird hier vor allem das Verhältnis von Diffusion und Distinktion zwischen 1948 und 1965; Lichtensteiger (1996: Kap. IV) untersucht darüber hinaus, wie sich in jenem Zeitraum die Bedeutung der Mobilität in der Autowerbung verschiebt: von der Fortbewegung zum Selbstzweck und Erlebniswert.

2 Zur Entwicklung des Motorfahrzeugbestands: Statistisches Jahrbuch 1974: 252f.

3 Automobil-Revue 9.3.1955

4 Automobil-Revue 11.3.1955

5 Vgl. die Anschaffungen von Konsumgütern in den «Beobachter»-Haushaltungen zwischen 1950 und 1960. Sie werden als Zeichen einer «stürmischen Entwicklung des Wohlstandes weiter Kreise des Schweizer Volkes» gewertet. Gesellschaft für Marktforschung 1960: 9–11, 15.

6 Tanner 1994: 36

7 Bornschier 1988: 46

8 Die Untersuchung beginnt in der Zeit unmittelbar nach dem Krieg, in der die Motorisierung sprunghaft zunimmt, und endet 1965 mit der Überschreitung der Millionengrenze des Motorfahrzeugbestands. In dieser entscheidenden Phase der Automobilisierung lässt sich eine wesentliche Bedeutungsveränderung des Autos in der Werbung erwarten. – Die Leserschaft des «Tages-Anzeigers» (TA) lässt sich als großes und breites Publikum beschreiben. Es bewegt sich, in der Terminologie der Marktforschung dieser Jahre, zwischen «Mittelstand» und «Minderbemittelten», ungefähr zwischen Kaufleuten und Hilfsarbeitern. Die Werbung in dieser Zeitung wird sich demnach auf Produkte beschränken, das sich dieses Publikum auch leisten kann – für sehr teure Autos etwa wird hier kaum geworben. Ausführlich zum Zielpublikum und zum «Tages-Anzeiger»: Lichtensteiger 1996: 18–20.

9 Eine Ausnahme wird im Zusammenhang mit Abb. 14 besprochen.

10 Rambler, TA 13.3.1959

11 Lloyd, TA 12.3.1954

12 Hillman, TA 11.3.1955

13 Pfister 1995: 84f.

14 Lloyd, TA 13.3.1959

15 In der Tat steigen die Reallöhne, während die Autopreise real sinken, und so können sich immer mehr Leute immer leistungsstärkere, komfortablere Autos kaufen. Ausführlich zur Kosten- und Lohnentwicklung: Lichtensteiger 1996: 35–37.

16 Ausführlich dazu: Lichtensteiger 1996: Kap. III.3

17 Der Begriff der «feinen Unterschiede» lehnt sich an den Titel der deutschen Übersetzung von Bourdieus wohl meistrezipiertem Werk von 1979 an: «La distinction. Critique sociale du jugement». Bourdieu zeigt in einer Analyse des kulturellen Konsums und des Kunstgeschmacks die Distinktionskraft «feiner Unterschiede» (Bourdieu 1993).

18 Koch 1994: 101

19 Diese Absatzstrategie hatte in der Zwischenkriegszeit Alfred Sloan von General Motors entwickelt. Marsh u.a. 1991: 59.

20 General Motors, TA 14.3.1958

21 Die folgenden Ausführungen beziehen sich auf Bourdieus Vorstellungen über die Zeichenhaftigkeit des Konsums: Bourdieu 1994: 23–25.

22 Bourdieu (1993: 283) sieht im Geschmack «die Erzeugungsformel, die dem Lebensstil zugrunde liegt».

23 Diese Definition von Lebensstil lehnt sich an Bourdieus Konzepte an. Er sieht den Lebensstil als Ausdruck der Position im sozialen Raum, die sich aus der jeweiligen Verfügbarkeit über ökonomisches, kulturelles und soziales Kapital ergibt (1993: 277–286). Eine kritische Auseinandersetzung mit Bourdieus Verständnis von Lebensstil: Fröhlich u.a. 1994.

24 Dazu Bourdieu 1970: 63 und 66, aber u.a. auch Berking 1991: 59 und Bauman 1992: 244.

25 Veblen 1958. In der Schweiz war es Haefliger (1966: u.a. 23–36), der sich als einer der Ersten mit dem distinktiven Charakter von Konsumgütern auseinander setzte.

26 Zum Begriff der Distinktion, wie er im Folgenden erläutert wird: Bourdieu 1985: 21; 1993: u.a. 62, 782; 1994: u.a. 23–28, 150

27 Siehe dazu Lichtensteiger 1996: 24–28. Zu den Konstanten in der Autowerbung: Di Falco 2002. Ausführlich zur Frühzeit des Automobils: Merki 2002.

28 Z. B. Fiat, TA 12.3.1948

29 Zur Marke im Zeitalter der Massenware: Brandmeyer u.a. 1991: 15, 80f., 83

30 Fiat, TA 18.3.1949

31 Peugeot, TA 11.3.1955

32 Chrysler, TA 18.3.1949

33 Hillman, TA 15.3.1957

34 Austin, TA 12.3.1954

35 Ford, TA 8.3.1951

36 Vgl. u.a Ford, TA 12.3.1954; Goliath, TA 15.3.1957

37 U.a. Fiat, TA 18.3.1949; Nash, TA 9.3.1956

38 In den meisten Fällen nimmt deshalb der Hinweis auf die Marke auch bei der Werbung für ein bestimmtes Modell einen wichtigen Platz ein. Nur selten können sich Modelle mit der Bekanntheit ihrer Marke messen wie etwa der Käfer von VW.

39 Morris, TA 15.3.1957

40 Radkau 1989: 329

41 Über den Zwang zum Stilwandel siehe Bourdieu 1970: 65

42 Opel, TA 11.3.1965

43 Austin, TA 9.3.1956

44 Fiat, TA 17.3.1950

45 Chrysler, TA 18.3.1949

46 Chrysler, TA 18.3.1949

47 Z. B. Morris und Borgward, TA 18.3.1949

48 Borgward, TA 15.3.1957

49 Skoda, TA 9.3.1956

50 Ford, TA 19.3.1963

51 Glas, TA 12.3.1964

52 Morris, TA 18.3.1949

53 Renault, TA 20.3.1952

54 Borgward, TA 17.3.1950

55 Goliath, TA 10.3.1953

56 NSU, TA 11.3.1960

57 Skoda, TA 11.3.1965

58 Skoda, TA 8.3.1951

59 Isar, TA 17.3.1961

60 Rootes, TA 15.3.1957

61 Lichtensteiger 1996: Kapitel IV.1

62 Simca, TA 8.3.1951

63 BMW, TA 11.3.1965

64 Ford, TA 19.3.1963

65 Dodge, TA 20.3.1962

66 Zu den Geschlechtsrollenspezifika von Frau und Mann: Hausen 1976: 368

67 Aus der «Beobachter»-Umfrage wird ersichtlich, dass 1960 deutlich mehr Männer Sport treiben als Frauen (Gesellschaft für Marktforschung 1960: 43).

68 Opel, TA 13.3.1959

69 NSU, TA 13.3.1952

70 Vgl. auch: Opel, TA 11.3.1965

71 Chiquet u.a. 1988: 267, 270

72 Bourdieu 1993: 25f., 100–104

73 Isar, TA 17.3.1961

74 1965 realisiert VW eine Werbekampagne, die ausschliesslich Form und Farbe der Wagen thematisiert. Diese Kampagne ist allerdings nicht Teil meines Quellenkorpus. Dargestellt wird sie in: Kriegeskorte 1994: 117, 128.

75 Schweizer 1963: 154

76 Chiquet u.a. 1988: 270

77 Rambler, TA 13.3.1959

78 Hier gälte es zu klären, ob diese Beschränkung des weiblichen Lebensstils auf ein Dasein als Mutter und Gattin nur für die «Tages-Anzeiger»-Werbung gilt. Die Ghia-Karmann-Anzeige in der «Neuen Zürcher Zeitung» lässt vermuten, dass für die «gehobene» Leserin ein differenzierteres Angebot an Lebensstilvarianten bereit steht. Diese Werbung jedenfalls spricht explizit die Frau an und führt den Wagen als Zeichen verschiedener Lebensstilvarianten auf: «Schauen Sie bitte einmal hin: Wer fährt den Ghia-Karmann? Es ist die ‹career woman› – die Ärztin, die Redaktorin, die Geschäftsfrau. Es ist nicht Fräulein Durchschnitt; es ist die Individualistin unter uns (…)» (NZZ 10.3.1960).

79 Christiane Schmerl (1992: 19) sieht die «Gleichsetzung von Frauen mit Produkten und Konsumartikeln» als wichtiges Element von Frauenfeindlichkeit der Werbung.

80 Vgl. dazu u.a. Beck 1986: 116, 121f.; Berking 1991: 56; Schulze 1993: 110; Gross 1994: 82; Bourdieu 1993: 176. Auch Bourdieu betrachtet den Lebensstil als wichtige Form sozialer Integration. Allerdings bindet er ihn schließlich doch an Klassenlagen an. – Inwiefern der Lebensstil in den 1960er-Jahren Ausdruck einer Klassenlage bleibt, lässt sich allein anhand der «Tages-Anzeiger»-Werbung nicht abschließend beantworten.

81 Barthes 1988a und 1988b

82 Leitbilder sind Bilder der Welt, Muster, die Komplexität reduzieren, handlungsanleitend wie -koordinierend wirken und gruppenspezifisch und gesamtgesellschaftlich verfügbar sind. Diese Definition wurde von Imhof und Romano (1991: 19) übernommen.

83 Gries u.a. 1995: 2, 18

Werbequellen

- Tages-Anzeiger. Autosalon-Beilagen 1948–1965

Andere Quellen

- Automobil-Revue 9.3.1955, 11.3.1955
- Neue Zürcher Zeitung 10.3.1960

Ein besseres Leben in schönen neuen Welten?

1 Dieser Beitrag basiert auf Ergebnissen des Projekts «Individualisierung und Pluralisierung? Sozialstruktur, Lebensstil und kulturelle Praxis in der Schweiz 1950–2000» im Rahmen des nationalen Schwerpunktprogramms «Zukunft Schweiz». Die Untersuchung über Veränderungen in den Werthaltungen, Einstellungen und Verhaltensweisen stützt sich unter anderem auf Sekundäranalysen der PKS-Datenbank, d.h. Trenderhebungen zur so genannten Psychologischen Karte der Schweiz, die vom Marktforschungsinstitut Demoscope, Research and Marketing, Adligenswil, von 1974 bis 1999 erhoben und dem Projekt in dankenswerter Weise überlassen wurden. Für die aufwändige Sekundäranalyse der über 40'000 Interviews war Rolf Nef besorgt. Vgl. Tanner 2001.

2 Lebensstile werden in diesem Aufsatz als «raum-zeitlich strukturierte Muster der Lebensführung» bzw. Lebensweise verstanden, «die von Ressourcen (materiell und kulturell), der Familien- und Haushaltsform und den Werthaltungen abhängen». Vgl. Müller 1992: 376f. Über den Lebensstil grenzen sich Menschen in der modernen Gesellschaft voneinander ab, sie markieren ihre Zugehörigkeit zu bestimmten sozialen oder kulturellen Gruppierungen, Milieus oder Szenen. Lebensstile sind in diesem Sinne eine Art soziale Integrationsform. Sie regulieren als sozial geteilte Lebensmuster die Organisation des Alltags und des kulturellen Lebens. Ein Lebensstil gründet auf einer Perspektivität, auf kohärenten Mustern, wie soziale Lebensumstände angeeignet, Erfahrungen aufgearbeitet und Problemlagen verarbeitet werden. Er äußert sich in einer spezifischen Art der Nutzung von wirtschaftlichen, sozialen und kulturellen Ressourcen, der Bevorzugung bestimmter kultureller Praktiken und Vorlieben. Vgl. Michailow 1996, Hartmann 1999: 15–47, Konietzka 1995.

3 Vgl. Andersen 1998, Tanner 1999

4 Zum Konzept der Konsumgesellschaft Siegrist u.a. 1997: 27 sowie darin die Beiträge von John Brewer und Victoria de Grazia

5 Therborn 2000: 164–169, Andersen 1997b

6 Wyss 1997: 9

7 Fragerichtungen der PKS-Trenderhebung

8 Zur so genannten Demokratisierung des Konsums vgl. Andersen 1998. Zur «Demokratisierung» des Autos: vgl. den Beitrag von

Sibylle Lichtensteiger und Daniel Di Falco in diesem Band.

9 Hug 1960: 36

10 Imobersteg 1967: 15–18

11 Bundesarchiv Bern: Rapport final du groupe d'études pour la section 102 «Un jour en Suissse», Januar 1963. Zur Vorstudie «Un jour en Suisse» vgl. Tanner 1998 bzw. www.schweizerspiegel.ch/sp/text.htm, Keller u.a. 2000

12 Held u.a. 1974: 179–181

13 Zum Alleinernährerprinzip generell vgl. Magnin 1996, in der Lohn- und Gewerkschaftspolitik Rytz 1997

14 Biske 1960

15 Schwaar 1993

16 Boltanski 1966: 121–129

17 Sekundäranalyse der PKS-Datenbank

18 Boltanski 1966: 105f.

19 Bundesarchiv Bern: Rapport final du groupe d'études pour la section 102 (vgl. Anm. 11).

20 Weber 1963, Schweizer 1963, Vogt 1963, Hanhart 1964

21 Hanhart 1964: 189–190

22 Tanner 1995: 282–312, 400ff.

23 Meyer Schweizer 1976

24 Univox 1992

25 Vgl. auch Sacchi 1992

26 Bourdieu 1982: 583

27 Featherstone 1990: 220f., 232–239

28 Anker 1995

29 Zur Rolle des Markts in der modernen Kultur- und Wissensgesellschaft vgl. Kraemer 1997

30 Vgl. Levy u.a. 1997: 98, 256f.; Stamm u.a. 2000: 13–15

31 Faktorenanalysen der PKS-Trenderhebungen

32 Zu ähnlichen Ergebnissen gelangen Lamprecht u.a. 2000: 261–295, Stamm u.a. 2000

Quellen

- Bundesarchiv, Bern: Sign. J II 10, 3/5, Dossier 42
- Demoscope: Datensatz der PKS-Trenderhebungen 1974–1999
- Meyer Schweizer, Ruth. 1976: Werte und Wertordnungen in der erwachsenen Schweizer Bevölkerung um 1976. Sidos
- Univox. 1992: Repräsentativ-Befragungen der Schweizerischen Gesellschaft für praktische Sozialforschung. Abschnitt III C

Die Dritte im Bunde

1 Dieser Beitrag basiert auf der Seminararbeit der beiden Autorinnen (Walser u.a. 1998). Analysiert wurde darin Zigarettenwerbung in der «Annabelle», Jahrgänge 1965, 1967, 1968, 1969, 1971, 1973, 1975, 1977, 1979, 1981, 1983 und 1985. Die «Annabelle» erschien alle 14 Tage im gleichnamigen Verlag bis 1982, wechselte dann unter gleichem Namen zum Tages-Anzeiger-Konzern, heute Tamedia AG.

2 Prof. Dr. Philipp Reemtsma, Vorsteher des Hamburger Instituts für Sozialforschung, zit. nach: Eicke 1991: 51. Er ist der Enkel Bernhard Reemtsmas, der 1910 in Erfurt eine Zigarettenfabrik gegründet hatte, die zum Millionenkonzern anwuchs. Anfang der 80er-Jahre verkaufte Philipp seine Anteile für 300 Millionen Mark.

3 Packard 1992: 63

4 Übersetzt aus der französischen Schrift «Le bon usage du Tabac en Poudre», zit. nach Schivelbusch 1980: 115

5 Schmerl 1992: 237

6 Schmerl 1992: 281ff. Verstärkt wird der Sexismus durch Abwertung der Personendarstellung, wenn eine Frau etwa mit Dingen und Tieren gleichgesetzt wird und die Werbung auf ihren «Gebrauchswert» im sexuellen Sinne hinweist. Moser (1997: 38) spricht von «Werbung mit Sexappeal».

7 Leitartikel in der Neuen Zürcher Zeitung, 17.6.1968, Abendausgabe

8 Kampagne von Windsor de Luxe, 1971

9 Ein Sekundenmoment, möglich dank dem Aufkommen der Zigarette in der zweiten Hälfte des 19. Jahrhunderts, die nicht nur im Vorgang des Rauchens selbst – im Gegensatz zu Pfeife und Zigarre –, sondern auch beim Anzünden das moderne Phänomen der Beschleunigung aufgreift. Siehe auch Schivelbusch 1980: 123.

10 Schelbert 1991: 99

11 Suter 1997: 66

12 Suter (1997) spricht von einer «Diskursivierung» der Sexualität, die Studien zu (hetero)sexuellen Vorlieben lieferte und öffentlich machte. Dass ein Coming-Out von Personen in einer homo- oder bisexuellen Beziehung ohne Folgen für privates und vor allem berufliches Leben bleibt, ist auch heute nicht gewährleistet.

13 Broda u.a. 1998 zur FBB, Frauenbefreiungsbewegung Zürich. Joris u.a. 1986: 475ff. zu Sexualität und Gewalt. Schmerl 1992: 282f.: Der Körper von Frauen darf nicht provokant oder verfügbar dargestellt werden. Ebenso wenig soll Werbung mit geschlechtsspezifischen Ängsten spielen.

14 Broda u.a. 1998: 215

15 Wenn auch Frauen in den 70ern und frühen 80ern gegen den «Zwang zur Heterosexualität» votierten. Eidgenössische Kommission für Frauenfragen 1995: 181.

Vom Kochherd aufs Rollfeld

1 Der ursprüngliche Name «Schweizer Illustrierte Zeitung» wurde im Jahr 1965 auf den heutigen Titel «Schweizer Illustrierte» verkürzt. Das Konzept blieb jedoch dasselbe: Es handelte sich seit 1911 um eine Familienzeitschrift für ein breites Publikum; dasselbe gilt für die übrigen untersuchten Zeitschriften. Vgl. den einleitenden Beitrag von Peter Bär.

2 Das Geschlechterverhältnis bei den Leserschaften der vier Zeitschriften war recht ausgeglichen – im Unterschied beispielsweise zu Modezeitschriften. Es handelt sich hier um Ergebnisse einer Inhaltsanalyse von über 5'000 Anzeigen aus vier schweizerischen Zeitschriften aus den Jahren 1920–1993. Realisiert wurde die Untersuchung im Rahmen der laufenden Dissertation von Peter Bär zum Wertewandel in der schweizerischen Werbung seit 1920; dieses Forschungsprojekt unter der Leitung von Christian Pfister wurde vom Schweizerischen Nationalfonds finanziert.

3 In der Literatur wurden auch genaue Werte genannt, wobei stets die Erklärung für das Zustandekommen dieser Angaben fehlte: Behrmann (1928: 211) bemerkte beispielsweise, 88% aller Waren würden von Frauen gekauft, bei Schalcher (1936: 202) waren es 80%, und Zbinden (1961: 9) sprach gar von 90%. Als weitere Ursache für die Häufigkeit von Frauenbildern wurde angeführt – speziell natürlich im Zusammenhang mit erotischer oder sexistischer Werbung –, die Werbebranche werde von Männern dominiert, die gegenüber den Konsumentinnen nicht immer den richtigen Ton fänden. Vgl. Heller 1984 und Schmerl 1992.

4 Schalcher 1940: 1f.

5 Werbung für Dulcolax. In: Schweizer Illustrierte, 5.2.2001: 47

6 1920 waren 26% der Frauen Arbeitnehmerinnen, 1930 waren es noch 25%. Zwar nahm die Zahl der Angestellten zu, jene der Heim- und Fabrikarbeiterinnen jedoch ab. Bei den Männer stieg die Arbeitnehmerquote hingegen zwischen 1920 und 1930 von 48% auf über 50%, bis 1941 nahm sie auf 52% zu. In den 1930er-Jahren nahm die Arbeitnehmerquote bei den Frauen weiter ab. In der Weltwirtschaftskrise verloren viele Frauen als «Konjunkturpuffer» ihre Stelle. Ritzmann-Blickenstorfer 1996: 400.

7 Schmidt-Waldherr 1988: 44

8 Taylors zentrales Werk «Principles of Scientific Management» erschien 1911. Hughes 1991: 193ff.

9 So hieß denn ein Leitspruch an der Schweizerischen Ausstellung für Frauen-Arbeit (Saffa) von 1928 auch: «Spare Zeit, Kraft und Geld». Joris 1990: 113.

10 Bochsler u.a. 1989: 347ff.

11 «An die verantwortungsbewußte Hausfrau! Glück und Wohlergehen der Familie liegen auch in ihrer Hand, liebe Hausmutter. Sie sind verantwortlich, wenn es um die Zukunft Ihrer Lieben geht, mitverantwortlich besonders im Hinblick auf die Kinder.» Anzeige der Schweiz. Lebensversicherungs- und Rentenanstalt Zürich. In: Schweizer Illustrierte, 16.11.1938: 1461.

12 Polster 1991: 261

13 Haase 1992: 126, vgl. auch Bussemer u.a. 1988

14 Christa Wehner zitiert eine deutsche Erhebung von 1994, die aufzeigt, dass der Einsatz des Kindchenschemas nicht nur bei Frauen, sondern in fast ähnlichem Ausmaß auch bei Männern zu hoher Beachtung führt. Brüne, G. 1994: Prominente und Babies im Rampenlicht. Stern-Copytests mit Argus. In: Horizonte 1994: 136; zitiert nach Wehner 1996: 85.

15 Anzeige für Damenbinden Prodonna, Sporting und Sana der Internationalen Verbandsstoff-Fabrik Schaffhausen/Neuhausen. In: Schweizer Familie, 21.5.1932: 657.

16 Tanner 1990: 224

17 Naef 1928: 401. 1932 stellte die «Schweizer Familie» die Frage, ob der Sport zur Vermännlichung der Frauen führe. In einem Leserbrief wurde geantwortet: Frauenfußball sei sicher ein Auswuchs, der zu bekämpfen sei, aber generell habe der Sport für die Frauen positive Folgen, und es sei nicht so, dass er die weibliche Anmut zerstöre. Schweizer Familie, 16.7.1932: 1059.

18 Anzeige für Pfarrer Künzles Virgo. In: Schweizer Familie, 24.9.1938: 1501.

19 «Für Fitness-Tips, mit denen Sie auch den Geist trainieren: Modeblatt». Anzeige für Meyers Modeblatt. In: Schweizer Illustrierte, 22.9.1997: 40–41.

20 Die Packungsbeschriftung lässt sogar die Inhaltsstoffe von Togal erkennen: Acetylsalicylsäure, Chinin u.a.

21 Vgl. z. B. Schweizer Familie, 4.6.1938: 962. Zudem: Archiv der Firma Wander.

22 Vgl. auch Meulemann 1992

23 In der historischen Literatur wird der Begriff «neue Frau» verwendet, wobei die Begriffsdefinitionen und die zugrunde liegenden Quellen meist unklar bleiben. Vgl. Hoffmann u.a. 1990: 31. – Ute Gerhard schreibt: «Die ‹neue Frau› war jung, sportlich und fesch gekleidet, finanziell anscheinend unabhängig. Sie hatte Bubikopf und ‹Sexappeal› und blieb doch – widersprüchlich genug – einerseits auf Ehe und Familie fixiert, andererseits auf Lohnarbeit angewiesen.» Gerhard 1990: 360.

24 Hoffmann u.a. 1990: 31 und 33
25 Naef 1928: 400
26 Naef 1927: 694f.
27 Köbner 1930: 946f.
28 Allgemein zur «Geistigen Landesverteidigung»: Mooser 1997; zum Frauenbild: z. B. Jost 1992: 140
29 Anzeige für Brunette (Triplex). In: Schweizer Illustrierte, 13.11.1961
30 Waren 1950 erst knapp 10% aller Haushalte in der Schweiz Einpersonenhaushalte, so stieg dieser Anteil auf beinahe 20% im Jahr 1970 und lagen in den 1980er-Jahren um 30%. Pfister 1995: 89.

Werbequellen
• Der Schweizerische Beobachter. 1928–1993. Basel/Zürich
• Der Spiegel. 1997. Sonderausgabe 1947–97 (50 Jahre Der Spiegel). Hamburg
• Schweizer Familie. 1920–1993. Zürich
• Schweizer Illustrierte Zeitung. 1920–1993. Ab 6.9.1965: Schweizer Illustrierte. Zofingen
• Illustré. 1921–1993. Zofingen, Lausanne

Andere Quellen
• Behrmann, Hermann. 1928: Das Inserat. Wien
• Köbner, Gertrud. 1930: 200 Advokatinnen im Pariser Justizpalast. In: Schweizer Illustrierte Zeitung, 5.6.1930: 946f.
• Naef, Cläre. 1927: Die Frau als Konkurrent des Mannes. In: Schweizer Illustrierte Zeitung, 1.6.1927: 694f.
• Naef, Cläre. 1928: Köpfe geistig arbeitender Frauen. In: Schweizer Illustrierte Zeitung, 5.4.1928: 400f.
• Schalcher, Traugott. 1936: o.T. In: Schweizer Reklame, November: 202
• Schalcher, Traugott. 1940: Das schöne Mädchen für alles. In: Schweizer Reklame, Januar: 1–3
• Zbinden, Hans. 1961: Sozialprobleme der modernen Reklame. Sonderdruck aus Schweizerische Zeitschrift für Gemeinnützigkeit, Heft 12. Zürich

Der «herbe Naturgeschmack» der Schokolade

1 Markus Gehrig danke ich herzlich für die sprachliche Unterstützung und Peter Bär für die Benützung seiner Bildersammlung.
2 Vgl. den Beitrag von Peter Bär in diesem Band
3 So der Titel des Sammelbands von Schmerl 1992
4 Der Schweizerische Beobachter 1938: 672, 713, 753, 781, 825
5 Der Schweizerische Beobachter 1938: 99. Vgl. auch die ebenfalls 1938 im «Beobachter» erschienene Zigarettenwerbung für die Marke Mahalla mit Hinweisen wie: «Unabhängiges Schweizer-Unternehmen» (200) und andere. Im Gegensatz dazu verwies Villiger in seiner Stumpenwerbung nicht explizit aufs Nationale, vermutlich weil der Stumpen sowieso ein gängiges Symbol männlichen Schweizerseins darstellte (Villiger-Inserate: 696 und 768). Zum alltäglichen Rauchverhalten in dieser Zeit siehe: Geiger u.a. 1950–1988: Karten I, 40-I, 48 und Kommentarband I: 251ff.

6 Kropf 1938: 156f.
7 Zum Thema rauchende Frauen: Brändli 1996.
8 Vgl. Martin u.a. 1994: 122ff. und die Einleitung zum Bildband von Gouraud u.a. 1987: o. S. Diese gigantische Werbekampagne war Thema eines Forschungsprojekts der Smithsonian Institution/National Museum of American History: Marlboro Advertising Oral History and Documentation Project. Vgl. www.americanhistory.si.edu/archives/d7198.htm (17.2.2002).
9 In der Schweiz erst 1973. Martin u.a. 1994: 131
10 Rünzler 1995: 171
11 Rünzler 1995: 170f.
12 Rünzler 1995: 178
13 Vgl. etwa die Beiträge in Hengartner u.a. 1996
14 Winter 1994: 60. Ein anderer Mann der harten Sorte war der fiktive Geheimagent James Bond. Vgl. dazu die Kontroverse um ein Inserat, dargestellt bei Altorfer 2000: 127, und in seinem Beitrag in diesem Band.
15 Inserat von Schiesser in der Schweizer Illustrierten Nr. 17/1995: 95
16 Rotzler u.a. 1991: 228. Farbige Inserate waren in der Schweizer Illustrierten in den 1950er-Jahren noch sehr selten (siehe Bär 1995: 101).
17 Zit. aus Sachs 1984: 82
18 Zu Frauen und Auto vgl. den Beitrag von Monika Baumann in diesem Band. – 1954 warb VW in einem Inserat mit dem Slogan «Seine bessere Hälfte» für den Käfer. Siehe www.kaefer-friedhof.de (2.3.2002); dort auch weitere historische VW-Werbebilder.
19 Sachs 1984: 83
20 Gemäß der Auszählung von Zurstiege (1998: 194) bleiben dies «jedoch nach wie vor Ausnahmen».
21 Althaus 1930: 118f. (ebenso die folgenden Zitate von Althaus, wenn nicht anders angegeben). Ich verdanke Stefan Altorfer den Hinweis auf diese Trouvaille. Vgl. Abb. 6, Seite 76.
22 Schweizer Illustrierte Zeitung 1929: 1632 und 1812
23 Schweizer Illustrierte Zeitung 1929: 323, 505, 910, 1781 (Foto), 1911 (Foto)
24 Althaus 1930: 87
25 Dass in der Werbung auch noch in den 1990er-Jahren die gleiche Verbindung zwischen Schokoladekonsum und Männlichkeit konstruiert wurde, zeigt ein Beispiel eines deutschen TV-Werbespots, der vom Medienwissenschaftler Stefan Krohne folgendermaßen zusammengefasst wird: «In einem Fitness-Studio sucht eine auffällig adrett gekleidete junge Frau einen Ansprechpartner. Nach kurzer Musterung der Gäste tippt sie einem muskulösen, gut gebräunten jungen Mann, der bis auf die in ein Badetuch gehüllten Hüften nackt ist, auf die Schulter und beginnt das Gespräch mit den Worten: ‹Kurze Frage. Sind Sie Manns genug für schwarze Herrenschokolade?› Der junge Mann baut sich posend vor ihr auf. Während er entgegnet: ‹Ich denke: Ja!›, fällt die Hüftbedeckung von ihm herunter und gibt der jungen Frau den Blick auf seine nackten Lenden frei. Nachdem ihre bewertenden Blicke an dem muskulösen Körper entlang bis zu seinem Genitalbereich gewandert sind, resümiert die Frau achselzuckend mit einem leichten Seufzer: ‹Ich denke: Nein!› Ein Sprecher schließt die Szene ab mit dem Slogan: ‹Schwarze Herrenschokolade, und wo sind die Männer dazu?›» (Krohne 1995: 149f. und Abb. 127). Auftraggeber des Werbe-

spots: Stollwerk, Werbeagentur: Springer & Jacobi.

26 Zahlmann 2000, Kreutzer 1998, Zurstiege 1998, Krohne 1995. Ein frühere Ausnahme: Hastenteufel 1980. Weitere Literaturangaben siehe Hättenschwiler 1998. Peter Bär (1995: 66) weist darauf hin, dass Art und Häufigkeit der Abbildung von Frauen in der Werbung bereits in den 1930er-Jahren Anlass zu Kritik gaben, wenn auch nicht aus emanzipatorisch-feministischen Überlegungen.

27 Zurstiege 1998: 23 mit Verweis auf Winter 1994: 43

28 Zurstiege 1998: 27

29 Krohne 1995: 151

30 Bär 1995: 97, Abb. 6.5. Zudem Bärs Be trag im vorliegenden Band.

31 Zurstiege 1998: 25

Werbequellen

• Der Schweizerische Beobachter. 1927ff. Basel, Zürich

• Schweizer Familie. 1958ff. Zürich

• Schweizer Illustrierte Zeitung. 1911ff. Ab 6.9.1965: Schweizer Illustrierte. Zofingen

Andere Quellen

• Althaus, Paul O. [1930]: Wie's gemacht wird; 17 vorbildliche Reklamefeldzüge aus der Praxis des Reklameberaters Paul O. Althaus. Zürich. II. Auflage

Warum die Warenhülle Werbung treibt

1 Diese Arbeit beruht im Wesentlichen auf Matthias Nasts Forschungen zur Geschichte der Lebensmittelverpackung (v.a. Nast 1997).

2 Nast 1997

3 Neukomm 1979: 115

4 Brändli 2000

5 o. A. 1948

6 P. W. 1948

7 Baumann 1957: 2

8 P. W. 1948

9 Gysin u.a. 1994: 154

10 zit. in: Gysin u.a. 1994: 157

11 zit. in: Andritzky 1992: 9

12 o. A. 1957: 553

13 Baumann 1957: 5

14 Baumann 1960: 28. Neuere Angaben sind von der Migros nicht verfügbar.

15 Pfister 1995

16 Tanner 1996: 52

17 Plattner 1950: 33

18 Wyss 1961: 9

19 Bächtold 1959: 18

20 Teuteberg 1993: 120

21 Haseloff 1965: 9

22 Wyss 1988

23 Gerstner u.a. 1958, Herdeg 1959ff., zudem Leitherer u.a. 1987, Schilder Bär u.a. 1994, Sonsino 1990

24 Bignens 1994: 9

25 Stiftung für Konsumentenschutz 2001

26 Selter 1995: 203

27 Gruner + Jahr 1973: 6

28 Bähler 1994: 22, Dollinger-Woidich 1989

29 Stender 1995: 155

30 Pfister 1995: 85f.

31 Käter 1983: 91ff.

32 Wildt 1994: 178

33 Andritzky 1992: 9

34 Wüthrich 2001: 46f.

Quellen

• Bächtold, Rolf. 1959: Die Gestaltung der Warenpackung von Konsumgütern als ein Element der Absatzförderung. Diplomarbeit an der Handels-Hochschule St.Gallen

• Baumann, Werner. 1957: Das Selbstbedienungssystem in den Migros-Genossenschaften. o. O.

• Baumann, Werner. 1960: Die Selbstbedienung. Entwicklung und heutiger Stand in den Migros-Genossenschaften. Schriftenreihe der Stiftung «Im Grüene» 17. Rüschlikon/Zürich

• Gass, Franz Ulrich. 1956: Cellophan. Erfindung und Welterfolg. Wiesbaden-Bieberich

• Gerstner, Karl; Kutter, Markus (Hg.). 1958: Die neue Graphik. The new graphic art. Le nouvel art graphique. Basel

• Gruner + Jahr AG & Co. (Hg.). 1973: Convenience-Produkte. Reihe Märkte und Verbraucher. Juli

• Gurtner, Willy. 1958: Der Selbstbedienungsladen. Eine betriebswirtschaftliche Untersuchung. Bern

• Haseloff, Otto Walter. 1965: Image und Selbstverständnis der Werbung. In: Neumann, Eckard; Sprang, Wolfgang (Hg.): Werbung in Deutschland. 65. Jahrbuch der deutschen Werbung. Düsseldorf, Wien: 6–10

• Herdeg, Walter (Hg.). 1959, 1970, 1977, 1984: Packaging. Packungen. Emballages. An International Survey of Package Design. Ein internationales Handbuch der Packungsgestaltung. Un Répertoire International des Formes de l'Emballage. Bände 1–4. Zürich

• Neukomm, Alfred. 1979: Ansprüche und Wünsche des Konsumenten an die Verpackung. In: Schweizer Verpackungskatalog: 115–117.

• o. A. 1948: o. T. In: Lebensmittelhandel. Offizielles Organ des Schweizerischen Verbandes der Lebensmitteldetaillisten (Veledes), Nr. 12: 2

• o. A. 1957: Warensortiment. In: Lebensmittelhandel. Offizielles Organ des Schweizerischen Verbandes der Lebensmitteldetaillisten (Veledes), Nr. 20: 553–555

• Plattner, John. 1950: Die Packung der Zukunft. In: Schweizer Verpackungskatalog: 33–35

• P. W. 1948: Mittelstandsgeschäfte oder Selbstbedienungsläden? In: Lebensmittelhandel. Offizielles Organ des Schweizerischen Verbandes der Lebensmitteldetaillisten (Veledes), Nr. 46: 1

• Stiftung für Konsumentenschutz (Hg.). 2001: Lebensmittelverpackungen. Was steht drauf – was steckt dahinter? Bern

• Wyss, Werner. 1961: Die Aufgabe der Packung. In: Die Idee. Fachschrift für Marketing + Werbung, Nr. 2: 1–14

Von der Lebensweise zum Lebensstil

1 So der Titel von Beck 1983

2 Hradil 1992: 10

3 Beck 1986: 205ff.

4 Die Begriffe Pflicht- und Akzeptanzwerte sowie Selbstentfaltungswerte stammen aus der Wertewandelstheorie von

Helmut Klages (1988).

5 Ronald Inglehart formulierte erstmals zu Beginn der 1970er-Jahre die These von der «stillen Revolution». Sie besagt, dass in westlichen Demokratien materialistische Werte zunehmend von postmaterialistischen Werten verdrängt werden. Er geht dabei von zwei Schlüsselhypothesen aus, nämlich einer Mangelhypothese und einer Sozialisationshypothese. Die Mangelhypothese besagt, dass die Wertprioritäten eines Menschen sein sozioökonomisches Umfeld reflektieren, indem er den Dingen subjektiv den höchsten Wert beimisst, die relativ knapp sind. Die Sozialisationshypothese bezieht sich auf die Annahme, dass sich die grundlegenden Wertvorstellungen eines Menschen in den formativen Jahren seiner Jugend herausbilden und für den Rest des Lebens weitgehend stabil bleiben. Gemäß der Mangelhypothese entwickelten die unter den entbehrungsreichen Bedingungen der Kriegs- und Zwischenkriegszeit heranwachsenden Generationen ein starkes Bedürfnis nach physischer und materieller Sicherheit, während die in der prosperierenden Nachkriegsära aufgewachsenen Jahrgänge dem Streben nach Zugehörigkeit, Selbstverwirklichung und Lebensqualität mehr Bedeutung beimessen als materiellem Segen und physischer Sicherheit. Der gesamtgesellschaftliche Wandel von materialistischen zu postmaterialistischen Wertprioritäten erfolgt nun gemäß der Sozialisationshypothese in dem Maß, wie sich das Verhältnis zwischen den in ökonomisch schwierigen Zeiten und den in Phasen allgemeinen Wohlstands herangewachsenen Altersgruppen verändert. Vgl. Inglehart 1995.

6 Eggimann 1998. Beim vorliegenden Aufsatz handelt es sich im Wesentlichen um eine Kurzfassung dieser Lizentiatsarbeit.

7 Waren diese drei Phasen in der Wertestruktur der ausgezählten Werbeanzeigen in ihren Umrissen sichtbar, so werden sie aufgrund der Auswahl in diesem Aufsatz tendenziell akzentuiert.

8 Gilg u.a. 1986: 824ff.

9 Neben der Hausfrau erscheinen in der Werbung als weitere Frauenberufe insbesondere die Sekretärin und mit geringerer Präsenz etwa die Krankenschwester oder die Stewardess.

10 1950 enthielten von 100 ausgezählten Produkteinseraten deren 56 Preisangaben; 1970 waren es 36 und 1990 noch 21.

11 vgl. Anm. 5

12 Möbel Pfister hatte mit der Lancierung der «New Swiss Richtung» eine Synthese zwischen traditionellem und modernem Wohnstil angestrebt, doch war dieser Zwitterkonzeption kein Erfolg beschieden. Gisler 1991: 338.

13 Gilg u.a. 1986: 856f., Bassand u.a. 1986, Ackermann 1991

14 Daniel Cohn-Bendit im Mai 1968, zit. in: Kriesi 1984: 156

15 Wyss 1986: 66ff.

Werbequellen

• Schweizer Illustrierte Zeitung, ab 6.9.1965 Schweizer Illustrierte: sämtliche Fünfer- und Zehnerjahrgänge 1950–1990 sowie einzelne Zwischenjahrgänge

Der Wandel der Werte und die Werte der Werbung

1 Das Zurücktreten des Gebrauchswerts von Konsumgütern zugunsten ihrer zunehmenden Aufladung mit symbolischer Bedeutung ist eine Tendenz der Konsumgesellschaft, die bis heute anhält. Vgl. Wiswede 2000: 47ff. Zum symbolisch-imaginären Konsum auch:

Stihler 1998: 177ff.

2 Dussel 1997: 417

3 Ergebnisse aus der laufenden Dissertation von Peter Bär zum Wertewandel in der schweizerischen Werbung seit 1920, entsteht im Rahmen des Nationalfondsprojekts «Webikum» (Bär i. V.).

4 Eisner 1998: 53

5 Bär i. V. – Untersucht wurden pro Stichjahr jeweils verschiedene Hefte der vier Zeitschriften «Schweizer Illustrierte (Zeitung)», «Schweizer Familie», «Der Schweizerische Beobachter» und der französischsprachigen «Illustré» in Abständen von sechs Jahren (bis 1938 mit zusätzlichen Zwischenschritten alle drei Jahre).

6 Insbesondere jene Christa Wehners (1996) für Deutschland

7 Quelle: Untersuchung Bär (Webikum; Bär i.V.)

8 Kaelble 1992

9 Abelshauser 1987

10 Pfister 1995

11 Schulze 1993

12 Hohensee 1996

13 Braig u.a. (1991: 36f.) schreiben bezüglich der Moderne um 1900: «Der Siegeszug der Naturwissenschaften und der Technik ließ keine Grenzen auf dem eingeschlagenen Weg des Fortschritts erkennen. Wirtschaft und Wissenschaft standen unwidersprochen im Zeitalter der Moderne (...).»

14 Nicht von ungefähr verlieren um die Mitte der 1970er-Jahre die drei Glücksversprechen des Automobils – Freiheit und Abenteuer, Freundschaft und Familie, Ansehen und Erfolg – ihre Kraft und verschwinden aus der Werbung, um erst rund zwei Jahrzehnte später wieder zu erscheinen. Di Falco 2002: 250–255.

15 Tanner 1992c

16 Siegenthaler 1994: 14

17 Dazu zählen beispielsweise die Fortdauer des konservativen Klimas der Geistigen Landesverteidigung bis in die 1950er-Jahre und die schnelle Bedeutungszunahme der Themen Umweltschutz und Ökologie in den 1970er-Jahren. Zu einem ähnlichen Ergebnis ist Andersen (1998) aufgrund einer impressionistischen Auswertung von Inseraten im «Schweizerischen Beobachter» gekommen.

18 Vgl. dazu Inglehart 1977, 1995 und Klages 1988, 1993. Eine guten Überblick bietet Bau 1995.

19 Einen Überblick über quantitative Analysen langfristigen kulturellen Wandels vermittelt Eisner 1998.

20 Eisner 1998 (vgl. auch Buchmann/Eisner 1997)

21 Quelle: Eisner 1998. Trends im Mehrjahresmittel

22 Schulze 1999: 309ff.

Literaturverzeichnis

• Abelshauser, Werner. 1987: Die Langen Fünfziger Jahre. Wirtschaft und Gesellschaft der Bundesrepublik Deutschland 1949–1966. Düsseldorf.

• Ackermann, Michael. 1991: Konzepte und Entscheidungen in der Planung der schweizerischen Nationalstrassen 1927–1961. Diss. Zürich. Bern.

• AG für Werbemittelforschung (Wemf). 1968: Leserschaftsforschung 1967/68. Zürich.

• Altorfer, Stefan. 2000: «Papa kann zahlen.» Die Werbung der Firma PKZ Burger-Kehl & Co. in geschichtlicher Betrachtung (1915– 1975). Lizentiatsarbeit am Historischen Institut der Universität Bern.

• Ambrosius, Gerold; Kaelble, Hartmut. 1992: Einleitung: Gesellschaftliche und wirtschaftliche Folgen des Folgen des Booms der 1950er und 1960er Jahre. In: Kaelble, Hartmut (Hg.): Der Boom 1948–1973. Gesellschaftliche und wirtschaftliche Folgen in der Bundesrepublik Deutschland und in Europa Opladen: 7–32.

• Andersen, Arne. 1997a: Der Traum vom guten Leben. Alltags- und Konsumgeschichte vom Wirtschaftswunder bis heute. Frankfurt a. M./ New York.

• Andersen, Arne. 1997b: Mentalitätenwechsel und ökologische Konsequenzen des Konsumismus. Die Durchsetzung der Konsumgesellschaft in den fünfziger Jahren. In: Siegrist, Hannes; Kaelble, Hartmut; Kocka, Jürgen (Hg.): Europäische Konsumgeschichte. Zur Gesellschafts- und Kulturgeschichte des Konsums (18.–20. Jahrhundert). Frankfurt a. M./New York: 763–791.

• Andersen, Arne. 1998: «…und so sparsam!» Der Massenkonsum und seine Auswirkungen. Veränderungen und Mentalitätswandel, dargestellt am «Schweizerischen Beobachter». Zürich.

• Andritzky, Michael. 1992: Einleitung. In: ders. (Hg.): Oikos. Von der Feuerstelle zur Mikrowelle. Haushalt und Wohnen im Wandel. Ausstellungskatalog. Giessen: 8–16.

• Anker, Heinrich. 1995: Wertewandel und Mediennutzung in der Schweiz. Die Radionutzung 1975 bis 1992 im Spiegel der Publikumsforschung der SRG. Aarau.

• Asséo, David. 1990: La place de la Suisse dans l'industrie automobile mondiale d'avant 1914. In: Bairoch, Paul: Körner, Martin (Hg.): Die Schweiz in der Weltwirtschaft. Zürich: 141–164.

• Bähler, Liana. 1994: Die Augen essen mit. In: Schilder Bär, Lotte; Bignens, Christoph (Hg.): Hüllen füllen. Verpackungsdesign zwischen Bedarf und Verführung. Katalog zur Ausstellung vom 28.5. bis 31.7.1994 im Museum für Gestaltung Zürich. Sulgen: 22–43.

• Balthasar, Andreas. 1993: Zug um Zug. Eine Technikgeschichte der Schweizer Eisenbahn aus sozialhistorischer Sicht. Basel/Boston/Berlin.

• Bär, Peter. 1995: «Ein Hauch unverfälschter Natur». Schweizer Wirtschaftswerbung 1911–1975. Ein Literaturüberblick und eine ikonologische Untersuchung von Naturdarstellungen am Beispiel der Schweizer Illustrierten Zeitung. Lizentiatsarbeit am Historischen Institut der Universität Bern.

• Bär, Peter. I. V.: Dissertation Universität Bern.

• Bardou, Jean-François. 1989: Automobil-Revolution. Analyse eines Industriephänomens. Hg. von Halwart Schrader. Gerlingen.

• Barthes, Roland. 1964: Rhétorique de l'image. In: Communications, Nr. 4: 40–51.

• Barthes, Roland. 1988a: Der Werbespot. In: ders.: Das semiologische Abenteuer. Frankfurt a. M.: 181–186.

• Barthes, Roland. 1988b: Semantik des Objekts. In: ders.: Das semiologische Abenteuer. Frankfurt a. M. 187–197.

• Barthes, Roland. 1990: Rhetorik des Bildes. In: ders.: Der entgegenkommende und der stumpfe Sinn. Kritische Essays III. Frankfurt a. M.: 28–46.

• Bassand, Michel; Burnier, Thérèse; Meyer, Pierre; Stüssi, Robert; Veuve, Leopold (Hg.). 1986: Politique des routes nationales. Acteurs et mise en oeuvre. Lausanne.

• Bau, Axel. 1995: Wertewandel – Werbewandel? Zum Verhältnis von Zeitgeist und Werbung. Anpassung ökonomischer und politischer Werbung an veränderte soziokulturelle Orientierungsgrössen in der Bundesrepublik Deutschland. Frankfurt a. M.

• Bauman, Zygmunt. 1992: Moderne und Ambivalenz. Das Ende der Eindeutigkeit. Hamburg.

• Baumann, Monika. 1998: Ein Luxusgut lockt zum Einsteigen. Motorisierungsprozess und Automobilwerbung in den 20er Jahren in der Schweiz. Seminararbeit am Historischen Institut der Universität Bern.

• Bäumler, Susanne (Hg.). 1996: Die Kunst zu werben. Das Jahrhundert der Reklame. München.

• Bechter, Lisa. 2001: «Sonnengebräunte, gesunde Haut wollen Sie doch haben». Eine Untersuchung des Bräunungskultes anhand der Werbung für Sonnenschutzmittel in der «Schweizer Illustrierten» von 1920 bis 2000 unter Berücksichtigung medizingeschichtlicher Aspekte. Lizentiatsarbeit am Historischen Institut der Universität Bern.

• Beck, Daniel. 1999: Unter Zugzwang. Die Schweizerischen Bundesbahnen und das Automobil 1945–1975. Lizentiatsarbeit am Historischen Institut der Universität Bern.

• Beck, Ulrich. 1983: Jenseits von Klasse und Stand. In: Kreckel, Reinhard (Hg.): Soziale Ungleichheiten. Soziale Welt, Sonderband 2. Göttingen: 35–74.

• Beck, Ulrich. 1986: Die Risikogesellschaft. Auf dem Weg in eine andere Moderne. Frankfurt a. M.

• Berger, Myriam. 1997: «Vivat Helvetia, vivat Ovomaltine!» Vom Heilmittel zum Nationalgetränk. Ovomaltine-Werbung von 1904 bis 1940. Lizentiatsarbeit am Historischen Seminar der Universität Zürich.

• Berghoff, Hartmut (Hg.). 1999: Konsumkultur. Göttingen.

• Berking, Helmuth. 1991: Lebensstile. Vom schönen Schein des Seins. In: LebensFormen. Alltagsobjekte als Darstellung von Lebensstilveränderungen am Beispiel der Wohnung und Bekleidung der «Neuen Mittelschichten». Symposion Lebensformen, 13.–15.12.1989 in der Berliner Akademie der Künste. Hg. von der Pressestelle der HdK. Berlin: 54–64.

• Berrisch, Lisa. 1984: Rationalisierung der Hausarbeit in der Zwischenkriegszeit. In: Wecker, Regina; Schnegg, Brigitte (Hg.): Frauen. Zur Geschichte weiblicher Arbeits- und Lebensbedingungen in der Schweiz. Schweizerische Zeitschrift für Geschichte, Sonderausgabe Nr. 3. Basel: 385–394.

• Bignens, Christoph. 1994: Das nie versiegende Füllhorn. Zu Warenfluss, Massenkultur und Verpackung. In: Schilder Bär, Lotte; ders. (Hg.): Hüllen füllen. Verpackungsdesign zwischen Bedarf und Verführung. Katalog zur Ausstellung vom 28.5 bis 31.7.1994 im Museum für Gestaltung Zürich. Sulgen: 9–11.

• Biske, Käthe. 1960: Haushaltrechnungen von Zürcher Arbeiter- und Angestelltenfamilien 1958 und 1959. In: Zürcher Statistische Nachrichten.

• Bochsler, Regula. 1998: Swiss Made – ein Jahrhundert Schweizer Werbefilm. In: dies.; Derungs, Pascal (Hg.): Und führe uns in Versuchung. 100 Jahre Schweizer Werbefilm. Publ. zur Ausst. im Museum für Gestaltung Zürich, 27.5.–2.8.1998. Zürich: 45–61.

• Bochsler, Regula; Gisiger, Sabina. 1989: Städtische Hausangestellte in der deutschsprachigen Schweiz. Zürich.

• Boltanski, Luc. 1966: Le bonheur suisse d'après une enquête réalisée par Isac Civa, Ariane Deluz, Nathalie Stern. Paris.

• Bornschier, Volker. 1988, 1998 (2. Auflage): Westliche Gesellschaft im Wandel. Frankfurt a. M.

• Bourdieu, Pierre. 1970: Zur Soziologie der symbolischen Formen. Frankfurt a. M.

• Bourdieu, Pierre. 1982, 1993: Die feinen Unterschiede. Kritik der gesellschaftlichen Urteilskraft. Frankfurt a. M.

• Bourdieu, Pierre. 1985: Sozialer Raum und «Klassen». Zwei Vorlesungen. Frankfurt a. M.

• Bourdieu, Pierre. 1994: Raisons Pratiques. Sur la théorie de l'action. Paris.

• Braig, Marianne; Lohauss, Peter; Polster, Werner; Voy, Klaus. 1991: Projekte der Moderne und Modernisierungen. Das späte Wirklichwerden der modernen Lebensweise. In: Voy, Klaus u.a. (Hg.). Gesellschaftliche Transformationsprozesse und materielle Lebensweise. Beiträge zur Wirtschafts- und Gesellschaftsgeschichte der Bundesrepublik Deutschland (1949–1989), Band 2. Marburg: 23–87.

• Brändli, Sabina. 1996: «Sie rauchen wie ein Mann, Madame». Zur Ikonografie der rauchenden Frau im 19. und 20. Jahrhundert. In: Hengartner, Thomas; Merki, Christoph Maria (Hg.): Tabakfragen. Rauchen aus kulturwissenschaftlicher Sicht. Zürich: 83–109.

• Brändli, Sibylle. 2000: Der Supermarkt im Kopf. Konsumkultur und Wohlstand in der Schweiz nach 1945. Wien/Köln/Weimar.

• Brandmeyer, Klaus; Deichsler, Alexander. 1991: Die magische Gestalt. Die Marke im Zeitalter der Massenware. Hamburg.

• Braun, Gerhard. 1993: Grundlagen der visuellen Kommunikation. München.

• Brewer, John. 1997: Was können wir aus der Geschichte der frühen Neuzeit für die moderne Konsumgeschichte lernen? In: Siegrist, Hannes; Kaelble, Hartmut; Kocka, Jürgen (Hg.): Europäische Konsumgeschichte. Zur Gesellschafts- und Kulturgeschichte des Konsums (18.–20. Jahrhundert). Frankfurt a. M.: 51–74.

• Broda, May B.; Joris, Elisabeth; Müller, Regina. 1998: Die alte und neue Frauenbewegung. In: König, Mario; Kreis, Georg; Meister, Franziska; Romano, Gaetano (Hg.): Dynamisierung und Umbau. Zürich: 201–226.

• Bubik, Roland. 1996: Geschichte der Marketing-Theorie. Historische Einführung in die Marketing-Lehre. Frankfurt a. M.

• Buchmann, Marlis; Eisner, Manuel. 1997: Selbstbilder und Beziehungsideale im 20. Jahrhundert. Individualisierungsprozesse im Spiegel von Bekanntschafts- und Heiratsinseraten. In: Hradil, Stefan (Hg.): Differenz und Integration. Die Zukunft moderner Gesellschaften. Frankfurt a. M.: 343–357

• Burckhardt, Jacob. 1982: Über das Studium der Geschichte. Der Text der «Weltgeschichtlichen Betrachtungen» auf Grund der Vorarbeiten von Ernst Ziegler nach den Handschriften herausgegeben von Peter Ganz. München.

• Büsch, Curt. 1909: Von der Reklame des Kaufmanns. Hamburg.

• Bussemer, Herrad U.; Meyer, Sibylle; Orland, Barbara; Schulze; Eva. 1988: Zur technischen Entwicklung von Haushaltgeräten. In: Tornieporth, Gerda (Hg.): Arbeitsplatz Haushalt. Berlin: 116–127.

• Chapman, James. 1999: Licence to thrill. A cultural history of James Bond films. London.

• Chiquet, Simone; Huber, Doris. 1988: Frauenleitbilder in der Schweiz nach dem Zweiten Weltkrieg 1942–1965. In: Arbeitsgruppe Frauengeschichte Basel (Hg.): Auf den Spuren weiblicher Vergangenheit 2. Beiträge zur 4. Schweizerischen Historikerinnentagung. Zürich: 263–282.

• Clausen, Lars. 1964: Elemente einer Soziologie der Wirtschaftswerbung. Köln

• Cosmos AG (Hg.). 1944: 50 Jahre Velosfabrik Cosmos B. Schild und Cie. AG. Biel 1894–1944. Biel.

• Coupland, Nikolas; Coupland, Justine. 1997: Bodies, beaches and burn-times. «Environmentalism» and its discursive competitors. In: Discourse and Society, Nr. 8: 7–25.

• De Grazia, Victoria. 1998: Changing Consumption Regimes in Europe, 1930–1970. Comparative Perspectives on the Distribution Problem. In: Strasser, Susan; McGovern, Charles; Judt, Matthias (Hg.): Getting and Spending. European and American consumer societies in the twentieth century. Cambridge: 59–83.

• Deichsel, Alexander. 1996: Marke als schöne Gestalt. Vom Garantiezeichen zum Markenartikel. In: Bäumler, Susanne (Hg.): Die Kunst zu werben. Das Jahrhundert der Reklame. München: 25–28.

• Del Buono, Oreste; Eco, Umberto (Hg.). 1966: Der Fall James Bond. 007 – ein Phänomen unserer Zeit. München.

• Di Falco, Daniel. 1999: Prometheus fährt Rad. Die Mythen der industriellen Moderne in der Veloreklame. Seminararbeit am Historischen Institut der Universität Bern.

• Di Falco, Daniel. 2000: «Herrschaft über Raum und Zeit». In: Der kleine Bund. Kulturbeilage Der Bund, 26. Mai: 1f.

• Di Falco, Daniel. 2002: Zündschlüssel zum besseren Leben. Konsumglück, moderne Werbung und das Auto: eine Geschichte. In: Doswald, Christoph; Museum für Kommunikation (Hg.): Happy. Das Versprechen der Werbung. Publikation zur gleichnamigen Ausstellung im Museum für Kommunikation, Bern. Zürich: 235–259.

• Doering-Manteuffel, Anselm. 1995: Dimensionen von Amerikanisierung in der deutschen Gesellschaft. In: Archiv für Sozialgeschichte, Band 35: 1–34.

• Dollinger-Woidich, Angelika. 1989: Fertignahrung in Österreich. Ernährung und Gesellschaft im Wandel. Graz.

• Drieseberg, Thomas J. 1995: Lebensstil-Forschung. Theoretische Grundlagen und praktische Anwendungen. Heidelberg.

• Dussel, Konrad. 1997: Wundermittel Werbegeschichte? Werbung als Gegenstand der Geschichtswissenschaft. In: Neue Politische Literatur, Nr. 3: 416–430.

• Eggimann, Simon. 1998: Vom tüchtigen Bürger zum spannenden Typ. Werbeanzeigen als historisches Zeugnis für den Wandel von Werten und Lebensstilen in der Schweiz der Nachkriegszeit (1950–1990). Lizentiatsarbeit am Historischen Institut der Universität Bern.

• Eicke, Ulrich. 1991: Die Werbelawine. Angriff auf unser Bewusstsein. München.

• Eidgenössische Kommission für Frauenfragen (Hg.). 1995: Viel erreicht – wenig verändert? Zur Situation der Frauen in der Schweiz. Redaktion: Liliane Studer. Bern.

• Eisner, Manuel; Güller, Peter. 1992: Mobilität und Lebensqualität. In: Hugger, Paul (Hg.): Handbuch der schweizerischen Volkskultur, Band 3. Zürich: 1219–1240.

• Eisner, Manuel. 1998: Langfristiger kultureller Wandel. Grenzen und Möglichkeiten der sozialwissenschaftlichen Analyse. In: Geschichte und Informatik, Nr. 9: 43–58.

• Ernst, Elmar. 1969: Das «industrielle» Geheimmittel und seine Werbung. Arzneifertigwaren in der zweiten Hälfte des 19. Jahrhunderts in Deutschland. Diss. Marburg.

• Featherstone, Mike. 1990: Auf dem Weg zu einer Soziologie der postmodernen Kultur. In: Haferkamp, Hans (Hg.): Sozialstruktur und Kultur. Frankfurt a. M.: 209–248

• Flik, Reiner. 1999: Ford-Legende und Wirklichkeit. Die Motorisierung des Straßenverkehrs in Europa und Übersee im Vergleich, bis 1939. In: Traverse. Zeitschrift für Geschichte, Nr. 2: 125–142.

• Franck, Georg. 1998: Ökonomie der Aufmerksamkeit. Ein Entwurf. München.

• Fritzsche, Bruno. 1996: Das Bild als historische Quelle. Über den (Nicht-)Gebrauch von Bildern in der historischen Forschung. In: Volk, Andreas (Hg.): Vom Bild zum Text. Die Photographiebetrachtung als Quelle sozialwissenschaftlicher Erkenntnis. Zürich: 11–24.

• Fröhlich, Gerhard; Mörth, Ingo (Hg.). 1994: Das symbolische Kapital der Lebensstile. Zur Kultursoziologie der Moderne nach Pierre Bourdieu. Frankfurt a. M.

• Geiger, Paul; Weiss, Richard (Hg.). 1950–1988: Atlas der schweizerischen Volkskunde. Basel.

• Gerber, Michael A. 1997: Kommunikation und Corporate Identity der SBB im Wandel. Versuch einer historischen Rekonstruktion interner und externer Öffentlichkeitsarbeit der Schweizerischen Bundesbahnen (SBB) und ihrer Rezeption in der Gesellschaft unter besonderer Berücksichtigung der Zeit zwischen 1920 und 1960. Lizentiatsarbeit am Historischen Institut der Universität Bern.

• Gerhard, Ute. 1990: Unerhört. Die Geschichte der deutschen Frauenbewegung. Reinbek b. H.

• Gesellschaft der Ingenieure der SBB (Hg.). 1975: SBB-Image. Bern.

• Gesellschaft für Marktforschung. 1951: Eine Leserschaftsuntersuchung über die in der Schweiz verbreiteten Periodika. In: Schweizer Reklame, Dezember: 25–27.

• Gesellschaft für Marktforschung. 1960: Wie sie leben, 10 Jahre später. Eine Untersuchung über Lebensstandard und Konsumgewohnheiten der Abonnenten des Schweizerischen Beobachters. Zürich.

• Gilg, Peter; Hablützel, Peter. 1986: Beschleunigter Wandel und neue Krisen (seit 1945). In: Im Hof, Ulrich u.a.: Geschichte der Schweiz und der Schweizer. Basel: 821–968.

• Gisler, Johanna. 1991: Leitbilder des Wohnens und sozialer Wandel: 1936–1965. In: Schweizerisches Sozialarchiv (Hg.): Bilder und Leitbilder im sozialen Wandel. Zürich: 313–373.

• Glaser, Hermann. 1986: Das Automobil. Eine Kulturgeschichte in Bildern. München.

• Goodrum, Charles; Dalrymple, Helen. 1990: Advertising in America. The first 200 years. New York.

• Gouraud, Jean Louis; Grandjean, Philippe. 1987: Die Pferde von «Marlboro-Country». Altstätten

• Gries, Rainer; Ilgen, Volker; Schindelbeck, Dirk. 1995: «Ins Gehirn der Masse kriechen». Werbung und Mentalitätsgeschichte. Darmstadt.

• Gross, Peter. 1994: Die Multioptionsgesellschaft. Frankfurt a. M.

• Grossmann, Heinrich. 1995: Kosmetik. Balsam für die Moderne. In: Hans Schwarzkopf GmbH (Hg.): Sehnsucht nach Vollkommenheit. Deutsches Hygiene-Museum Dresden. Berlin: 61–64.

• Gysin, Peter; Poppenwimmer, Thomas. 1994: Die Geburt der Selbstbedienung in der Schweiz oder die Rationalisierung des Verkaufs. In: Andersen, Arne (Hg.): Perlon, Petticoats und Pestizide. Mensch-Umwelt-Beziehung in der Region Basel der 50er Jahre. Basel/Berlin: 154–157.

• Haas, Stefan. 1995: Die neue Welt der Bilder. Werbung und visuelle Kultur der Moderne. In: Borscheid, Peter; Wischermann, Clemens (Hg.): Bilderwelt des Alltags. Werbung in der Konsumgesellschaft des 19. und 20. Jahrhunderts. Festschrift für Hans Jürgen Teuteberg. Studien zur Geschichte des Alltags, Band 13. Stuttgart: 64–77.

• Haase, Riccarda. 1992: «Das bisschen Haushalt...?» Zur Geschichte der Technisierung und Rationalisierung der Hausarbeit. Veröff. des Museums für Volkskultur in Württemberg, Heft 1. Stuttgart.

• Haefliger, Jean-Claude. 1966: Die Konsumfreiheit. Analyse ihrer Problematik. Diss. St. Gallen

• Halter, Albert. 1992: Als die Bilder reizen lernten. Zum Umgang mit den Produkten im französischen Warenplakat 1900–1930. Diss. Zürich.

• Haltern, Utz. 1971: Die Londoner Weltausstellung von 1851. Ein Beitrag zur Geschichte der bürgerlich-industriellen Gesellschaft im 19. Jahrhundert. Münster.

• Hanhart, Dieter. 1964: Arbeiter in der Freizeit. Bern.

• Hansen, Peter. 1970: Der Markenartikel. Analyse seiner Entwicklung und Stellung im Rahmen des Markenwesens. Berlin.

• Hartmann, Peter H. 1999: Lebensstilforschung. Darstellung, Kritik und Weiterentwicklung. Opladen.

• Hastenteufel, Regina. 1980: Das Bild von Mann und Frau in der Werbung. Eine Inhaltsanalyse zur Geschlechtsspezifität der Menschendarstellung in der Anzeigenwerbung ausgewählter Zeitschriften unter besonderer Berücksichtigung des alten Menschen. Bonn.

• Hättenschwiler, Diego. 1998: Der konsumierte Mann. Zur Geschichte des Männerbildes in der Werbung. In: Tanner, Jakob; Veyrassat, Béatrice; Mathieu, Jon; Siegrist, Hannes; Wecker, Regina (Hg.): Geschichte der Konsumgesellschaft. Schweizerische Gesellschaft für Wirtschafts- und Sozialgeschichte, Band 15. Zürich: 215–231.

• Haubl, Rolf. 1992: «Früher oder später kriegen wir euch». In: Hartmann, Hans A.; ders. (Hg.): Bilderflut und Sprachmagie.

Fallstudien zur Kultur der Werbung. Opladen: 9–32.

• Haudenschild, Christof. 1989: Konsum als Mittel der Lebensweltstilisierung. Eine Konfrontation der neoklassischen Nachfragetheorie mit der Erfahrung des Konsums im Alltag. Diss. St.Gallen. Bern.

• Hausen, Karin. 1976: Die Polarisierung der «Geschlechtscharaktere». Eine Spiegelung der Dissoziation von Erwerbs- und Familienleben. In: Conze, Werner (Hg.): Sozialgeschichte der Familie in der Neuzeit Europas. Stuttgart: 363–393.

• Häusler, Ted. 1976: Im Zick-Zack zur Werbung. Bern.

• Held, Thomas; Levy, René. 1974: Die Stellung der Frau in Familie und Gesellschaft. Frauenfeld.

• Heller, Eva. 1984: Wie Werbung wirkt. Theorie und Tatsachen. Frankfurt a. M.

• Hengartner, Thomas; Merki, Christoph Maria (Hg.). 1996: Tabakfragen. Rauchen aus kulturwissenschaftlicher Sicht. Zürich.

• Hoffmann, Hilmar; Klotz, Heinrich. 1990: Die Kultur unseres Jahrhunderts, Band 1: 1900–1918. Düsseldorf.

• Hohensee, Jens. 1996: Der erste Ölpreisschock 1973/1974. Stuttgart.

• Hradil, Stefan (Hg.). 1992. Zwischen Bewusstsein und Sein. Opladen.

• Hug, Eugen. 1960: Eine Untersuchung über den Lebensstandard der Metall- und Uhrenarbeiterfamilien. Bern.

• Hughes, Thomas P. 1991: Die Erfindung Amerikas. München.

• Im Hof, Ulrich. 1991: Mythos Schweiz. Identität, Nation, Geschichte. 1291–1991. Zürich.

• Imhof, Kurt; Romano, Gaetano. 1991: Bilder und Leitbilder im sozialen Wandel. Ein- und Überblicke. In: Schweizerisches Sozialarchiv (Hg.): Bilder und Leitbilder im sozialen Wandel der Schweiz. Zürich: 11–28.

• Imobersteg, Markus. 1967: Die Entwicklung des Konsums mit zunehmendem Wohlstand, Diss. Zürich.

• Inglehart, Ronald. 1977: The silent revolution. Changing values and political styles among western publics. Princeton.

• Inglehart, Ronald. 1995: Kultureller Umbruch. Wertwandel in der westlichen Welt. Studienausgabe. Frankfurt a. M./New York.

• Jacobeit, Sigrid und Wolfgang. 1995: Illustrierte Alltags- und Sozialgeschichte Deutschlands, 1900–1945. Münster.

• Jäger, Jens. 2000: Photographie: Bilder der Neuzeit. Einführung in die historische Bildforschung. Berlin.

• Jäggi, Dieter. 1991: Werbung im Wandel. In: Die Volkswirtschaft. Sonderheft, Oktober.

• Jaun, Rudolf. 1986: Management und Arbeiterschaft. Verwissenschaftlichung, Amerikanisierung und Rationalisierung der Arbeitsverhältnisse in der Schweiz 1873–1959. Zürich.

• Joris, Elisabeth. 1990: Die Schweizer Hausfrau: Genese eines Mythos. In: Brändli, Sebastian (Hg.): Schweiz im Wandel. Studien zur neueren Gesellschaftsgeschichte. Basel: 99–116.

• Joris, Elisabeth; Witzig, Heidi (Hg.). 1986, 2001 (4. Auflage): Frauengeschichte(n). Dokumente aus zwei Jahrhunderten zur Situation der Frauen in der Schweiz. Zürich.

• Jost, Hans-Ulrich. 1986: Bedrohung und Enge (1914–1945). In: Im Hof, Ulrich u.a.: Geschichte der Schweiz und der Schweizer. Basel: 774–806.

• Jost, Hans-Ulrich. 1992: Die reaktionäre Avangarde. Zürich.

• Kaelble, Hartmut (Hg.). 1992: Der Boom 1948–1973. Gesellschaftliche und wirtschaftliche Folgen in der Bundesrepublik Deutschland und in Europa. Opladen.

• Käter, Rolf-Peter. 1983: Geschichte und Zukunft der Nahrungsmittel auf Getreidebasis. Diplomarbeit an der Ludwig-Maximilians-Universität München, Fachbereich Betriebswirtschaft. München.

• Katona, George. 1964: The Mass Consumption Society. New York u.a.

• Keller, Felix; Levy, René. 2000: L'enquête «Un jour en Suisse» trente-cinq ans après. Rapport final au Fonds National Suisse de la Recherche Scientifique. Ms. Lausanne.

• Kieselbach, Ralf J. F. 1986: Vom Torpedo-Phaeton zur Ganzstahl-Limousine. Zur Geschichte des Autodesigns. In: Zeller, Reimar (Hg.): Das Automobil in der Kunst 1886–1986. München: 287–297.

• Klages, Helmut. 1988: Wertedynamik. Über die Wandelbarkeit des Selbstverständlichen. Thesen und Texte, Band 212. Zürich.

• Klages, Helmut. 1993: Traditionsbruch als Herausforderung. Perspektiven der Wertewandelsgesellschaft. Frankfurt.

• Kleinspehn, Thomas. 1987: Warum sind wir so unersättlich? Frankfurt a. M.

• Koch, Max. 1994: Vom Strukturwandel der Klassengesellschaft. Münster.

• Konietzka, Dirk. 1995: Lebensstile im sozialstrukturellen Kontext. Ein theoretischer und empirischer Beitrag zur Analyse soziokultureller Ungleichheit. Opladen.

• König, Mario; Kurz, Daniel; Sutter, Eva. 1994: Klassenkämpfe, Krisen und neuer Konsens. Der Kanton Zürich 1918–1945. In: Flüeler, Niklaus; Flüeler-Grauwiler, Marianne (Hg.): Geschichte des Kantons Zürich, Band 3. Zürich: 250–349.

• König, Wolfgang. 2000: Geschichte der Konsumgesellschaft. Vierteljahresschrift für Sozial- und Wirtschaftsgeschichte, Beiheft 154. Stuttgart.

• Kraemer, Klaus. 1997: Der Markt der Gesellschaft. Zu einer soziologischen Theorie der Marktvergesellschaftung. Opladen.

• Krausse, Joachim. 1986: Versuch, aufs Fahrrad zu kommen. Zur Technik und Ästhetik der Velo-Evolution. In: Neue Gesellschaft für bildende Kunst (Hg.): Absolut modern sein. Zwischen Fahrrad und Fliessband. Culture technique in Frankreich. Katalog zur Ausstellung in Berlin, 20.3.–15.5.1986. Berlin: 59–74.

• Krebs, Peter. 1996: Verkehr wohin? Zwischen Bahn und Autobahn. Zürich.

• Kreis, Georg. 1992: Der «homo alpinus helveticus». Zum schweizerischen Rassendiskurs der 30er Jahre. In: Marchal, Guy P.; Mattioli, Aram (Hg.): Erfundene Schweiz. Konstruktionen nationaler Identität. Zürich: 175–190.

• Kreutzer, Dietmar. 1998: Kauf mich. Männer in der Werbung. Berlin.

• Kriegeskorte, Michael. 1992: Werbung in Deutschland 1945–1965. Die Nachkriegszeit im Spiegel ihrer Anzeigen. Köln.

• Kriegeskorte, Michael. 1994: Automobilwerbung in Deutschland 1994–1968. Bilder eines Aufstiegs. Köln.

• Kriegeskorte, Michael. 1995: 100 Jahre Werbung im Wandel. Eine Reise durch die deutsche Vergangenheit. Köln.

• Kriesi, Hanspeter. 1984: Die Zürcher Bewegung. Bilder, Interaktionen, Zusammenhänge. Frankfurt a. M.

• Krohne, Stefan. 1995: It's a Men's World. Männlichkeitsklischees in der deutschen Fernsehwerbung. In: Schmidt, Siegfried J.; Spiess, Brigitte (Hg.): Werbung, Medien und Kultur. Opladen: 136–152.

• Kropf, Robert. 1938: Die schweizerische Zigarettenindustrie. Diss. Zürich. Affoltern am Albis.

• Kuhm, Klaus. 1995: Das eilige Jahrhundert. Einblicke in die automobile Gesellschaft. Hamburg.

• Kuster, Iris. 1986: Wie unterscheidet sich das Marketing von Swissair und SBB? Diplomarbeit. St. Gallen.

• Kutter, Markus. 1983: Werbung in der Schweiz: Geschichte einer unbekannten Branche. Ringier-Reihe Kommunikation, Nr. 3. Zofingen.

• Labisch, Alfons. 1992: Homo Hygienicus. Gesundheit und Medizin in der Neuzeit. Frankfurt a. M.

• Lamberty, Christiane. 2000: Reklame in Deutschland 1890–1914. Wahrnehmung, Professionalisierung und Kritik der Wirtschaftswerbung. Berlin.

• Lamprecht, Markus; Stamm, Hanspeter. 2000: Soziale Lagen in der Schweiz. In: Schweizerische Zeitschrift für Soziologie, Nr. 2: 261–295.

• Landau, Karl-Heinz. 1990: Bürgerlicher und proletarischer Konsum im 19. und 20. Jahrhundert. Ein kultursoziologischer Beitrag zur Sozialgeschichte schichtspezifischen Verbraucherverhaltens. Köln.

• Laux, James. 1992: The European Automobile Industry. New York.

• Lefebvre, Henri. 1972: Das Alltagsleben in der modernen Welt, Frankfurt a. M.

• Leitherer, Eugen; Wichmann, Ernst. 1987: Reiz und Hülle. Gestaltete Warenverpackungen des 19. und 20. Jahrhunderts. Basel.

• Levy, René; Joye, Dominique; Guye, Olivier; Kaufmann, Vincent. 1997: Tous égaux? De la stratification aux représentations. Zürich (Deutsche Kurzfassung, Zürich 1998).

• Lichtensteiger, Sibylle. 1996: «Das Auto ist kein Kühlschrank». Zum Bedeutungswandel des Automobils in der «Tages-Anzeiger»-Werbung von 1948 bis 1965. Lizentiatsarbeit am Historischen Institut der Universität Zürich.

• Lüönd, Karl; Leupin, Charles. 1995: Herbert Leupin. Plakate, Bilder, Graphiken. Basel.

• Maddison, Angus. 1995: L'économie mondiale 1820–1992. Paris.

• Magnin, Chantal. 1996: Der Alleinernährer. Geschlechtsspezifische Arbeitsteilung im Wirtschaftswachstum der 1950er Jahre. Lizentiatsarbeit am Historischen Institut der Universität Bern.

• Marchal, Guy P. 1992: Das «Schweizeralpenland»: eine imagologische Bastelei. In: ders.; Mattioli, Aram (Hg.): Erfundene Schweiz. Konstruktionen nationaler Identität. Zürich: 37–49.

• Marsh, Peter; Collett, Peter 1991: Der Auto-Mensch. Zur Psychologie eines Kulturphänomens. Olten.

• Martin, Florian; Chavannes, Ralph; Graber, Claude; Lavanchy, Pascal. 1994: De la réclame à la communication. Le roman(d) de la pub. Chronique de 65 ans de publicité suisse. Hg. von der Fédération romande de publicité et de communication. Genf.

• Martin, Marc. 1992: Trois siècles de publicité en France. Paris.

• McKendrick, Neil; Brewer, John; Plumb, J. H. (Hg.). 1982: The Birth of a Consumer Society. The Commercialization of Eighteenth-century England. London.

• Merki, Christoph M. 1995a: Der Treibstoff aus historischer Sicht: Von der Finanzquelle des Bundes zum Motor des Strassenbaus. In: Pfister, Christian (Hg.). Das 1950er Syndrom. Der Weg in die Konsumgesellschaft. Bern: 311–332.

• Merki, Christoph M. 1995b: Die verschlungenen Wege der modernen Verkehrsgeschichte. In: Schweizerische Zeitschrift für Geschichte, Band 45: 444–457.

• Merki, Christoph M. 1998: Den Fortschritt bremsen? Der Widerstand gegen die Motorisierung des Strassenverkehrs in der Schweiz. In: Technikgeschichte, Nr. 3: 233–253.

• Merki, Christoph M. 2002: Der holprige Siegeszug des Automobils, 1895–1930. Zur Motorisierung des Strassenverkehrs in Frankreich, Deutschland und der Schweiz. Wien.

• Merki, Christoph M. o. J.: Fahrrad. Artikel im Historischen Lexikon der Schweiz. www.snl.ch/dhs/externe/protect/textes/D13902.html (3.4.2002).

• Merten, Klaus. 1994: Wirkungen von Kommunikation. In: ders.; Klaus; Schmidt, Siegfried; Weischenberg, Siegfried (Hg.): Die Wirklichkeit der Medien. Eine Einführung in die Kommunikationswissenschaft. Opladen: 291–328.

• Mesmer, Beatrix (Hg.). 1997: Die Verwissenschaftlichung des Alltags. Anweisungen zum richtigen Umgang mit dem Körper in der schweizerischen Populärpresse 1850–1900. Zürich.

• Meulemann, Heiner. 1992: Gleichheit, Leistung und der Wandel oder der Nichtwandel von Werten. In: Klages, Helmut; Hippler, Hans-Jürgen; Herbert, Willi (Hg.): Werte und Wandel. Ergebnisse und Methoden einer Forschungstradition. Frankfurt a. M.: 100–126.

• Michailow, Matthias. 1996: Individualisierung und Lebensstilbildungen. In: Schwenk, Otto G. (Hg.): Lebensstil zwischen

Sozialstrukturanalyse und Kulturwissenschaft. Opladen: 71–98.

• Möhring, Maren. 2001: Der moderne Apoll. In: Werkstatt Geschichte 29: 27–42.

• Monheim, Heiner; Monheim-Dandorfer, Rita. 1990: Strassen für alle. Analysen und Konzepte zum Stadtverkehr der Zukunft. Hamburg.

• Mooser, Josef. 1997: Die «Geistige Landesverteidigung» in den 1930er Jahren. In: Kreis, Georg; Müller, Bertrand (Hg.): Die Schweiz und der Zweite Weltkrieg. Schweizerische Zeitschrift für Geschichte, Sonderausgabe Nr. 4: 685–708.

• Moser, Klaus. 1997: Sex Appeal in der Werbung. Göttingen.

• Müller, Hans-Peter. 1992: Sozialstruktur und Lebensstile. Der neuere theoretische Diskurs über soziale Ungleichheit. Frankfurt a. M.

• Nast, Matthias. 1997: Die stummen Verkäufer. Lebensmittel-verpackungen im Zeitalter der Konsumgesellschaft. Umwelthistorische Untersuchung über die Warenpackung und den Wandel der Einkaufsgewohnheiten (1950er bis 1990er Jahre). Bern.

• Nolan, Mary. 1994: Visions of Modernity. American Business and the Modernization of Germany. New York.

• Norris, James D. 1990: Advertising and the Transformation of American Society, 1865–1920. London, New York.

• Ortoleva, Peppino. 1989: Photographie und Geschichtswissenschaft Teil 1–3. In: Photographie und Gesellschaft. Zeitschrift für photographische Imagologie, Nr. 1: 5–13, 2: 4–12, 3/4: 3–9.

• Packard, Vance. 1964: Die grosse Verschwendung. Frankfurt.

• Packard, Vance. 1992: Die geheimen Verführer. Der Griff nach dem Unbewussten in jedermann. Düsseldorf (Originalausgabe 1958).

• Panofsky, Erwin. 1979: Ikonographie und Ikonologie (1939/1955). In: Kaemmerling, Ekkehard (Hg.): Ikonographie und Ikonologie. Theorien, Entwicklung, Probleme. Köln: 207–225.

• Paradowski, Stefan. 1989: «Herrige» Ästhetik hinter Glas. Das Schaufenster der Schweizer Modefirma PKZ in der Zwischenkriegs-zeit. Zürich.

• Paradowski, Stefan. 1990: Das PKZ-Plakat. Medium, Mode, My-thos. In: Rotzler, Willy; Schärer, Fritz; Wobmann, Karl (Hg.). Das Plakat in der Schweiz. Schaffhausen: 134–138.

• Pelser, Annette von; Scholze, Rainer (Hg.). 1994: Faszination Auto. Autowerbung von der Kaiserzeit bis heute. Berlin.

• Peters, Günter. 1999: System Prometheus. Aktuelle Inanspruch-nahmen eines Mythos. In: ders.; Pankow, Edgar (Hg.): Prometheus. Mythos der Kultur. München: 13–34.

• Pfiffner, Albert. 1993: Henri Nestlé, 1814–1890. Vom Frankfurter Apothekergehilfen zum Schweizer Pionierunternehmer. Zürich.

• Pfister, Christian. 1995: Das «1950er Syndrom». Die umweltge-schichtliche Epochenschwelle zwischen Industriegesellschaft und Konsumgesellschaft. In: ders. (Hg.): Das 1950er Syndrom. Der Weg in die Konsumgesellschaft. Bern: 51–95.

• Pflugradt, Elke. 1986: Das Auto und das «schöne Mädchen». Zur Ikonographie des Alltäglichen. In: Zeller, Reimar (Hg.): Das Automobil in der Kunst 1886–1986. München: 311–317.

• Pierenkemper, Toni. 2000: Unternehmensgeschichte. Eine Einfüh-rung. Stuttgart.

• Pohl, Hans. 1988: Die Entwicklung des Verkehrswesens in den ver-gangenen 100 Jahren. In: ders.; Treue, Wilhelm (Hg.): Die Einflüsse der Motorisierung auf das Verkehrswesen von 1886 bis 1986. Zeit-schrift für Unternehmensgeschichte, Beiheft 52: 1–16.

• Polster, Werner, 1991: Wandlungen der Lebensweise im Spiegel der Konsumentwicklung. In: Voy, Klaus; ders.; Thomasberger, Claus (Hg.): Beiträge zur Wirtschafts- und Gesellschaftsgeschichte der Bundes-republik Deutschland (1949–1989), Band 2. Marburg: 215–292.

• Posch, Waltraud. 1999: Körper machen Leute. Der Kult um die Schönheit. Frankfurt a. M.

• Radkau, Joachim. 1989: Die Anpassung der Umwelt an das Auto.

In: ders.: Technik in Deutschland vom 18. Jh. bis zur Gegenwart. Frankfurt a. M.: 326–330.

• Ranke-Graves, Robert von. 1984: Griechische Mythologie. Quellen und Deutung. Reinbek b.H. (Originalausgabe 1955)

• Reinhardt, Dirk. 1993: Von der Reklame zum Marketing. Geschichte der Wirtschaftswerbung in Deutschland. Zugl. Diss. Münster 1991. Berlin.

• Reinhardt, Dirk. 1995: Vom Intelligenzblatt zum Satellitenfernsehen. Stufen der Werbung als Stufen der Gesellschaft. In: Borscheid, Peter; Wischermann, Clemens (Hg.): Bilderwelt des Alltags. Werbung in der Konsumgeschichte des 19. und 20. Jahrhunderts. Stuttgart: 44–63.

• Reuveni, Gideon. 2001: Lesen und Konsum. Der Aufstieg der Konsumkultur in Presse und Werbung Deutschlands bis 1933. In: Archiv für Sozialgeschichte 41: 97–118.

• Rimmler, Hildegard. 1991: Die Image-Bildung des Automobils im Plakat, 1900–1930. Diss. Heidelberg.

• Ritzmann-Blickenstorfer, Heiner (Hg.). 1996: Historische Statistik der Schweiz. Zürich.

• Rohner-Gassmann, René. 1991: «Auf sausendem Rade in die Weite!» Das Velofahren und seine soziokulturelle Bedeutung in der Schweiz 1900–1950. Lizentiatsarbeit am Historischen Institut der Universität Zürich.

• Rosenkranz, Doris; Schneider, Norbert F. (Hg.). 2000: Konsum. So-ziologische, ökonomische und psychologische Perspektiven. Opladen.

• Rotzler, Willy; Schärer, Fritz; Wobmann, Karl. 1991: Das Plakat in der Schweiz. Mit 376 Kurzbiographien von Plakatgestalterinnen und Plakatgestaltern. Zürich.

• Ruckstuhl, Lotti. 1986: Frauen sprengen Fesseln. Hindernislauf zum Frauenstimmrecht in der Schweiz. Bonstetten.

• Rünzler, Dieter. 1995: Im Westen ist Amerika. Die Metamorphose des Cowboys vom Rinderhirten zum amerikanischen Helden. Wien.

• Ruppert, Wolfgang. 1993a: Zur Kulturgeschichte der Alltagsdinge. In: ders. (Hg.): Fahrrad, Auto, Fernsehschrank. Zur Kulturgeschichte der Alltagsdinge. Frankfurt a. M.: 14–36.

• Ruppert, Wolfgang. 1993b: Das Auto. «Herrschaft über Raum und Zeit». In: ders. (Hg.): Fahrrad, Auto, Fernsehschrank. Zur Kultur-geschichte der Alltagsdinge. Frankfurt a. M.: 119–161.

• Rytz, Regula. 1997: Konkurrentin oder Kollegin? Die Frauenpolitik der Gewerkschaften am Beispiel des Schweizerischen Metall- und Uhrenarbeitnehmer-Verbandes (Smuv) 1945–1980. Lizentiatsarbeit am Historischen Institut der Universität Bern.

• Sabel, Hermann. 1988: Höhen und Tiefen in der Geschichte der Un-ternehmen der Fahrzeugindustrie. In: Pohl, Hans; Treue, Wilhelm (Hg.): Die Einflüsse der Motorisierung auf das Verkehrswesen von 1886 bis 1986. Zeitschrift für Unternehmensgeschichte, Beiheft 52: 142–190.

• Sacchi, Stefan. 1992: Postmaterialismus in der Schweiz von 1972 bis 1990. In: Schweizerische Zeitschrift für Soziologie, Nr. 1: 87–117.

• Sachs, Wolfgang. 1984: Die Liebe zum Automobil. Ein Rückblick in die Geschichte unserer Wünsche. Reinbek b. H.

• Sandgruber, Roman. 1982: Die Anfänge der Konsumgesellschaft. Konsumgüterverbrauch, Lebensstandard und Alltagskultur in Öster-reich im 18. und 19. Jahrhundert. München.

• SBB (Hg.). 1996: Bahnsaga Schweiz. 150 Jahre Schweizer Bahnen. Redaktion: Hans Peter Treichler. Zürich.

• Schärer, Martin R. 1992: 700 Jahre auf dem Tisch. Oder: Die 7 aus-gestellten Ausstellungen. Ernährung in der Schweiz vom Spätmittel-alter bis zur Gegenwart und Möglichkeiten, Ernährungsgeschichte im Museum auszustellen. Publikation zu einer Ausstellung im Alimenta-rium Vevey. Vevey.

• Schelbert, Corinne. 1991: Das neue Manns-Bild. In: Heller, Martin; Keller, Walter (Hg.): Werbung ist für alle da. Zürich: 98–104.

• Schilder Bär, Lotte; Bignens, Christoph (Hg.). 1994: Hüllen füllen. Verpackungsdesign zwischen Bedarf und Verführung. Katalog zur

Ausstellung vom 28.5 bis 31.7.1994 im Museum für Gestaltung Zürich. Sulgen.
• Schivelbusch, Wolfgang. 1980: Das Paradies, der Geschmack und die Vernunft. Eine Geschichte der Genussmittel. München/Wien.
• Schlegel-Matthies, Kirsten. 1987: Anfänge der modernen Lebens- und Genussmittelwerbung: Produkte und Konsumgruppen im Spiegel von Zeitschriftenannoncen. In: Teuteberg, Hans-Jürgen (Hg.): Durchbruch zum modernen Massenkonsum. Studien zur Geschichte des Alltags, Band 8. Münster: 277–309.
• Schmerl, Christiane (Hg.). 1992: Frauenzoo der Werbung. Aufklärung über Fabeltiere. München.
• Schmidt, Walter (Hg.). 1988: Illustrierte Geschichte der deutschen Revolution. 1848–1849. Berlin.
• Schmidt-Waldherr, Hiltraud. 1988: Rationalisierung der Hausarbeit in den 20er Jahre. In: Tornieporth, Gerda (Hg.): Arbeitsplatz Haushalt. Berlin: 32–54.
• Schmucki, Barbara. 1995: Automobilisierung. Neuere Forschungen zur Motorisierung. In: Archiv für Sozialgeschichte, Band 35: 582–597.
• Schobinger, Werner R. 1986: 50 Jahre Verkehrspolitik – 50 Jahre Litra. Bern.
• Schrader, Halwart. 1985: Oldtimer-Lexikon. Geschichten, Marken, Technik von A bis Z. München/Wien/Zürich (3. Auflage).
• Schulze, Angela. 1999: Werbung an der Grenze. Provokation in der Plakatwerbung der 50er bis 90er Jahre. Wiesbaden.
• Schulze, Gerhard. 1993: Die Erlebnisgesellschaft. Kultursoziologie der Gegenwart. Frankfurt a. M. (3. Auflage).
• Schuster, Peter-Klaus. 1980: Schön und kolossal. Industrie-Ikonen. In: Glaser, Hermann; Neudecker, Norbert; Ruppert, Wolfgang (Hg.): Industriekultur in Nürnberg. Eine deutsche Stadt im Maschinenzeitalter. München: 294–298.
• Schwaar, Karl. 1993: Isolation und Integration. Arbeiterkulturbewegung und Arbeiterbewegungskultur in der Schweiz 1920–1960. Basel.
• Schwabe, Hansrudolf; Amstein, Alex; Wyrsch, Karl; Willen, Peter. 1997: 3 x 50 Jahre. Schweizer Eisenbahnen in Vergangenheit, Gegenwart und Zukunft. Basel.
• Schweizer, Karl. 1963: Das Freizeitverhalten der Bevölkerung von St. Gallen in wirtschaftlicher und soziologischer Sicht. Diss. St.Gallen. Basel.
• Seger, Markus. 1982: Mehr Bahn in den Köpfen. In: Werbung/Publicité, Nr. 5: 23–26.
• Seger, Markus. 1997: Administratives zu Plakativem. In: ders.; Wobmann, Karl: Die Bahn bewegt. Katalog Bahnplakat-Ausstellung, Credit Suisse, Zürich. 23.6.–31.10.1997. Zürich: 39–47.
• Seger, Markus. 2001: Wie die SBB das Marketing lernten. In: Von Arx, Heinz (Hg.): Der Kluge reist im Zuge. Hundert Jahre SBB. Zürich: 161–189.
• Selter, Bernward. 1995: Der «satte» Verbraucher. Idole des Ernährungsverhaltens zwischen Hunger und Überfluss 1890–1970. In: Borscheid, Peter; Wischermann, Clemens (Hg.): Bilderwelt des Alltags. Werbung in der Konsumgesellschaft des 19. und 20. Jahrhunderts. Studien zur Geschichte des Alltags, Band 13. Stuttgart: 190–221.
• Siegenthaler, Hansjörg. 1992: Hirtenfolklore in der Industriegesellschaft. Nationale Identität als Gegenstand der Mentalitäts- und Sozialgeschichte. In: Marchal, Guy P.; Mattioli, Aram (Hg.): Erfundene Schweiz. Konstruktionen nationaler Identität. Zürich: 23–35.
• Siegenthaler, Hansjörg. 1994: Strukturen und Prozesse in der Schweizergeschichte der Nachkriegszeit. In: Blanc, Jean-Daniel; Luchsinger, Christine (Hg.): achtung: die 50er Jahre! Annäherungen an eine widersprüchliche Zeit. Zürich: 11–17.
• Siegrist, Hannes; Kaelble, Hartmut; Kocka, Jürgen (Hg.). 1997: Europäische Konsumgeschichte. Zur Gesellschafts- und Kulturgeschichte des Konsums (18.–20. Jahrhundert). Frankfurt a. M.

• Sonsino, Steven. 1990: Verpackungsdesign. Wie Produkte ihre Hülle finden. Augsburg.
• Stamm, Hanspeter; Lamprecht, Markus; Nef, Rolf; Joye, Dominique; Suter, Christian. 2000: Die Ungleichheitsstruktur der Schweiz an der Schwelle zum 21. Jahrhundert. In: Farago, Peter (Hg.): Analysis of Comparative and Longitudinal Data 3, Contributions Using ISSP, Eurobarometer and Household Panel Data. SPP Working Paper 6. Bern.
• Stark, Susanne. 1992: Stilwandel von Zeitschriften und Zeitschriftenwerbung. Analyse zur Anpassung des Medienstils an geänderte Kommunikationsbedingungen. Heidelberg.
• Statistisches Jahrbuch der Schweiz. Div. Jahrgänge. Hg. vom Eidgenössischen Statistischen Amt/Bundesamt für Statistik. Bern u.a.
• Stender, Detlef. 1995: Die Freiheit aus der Truhe. Das Kühlschrank-Syndrom und einige seiner Symptome. In: Der Aufbruch ins Schlaraffenland. Stellen die Fünfziger Jahre eine Epochenschwelle im Mensch-Umwelt-Verhältnis dar? Environmental History Newsletter, Special issue 2. Hg. von der European Association for Environmental History: 149–172.
• Sternberger, Dolf. 1981: Panorama oder Ansichten vom 19. Jahrhundert. Schriften, Band 5. Frankfurt a. M. (Originalausgabe 1938).
• Stihler, Ariane. 1998: Die Entstehung des modernen Konsums. Darstellung und Erklärungsansätze. Berlin.
• Studer, Brigitte. 2001: Neue Grenzziehungen zwischen Frauenarbeit und Männerarbeit in den dreissiger Jahren und während des Zweiten Weltkriegs. Die Kampagne gegen das «Doppelverdienertum». In: Wecker, Regina; dies.; Sutter, Gaby (Hg.): Die «schutzbedürftige Frau». Zur Konstruktion von Geschlecht durch Mutterschaftsversicherung, Nachtarbeitsverbot und Sonderschutzgesetzgebung. Zürich: 83–106.
• Suter, Monica. 1997: Erste Liebe, erster Sex. Sexualaufklärung und Jugendsexualität im Wandel. In: Stapferhaus Lenzburg (Hg.): A walk on the wild side. Jugendszenen der Schweiz von den 30er Jahren bis heute. Lenzburg: 58–68.
• Talkenberger, Heike. 1998: Historische Erkenntnis durch Bilder. Zur Methode und Praxis der Historischen Bildkunde. In: Goertz, Hans-Jürgen (Hg.): Geschichte. Ein Grundkurs. Reinbek b. H.: 83–98.
• Tanner, Albert. 1990: Aristokratie und Bürgertum in der Schweiz im 19. Jahrhundert. Verbürgerlichung der «Herren» und aristokratische Tendenzen im Bürgertum. In: Brändli, Sebastian (Hg.): Schweiz im Wandel. Studien zur neueren Gesellschaftsgeschichte. Basel: 209–228.
• Tanner, Albert. 1995: Arbeitsame Patrioten, wohlanständige Damen. Bürgertum und Bürgerlichkeit in der Schweiz, 1830–1914. Zürich.
• Tanner, Albert. 1998: Le bonheur Suisse – Zeitdiagnosen in der Schweiz 1946–1997. Geschichte und Sozialforschung. In: Vortragsreihe «Angewandte Sozialwissenschaft». Hg. von der Schweizerischen Gesellschaft für praktische Sozialforschung. Bern.
• Tanner, Albert. 2001: Individualisierung und Pluralisierung? Sozialstruktur, Lebensstil und kulturelle Praxis in der Schweiz 1950–2000. Schlussbericht NFP/SPP. Bern.
• Tanner, Jakob. 1992a: Ernährungswissenschaft, Esskultur und Gesundheitsideologie. Erfahrungen, Konzepte und Strategien in der Schweiz im 20. Jahrhundert. In: Schaffner, Martin (Hg.): Brot, Brei und was dazugehört. Zürich: 85–103.
• Tanner, Jakob. 1992b: Kochschule und kulinarische Poesie. Von der Professionalisierung des Kochens zur politischen Emanzipation? In: Degen, Bernard; Kurmann, Fridolin; Schluchter, André; ders. (Hg.): Fenster zur Geschichte. 20 Quellen – 20 Interpretationen. Festschrift für Markus Mattmüller. Basel: 68–83.
• Tanner, Jakob. 1992c: Zwischen «American Way of Life» und «Geistiger Landesverteidigung». Gesellschaftliche Widersprüche in der Schweiz der 50er Jahre. In: Unsere Kunstdenkmäler, Nr. 3: 351–363.

• Tanner, Jakob. 1993a: Kulinarische Neologismen in der deutschen Gegenwartssprache. In: Neumann, Gerhard; Wierlacher, Alois; Teuteberg, Hans-Jürgen (Hg.): Kulturthema Essen. Berlin: 269–277.

• Tanner, Jakob. 1993b: Mahlzeit in der Fabrik. Ernährungswissenschaft, Industriearbeit und Volksernährung in der Schweiz 1890–1950. Habilitationsschrift. Basel.

• Tanner, Jakob. 1994: Die Schweiz in den 1950er Jahren. Prozesse, Brüche, Widersprüche, Ungleichzeitigkeiten. In: Blanc, Jean-Daniel; Luchsinger, Christine (Hg.): Achtung: die 50er Jahre! Annäherungen an eine widersprüchliche Zeit. Zürich: 19–50.

• Tanner, Jakob. 1996: Drehkreuz zur Einsamkeit. Ein Streifzug durch die Geschichte des Herrschens und des Konsumierens. In: du. Die Zeitschrift der Kultur, Nr. 4: 52–55.

• Tanner, Jakob. 1999: Lebensstandard, Konsumkultur und American Way of Life seit 1945. In: Leimgruber, Walter; Fischer, Werner (Hg.): «Goldene Jahre». Zur Geschichte der Schweiz seit 1945. Zürich: 101–131.

• Tatschmurat, Carmen. 1988: «Wir haben keinen Beruf, wir haben Arbeit.» Frauenarbeit in der Industrie der zwanziger Jahre. In: Soden, Kristine von; Schmidt, Maruta (Hg.): Neue Frauen. Die zwanziger Jahre. Berlin: 32–39.

• Tavenrath, Simone. 2000: So wundervoll sonnengebräunt. Kleine Kulturgeschichte des Sonnenbadens. Marburg.

• Teuteberg, Hans-Jürgen. 1993: Prolegomena zu einer Kulturpsychologie des Geschmacks. In: Wierlacher, Alois; Neumann, Gerhard; ders. (Hg.): Kulturthema Essen. Ansichten und Problemfelder. Berlin: 103–136.

• Therborn, Göran. 2000: Die Gesellschaften Europas 1945–2000. Frankfurt a. M.

• Thommen, Andreas. 1967: Die Schweizer Presse in der modernen Gesellschaft. Zürich.

• Treichler, Hans Peter. 2001: Das erste halbe Jahrhundert. In: Von Arx, Heinz (Hg.): Der Kluge reist im Zuge. Hundert Jahre SBB. Zürich: 15–63.

• Veblen, Thorstein. 1958: Theorie der feinen Leute. Eine ökonomische Untersuchung der Institutionen. Berlin (Originalausgabe 1899).

• Vernant, Jean-Pierre. 1987: Mythos und Gesellschaft im antiken Griechenland. Frankfurt a. M.

• Vogt, Wilhelm. 1963: Der Beamte in seiner Freizeit. Soziologische Erhebung über Freizeitnormen und Freizeitverhalten. Brugg.

• Voy, Klaus; Polster, Werner; Thomasberger, Claus (Hg.). 1991: Gesellschaftliche Transformationsprozesse und materielle Lebensweise. Beiträge zur Wirtschafts- und Gesellschaftsgeschichte der Bundesrepublik Deutschland (1949–1989). Band 2. Marburg.

• Walser, Brigitte; Wanner, Christine. 1998: Zigarettenwerbung im Wandel der Werte, 1965 bis 1985. Seminararbeit am Historischen Institut der Universität Bern.

• Weber, Erich. 1963: Das Freizeitproblem. München/Basel.

• Wecker, Regina. 1983: Frauen in der Schweiz. Von den Problemen einer Mehrheit. Bern.

• Wehner, Christa. 1996: Überzeugungsstrategien in der Werbung. Eine Längsschnittanalyse von Zeitschriftenanzeigen des 20. Jahrhunderts. Studien zur Kommunikationswissenschaft, Band 14. Opladen.

• Wengenroth, Ulrich. 1994: Igel und Füchse – zu neueren Verständigungsproblemen über die Industrielle Revolution. In: Benad-Wagenhoff, Volker (Hg.): Industrialisierung. Begriffe und Prozesse. Festschrift für Akos Paulinyi zum 65. Geburtstag. Stuttgart: 9–22.

• Wildt, Michael. 1994: Am Beginn der «Konsumgesellschaft». Mangelerfahrung, Lebenshaltung, Wohlstandshoffnung in Westdeutschland in den fünfziger Jahren. Hamburg.

• Wilharm, Irmgard. 1995: Geschichte, Bilder und die Bilder im Kopf. In: dies. (Hg.): Geschichte in Bildern. Von der Miniatur bis zum Film als historische Quelle. Pfaffenweiler: 7–24.

• Winkelmann, Otto. 2000: Französische Anzeigenwerbung im Wandel der Zeit. In: Fritz, Gerd; Jucker, Andreas H. (Hg.): Kommunikationsformen im Wandel der Zeit. Vom mittelalterlichen Heldenepos zum elektronischen Hypertext. Tübingen: 159–187.

• Winkler, Heinrich August. 1985: Der Schein der Normalität. Arbeiter und Arbeiterbewegung in der Weimarer Republik 1924–1930. Berlin.

• Winter, Reinhard. 1994: Nie wieder Cowboy! Männliche Jugendkultur und Lebensbewältigung im ländlichen Raum. Schwäbisch Gmünd/Tübingen.

• Wischermann, Clemens, 1993: Der Property-Rights-Ansatz und die «neue» Wirtschaftsgeschichte. In: Geschichte und Gesellschaft, Nr. 2: 239–258.

• Wischermann, Clemens. 1995a: Einleitung. Der kulturgeschichtliche Ort der Werbung, In: Borscheid, Peter; ders. (Hg.): Bilderwelt des Alltags. Werbung in der Konsumgesellschaft des 19. und 20. Jahrhunderts. Festschrift für Hans Jürgen Teuteberg. Stuttgart: 8–19.

• Wischermann, Clemens. 1995b: Grenzenlose Werbung? Die gesellschaftliche Akzeptanz der Werbewelt im 20. Jahrhundert. In: Borscheid, Peter; ders. (Hg.): Bilderwelt des Alltags. Werbung in der Konsumgesellschaft des 19. und 20. Jahrhunderts. Festschrift für Hans Jürgen Teuteberg. Stuttgart: 372–407.

• Wiswede, Günter. 2000: Konsumsoziologie. Eine vergessene Disziplin. In: Rosenkranz, Doris; Schneider, Norbert F. (Hg.). Konsum. Soziologische, ökonomische und psychologische Perspektiven. Opladen: 23–72.

• Wobmann, Karl. 1997: 100 Jahre Eisenbahnplakat. In: Seger, Markus; ders.: Die Bahn bewegt. Katalog Bahnplakat-Ausstellung, Credit Suisse, Zürich. 23.6.–31.10.1997. Zürich: 5–8.

• Wohlfeil, Rainer. 1991: Methodische Reflexionen zur Historischen Bildkunde. In: Tolkemitt, Brigitte; ders. (Hg.): Historische Bildkunde. Probleme – Wege – Beispiele. Berlin: 17–35.

• Wüthrich, Reto. 2001: Fuse. Trends und Modegags der «Sampling Generation». Bern/Zürich.

• Wyss, Werner. 1986: New Marketing. Konsequenzen aus dem Paradigma-Wechsel der Konsumenten. Adligenswil.

• Wyss, Werner. 1988: Kommt eine neue Verpackungsrevolution? In: Schweizer Verpackungskatalog: 138.

• Wyss, Werner. 1997: Müde ist der Konsument. In: Demoscope: Vorbereitung auf eine Dekade der Innovation. Ergebnis einer Vortragsreihe im Hinblick auf kommende Veränderungen in Gesellschaft, Technik, Kommunikation und Werbung. Adligenswil: 6–25.

• Zahlmann, Stefan. 2000: Vom Bonvivant zum Ironman. 100 Jahre Männerkörper in der deutschen Konsumwerbung. In: Wischermann, Clemens; Haas, Stefan (Hg.): Körper mit Geschichte. Studien zur Geschichte des Alltags, Band 17. Stuttgart: 245–279.

• Zatsch, Angela. 1995: Reich, schnell, mobil. Automobilwerbung zu Beginn des 20. Jahrhunderts. In: Borscheid, Peter; Wischermann, Clemens (Hg.): Bilderwelt des Alltags. Werbung in der Konsumgesellschaft des 19. und 20. Jahrhunderts. Festschrift für Hans Jürgen Teuteberg. Stuttgart: 282–293.

• Zielke, Achim. 1991: Beispiellos ist beispielhaft oder: Überlegungen zur Analyse und zur Kreation des kommunikativen Codes von Werbebotschaften in Zeitungs- und Zeitschriftenanzeigen. Pfaffenweiler.

• Zurstiege, Guido. 1998: Mannsbilder – Männlichkeit in der Werbung. Zur Darstellung von Männern in der Anzeigenwerbung der 50er, 70er und 90er Jahre. Opladen.

Bildnachweise

«Der Kluge reist im Zuge»

1 Archiv SBB (PA 1-54) **2** Archiv Verkehrshaus der Schweiz **3** Archiv SBB (PA 3-8) **4** Archiv SBB (PA 3-6) **5** Archiv SBB (PA 4-9) **6** Archiv SBB (PA 1-43) **7** Archiv SBB (PA 1-23) **8** Archiv SBB (PA 1-67) **9** Archiv SBB (PA 1-55) **10** Archiv SBB (PA 1-56) **11** Archiv SBB (PA 1-98) **12** Archiv SBB (PA 1-89) **13** Archiv SBB (PA 1-118) **14** Archiv SBB (PA 1-124) **15** Archiv SBB (PA 1-84) **16** Archiv SBB (PA 1-112) **17** Archiv SBB (PA 1-134) **18** Archiv SBB (PA 1-148) **19** Archiv SBB (PA 1-174) **20** Archiv GGK

Ein Schweizer Trunk gegen die Leiden der Zeit

1 Correspondenzblatt für Schweizer Aerzte 1. März 1904. Beilage Nr. 5: o. S. **2** Correspondenzblatt für Schweizer Aerzte 15. Dezember 1905. Beilage Nr. 24: o. S. **3** Archiv Wander Nr. 1157/A 265 **4** Archiv Wander Nr. 1145/A 238 **5** Archiv Wander o. Nr. **6** Archiv Wander Nr. 868/A 173 **7** Archiv Wander Nr. 1048/A 239 **8** Archiv Wander Nr. 7 **9** Archiv Wander Nr. 1038/A 142 **10** Archiv Wander A 427 **11** Archiv Wander Nr. 608 **12** Archiv Wander Nr. 779/A 129 **13** Archiv Wander Nr. 985/A 169 **14** Archiv Wander Nr. 757/A 118 **15** Archiv Wander Nr. 1300/A 327 **16** Archiv Wander Nr. 1395/A 371 **17** Archiv Wander Nr. 957/A 159 **18** Archiv Wander Nr. 1000/A 222 **19** Archiv Wander Nr. 675/A 93 **20** Archiv Wander Nr. 799/A 136 **21** Archiv Wander Nr. 1017/A 231 **22** Archiv Wander Nr. 963/A 175 **23** Archiv Wander Nr. 1220/A 295 **24** Archiv Wander Nr. 1428/A 389 **25** Archiv Wander Nr. 1193 **26** Archiv Wander Nr. 1656/A 501

Werbung, die anzieht. Und anstößt

1 PKZ-Faden, Ostern 1956, o. S. (Archiv PKZ) **2** Archiv PKZ **3** Archiv PKZ **4** Museum für Gestaltung Zürich, Plakatsammlung **5** Museum für Gestaltung Zürich, Plakatsammlung **6** Archiv PKZ **7** Archiv PKZ **8** Archiv PKZ **9** Museum für Gestaltung Zürich, Plakatsammlung **10** Archiv PKZ **11** Archiv PKZ **12** Museum für Gestaltung Zürich, Plakatsammlung **13** Museum für Gestaltung Zürich, Plakatsammlung **14** Archiv PKZ **15** Museum für Gestaltung Zürich, Plakatsammlung **16** Bäumler 1996: 363 (Kat. Nr. 6.1.19) **17** Archiv PKZ **18** Museum für Gestaltung Zürich, Plakatsammlung **19** Archiv PKZ **20** Archiv PKZ **21** Archiv PKZ **22** Nourmand u.a. 1997: 112 **23** Archiv PKZ **24** Archiv PKZ

«Das grosse Wettbrennen»

1 Schweizer Illustrierte Zeitung 26.7.1923: 354 **2** Schweizer Illustrierte Zeitung 26.7.1928: 996 **3** Schweizer Illustrierte Zeitung 26.7.1928: 994 **4** Schweizer Illustrierte Zeitung 25.6.1930: 1080 **5** Schweizer Illustrierte Zeitung 12.6.1935: 792 **6** Schweizer Illustrierte Zeitung 19.6.1940: 767 **7** Schweizer Illustrierte Zeitung 24.5.1950: 44 **8** Schweizer Illustrierte Zeitung 20.6.1960: 62 **9** Schweizer Illustrierte 23.6.1975: 3 **10** Schweizer Illustrierte 10.6.1985: 44 **11** Schweizer Illustrierte 26.5.1997: 66 **12** Schweizer Illustrierte 6.5.1985: 92 **13** Schweizer Illustrierte 26.5.1986: 108 **14** Schweizer Illustrierte 29.5.1995: 76 **15** Schweizer Illustrierte 6.5.1996: 54 **16** Schweizer Illustrierte 31.5.1999: 49

Prometheus fährt Rad

1 Der Schweizerische Velosport Nr. 14/1895: XX **2** Rad-Sport Nr. 32/1930: 15 **3** Der Schweizerische Velosport Nr. 51/1895: VI **4** Schweizerische Fahrrad- und Nähmaschinen-Zeitung Nr. 34/1920: 623 **5** Schweizerische Fahrrad- und Nähmaschinen-Zeitung Nr. 36/1920: 659 **6** Illustrierter Rad-Sport Nr. 10/1922: o. S. **7** Der Schweizerische Velosport Nr. 14/1895: IX **8** Schweizerische Fahrrad- und Nähmaschinen-Zeitung Nr. 4/1920: 49 **9** Schweizerisches Sportblatt Nr. 1/1905: o. S. **10** Der Schweizerische Velosport Nr. 34/1895: I **11** Illustrierter Rad-Sport Nr. 5/1915: o. S. **12** Schweizerische Fahrrad- und Nähmaschinen-Zeitung Nr. 2/1920: 27 **13** Automobil- und Velosport Nr. 28/1900: VI **14** Glaser 1984: 37 **15** Rad-Sport Nr. 34/1930: 6 **16** Automobil-Welt 1905/Pelser u.a. 1994: 34/3 **17** Salvisberg 1980: 269 **18** Leipziger Illustrierte Zeitung 1903/Pelser u.a. 1994: 30/2 **19** Schweizerische Fahrrad- und Nähmaschinen-Zeitung Nr. 21/1920: 376 **20** Rad-Sport Nr. 3/1920: o. S. **21** Rad-Sport Nr. 6/1925: o. S.

Ein kurzer Traum von der Freiheit am Steuer

1 Illustrierte Automobil-Revue, Katalogausgabe 1929: 2 **2** Schweizer Illustrierte Zeitung 14.8.1929: 1318 **3** Illustré 26.9.1929: 1186 **4** Schweizer Illustrierte Zeitung 11.6.1930: 986 **5** Illustré 12.9.1929: 1106 **6** Schweizer Illustrierte Zeitung 1.1.1921: 9 **7** Schweizer Illustrierte Zeitung 4.3.1926: 211 **8** Illustré 22.5.1930: 616 **9** Schweizer Illustrierte Zeitung 25.10.1928: 1422 **10** Illustré 30.8.1928: 862 **11** Illustré 6.9.1928: 885 **12** Schweizer Illustrierte Zeitung 22.1.1930: 106 **13** Schweizer Illustrierte Zeitung 22.1.1930: 106 **14** Schweizer Illustrierte Zeitung 18.3.1926: 264 **15** Schweizer Illustrierte Zeitung 18.3.1926: 264 **16** Schweizer Illustrierte Zeitung 18.3.1926: 264 **17** Schweizer Illustrierte Zeitung 4.12.1929: 2036 **18** Schweizer Illustrierte Zeitung 13.7.1932: 1032

Wie sich das Automobil dem Volk verkaufte

1 Tages-Anzeiger 12.3.1948 **2** Tages-Anzeiger 10.3.1953 **3** Tages-Anzeiger 11.3.1960 **4** Tages-Anzeiger 12.3.1948 **5** Tages-Anzeiger 12.3.1964 **6** Tages-Anzeiger 12.3.1954 **7** Tages-Anzeiger 17.3.1961 **8** Tages-Anzeiger 12.3.1964 **9** Tages-Anzeiger 20.3.1952 **10** Tages-Anzeiger 19.3.1956 **11** Tages-Anzeiger 13.3.1959 **12** Tages-Anzeiger 17.3.1961 **13** Tages-Anzeiger 13.3.1964 **14** Tages-Anzeiger 9.3.1956 **15** Tages-Anzeiger 15.3.1960

Die Dritte im Bunde

1 Schweizer Illustrierte 17.6.1968: 68 **2** Schweizer Illustrierte 2.9.1968: 68 **3** Annabelle 21.4.1971: 2 **4** Annabelle 24.3.1971: 229 **5** Annabelle 13.4.1966: 16 **6** Annabelle 16.2.1966: 117 **7** Annabelle 11.5.1966: 218 **8** Annabelle 4.10.1972: 96 **9** Film demnächst Dezember 1983: 10 **10** Annabelle 3.9.1985: 58 **11** Annabelle 25.5.1966: 28 **12** Annabelle 4.11.1970: 38 **13** Annabelle 23.4.1969: 80 **14** Annabelle 11.6.1981: 46

Vom Kochherd aufs Rollfeld

1 Der Schweizerische Beobachter Juli 1932: 402 **2** Schweizer Illustrierte Zeitung 17.2.1923: 78 **3** Schweizer Illustrierte Zeitung 26.8.1957: 48 **4** Schweizer Illustrierte Zeitung 22.3.1954: 12 **5** Schweizer Illustrierte Zeitung 22.2.1954: 6 **6** Schweizer Illustrierte 25.5.1987: 115 **7** Schweizer Familie 25.8.1923: letzte Seite **8** Schweizer Illustrierte Zeitung 4.3.1963: 91 **9** Schweizer Illustrierte 6.10.1975: 123 **10** Schweizer Familie 4.6.1932: 731 **11** Schweizer Illustrierte Zeitung 17.6.1931: 944 **12** Schweizer Illustrierte Zeitung 11.12.1920: 827 **13** Schweizer Illustrierte Zeitung 24.5.1928: 680 **14** Schweizer Illustrierte Zeitung Nr. 1/1932: 13 **15** Schweizer Illustrierte Zeitung 24.6.1957: 26 **16** Der Spiegel, Sonderausgabe 50 Jahre Der Spiegel, 1997: 53 **17** Schweizer Illustrierte Zeitung 8.11.1923: 541 **18** Schweizer Illustrierte Zeitung 1.6.1927: 708 **19** Schweizer Illustrierte 28.6.1965: 74 **20** Der Schweizerische Beobachter 6.8.1993: 52 **21** Schweizer Illustrierte 1.6.1981: 58 **22** Schweizer Illustrierte 19.10.1987: 86

Der «herbe Naturgeschmack» der Schokolade

1 Der Schweizerische Beobachter 15.12.1938: 753 **2** Der Schweizerische Beobachter 15.11.1938: 672 **3** Der Schweizerische Beobachter 29.11.1938: 713 **4** Der Schweizerische Beobachter 31.12.1938: 825 **5** Schweizer Illustrierte Zeitung 23.10.1935: 1453 **6** Schweizer Illustrierte 3.7.1972: 17 **7** Der Schweizerische Beobachter 15.3.1960: 283 **8** Schweizer Illustrierte Zeitung 30.5.1951: 41 **9** Schweizer Illustrierte Zeitung 23.5.1951: 27 **10** Schweizer Illustrierte 29.9.1969: 12 **11** Der Schweizerische Beobachter 15.10.1993: 38 **12** Schweizer Illustrierte 18.2.1957: 40 **13** Schweizer Illustrierte Zeitung 26.6. 1935: 874 **14** Schweizer Illustrierte Zeitung 2.9.1931: 1355 **15** Schweizer Familie 3.6.1987: 118 **16** Schweizer Illustrierte Zeitung 11.4.1929: 505 **17** Schweizer Illustrierte Zeitung 9.10.1929: 1632 **18** Althaus ca. 1930: 119 **19** Schweizer Illustrierte Zeitung 16.5.1929: 723 **20** Schweizer Illustrierte Zeitung 14.2.1929: 177

Warum die Warenhülle Werbung treibt

1 Andritzky 1992: 226 **2** Lebensmittel-Handel Nr. 21/1964: 707 **3** Gass 1956: 16 **4** Lebensmittel-Handel Nr. 21/1953: 520 **5** Gurtner 1958: 96 **6** Baumann 1960: 57 **7** Archiv Nestlé AG, Vevey **8** Lebensmittel-Handel Nr. 14/1958: 435 **9** Kriegeskorte 1992: 26 **10** Lebensmittel-Handel Nr. 21/1967: 235 **11** Schweizer Verpackungskatalog 1964: 194 **12** Migros-Genossenschafts-Bund, Zürich **13** Migros-Genossenschafts-Bund, Zürich **14–19** Fleck/Balogh, Franz-Xaver Jaggi. © Museum für Gestaltung Zürich, Designsammlung **20** Franz-Xaver Jaggi. © Museum für Gestaltung Zürich, Designsammlung **21** Franz-Xaver Jaggi. © Museum für Gestaltung Zürich, Designsammlung **22** Novartis Consumer Health Schweiz AG, Bern **23–28** Fleck/Balogh; Franz-Xaver Jaggi. © Museum für Gestaltung Zürich, Designsammlung

Von der Lebensweise zum Lebensstil

1 Schweizer Illustrierte Zeitung 17.2.1953: 30 **2** Schweizer Illustrierte Zeitung 3.3.1953: 38 **3** Schweizer Illustrierte Zeitung 5.4.1950: 30 **4** Schweizer Illustrierte Zeitung 24.1.1955: 19 **5** Schweizer Illustrierte Zeitung 3.10.1955: 4 **6** Schweizer Illustrierte Zeitung 9.5.1960: 75 **7** Schweizer Illustrierte 2.2.1970: 12 **8** Schweizer Illustrierte 18.10.1965: 98f. **9** Schweizer Illustrierte 1.9.1975: 64 **10** Schweizer Illustrierte 31.8.1970: 54 **11** Schweizer Illustrierte 10.3.1980: 50 **12** Schweizer Illustrierte 11.11.1985: 94 **13** Schweizer Illustrierte 1.10.1990: 107

Autorinnen und Autoren

Stefan Altorfer
Lic. phil. hist., Jahrgang 1975. Arbeitet zurzeit als wissenschaftlicher Mitarbeiter in einem Forschungsprojekt zu den bernischen Staatsfinanzen im 18. Jahrhundert am Historischen Institut der Universität Bern und schreibt an einer Dissertation zum gleichen Thema. Sein Studium in Geschichte, Kunstgeschichte und Betriebswirtschaftslehre an den Universitäten von Bern und Paris (Sorbonne) schloss er im Jahr 2000 mit einer Arbeit über die Werbegeschichte des Unternehmens PKZ ab.

Peter Bär
Lic. phil. hist., geboren 1964, studierte Geschichte, Informatik und Geografie an der Universität Bern. Mitarbeit im Projekt «Das 1950er Syndrom» der Akademischen Kommission der Universität Bern (Prof. Christian Pfister). Quantitative und qualitative Untersuchung historischer Werbung im Rahmen des Nationalfondsprojekts «Webikum» (Leitung: Christian Pfister, Durchführung: Peter Bär), laufende Dissertation zum Wertewandel in der schweizerischen Werbung seit 1920. 1998–2000 Lehrauftrag für Historische Fachinformatik. Seit Juni 2000 Leiter des Sekretariats der Eidgenössischen Kommunikationskommission (ComCom).

Monika Baumann
Geboren 1971 in Luzern, lic. phil. hist., studierte Geschichte, Staatsrecht und Moderne englische Sprache in Bern; arbeitete als Assistentin am Institut für öffentliches Recht der Universität Bern und ist seit 2001 am Historischen Institut im Nationalfonds-Projekt «Policey als Politik im 16. Jahrhundert – Formen der Interaktion» bei Prof. Peter Blickle tätig.

Lisa Bechter
Jahrgang 1971, lic. phil., studierte Geschichte, Germanistik und Französische Sprachwissenschaft in Bern und Berlin. Sie arbeitet heute als Projektleiterin im Archivbereich.

Daniel Beck
Lic. phil., geboren 1972, studierte Geschichte, Politikwissenschaft und Medienwissenschaft an der Universität Bern, arbeitet seit 1999 als Assistent am Institut für Journalistik und Kommunikationswissenschaft der Universität Freiburg (Schweiz). Publikationen: Glücklich im Stress. Berner Medienschaffende und ihre Arbeitsbedingungen (Bern 1999, mit Tamara Münger), Sportübertragungen am Fernsehen: Vom Publikumsmagneten zum teuren Verlustgeschäft? (in: Medienheft, September 2001).

Myriam Berger
Geboren 1969. Studium der Geschichte und Soziologie an der Universität Zürich, daneben Tätigkeit als Journalistin. Ab 1998 Redaktion und Verlag der Fachzeitschrift «perspective» des Verbands Schweizerischer Eisenwaren- und Haushaltartikelhandel (VSE). Seit 2001 Mitarbeiterin in der Personalentwicklung bei der Allianz Suisse, daneben körpertherapeutische Weiterbildung.

Daniel Di Falco
Geboren 1971. Studiert Geschichte, Soziologie und Deutsche Literatur an der Universität Bern. Redaktor für Wissen und Gesellschaft bei der Tageszeitung «Der Bund» und wissenschaftlicher Mitarbeiter historischer Ausstellungen. Publikation: Zündschlüssel zum besseren Leben. Konsumglück, moderne Werbung und das Auto: eine Geschichte. In: Doswald, Christoph; Museum für Kommunikation (Hg.). Happy. Das Versprechen der Werbung. Publikation zur gleichnamigen Ausstellung. Zürich 2002.

Simon Eggimann
Lic. phil. hist., geboren 1969 in Biel. Studium der Geschichte und der Anglistik in Bern und York, GB. Gymnasiallehrerdiplom an der Universität Bern. Unterrichtet Geschichte und Englisch am Deutschen Gymnasium Biel.

Rob Gnant
Geboren 1932. Fotografenlehre, 1953–1973 regelmäßige Mitarbeit als Reportagefotograf bei der Illustrierten «Die Woche» (Verlag Otto Walter, Olten). Ab 1962 als Kameramann tätig, gemeinsame Arbeiten mit Alexander J. Seiler. 1989 Filmpreis der Stadt Zürich. Publikationen: u.a. Made in Switzerland (Zürich 1976). Derzeit Aufarbeitung des Archivs für die Übergabe an die Schweizerische Stiftung für die Photographie; eine Ausstellung und eine Monografie sind geplant.

Diego Hättenschwiler
Lic. phil. hist., geboren 1963, studierte Geschichte, Politikwissenschaft, Medienwissenschaft und Allgemeine Ökologie an der Universität Bern. Berufliche Tätigkeit als wissenschaftlicher Dokumentalist bei den schweizerischen Parlamentsdiensten. Publikation: Der konsumierte Mann. Zur Geschichte des Männerbildes in der Werbung. In: Tanner, Jakob u.a. (Hg.). 1998: Geschichte der Konsumgesellschaft. Schweizerische Gesellschaft für Wirtschafts- und Sozialgeschichte, Bd. 15. Zürich: 215–231.

Sibylle Lichtensteiger
Lic. phil., geboren 1969, hat in Zürich und Berlin Geschichte studiert. Sie ist freie Mitarbeiterin bei Radio DRS und arbeitet seit 1998 im Stapferhaus Lenzburg, wo sie unter anderem für die Konzeption von «Autolust. Eine Ausstellung über die Emotionen des Autofahrens» mitverantwortlich zeichnete. Sie lebt in Zürich.

Matthias Nast
Dr. phil., geboren 1966, studierte Geschichte, Politische Wissenschaften und Allgemeine Ökologie an der Universität Bern, Dozent an der Privaten Hochschule Wirtschaft (Bern), arbeitet seit 2001 als Fachredaktor und Projektleiter bei der Stiftung für Konsumentenschutz. Publikationen: Die stummen Verkäufer. Lebensmittelverpackungen im Zeitalter der Konsumgesellschaft (Bern 1997); Biel, Seeland, Berner Jura. Zeitgeschichte – Geschichten in der Zeitung (Biel 2000, als Autor und redaktioneller Leiter); Eineinhalb Jahrhunderte Informationsvermittlung. 150 Jahre W. Gassmann AG (in: Bieler Jahrbuch 2000, Biel 2001).

Christian Pfister
Geboren 1944. Seit 1997 Professor für Wirtschafts-, Sozial- und Umweltgeschichte an der Universität Bern. Zahlreiche Publikationen zur Bevölkerungs-, Klima-, Agrar- und Umweltgeschichte, zur Historischen Geografie und zum Kulturlandschaftswandel in deutscher, englischer und französischer Sprache. 10 Bücher, unter anderem: Im Strom der Modernisierung (1995), Historisch-Statistischer Atlas des Kantons Bern (1998), Wetternachhersage (1999), Am Tag danach. Zur Bewältigung von Naturkatastrophen in der Schweiz 1500–2000 (2002). http://www.hist.unibe.ch/pfister/

Rita Stöckli

Jahrgang 1970, lic. phil., hat an den Universitäten Bern und North Carolina/Chapel Hill Geschichte, Philosophie und Politikwissenschaft studiert. Seit 1999 ist sie Assistentin am Historischen Seminar der Universität Zürich und arbeitet an einer Dissertation zum Savoyerhandel von 1860.

Peter Stöferle

Geboren 1960, studierte mehrere Semester am Institut für Journalistik und Kommunikationswissenschaft der Universität Freiburg (Schweiz), arbeitet seit 2000 redaktionell für das Internetportal www.yellowworld.ch, zuvor Journalist bei den «Freiburger Nachrichten».

Albert Tanner

Geboren 1950, Privatdozent für Neueste Geschichte an der Universität Bern, Direktor der Abteilung Obere Klassen der Primarstufe am Institut für Lehrerinnen- und Lehrerbildung Bern Marzili, Sozial- und Kulturhistoriker mit Spezialgebiet sozialer und kultureller Wandel im 19./20. Jahrhundert. Ausgewählte Ver-öffentlichungen: Arbeitsame Patrioten, wohlanständige Damen. Bürgertum und Bürgerlichkeit in der Schweiz, 1830–1914. Zürich 1995; Willens- und Staatsnation versus Kulturnation. National-bewusstsein und Nationalismus in der Schweiz. In: Festschrift für Urs Altermatt. Hg. von Catherine Bosshart Pfluger und Joseph Jung. Frauenfeld/Stuttgart 2002 (in Erscheinung).

Brigitte Walser

1974 geboren und in Steckborn (TG) aufgewachsen. Ihr Studium der Germanistik und Geschichte absolvierte sie in Bern und schloss im Jahre 2000 mit dem Lizentiat ab. Seither ist sie als Redaktorin bei der «Berner Zeitung» tätig. Publikation: Arenenberg der Dichter und Maler. Katalog Napoleon-Museum Arenenberg 1995.

Christine Wanner

1975 geboren und in der Ostschweiz aufgewachsen. Sie studierte in Bern Schweizer Geschichte, Medienwissenschaft und Germanistik (Abschluss 2002). Zu längerer Analyse verleiteten sie die Atom-technologie sowie die Elementarschadenversicherung in der Schweiz. Sie arbeitet als Journalistin und ist Nichtraucherin.